U0143161

THE SILK ROAD AND
CULTURAL INTERACTION BETWEEN EAST AND WEST

丝绸之路与东西文化交流

荣新江 著

北京大学出版社
PEKING UNIVERSITY PRESS

图书在版编目（CIP）数据

丝绸之路与东西文化交流 / 荣新江著. —北京：北京大学出版社，2022.3
（博雅英华）
ISBN 978-7-301-32612-1

Ⅰ.①丝… Ⅱ.①荣… Ⅲ.①丝绸之路 – 关系 – 文化交流 – 东方国家、西方国家 Ⅳ.①G115

中国版本图书馆 CIP 数据核字（2021）第 206998 号

书　　　名	丝绸之路与东西文化交流
	SICHOUZHILU YU DONGXI WENHUA JIAOLIU
著作责任者	荣新江 著
责任编辑	吴　敏
标准书号	ISBN 978-7-301-32612-1
出版发行	北京大学出版社
地　　　址	北京市海淀区成府路 205 号　100871
网　　　址	http://www.pup.cn　　新浪微博：@北京大学出版社
电子信箱	pkuwsz@126.com
电　　　话	邮购部 010-62752015　发行部 010-62750672
	编辑部 010-62757065
印　刷　者	北京中科印刷有限公司
经　销　者	新华书店
	965 毫米 ×1300 毫米　16 开本　25.25 印张　401 千字
	2015 年 8 月第 1 版
	2022 年 3 月新 1 版　2022 年 3 月第 1 次印刷
定　　　价	99.00 元

目　录

Content

前　言
——丝绸之路与东西文化交流

中国东面、南面是大海，西面是沙漠、高山，北面是戈壁、森林，处在一个相对封闭的地理环境当中，不利于与外界的沟通。但是，中国自古以来并没有自我封闭，经过陆路和海上丝绸之路，与外部世界有着广泛的联系，既有奉献，也有吸收。在东西文化交往的历史进程中，丝绸之路无疑起着极其重要的作用。

以下从五个方面，根据笔者的相关研究，来谈谈丝绸之路与东西文化交流研究中的几个问题。

一　丝绸之路是一条活的道路

"丝绸之路"是德国地理学家李希霍芬（F. von Richthofen）赋予汉代中国和中亚南部、西部以及印度之间以丝绸贸易为主的交通路线的名字。但是，随着近代以来学术研究的深入、考古发掘的进步，丝绸之路的含义越来越广，范围也越来越大。的确，丝绸之路早在汉代以前就存在于中西之间，也不仅仅局限于中国与中亚、南亚的交往，还包括西亚、地中海世界，以及海上丝路所连接的朝鲜半岛、日本、东南亚等地；贸易物品也不仅仅有丝绸，还有各种手工制品、植物、动物、美术品乃至人口。因为中国盛产的丝绸的确在丝绸之路的历史上长期占据非常重要的位置，所以"丝绸之路"是指以中国为根本的古代东西交往的各条道路。"丝绸之路"正如同丝绸一样，有时是一股一股的丝线，延伸开来，有的线路清晰，有的断断续续；有时又像一张大网，涵盖广阔，时时出现绚烂的织锦。因此说，不能死板地看待"丝绸之路"，不同时代都有不同时代的丝绸之路。

汉唐丝绸之路的基本走向，陆路从长安或洛阳出发，经河西走廊、塔里木盆地，越帕米尔高原，进入中亚、伊朗、阿拉伯和地中海世界；海路则从东南沿海出发，经南海、马六甲海峡，到印度东西海岸，再到波斯湾、阿拉伯半岛、红海和地中海，乃至北非东岸。但是，丝绸之路是一条活的道路，由于政治、宗教、自然等因素的影响，在不同的历史时期，丝绸之路也选取不同的走向。比如南北朝时期，占据中原北方的鲜卑统治者，不仅与南朝处于敌对状态，而且与其北面的柔然汗国，也经常兵戎相向。我们曾经在吐鲁番出土文书中发现一件公元474—475年阚氏高昌王国护送各国使者出境的记录，短短数行文字告诉我们，当时来自南朝刘宋、塔里木盆地的焉耆和子合国、西北印度的乌苌和中印度的婆罗门国的使者们，要前往蒙古高原的柔然汗庭，都要经过高昌（吐鲁番）。这片文书，为我们勾勒出公元5世纪下半叶南北、东西交往的路线，也是就说，当时虽然兵荒马乱，但连通东亚、北亚、中亚以及南亚的丝绸之路，仍然通畅无阻①。

位于丝绸之路干线上的一些地域，如狭义的西域，即新疆塔里木盆地和吐鲁番盆地，特别是一些西域绿洲王国的命运，与丝路是否通畅息息相关，因为丝路的中转贸易，是这些绿洲王国的一项重要收入，文化的繁荣也依赖于东西文明的流播与渗透。因此，这些绿洲王国都要极力维护丝绸之路的通畅，并为丝路的商业贸易和文化交流提供方便，以期把丝路牢固地控制在自己手中②。

历史上丝绸之路干道周边强大的势力，也都希望能够控制这条既有经济利益又有军事价值的交通路线，不论是匈奴、汉、柔然、嚈哒、突厥、唐、回鹘等，无不如此。唐朝在底定中原以后，从贞观十四年（640）进军高昌，到显庆三年（658）灭西突厥汗国，整个中亚、西域王国的宗主权转归唐朝。唐朝先后设安西、北庭都护府来控扼西域天山南北，并且按照中

---

① 参看荣新江《阚氏高昌王国与柔然、西域的关系》，《历史研究》2007年第2期，4—14页。
② 荣新江《丝绸之路与古代新疆》，祁小山、王博编《丝绸之路·新疆古代文化》，乌鲁木齐：新疆人民出版社，2008年，298—303页。

原制度建立馆驿烽堠体系，保障丝绸之路的畅通①。吐鲁番出土的一些文书，给我们提供了不少商旅行走在丝路上的记录，也记载了强大的国家制度对于交通路线的维护所做出的艰苦努力②。

丝绸之路沿线的许多城镇，在不同的历史时期都对丝绸之路的维护、东西文化交流做出了贡献，我们可以罗列出一连串的名字，比如西域丝路南道的于阗、楼兰，北道的龟兹、焉耆、高昌，河西的敦煌、武威，以及中原地区的固原、长安、洛阳，甚至有些今天看来比较偏远的城镇，在某个历史时段中，却在中西交通史上起着非常重要的作用。比如位于今陕西最北端靖边县的统万城：在439年北魏灭河西的北凉政权，打通了从河西经过薄骨律（灵州）、夏州（统万城），沿鄂尔多斯沙漠南缘路到达北魏首都平城的捷径之后，统万城就成为西方世界与平城交往线上的关节点③。

丝绸之路是一条活的道路，只要丝路是活跃的，沿线的国家和城镇也随之活跃；丝绸之路随着不同时代的政治、宗教等的变迁而有所变化，不同城镇因此而起到了特定时代的历史作用。

二　丝路上的文化交流是流动性的

丝绸之路对于人类文明的最大贡献，是沟通了不同国家、不同民族之间的交往，也促进了东西方双向的文化交流。国家与国家、民族与民族之间关系好的时候，文化的交流会通过官私渠道，畅通无阻；有的时候国家与国家、民族与民族之间因为政治或其他原因断绝了关系，但文化是流动的，并不因为政权的敌对而完全断绝交流，文化的因子会通过其他途径输

---

① 荣新江《唐代安西都护府与丝绸之路——以吐鲁番出土文书为中心》，新疆龟兹学会编《龟兹学研究》第5辑，乌鲁木齐：新疆大学出版社，2012年，154—166页；又《7—10世纪丝绸之路上的北庭》，陈春声主编《海陆交通与世界文明》，北京：商务印书馆，2013年，64—73页。

② 参看程喜霖《唐代过所研究》，北京：中华书局，2000年。

③ 参看前田正名《平城历史地理学研究》，李凭等译，北京：书目文献出版社，1994年，134—161页；荣新江《中古中西交通史上的统万城》，陕西师范大学西北环发中心编《统万城遗址综合研究》，西安：三秦出版社，2004年，29—33页。

入或传出。这两方面的情形，在历史上都留下许多很好的例子。

从北朝到隋唐，中国与萨珊波斯一直保持非常友好的关系，双方的使者不断。相互之间除了政治声援，还有多彩的文化交流景观，不论作为物质文化代表的金银器，还是作为精神文化的景教、摩尼教，都从波斯传入中国，丰富了中国的传统文化①。而波斯与中国两种文化在唐朝交融产生的成果，比如唐人制作的波斯纹样、仿金银器制品，又从长安传到新罗、日本。

文化交流所能达到的深远程度常常是出乎我们今人意料之外的，我们在慨叹明朝郑和下西洋的伟大壮举时，不要忘记在唐朝，也有这样一位使者，他的名字叫杨良瑶。杨良瑶在德宗贞元元年（785）受命出使阿拉伯半岛的黑衣大食，他从广州出发，走海上丝路，经过三年多的时间，完成联络大食、夹击吐蕃的政治使命，返回唐朝。杨良瑶聘使大食更为重要的结果，是给唐朝带回来珍贵而完整的海上丝路的航海日记，这应当就是贾耽记录下来的《皇华四达记》从广州到缚达（巴格达）的路线，而晚唐入藏法门寺地宫的一批伊斯兰系统的玻璃器，或许也和杨良瑶的通使大食有一定的联系②。

杨良瑶从海路出使大食的背景，是吐蕃乘唐朝安史之乱，攻占了唐朝的河西领地，并向西域进军。由于吐蕃和唐朝的敌对情形，像杨良瑶这样的政治使节很难经陆上丝路去往西方。过去学术界普遍认为，贞元六年（790）沙门悟空从天竺回到长安之后，中印之间的交往就完全断绝了，晚唐五代时期西北兵荒马乱，也没有任何交往的记录。其实许多历史没有被传世文献记录下来，我们今天可以通过出土文书再现某些历史真相。敦煌发现的汉藏语文献材料告诉我们，晚唐五代直到宋初，中印之间僧侣的往来、经本的流通等佛教文化的交往始终未断，因为吐蕃也同样信奉佛教，所以佛教僧侣的往来

---

① 荣新江《波斯与中国：两种文化在唐朝的交融》，刘东编《中国学术》第 4 期，北京：商务印书馆，2002 年，56—76 页。

② 张世民《杨良瑶：中国最早航海下西洋的外交使节》，《咸阳师范学院学报》，2005 年第 3 期，4—8 页；荣新江《唐朝与黑衣大食关系史新证——记贞元初年杨良瑶的聘使大食》，《文史》2012 年第 3 期（百辑纪念特刊），231—243 页。

并没有受到阻碍，他们仍然肩负着文化交流的使命，奔波在陆上丝绸之
路上①。

文化的流动性极强，不仅发生在中国与西方之间，也通过海上丝绸之
路，东渐朝鲜半岛与日本列岛，由于奈良正仓院和韩国、日本古寺院收藏
品的大量保存，这方面的例子很多，我们也不断从传世典籍和新发现的石
刻史料中找到新的印证②。

三　汉文化的西渐

丝绸之路上的文化交流是双向的，但由于学术研究的训练和背景不同，
中国学者更多关注进入中国的外来文化。笔者利用多年来对西域出土文书
的调查整理，致力于探讨精神文化的物化形式——汉文典籍向西域地区的
传播情形，这应当是前人比较忽略的丝绸之路研究的重要内容。

随着唐朝势力进入西域，汉化佛寺系统也在西域地区建立起来，远在
今吉尔吉斯斯坦阿克贝希姆遗址的碎叶城中，就有武周时期敕建的大云
寺③，一些西域官寺的三纲领袖，还来自长安的大寺④。随之而来的是汉译
佛典，在当时中原流行的《大般若波罗蜜多经》《金刚般若波罗蜜经》
《妙法莲华经》《大般涅槃经》《维摩诘所说经》汉文文本，都在西域地
区流行，甚至一些中原内地的禅宗经典，如《神会语录》，以及汉地系统
疑伪经，也都传播到了遥远的西陲；代表着儒家文化的《尚书正义》《经
典释文》《切韵》，道家的《刘子》，史部的《史记》《汉书》等，也都传

---

① 荣新江《敦煌文献所见晚唐五代宋初中印文化交往》，《季羡林教授八十华诞纪念论文
集》，南昌：江西人民出版社，1991 年，955—968 页。
② 有关例证，参看荣新江《唐与新罗文化交往史证——以〈海州大云寺禅院碑〉为中
心》，《韩国研究》3，杭州：杭州出版社，1996 年，14—34 页；又《从〈井真成墓志〉看唐朝
对日本遣唐使的礼遇》，《西北大学学报》2005 年第 4 期，108—111 页。关于井真成来华的背景，
参看荣新江《8 世纪における東アジアの外交情勢と遣唐使による中日交流》，《遣唐使と唐の美
術》，东京：东京国立博物馆、朝日新闻社，2005 年，134—137 页。
③ 张广达《碎叶城今地考》，《北京大学学报》1979 年第 5 期，70—82 页。
④ 荣新江《唐代西域的汉化佛寺系统》，新疆龟兹学会编《龟兹文化研究》第 1 辑，香
港：天马出版有限公司，2005 年，130—137 页。

抄到沙漠绿洲①；作为唐朝学生习字范本的王羲之《兰亭序》和《尚想黄绮帖》，也都成为西域地区儿童的习字范本②。由此可见最具汉文化特征的典籍在西域的传播程度。

虽然我们目前在更遥远的中亚、西亚没有看到类似新疆古代遗址出土的汉文典籍资料，但撒马尔罕壁画上手捧丝绢的唐朝使者，波斯文、阿拉伯文文献对中国物产、工艺传入的记录，以及大量瓷器、丝织品的考古发现③，都说明了中国文化西渐的深度和广度。

四 外来物质文明的贡献

随着大量考古新发现、墓志的出土和发表，以及传世文献的数字化，我们今天对于中亚、西亚乃至欧洲物质文明和宗教文化如何沿丝绸之路向东方传播，有了比前人更加清楚的认知，特别是对于中古时期活跃在丝绸之路上的粟特商人的重要性，所知更为丰富多彩。敦煌长城烽燧发现的粟特语古信札，记录了粟特商人在丝路沿线建立的贸易网络和经营方式④；吐鲁番出土的高昌王国称价钱文书，表明粟特商人用中转贸易的形式，经营丝路上的贵重商品交易⑤；安伽、史君等北朝末年粟特领袖墓葬出土的墓志

---

① 荣新江《唐代龟兹地区流传的汉文典籍——以德藏"吐鲁番收集品"为中心》，中国人民大学国学院编《国学学刊》2010年第4期，77—83页；林世田、刘波《国图藏西域出土〈观世音菩萨劝攘灾经〉研究》，樊锦诗、荣新江、林世田主编《敦煌文献、考古、艺术综合研究——纪念向达教授诞辰110周年国际学术研讨会论文集》，北京：中华书局，2011年，306—318页；荣新江《接受与排斥——唐朝时期汉籍的西域流布》，《图书、知识建构与文化传播》，台北：台湾汉学研究中心，2015年。

② 荣新江《〈兰亭〉在西域》，中国人民大学国学院编《国学学刊》2011年第1期，65—71页；又《〈兰亭序〉及〈尚想黄绮〉帖的西域における流传》（村井恭子译），东方学研究论集刊行会编《高田時雄教授退职记念东方学研究论集》（日英文分册），京都：临川书店，2014年，89—104页。

③ 阿里·玛扎海里《丝绸之路——中国—波斯文化交流史》，耿昇译，乌鲁木齐：新疆人民出版社，2006年，371—461页；张广达《海舶来天方，丝路通大食——中国与阿拉伯世界的历史联系的回顾》，《文本、图像与文化流传》，桂林：广西师范大学出版社，2008年，150—174页。

④ 毕波《粟特文古信札汉译与注释》，《文史》2004年第2辑，73—97页。

⑤ 朱雷《麹氏高昌王国的"称价钱"》，《魏晋南北朝隋唐史资料》，1982年第4期，17—24页。

与图像，表现了粟特商队首领萨保的日常生活场景，以及他们使用的器皿，他们歌舞、宴饮的情景①。这些都让我们得以更加深入地了解丝绸之路上的粟特商人活动与他们带来的粟特、波斯文化，为我们判定零散出土的粟特、波斯器物以及史籍中的相关记载，提供了非常直观的素材②。粟特商人不仅垄断了中古时期陆上丝绸之路的贸易，而且也用萨珊银币垄断了丝路上的货币流通，使得自己掌控着商品和商品交换的等价物③。

在9—10世纪粟特人逐渐失掉他们在丝绸之路上的贸易垄断地位后，一些丝路沿线的绿洲王国或地方政权，开始经营传统的中转贸易，我们从敦煌出土的文书，可以看到吐蕃统治时期（786—848）到归义军时期（848—1035），于阗、敦煌、甘州回鹘、西州回鹘等地方政权，以中原的丝绸以及本地土产，如于阗的玉石，来经营小王国之间的中转贸易。敦煌文书的记载表明，中原以及西域王国生产的丝织品，依旧是丝绸之路上最为畅销的商品之一④，"丝绸之路"的名字，可谓名实相符。

五　三夷教的流传

说到汉唐时期经过丝绸之路传入中国的思想观念，无疑以佛教的东传给中国文化的影响最为巨大，而通过吸收、消化，佛教逐渐成为中国自己的宗教，到隋唐时期，出现了中国式的宗派，以及富有中国文化特色的禅宗。相对来讲，来自波斯和中亚粟特、吐火罗斯坦的所谓"三夷教"，即琐

---

① 荣新江《有关北周同州萨保安伽墓的几个问题》，张庆捷等编《4～6世纪的北中国与欧亚大陆》，北京：科学出版社，2006年，126—139页；荣新江《一位粟特首领的丝路生涯——史君石椁图像素描》，国家文物局编《丝绸之路》，北京：文物出版社，2014年，45—50页。

② 参看荣新江《丝绸之路上的粟特商人与粟特文化》，郑培凯主编《西域：中外文明交流的中转站》，香港：香港城市大学出版社，2009年，75—89页。

③ 荣新江《丝路钱币与粟特商人》，上海博物馆编《丝绸之路古国钱币暨丝路文化国际学术研讨会论文集》，上海：上海书画出版社，2011年，1—7页。

④ 荣新江《于阗花毡与粟特银盘——九、十世纪敦煌寺院的外来供养》，胡素馨编《佛教物质文化：寺院财富与世俗供养国际学术研讨会论文集》，上海：上海书画出版社，2003年，246—260页；又《绵绫家总满：谈十世纪敦煌于阗间的丝织品交流》，包铭新主编《丝绸之路·图像与历史》，上海：东华大学出版社，2011年，35—46页；荣新江与朱丽双《从进贡到私易：10—11世纪于阗玉的东渐敦煌与中原》，《敦煌研究》2014年第3期，190—200页。

罗亚斯德教（中国称祆教）、景教和摩尼教，则更富研究旨趣。

祆教是伊朗系民众的传统宗教信仰，随着粟特商人进入中国，祆教也随之而来。粟特商人在丝绸之路沿线城镇建立的殖民聚落中，往往设有供奉他们信仰的胡天的地方——祆祠，作为他们宗教信仰的中心。敦煌发现的粟特语古信札，就透露出公元 4 世纪初叶祆教已经流传到河西走廊，而吐鲁番发现的一件《金光明经》题记，则证明早在 430 年，高昌城东就有一座祆祠，供奉着胡天神①。这种以胡人聚落为中心的祆教传播形式，一直延续到唐朝中晚期，在安禄山统治的营州、幽州胡人聚落中，赛祆的活动与 4—5 世纪高昌、河西胡人聚落中的情形应当没有太大差别。

与祆教这种随商队而来并带有较强民俗色彩的宗教传播形式不同，基督教的聂斯脱利派（中国称景教）和摩尼教，则都是一些勇于献身的传教士，经过长途跋涉，分别在唐初贞观九年（635）和武周延载元年（694）到达长安和洛阳，标志着这两种宗教正式传入中国。但在中国根深蒂固的佛教和道教眼中，景教和摩尼教都是所谓"外道"，极力想将其毁灭而后快②。但入华的景教首领成功地走了一条上层路线，利用奇技异巧、天文历算等科技手段，在长安站稳脚跟，并通过在安史之乱中帮助平叛的朔方军，得以在战后的长安树起《大秦景教流行中国碑》③。

摩尼教采用依托佛教的策略，在翻译摩尼教经典的时候大量使用佛教词汇，但思想内涵则是否定现实世界的。因此，摩尼教只是在武周到开元时一度被官府允许传播，其原因或许是在武则天眼中摩尼教徒和她所信奉的弥勒教一样，都同样穿着白色法服。但当开元十九年（731）唐玄宗通过摩尼教法师编译的《摩尼光佛教法仪略》了解到摩尼教的真实说教后，翌年即将其禁断。摩尼教徒转入地下，利用回鹘可汗助唐平安史之乱来到洛阳时，使其皈依，并开教漠北回鹘，被回鹘汗国立为国教。等到 840 年漠北

---

① 荣新江《吐鲁番出土〈金光明经〉写本题记与祆教初传高昌问题》，朱玉麒主编《西域文史》第 2 辑，北京：科学出版社，2007 年，1—13 页。

② 荣新江《唐代佛道二教眼中的外道——景教徒》，程恭让主编《天问》丁亥卷，南京：江苏人民出版社，2008 年，107—121 页。

③ 荣新江《一个入仕唐朝的波斯景教家族》，叶奕良主编《伊朗学在中国论文集》第 2 集，北京：北京大学出版社，1998 年，82—90 页。

回鹘汗国破灭，部众西迁天山东部地区，摩尼教也成为随后成立的西州回鹘的国家宗教，因此可以说，高昌地区是摩尼教的最后乐园①。

丝绸之路是多种宗教传播的途径，在沿线的一些城镇当中，三夷教与佛教、道教并行不悖。虽然我们今天看到的常常是两种宗教为了争夺同一座城市而引发激烈冲突，像耶路撒冷，但历史上丝路城镇中不同宗教时常是和平相处，甚至有的绘画和典籍，包容了其他宗教的说教，这就像我们在于阗的佛寺中常常看到的情形那样，主尊是佛像，佛像两边的上方都是千佛，但下方往往描绘地方神祇，其外部特征有似祆教神祇。如果有经行此地的粟特商人到达这里，他一眼看到的似乎是祆神，但实际上这些祆神模样的神像，早已被编入佛教的万神殿当中去了②。事实上，丝绸之路上宗教文化的并存现象才是历史的主流。

以上从五个方面，简要叙述了丝绸之路对于东西方文明交往的贡献，特别是对于中国与世界其他地方交往所起到的重要作用。

（2015 年 6 月 22 日）

---

① 荣新江《西域——摩尼教最后的乐园》，《寻根》2006 年第 1 期，4—9 页。

② 荣新江《佛像还是祆神？——从于阗看丝路宗教的混同形态》，《九州学林》第 1 卷第 2 期，2003 冬季，93—115 页；又《再谈丝绸之路上宗教的混同形态——于阗佛寺壁画的新探索》，《新疆文物》2008 年第 1—2 期，29—34 页。

丝绸之路

丝绸之路与古代新疆

一、古代新疆是丝绸之路干线的必经之地

现代地理概念上的"新疆",约略相当于中国古代的"西域"。"西域"一词,有狭义和广义两种。狭义的西域,一般即指天山以南,昆仑山以北,葱岭(帕米尔高原)以东,玉门以西的地域;广义的西域,则指当时中原王朝西部边界以西的所有地域,除包含狭义的西域外,还包括南亚、西亚,甚至北非和欧洲地区。可见,狭义的西域是"新疆"的核心部分,而广义的西域所指,新疆也在其中。所以,在中国学术界,往往就把"西域"和"新疆"等同起来,我们这里所说的新疆,更多是指狭义的西域。

在伊斯兰化以前,通过古代新疆的东西交涉史的展开,离不开所谓"丝绸之路"。

"丝绸之路"是今天我们称呼古代中国经中亚通往南亚、西亚以及欧洲、北非的贸易、文化交往之路的名称,因为大量的中国丝绸经由此路西传,故此称作"丝绸之路",简称"丝路";但事实上,不论是丝绸、玉器、宝石、香料、药材、陶瓷、珍禽、异兽等物质层面的物品,还是佛教、琐罗亚斯德教(祆教)、景教、摩尼教、伊斯兰教、儒家思想、道教、占星术等思想层面的结晶,都是通过这条东西交往的道路双向交流的。虽然东来和西去的物品或思想不尽相同,对东西方社会的影响也不一样,但这种东西方的贸易、文化交往无疑对于东西方文明的进步产生了很大的影响。

历史上的丝绸之路并不是一成不变的一条道路,由于地理环境的变化和民族、政治、宗教形势的演变,各个时代的民族对于道路也有不同的选择,并且不断开辟新的道路。

　　在汉代以前，以今甘肃西部的敦煌、祁连为中心活动区域的月氏人（又称"月支""禺氏"），是当时西北地区最强盛的民族，甚至连蒙古高原的匈奴人也要向他们称臣纳贡。中原地区从商周以来一直受到于阗（今和田）地区美玉的恩赐，这些玉在汉文史籍中被叫作"禺氏边山之玉"①，可以知道是通过月氏人之手，转输到中原地区，成为王公贵族华贵装饰不可或缺的材料。后来以漠北为统治中心的匈奴兴起，迫使月氏人西迁，匈奴占领了河西走廊，并间接统治了塔里木盆地诸绿洲王国，于是丝绸之路略向北移，天山北麓到蒙古高原的道路一时兴盛起来，我们从阿尔泰山北麓巴泽雷克（Pazyryk）和蒙古高原诺音乌拉（Noin-ula）两处墓葬发现的大量东西方文物，就可以看到草原丝绸之路在当时的重要地位。

　　公元前 2 世纪上半叶，中原的汉王朝势力逐渐强盛，雄才大略的汉武帝派张骞出使西域，联络被匈奴人从河西赶走而定居在阿姆河一带的大月氏人。以后张骞又率三百多人的使团第二次出使西域，足迹远到大宛（Fergha-na／费尔干纳）、康居（以塔什干为中心的游牧国）、大月氏、安息（Arsaces／帕提亚）、身毒（India／印度）等国。

　　张骞的两次西行，打破了游牧民族对丝路贸易的垄断，使中国和中亚、南亚、西亚诸王国之间建立了直接的贸易往来，中国通向西方的丝绸之路的基本走向也由此形成：东起西汉首都长安（西安）或东汉首都洛阳，经陇西或固原西行至金城（今兰州），然后通过河西走廊的武威、张掖、酒泉、敦煌四郡，出玉门关或阳关，穿过白龙堆到罗布泊地区的楼兰后，分作西域南北两道。北道西行，经渠犁（库尔勒）、龟兹（库车）、姑墨（阿克苏）至疏勒（喀什）；南道自鄯善（若羌），经且末、精绝（民丰尼雅遗址）、于阗（和田）、皮山、莎车至疏勒。从疏勒西行，越葱岭（帕米尔）至大宛（费尔干纳），更西至大夏（在阿富汗）、粟特（在乌兹别克斯坦）、安息（伊朗），最远到达大秦（罗马帝国东部）的犁靬（埃及亚历山大城）；另一条道路是从皮山西南行，越悬渡（巴基斯坦达丽尔），经罽宾（喀布尔）、乌弋山离（锡斯坦），西南行至条支（在波斯湾头）。如果从罽宾向南行，至印度河口（卡拉奇），转海路也可以到达波斯和罗马等地。

---

　　①　榎一雄《禺氏边山之玉》，《东洋学报》第 66 卷第 1—4 号，1985 年，109—132 页；又《榎一雄著作集》第 1 卷，汲古书院，1992 年，265—285 页。

由于敦煌、罗布泊之间的白龙堆是一片雅丹地形,经常使行旅迷失方向,东汉打败蒙古高原的北匈奴,迫使其西迁,而中原王朝牢固地占领伊吾(哈密)后,开通了由敦煌北上伊吾的"北新道",再从伊吾经高昌(吐鲁番)、焉耆到龟兹,就和原来的丝路北道会合了。南北朝时期,中国南北方处于对立状态,而北方的东部与西部也时分时合。在这样的形势下,南朝宋齐梁陈四朝与西域的交往,大都是沿长江向上到益州(成都),再北上龙涸(松潘),经青海湖畔的吐谷浑都城,西经柴达木盆地到敦煌,与丝路干道合;或更向西越过阿尔金山口,进入西域鄯善地区,与丝路南道合;这条道被称作"吐谷浑道"或"河南道",今天人们也叫它作"青海道"。最近吐鲁番发现的一件阚氏高昌国送使文书,就是河南道的绝好证明①。还有从中原北方或河西走廊向北到蒙古高原,再西行天山北麓,越伊犁河至碎叶(托克马克附近),进入中亚地区。这条道路后来也被称作"北新道",它在蒙古汗国和元朝时期最为兴盛。

这些自张骞出使西域后形成的丝绸之路的基本干道,不论哪一条,都绕不开新疆。天山南北、塔里木盆地周边,构筑了丝绸之路的地理网络,也奠定了东西交往的基础。

二、古代新疆提供了丝路贸易的场所

丝绸之路的价值体现,是经过丝路所进行的东西方经济、文化交往,而在古代,不论是物质文化的交换,还是精神文化的交流,都很难从一个点中间没有断绝地传到另外一个点,更多情况下是所谓的"间接传递"。在这种"间接传递"为主的东西交往中,新疆就自然而然地成为了丝绸之路上的中转站所在。分布在丝路沿线的大大小小的城市、村镇、戍堡、馆驿,成为东往西去的商人、僧侣、官员、使节暂时休整的地方,也提供给他们进行交易的场所。分布在丝路沿线的绿洲王国,从这种中转贸易中赚取利益,因此对于往来客使的送往迎来,也有一套完善的制度。

由于吐鲁番墓葬出土了大量高昌国到唐西州时期的官私文书,使我们对于位于丝绸之路上的高昌王国的供奉客使制度有比较细致的了解。官方

---

① 参见荣新江《阚氏高昌王国与柔然、西域的关系》,《历史研究》2007 年第 2 期,4—14 页。

为了接待各种来往客使，有着一套完整的管理体制，从迎接、安排客馆住宿、招待供食，到最后送行，都有章可循。从麴氏高昌国的供使文书中可以知道，客使住在高昌官府提供的客馆中，由中央和地方政府的官员负责传达高昌王令，说明如何接待相关客使，百姓或寺院使人充当役人，准备和运送食物或其他物品给客使，这种差役往往派给著籍高昌的粟特人，因为他们可以讲客使所熟悉的北方突厥语或西方的粟特语等。有的账目表明，客使被分成上、中、下三等，供应的食品也不一样，表明高昌按不同的等级对待不同级别的客人。高昌官府供应客使立有专门账目，每半个月进行一次核算①。

《大慈恩寺三藏法师传》《续高僧传·玄奘传》有关玄奘西行高昌的记载，可以帮助我们细致地了解高昌国供奉客使的具体做法。玄奘从中原出发去西天取经，正是唐朝立国未稳的时候，禁止国人出入国境。所以玄奘只是个行脚僧，没有官方的性质，而且是偷越边境出去的。但高昌王麴文泰却以国礼待之，供奉较一般客使更为丰富。《续高僧传·玄奘传》称："奘初时在凉州讲扬经论，商客通传，预闻蕃城（域）。高昌王恒置邮驿，境次相迎。"说明高昌国置有邮驿，以迎接客使。《慈恩传》卷一详细记述了迎接玄奘的过程：当玄奘到伊吾后，先有高昌使人在伊吾，归告其王。麴文泰即日发使，遣贵臣驰驱设顿迎候。玄奘在高昌使者陪同下进入高昌，被特别安置于王宫后院住下。玄奘走时，高昌王"为法师度四沙弥以充给侍，制法服三十具，以西土多寒，又造面衣、手衣、靴、袜等各数事。黄金一百两、银钱三万、绫及绢等五百匹，充法师往返二十年所用之资。给马三十四、手力二十五人。遣殿中侍御史欢信送至叶护可汗衙"②。虽然玄奘在高昌获得了特别的优待，但我们从中可以看到高昌王国对于过往的高僧、客使，甚至商人接待的情形。事实上，高昌王国并不仅仅是付出，它也同样从这些高僧那里获得精神营养，从客使那里得到政治和军事情报，从商人那里获得经济实惠。吐鲁番出土《高昌内藏奏得称价钱帐》，就记录了麴氏高昌某年从正月一日到十二月末高昌市场中货物交易双方向官府所交的"称价钱"数，也就是高

---

① 参见荣新江《高昌王国与中西交通》，余太山编《欧亚学刊》第 2 辑，中华书局，2000 年，73—83 页。

② 《大慈恩寺三藏法师传》卷二，中华书局，1983 年，18、21 页。

昌王室收入(内藏)的进出口贸易管理附加税①。

贞观十四年(640)唐灭高昌,设西州。显庆三年(658)灭西突厥汗国,整个西域的宗主权转归唐帝国。于是,东西交往的道路没有先前那么多阻障,给那个时代活跃在丝绸之路上的粟特商人的兴贩贸易活动提供了极大的便利。通过吐鲁番出土《唐开元二十年(732)瓜州都督府给西州百姓石染典过所》等文书,使我们看到著籍于西州的粟特商人石染典,在焉耆铁门关和河西瓜州之间,利用唐朝兵将守护的官道,自由贩易的情形②。

在唐朝,由中央统一管理的交通馆驿系统相当完善,以都城长安、洛阳为中心,通向西域等周边地区的道路畅通无阻。粟特商人在利用自己建立的殖民聚落点所构成的贸易网络的同时,还充分利用唐帝国提供的交通体系,非常容易和安全地进行他们的远程商业活动。当时的都城长安拥有庞大的定居人口,可以说是当时世界上最大的消费都市之一,粟特商人正是通过古代新疆的丝绸之路,一站一站地把胡姬、猎豹、香料、药材、金银器皿、葡萄美酒等运送到这里,以满足都市的巨大消费需求。

三、古代新疆是丝路文化融汇之地

在物质文化交流的同时,自古而来,通过丝绸之路的精神文化交流也在不断地进行,我们可以从各种宗教的传播,来看古代新疆在融汇东西方文化上所做的贡献。

作为世界三大宗教之一的佛教,留给古代新疆的痕迹最为明显,目前我们还可以沿着丝绸之路看到留存下来的一连串的佛教石窟,如喀什的三仙洞,龟兹的克孜尔、库木吐喇、森木塞姆、克孜尔尕哈,焉耆的锡克沁,吐鲁番的柏孜克里克、吐峪沟,再向东延伸到敦煌莫高窟、安西榆林窟、武威天梯山、永靖炳灵寺、天水麦积山、大同云冈、洛阳龙门等,这些石窟大多融会了东西方的艺术风格,是丝绸之路上以佛教思想和艺术为主、内涵丰富的东西文化交流的见证,它们连成一串宝珠,成为丝绸之路上的重要文化遗产。

---

① 参见朱雷《麴氏高昌王国的"称价钱"》,《魏晋南北朝隋唐史资料》第4辑,1982年,17—24页;姜伯勤《敦煌吐鲁番文书与丝绸之路》,文物出版社,1994年,138—139、175页。

② 参见荒川正晴《唐帝国とソグド人の交易活動》,《东洋史研究》第56卷第3号,1997年,171—204页。

其实,在流沙下面,还掩埋着许多古代于阗、鄯善、楼兰地区的佛教寺院,东西方的探险家和考古工作者,已经从中发掘到相当精美的佛教艺术品和大量的佉卢文、于阗文书写的佛经,加上北道龟兹、焉耆、吐鲁番地区出土的吐火罗文、粟特文、回鹘文的佛典,我们才能够理解在汉译佛典当中,为什么有这么多文本和梵文佛典对应不上,这些西域"胡本"实际上是古代新疆的高僧大德编译或编纂的作品,它们和源自印度的梵本一道,成为中原佛教善众信奉的经典,从而影响到中国民众的思想。

古代新疆曾经是佛教繁盛之地,几乎所有的绿洲王国都奉佛教为国教,因此也产生了一些旷世的高僧,如龟兹的鸠摩罗什,于阗的实叉难陀,都是兼通经律论三藏的大法师,他们来到中原,大力翻译佛教经典,对于中国思想和社会都产生了巨大的影响。今天,佛教已没有古代那么盛行,但人们头脑中的因果报应思想,语言中常常使用的一些词汇,随处可见的佛寺石窟,百姓喜闻乐见的小说弹词等文学艺术形式,都是古代新疆佛教直接或间接留下的影响。

虽然佛教在古代新疆占据着各个绿洲王国的国教地位,但是,在西域这样多民族聚集的地区,文化思想也不可能强求统一,其他各种宗教思想也在不同时代进入这些绿洲王国,与佛教并行不悖。我们从吐鲁番安乐城废佛塔中出土的《金光明经》题记中得知,早在高昌郡时期,祆教已经进入高昌,并在高昌城东建立了供奉胡天的祆祠(430)。这所祆祠一定是那一带有名的建筑物,因此佛经题记在指称太后祠时,是以这座祆祠作为地理坐标的①。由于有大量粟特胡人进入高昌地区,高昌郡府和后来的高昌王国包容了他们所信奉的祆教,使胡人拥有自己的祭祀中心,得以安居乐业。

佛教也并非一直是一支独秀,在古代高昌地区,摩尼教曾经辉煌一时。840年,回鹘汗国为劲敌黠戛斯所灭,部众四散奔逃,其中有十五部西迁天山东部地区,以后创建了高昌回鹘(也叫西州回鹘)王国。正像公元4世纪中叶河西的高僧随着逃难的北凉王族进入高昌一样,在庞大的回鹘西迁的部族中,应有不少摩尼教徒随行,甚至有一些极富传教能力的法师,他们不仅把摩尼教势力从漠北转移至高昌,而且在高昌回鹘可汗的支持下,很快就

---

① 参见荣新江《吐鲁番出土〈金光明经〉写本题记与祆教初传高昌问题》,朱玉麒主编《西域文史》第2辑,科学出版社,2007年,1—13页。

让高昌民众也逐渐皈依了这一信仰。在高昌回鹘王国的范围内,摩尼教的信徒上到可汗,下及普通民众,有男有女,种族也各不相同。20 世纪初以来,吐鲁番出土的摩尼教文献,数量极其可观,是 9—10 世纪高昌回鹘摩尼教兴盛的真实写照。在这些丰富的文献中,有用中古波斯语和帕提亚语写成的各类赞美诗,也有在各种宗教仪式上所念诵的忏悔文、祈祷文,以及各类宗教节日的诗文,还有宗教譬喻文献,有规诫文、布道文;有教会史著作,有术语表、符咒文、占星文、历日表、葬仪文等①。一组异常珍贵的摩尼教文书,是 1980 年柏孜克里克石窟出土的三封粟特文书信,其中两封都是高昌回鹘境内某地的拂多诞寄给教团更高一级的领袖慕阇的②。这位名为"马尔·阿鲁亚曼·普夫耳"的慕阇,应当是高昌回鹘王国内最高的摩尼教僧团领袖,也是当时整个摩尼教世界的有数高僧。

此外,发源于西亚的基督教聂斯脱利派也同样流传到新疆,在今吐鲁番葡萄沟内的水盘,就有一座颇具规模的景教寺院,其中出土了大量的基督教文献③,表明这里是区别于高昌城边景教教堂的一个基督教徒隐修之地④。

从过去到今天,不同宗教或同一宗教不同派别之间的分歧和对立,常常会引发冲突乃至战争,因此总是会给人留下深刻的印象,并使人产生不同宗教信仰之间乃是水火不兼容的这样一种错觉。但是,事实上,在古代世界里,从各种宗教流行和分布的情形来看,占据主流地位的并非各种宗教信仰之间的对立和冲突,而是它们之间的混同与共处。在新疆这一处于"人类文明的十字路口"的地区,这种文化融汇现象表现得最为明显,且最具典型性⑤。在古代丝绸之路上,不同宗教的混同形态的共存,才是历史的主流现象。

---

① M. A. Boyce, *Catalogue of the Iranian Manuscripts in Manichaean Script in the German Turfan Collection* (Deutsche Akademie der Wissenschaften zu Berlin, Institut für Orientforschung. Veröffentlichung Nr.45), Berlin: Akademie Verlag, 1960.

② 吉田丰《粟特文考释》,柳洪亮编《吐鲁番新出摩尼教文献研究》,文物出版社,2000 年,3—199 页。

③ N. Sims-Williams, "Die christlich – sogdischen Handschriften von Bulayiq", *Ägypten*, *Vorderasien*, *Turfan*: *Probleme der Edition und Bearbeitung altorientalischer Handschriften*, Berlin 1991, pp. 119-125.

④ 陈怀宇《高昌回鹘景教研究》,《敦煌吐鲁番研究》第 4 卷,1999 年,165—214 页。

⑤ H. -J. Klimkeit, "Synkretismus in Zentralasien-eine Zwischenbilanz", *Synkretismus in den Religionen Zentralasiens*, eds. Walther Heissig and Hans-Joachim Klimkeit, Wiesbaden: Harrassowitz, 1987, pp. 207-216.

四、古代新疆的兴衰与丝绸之路同命运

古代新疆为丝绸之路的存在提供了物质基础，绿洲王国的城镇分布和馆驿系统保障了丝绸之路贸易的通畅网络，为丝路商人的兴贩贸易活动提供了场所。同时，古代新疆也是丝路各种宗教、思想、文化的流行之区，并且产生了许多学识渊博的高僧，翻译、编纂了大量佛经文本，如摩尼教也曾经在高昌地区盛行一时。古代新疆对于丝绸之路上东西经济、文化交往做出了巨大的贡献。

任何事情都不是单向的结果，古代新疆对于丝绸之路的贡献也得到了很多回报，从绿洲王国的中转贸易收入，到过往高僧大德给予西域地区的精神营养，都是难以估量的。甚至可以说，古代新疆的兴衰是和丝绸之路的命运紧密联系在一起的。

我们仍然以高昌王国为例。高昌国供奉客使和宽容各种宗教流行的做法，大大地促进了高昌与东西方各国间的交往，高昌由此获得了巨大的利益。大批胡人的到来，补充了高昌人力的不足；东西方商品的转运，促进了该地区的商品经济，也使绿洲国家从中获得大量的商税收入。在铁勒控制高昌时期，"恒遣重臣在高昌国，有商胡往来者，则税之送于铁勒"（《隋书》卷八三《高昌传》），可以想见高昌商税收入之可观。高昌常常以突厥汗国为后盾，与之世代结亲，借助突厥的势力与西方诸国交往。玄奘西行时，麹文泰作二十四封书信，通龟兹等国，表明高昌与西方诸国的密切关系。同时，史籍记贞观四年，"西域诸国咸欲因文泰遣使朝贡"，则可见高昌处在西域贸易使团与东方贸易的首领地位。可是，当唐朝与突厥直接对立以后，高昌成为两大势力间的争夺焦点，它却站在突厥一边，遏绝了西域使者前往唐朝的道路。焉耆为争夺过往商贸的利益，请求唐朝绕过高昌，开大碛路以通商旅。高昌为了保持自身在丝路上的商业利益，与突厥连兵进攻焉耆。于是，遏绝使者和攻击焉耆，成为唐太宗于贞观十四年出兵攻打高昌的主要理由，麹文泰在得不到突厥的援助下，病发而死，高昌国由此灭亡。

从高昌立国与丝路的密切关系可以看出，丝路通，则高昌盛；丝路绝，则高昌亡。我们可以广而言之，丝绸之路通畅的时候，新疆必然昌盛；而一旦丝绸之路由于某种原因而道路断绝，则新疆一定会由此衰弱。古往今来的

历史告诉我们,开放的新疆必将拥有美好的未来。

（2007 年 10 月 7 日完稿,原载祁小山、王博编《丝绸之路·新疆古代文化》,新疆人民出版社,2008 年,298—303 页;2010 年 7 月 10 日修订,以"伊斯兰化以前的中亚——东西交往史的角色"为题,载桥寺知子、森部丰等编《アジアが结ぶ东西世界》,关西大学出版部,2011 年,5—13 页）

唐代安西都护府与丝绸之路
——以吐鲁番出土文书为中心

龟兹是汉唐时期西域的大国,北据天山,南临大漠,是沿塔里木盆地北缘东西往来的交通必经之地。龟兹"国大都城周十七八里"①,"城有三重,外城与长安城等,室屋壮丽,饰以琅玕金玉"②,"王宫壮丽,焕若神居"③。

由龟兹向北,可以越过天山的一些山口,通向天山北麓的草原游牧地区。7世纪前半叶,龟兹附属于天山北麓的西突厥汗国。显庆三年(658),唐朝灭西突厥汗国,将安西都护府从西州交河城迁至龟兹王城,下辖安西(龟兹)、于阗、疏勒、焉耆四镇,龟兹成为唐朝统治西域地区的军政中心。此后一段时间里,唐朝与吐蕃及西突厥余部曾在西域地区展开拉锯战,安西都护府曾撤回西州。但是到了长寿二年(692),唐将王孝杰率军从吐蕃手中收复安西四镇,唐廷征发汉兵三万人镇守西域。开元十五年(727)经过安西地区的新罗僧人慧超,在其所撰《往五天竺国传》中说:"从疏勒东行一月,至龟兹国,即是安西大都护府,汉国兵马大都集处。……从此已东,并是大唐境界,诸人共知,不言可悉。"唐朝军队的驻守,不仅抵御了吐蕃军队和西突厥余部对西域地区的进攻,维持了西域地区长期的稳定,而且保障了丝绸之路的畅通。

唐朝将安西都护府移驻龟兹,对于丝路畅通和贸易繁盛,都提供了重要保障。以下仅从两个方面,对此加以论证和阐述。

---

① 玄奘、辩机撰,季羡林等校注,《大唐西域记校注》,中华书局,1985年,54页。
② 《梁书》卷五四《诸夷·龟兹国传》,中华书局,1973年,813页。
③ 《晋书》卷九七《四夷传》,中华书局,1974年,2543页。

一、馆驿系统的建立

《唐会要》卷七三"安西都护府"条记:"显庆二年十一月,伊丽道行军总管苏定方大破贺鲁于金牙山,尽收其所据之地,西域悉平。定方悉命诸部,归其所居。开通道路,别置馆驿。"①这里虽然说的是西突厥阿史那贺鲁所属诸部的地方,其实在整个安西地区,唐朝都做了类似的工作。在调露元年(679)以碎叶代焉耆为安西四镇之一,以及长安二年(702)在天山北麓设置北庭都护府以后,"开通道路,别(列)置馆驿"的工作也延续到这些地区。从《新唐书》卷四三《地理志》"安西入西域道"条以及卷四〇《地理志》西州、北庭条保存的道路记载,可以看出这种"开通道路"的情形。现将《新唐书·地理志》保存的片段内容,以安西(龟兹)所在为中心,按道路走向分段择要于后:

①自〔西〕州西南有南平、安昌两城,百二十里至天山西南入谷,经礌石碛,二百二十里至银山碛,又四十里至焉耆界吕光馆。又经磐石百里,有张三城守捉。又西南百四十五里经新城馆,渡淡河,至焉耆镇城。②

②自焉耆西〔百〕五十里过铁门关,又二十里至于术守捉城,又二百里至榆林守捉,又五十里至龙泉守捉,又六十里至东夷僻守捉,又七十里至西夷僻守捉,又六十里至赤岸守捉,又百二十里至安西都护府。③

③安西西出柘厥关,渡白马河,百八十里西入俱毗罗碛。经苦井,百二十里至俱毗罗城。又六十里至阿悉言城。又六十里至拨换城,一曰威戎城,曰姑墨州,南临思浑河。

④乃西北渡拨换河、中河,距思浑河百二十里,至小石城。又二十里至于阗(祝之误)境之胡芦河。又六十里至大石城,一曰于祝,曰温

---

① 《唐会要》卷七三,上海古籍出版社,1991年,1567页。从文意上看,"别"字作"列"字更佳,两个字体相近,或许原文为"列"字。
② 《新唐书》卷四〇《地理志》"西州"条,中华书局,1975年,1046页。
③ 《新唐书》卷四三《地理志》"安西入西域道"条,1151页。

肃州。又西北三十里至粟楼烽。又四十里度拨达岭。又五十里至顿多城，乌孙所治赤山城也。又三十里渡真珠河，又西北度乏驿岭，五十里渡雪海，又三十里至碎卜戍，傍碎卜水五十里至热海。又四十里至冻城，又百一十里至贺猎城，又三十里至叶支城，出谷至碎叶川口，八十里至裴罗将军城。又西二十里至碎叶城，城北有碎叶水，水北四十里有羯丹山，十姓可汗每立君长于此。自碎叶西十里至米国城，又三十里至新城，又六十里至顿建城，又五十里至阿史不来城，又七十里至俱兰城，又十里至税建城，又五十里至怛罗斯城。

⑤自拨换碎叶（后二字衍文）西南渡〔思〕浑河，百八十里有济浊馆，故和平铺也。又经故达干城，百二十里至谒者馆。又六十里至据史德城，龟兹境也，一曰郁头州，在赤河北岸孤石山。渡赤河，经岐山，三百四十里至葭芦馆。又经达漫城，百四十里至疏勒镇。

⑥自拨换南而东，经昆岗，渡赤河，又西南经神山、睢阳、咸泊，又南经疎树，九百三十里至于阗镇城。

⑦于阗西五十里有苇关，又西经勃野，西北渡系馆河，六百二十里至郅支满城，一曰碛南州。又西北经苦井、黄渠，三百二十里至双渠，故羯饭馆也。又西北经半城，百六十里至演渡州，又北八十里至疏勒镇。自疏勒西南入剑末谷、青山岭、青岭、不忍岭，六百里至葱岭守捉，故羯盘陀国，开元中置守捉，安西极边之戍。

⑧于阗东三百里有坎城镇，东六百里有兰城镇。……于阗东距且末镇千六百里。

⑨又一路自沙州寿昌县西十里至阳关故城，又西至蒲昌海南岸千里。自蒲昌海南岸，西经七屯城，汉伊修城也。又西八十里至石城镇，汉楼兰国也，亦名鄯善，在蒲昌海南三百里，康艳典为镇使以通西域者。又西二百里至新城，亦谓之弩支城，艳典所筑。又西经特勒井，渡且末河，五百里至播仙镇，故且末城也，高宗上元中更名。又西经悉利支井、祆井、勿遮水，五百里至于阗东兰城守捉。又西经移杜堡、彭怀堡、坎城守捉，三百里至于阗。①

⑩自庭州西延城西六十里有沙钵城守捉，又有冯洛守捉，又八十里

---

① 《新唐书》卷四三《地理志》"安西入西域道"条，1149—1151页。

有<u>耶勒城守捉</u>，又八十里有<u>俱六城守捉</u>，又百里至<u>轮台县</u>，又百五十里有<u>张堡城守捉</u>，又渡里移得建河，七十里有<u>乌宰守捉</u>，又渡白杨河，七十里有<u>清镇军城</u>，又渡叶叶河，七十里有<u>叶河守捉</u>，又渡黑水，七十里有<u>黑水守捉</u>，又七十里有<u>东林守捉</u>，又七十里有<u>西林守捉</u>。又经黄草泊、大漠、小碛，渡石漆河，踰车岭，至弓月城。过思浑川、蛰失蜜城，渡伊丽河，一名帝帝河，至碎叶界。又西行千里至碎叶城，水皆北流入碛及入夷播海。[①]

上面《新唐书·地理志》的文字，据考为贞元年间（785—805）宰相贾耽所撰《皇华四达记》的片段，而《皇华四达记》依据的应当是唐朝中央政府保存的文书档案。我这里把这些片段记录按照道路的顺序略做调整，可以清楚地把道路的走向区分为若干段落：①西州至焉耆，②焉耆至安西（龟兹），③安西至拨换，④拨换至碎叶，更西到怛罗斯城，⑤拨换至疏勒，⑥拨换至于阗，⑦于阗至疏勒，疏勒至葱岭，⑧于阗至兰城、且末，⑨沙州至兰城乃至于阗，⑩北庭至碎叶[②]。至于沙州经伊州而至西州的道路，和西州通北庭的道路，都是唐朝直辖州之间的道路，所以不在《皇华四达记》所载范围，我们可以通过敦煌写本《沙州图经》和《西州图经》清楚地知道这两处道路的走向。由此可见，《皇华四达记》所载道路，正好覆盖了唐朝安西、北庭两大都护府直辖的范围。

上述《皇华四达记》所记道路上主要的"城"，大多数在中国传统的名称之外，又有了唐朝羁縻州的名称，其他则是唐朝军事系统的镇、守捉、戍、堡、烽、铺，也有馆驿系统的馆（我们在此类唐朝命名的行政单位名称下用专名线以提示），说明这是显庆三年后唐朝在西域地区设置羁縻府州、建立镇戍守捉等军事防御体系的结果，而连接这些府州、镇戍的道路，则是所谓"开通道路"的结果。这个"道路"不再是普通的道路，而是唐朝具有法令意义的"官道"或叫"驿路"了。

"别（列）置馆驿"也是唐朝灭西突厥汗国、迁安西都护府于龟兹后的一项重要措施。按唐制，官道上三十里置一驿，非通途大道则立馆。在上述《皇华四达记》中，记录有西州、焉耆间的吕光、新城馆；拨换、疏勒间的济

① 《新唐书》卷四〇《地理志》"北庭大都护府"条，1047 页。

② 有关这些道路的考证，参看张广达《碎叶城今地考》，《北京大学学报》1979 年第 5 期，70—82 页；陈戈《新疆古代交通路线综述》，《新疆文物》1990 年第 3 期，55—92 页；王炳华《唐置轮台县与丝绸之路北道交通》，荣新江主编《唐研究》第 16 卷，北京大学出版社，2010 年，151—168 页。

浊、谒者、葭芦馆和疏勒、于阗间的羯饭馆,总计六所。这里没有记录到"驿",究其原因,一种可能是西域道路多非坦途,所以馆多驿少;另一可能是《皇华四达记》主要依据的是开元天宝时的材料。从吐鲁番出土文书来看,唐高宗、武周时期的西州馆驿多称为"驿",到玄宗朝似乎都改称为"馆"了[①]。但西域地区并非没有驿。《资治通鉴》卷二〇九记景龙二年(708)突骑施酋长娑葛攻四镇,"生擒〔阙啜〕忠节,杀〔唐御史中丞冯〕嘉宾,擒〔侍御史〕吕守素于僻城,缚于驿柱,刲而杀之"[②]。岑仲勉先生疑这里的"僻城"或为焉耆、龟兹间的东、西夷僻守捉城之一[③],可备一说。无论如何,这件发生在西域的事件,表明西域僻城内,设有驿站。

对于《皇华四达记》所在的道路标识而言,馆驿是最小的行政单位,所以记录较少是完全可以理解的。事实上,西域地区的馆驿绝不止上面提到的六座。吐鲁番阿斯塔纳 506 号墓出土文书有《唐天宝十三载(754)碯石馆具七至闰十一月帖马食历上郡长行坊状》和《唐天宝十三载天山县具银山馆闰十一月郡坊帖马食历上郡长行坊状》[④],是上述西州至焉耆路上的馆驿,行政系统上应当属于西州天山县。岑参有诗,题《银山碯西馆》《宿铁关西馆》[⑤],这两个馆应当都在焉耆界内。日本大谷探险队在库车西都勒都尔—阿护尔(Douldour-aqour)所得文书(大谷 1508)中,有"大井馆"之名[⑥],当为安西地区的馆驿名称。伯希和(P. Pelliot)在同一地点所获文书 D. a. 41 号中,有"馆马三匹送赴军事"的记录[⑦],虽然没有馆的名字,但表明馆的存在。这样的文书还有大谷探险队库车所获《烽子阎敬元状》(大谷 8071),其中提到"烽馆之人"[⑧]。从敦煌、吐鲁番文书可知,唐朝的烽铺和馆

---

① 参看陈国灿《唐西州蒲昌府防区内的镇戍与馆驿》,《魏晋南北朝隋唐史资料》第 17 辑,武汉大学出版社,2000 年,95 页。

② 《资治通鉴》卷二〇九,中华书局,1956 年,6628 页。

③ 岑仲勉《西突厥史料补阙及考证》,中华书局,1958 年,78 页。

④ 《吐鲁番出土文书》肆,文物出版社,1992 年,447、462 页。

⑤ 刘开扬《岑参诗集编年笺注》,巴蜀书社,1995 年,179、181—182 页。

⑥ 小田义久编《大谷文书集成》第 1 卷,法藏馆,1984 年,73 页。

⑦ *Les manuscrits chinois de Koutcha. Fonds Pelliot de la Bibliothèque Nationale de France*, par E. Trombert avec la collaboration de Ikeda On et Zhang Guangda, Paris: Institut des Hautes Études Chinoises de Collège de France, 2000, p. 66.

⑧ 《沙州文录·附录》,上虞罗氏印本,1924 年,叶 2;小田义久编《大谷文书集成》第 3 卷,法藏馆,2003 年,227 页。

驿往往同设在一处,所以兼有防御和交通功用。另外,上述《皇华四达记》提到拨换、于阗间的神山等地名,没有说到它们的行政单位。但现藏德国柏林亚洲艺术博物馆的和田出土汉文文书《唐于阗诸馆人马给粮历》(编号 MIK III-7587)提到草泽馆、欣衡馆、连衡馆、谋常馆四个馆名,总名之为"神山已北四馆"(图 1)①。据 Hedin 24 号文书,神山称"堡"②,这里是扼守和

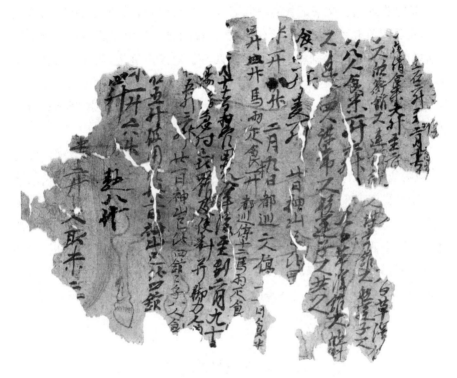

图 1　和田出土汉文文书《唐于阗诸馆人马给粮历》

田河路的主要据点,作为军事堡垒之外,也应当有馆驿之设。谋常馆又见于斯坦因(A. Stein)在麻札塔格发掘到的 M. T. 0628 号文书,有"谋常监馆二人粮(下残)"字样③,说明从拨换到于阗沿和田河的道路上都设有馆。另

①　见《吐鲁番古写本展图录》,朝日新闻社,1991 年,图版 7 及解说(池田温执笔)。
②　见张广达、荣新江《八世纪下半至九世纪初的于阗》,作者《于阗史丛考》(增订本),中国人民大学出版社,2008 年,242 页。
③　沙知、吴芳思编《斯坦因第三次中亚考古所获汉文文献(非佛经部分)》卷一,上海辞书出版社,2005 年,187 页。

外,斯文·赫定(Sven Hedin)探险队在和田策勒老达玛沟地区所获文书中有《永泰三年(767)正月五日于阗百姓纳馆家草条记》①,斯坦因所获文书M.T.0634号为《贞元六年(790)十月四日馆子王仵□抄于阗善政等坊百姓纳租税条记》②,前者属于于阗王国的六城地区,后者可能是在于阗都城一带,说明馆在于阗地区的普遍存在。

这些当地出土文书记载的馆驿名称以及与馆驿有关的赋税记录,证明了唐安西四镇地区馆驿的广泛存在,而且说明显庆三年以后唐在西域地区"列置馆驿"的措施的确得到实行。安西都护府落户龟兹,意味着唐朝一系列政治、军事、交通、运输体制的直接导入,其中唐朝的馆驿制度有一整套促进交通往来,提供食宿、马匹等交通运输的功能,这些隐含在馆驿名称背后的内涵是可以根据唐朝的制度推导出来的。

唐朝以安西为中心的驿路系统的开通,以及馆驿制度在西域地区的建立,成为唐朝军政人员、公文、物资往来的途径与支撑③,同时也为丝绸之路上兴贩贸易的商人,提供了有安全保障的通畅道路④。而反观此前西域王国分立状态时,商旅往来有诸多不便,如高昌王国与焉耆为争商道甚至兵戎相见。唐安西都护府的建立和对四镇地区的稳固统治,加之北庭都护府的建立,使得分立的西域绿洲王国及天山北路草原游牧部族成为一体,各自之间的道路通畅无阻,又有馆驿传递制度的保障,这为唐朝兴盛的开元天宝时代维持了一个东西交通的辉煌阶段。

二、商业贸易的管理

龟兹位于丝绸之路中道上的交通要冲,这决定了它对东西方贸易一定

---

① 吉田豊《コータン出土8—9世纪のコータン语世俗文书に关する觉え书き》,神户市外国语大学外国学研究所,2006年,27页。

② 沙知、吴芳思编《斯坦因第三次中亚考古所获汉文文献(非佛经部分)》卷一,188页。

③ 严耕望称从长安经河西走廊越西州、焉耆到龟兹的道路,"即为唐代长安通西域中亚之大孔道也。全线行程皆置驿。……使骑较急之文书,约一月可达"。见《唐代交通图考》第2卷,"中研院"史语所,1985年,488页。

④ 参看程喜霖《从唐代过所文书所见通"西域"的中道》,《敦煌研究》1988年第1期,58—67页;又《唐代过所与胡汉商人贸易》,《西域研究》1995年第1期,97—103页;又《唐代过所研究》第5章《唐代公验过所与交通贸易》,中华书局,2000年,219—265页。

起着重要的作用。龟兹地区气候温热,盛产麻、麦、葡萄、梨、桃等;傍山处宜牧,出良马、封牛;山中有矿,故黄金、铜、铁等冶铸业闻名西域。史书中有龟兹王国向中原王朝进贡方物的记载,如北魏太和二年(478)七月献名驼七十头;九月献大马、名驼、珍宝①。隋大业中(605—617)贡方物②。唐高宗上元二年(675)献银颇罗③。这些物品有的是龟兹本地的特产,有的则是外来品,由龟兹转手进入中原。吐鲁番出土北凉承平八年(450)文书提到龟兹所制的"丘慈锦"④。《旧唐书》提到龟兹有葡萄酒⑤。这些只是极其简略的提示,说明龟兹和其他丝路上的绿洲城市一样,有自己的特产,也有大量的转手贸易商品。安西都护府迁入龟兹,拉近了首都长安与龟兹之间的距离,交通的通畅给经龟兹地区的丝路贸易带来巨大的变化。

但是,由于传世文献记载和龟兹地区出土文书的相对缺乏,有关唐朝安西都护府在丝绸之路商业贸易上的重要性,学界似乎远没有像对高昌、敦煌那样深入的了解。有幸在丰富的吐鲁番出土文书中,也有涉及往来安西地区的胡汉商人的记录,为我们今天讨论这个话题提供了素材。

由唐长孺先生领导的吐鲁番文书整理小组定名为《唐西州高昌县上安西都护府牒稿为录上讯问曹禄山诉李绍谨两造辩辞事》的吐鲁番出土文书,残存八个断片,内容是官府审讯一个案件时双方辩词的记录⑥。学者们对其年代、地理、胡人贸易等问题做过详细的探讨,内容基本明了,但有些方面还有不同看法⑦。根据双方的辩词,大体可以按照时间顺序,将内容摘要

① 《魏书》卷七《高祖纪》,中华书局,1974 年,146 页。

② 《隋书》卷八三《西域传》,中华书局,1973 年,1852 页。

③ 《旧唐书》卷五《高宗本纪》,中华书局,1975 年,100 页。

④ 《吐鲁番出土文书》壹,文物出版社,1992 年,92—93 页。

⑤ 《旧唐书》卷一九八《西戎传》,5303 页。

⑥ 《吐鲁番出土文书》叁,文物出版社,1992 年,242—247 页。

⑦ 相关的主要研究有王明哲《吐鲁番出土有关弓月城文书初析》,《西域史论丛》第 1 辑,新疆人民出版社,1985 年,171—181 页;黄惠贤《〈唐西州高昌县上安西都护府牒稿为录上讯问曹禄山诉李绍谨两造辩辞事〉释》,唐长孺编《敦煌吐鲁番文书初探》,武汉大学出版社,1983 年,344—363 页;朱英荣《龟兹经济与龟兹文化》,《新疆大学学报》1990 年第 3 期;王小甫《唐吐蕃大食政治关系史》,北京大学出版社,1992 年,72—73 页;荒川正晴《唐帝国とソグド人の交易活动》,《东洋史研究》第 56 卷第 3 号,1997 年,185—188 页;又 "The Transit Permit System of the Tang Empire and the Passage of Merchants", *The Memoirs of the Research Department of the Toyo Bunko*, 59, 2002, pp.7-18;又《唐代粟特商人与汉族商人》,荣新江等编《粟特人在中国——历史、考古、语言的新探索》,中华书局,2005 年,101—109 页。

如下(相关文句后括注残片编号和行数):

咸亨二年(671)某月,粟特胡人曹禄山在高昌县状告京师人李绍谨(又名李三),说乾封二年(667)禄山兄曹炎延与汉商李绍谨等自京师出发,经安西,至弓月城做买卖。同行的还有曹果毅及曹二(又名曹毕娑)等胡商以及炎延外甥居者(II/2-4)。李绍谨承认"向弓月城去时,从安〔西逐兴〕生胡向弓月城去"(III/12-14)。总章三年(670)年初,李绍谨在弓月城举借曹炎延练"二百七十五匹绢"(I/6-7),"付练之日,有曹毕娑及曹果毅知见"(VII/2-3)。二月或稍前,李绍谨与曹炎延"两个相共从弓月城向龟兹"(I/8-12),"从弓月城行百里许,即逢安西有使四人"向玉河军(IV2-3),但曹炎延未达龟兹。随后,曹禄山及外甥也追逐李绍谨之后去了龟兹(II/8-10),而曹果毅及曹二则留住在弓月城(II/2-4)。以后,他们二人更向西去,不知见在何处(VII/3-4)。总章三年三月改元咸亨(670),四月安西陷蕃,曹禄山等和李绍谨一同随安西都护府从龟兹撤回高昌(III/1-2)。咸亨二年(671),曹禄山因不见其兄,故于高昌县状告李绍谨,请求官府牒安西,检去年从龟兹向弓月的使人,问是否有胡人相逐共李绍谨同行,以定李绍谨口供的虚实。(IV-VI)

这件文书讲到曹炎延、曹果毅、曹毕娑等粟特商人从长安出发,与汉商李绍谨同行,经安西(龟兹)到弓月城,李向曹炎延借275匹绢,炎延的兄弟曹禄山和外甥随后而到。以后李绍谨到龟兹,曹禄山随后赶到,发现兄长不在,但他在弓月从曹果毅和曹毕娑处得知兄长借练的事实,所以当两人都到达高昌后,即向官府提出诉讼。因为曹禄山知道李绍谨等从弓月往龟兹途中见到唐朝的使人,所以请高昌县行文安西都护府,了解唐朝使人是否见到曹炎延、李绍谨等胡汉商人一行。由此可见,安西对于这些从长安出发、前往北疆的弓月城甚至更西贩易的胡汉商人来说,是一个重要的交通枢纽,他们来去都要经过这里,取得接济。也可以说,以安西为中心,北通弓月,东向高昌,是当时胡人经商的常用道路。由于咸亨元年吐蕃入侵,这些胡汉商人退回西州,所以,曹禄山的报告是从高昌县递交上去的。从诉状请求安西都护府查找两年前唐朝使者及胡汉商人的行踪,也可见安西都护府的功能强大,因为安西都护府办案的范围,可以覆盖到弓月城以西直到碎叶、怛罗斯等地。而安西都护府之所以可以追踪到这些粟特商人,是因为按照唐朝制度的规定,他们在经过唐朝的关隘、守捉、馆驿的时候,都要登记,包括他们随从人员和随身携带的牲畜,都有案可查。斯坦因在麻札塔格所得《唐别奏康云汉文书》(M. Tagh. 092 背,现编号 Or. 8212/1557)文字如下(图 2):

　　　　（前缺）

1　别奉(奏)康云汉　作人石者羯　都 多[

2　奴伊礼然　奴伏浑　马一匹　　驴[

3　牛叁头　揄论都督首领弓 弩[

4　　　]左右觅战　胡数浑　马[

5　　　] 连衡监官王瓚　欣衡监官□□[

　　　　（后缺）①

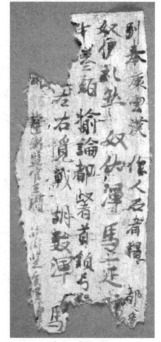

图 2　和田麻札塔格出土
《唐别奏康云汉文书》

"连衡""欣衡"均见于德藏和田文书《唐于阗诸馆人马给粮历》中,是沿和田河所设的馆名。"监官"可能是"监馆"的误写,上举同一遗址出土的 M. T. 0628 号文书有"谋常监馆"的写法,可以为证。这件文书正是一个粟特商人康云汉带着随从作人和奴隶,以及牲畜等经过拨换到于阗间的馆驿时的记录。

　　可见,安西都护府作为整个西域地区的最高军政机构,保障了其辖区内商人的往来和正当的贸易活动,如有违规的行为,将受到追究。

　　正是由于安西都护府下羁縻州体制的建立,使得羁縻州内的胡人也成为唐朝的百姓,得到合法的身份,可以在唐朝控制的范围内自由往来。吐鲁番出土的《唐开元二十年(732)石染典过所》记载,该年三月十四日,粟特商人石染典在河西的瓜州请过所,希望在此市易结束后,前往安西。除他本人之外,随从只有作人康禄

---

① 沙知、吴芳思编《斯坦因第三次中亚考古所获汉文文献(非佛经部分)》卷二,上海辞书出版社,2005 年,217 页。文字根据 2010 年下半年北京大学中国古代史研究中心"西域文书读书班"会读结果有所订正和补充。

山、石怒忿和家生奴移多地四人而已①。而在动乱的年代，粟特商人是不敢单独行动的，一般都是几十人、上百人组成庞大的商队，一同行动，以免被强盗或敌对的军队打劫②。从中我们看到，在唐朝统治西域期间，因为西域和内地都在统一的管理体制下，丝绸之路上的商人可以比较方便地往来贸易，我们从石染典过所可以看到他的商队规模不大，表明在和平的环境下，丝路上的商人有时是不需要成群结队地行走了。

此外，安西都护府成立后，特别是长寿元年（692）再复四镇后，大量内地驻军以及随军而来的家属、服务人员、僧尼大众等，在唐朝中央政府的有力支持下，移住西域地区。随之而来的是大量可以用作钱币的布帛，需要从凉州、秦州等地调运到西域地区，此即人们常常引用的张籍《凉州词》所诵："无数铃声遥过碛，应驮白练到安西。"吐鲁番出土文书《唐开元二十一年（733）西州都督府案卷为勘给过所事》所记京兆府华源县人王奉仙，就是开元二十年前往安西运送兵赐的雇佣人，他回到西州时，因为见到欠负他三千文钱的张思忠，随后追赶，到西州酸枣戍的时候，被守酸枣的兵士捉住，因为他没有向北庭去的过所，却一路向北而去③。这个事例一方面证明大量物资运送到了安西地区，也同时说明唐朝官府对于往来人物管理的严格④。唐朝的这一物资调运，也推动了以龟兹为中心的商品贸易和货币经济的发展。

王奉仙这样远行到安西的人，被称作"行客"，从张思忠欠负他三千文钱的事实，似乎可以看出这些行客在旅途中也从事放贷或买卖。伯希和在库车都勒都尔·阿护尔发掘的文书中，就有一些行客的记载，如 D. a. 58 和 D. a. 115 都有"行客营"字样，据姜伯勤研究，"龟兹'行客'已如土户一样负担'掏拓'等差科，可知龟兹地区'行客'一色已作为一般差役征发对象"。"由行客组建的营队，故有'行客营'之称"。他还指出，行客也包括远

① 《吐鲁番出土文书》肆，275—276 页。

② 参看荣新江《北周史君墓石椁所见之粟特商队》，《文物》2005 年第 3 期，47—56 页。

③ 《吐鲁番出土文书》肆，290 页。

④ 郭平梁《唐朝王奉仙被捉案文书考释——唐代西域陆路交通运输初探》，《中国史研究》1986 年第 1 期，136—145 页。荒川正晴《唐の对西域布帛输送と客商の活动について》，《东洋学报》73 卷 3，4 号，1992 年，31—63 页；王忻译文，《敦煌学辑刊》1993 年 2 期，108—118 页；乐胜奎译文，《魏晋南北朝隋唐史资料》16 期，1998 年，342—353 页。荒川正晴《唐代前半の胡汉商人と帛练の流通》，《唐代史研究》7，2004 年，17—59 页。

行商客①。总之可以说，由于物资运输的量非常之大，所以从事运送的行客人数众多，他们中间也有些人兼带做些小本生意，有的则留下来，作为安西地区的劳动力，推动当地的军政建设。

综上所述，盛唐时期是东西方政治经济文化交往最为繁盛的时代，安西都护府驻足龟兹，更使得经过龟兹的丝绸之路成为西域地区最主要的东西往来道路，所以，不论是西行求法东归的慧超，还是由东向西兴贩贸易的粟特商人石染典，都采用经过龟兹的道路，就不足为奇了。

（2011 年 1 月 31 日完稿，原载新疆龟兹学会编《龟兹学研究》第 5 辑，新疆大学出版社，2012 年，154—166 页）

---

① 姜伯勤《敦煌新疆文书所记的唐代"行客"》，《出土文献研究续集》，文物出版社，1989 年，277—290 页。

丝绸之路上的北庭（公元7—10世纪）

　　唐朝的北庭都护府位于天山北麓吉木萨尔县北,雄伟的城池迄今还有部分城墙耸立在那里(图1)。北庭地处北方突厥人的游牧范围内,原来是西突厥统叶护可汗的南北王庭之一,又叫"可汗浮图城",城中有其最高首领可汗所立浮图(即佛塔),故称①。唐太宗贞观十四年(640)灭高昌国,在此地设庭州,与内地州县体制相同。太宗去世后,高宗永徽二年(651),西突厥酋长阿史那贺鲁举兵反叛,攻陷庭州。经过反复争夺,唐朝在显庆三年(658)平息了叛乱,重新恢复了庭州的建置。龙朔二年(662),唐朝为了对付西突厥余部,稳定天山以北地区的局势,在庭州设金山都护府,以强化并扩大庭州刺史的权限。到长安二年(702),唐朝在金山都护府的基础上建立北庭都护府,取代庭州建置,扩大职权范围,加强兵力,使北庭

图1　北庭故城今貌

　　① Éd. Chavannes, *Documents sur les Tou-kiue（turks）occidentaux*, St. Ptersbourg, 1903, p. 305. 一说"浮图"来自地名"务途",有关讨论参看嶋崎昌《可汗浮图城考》,《隋唐时代の东トゥルキスタン研究——高昌国史研究を中心として》,东京大学出版会,1977年,171—252页。有关东西突厥人的佛教信仰,参看蔡鸿生《唐代九姓胡与突厥文化》,中华书局,1998年,144—164页。

成为唐朝在天山北路的政治、军事中心。到开元以后，随着节度使体制的逐步建立，北庭都护改作北庭节度使，都护府也变成节度使下辖的军镇。安史之乱后，唐军主力入中原勤王，势力衰弱。贞元六年（790），吐蕃一度占领北庭，后为蒙古高原的回鹘汗国击败，回鹘人成为包括北庭在内的天山地区的新主人。

北庭都护府南枕天山，北望草原，具有天然的地理优势。这里向西经过弓月（在今霍城一带）等城镇可以到达中亚楚河流域的碎叶（今吉尔吉斯斯坦的阿克贝西姆城）；南面越天山各个不同的谷道可与焉耆、高昌、伊吾相连，并由这些地方进入塔里木盆地或河西走廊，甚至远到巴蜀地区；向正北方是游牧民族的中心之一金山（今阿尔泰山）地区；东北则有"回鹘路"通到漠北的回鹘可汗牙帐。这样四通八达的道路枢纽，使北庭成为北疆地区的一个交通枢纽和贸易中转站，也汇聚了多种丝绸之路的文化要素，使东西方文化在这里植根、开花、结果。

相对于天山南面气候干燥的吐鲁番盆地来讲，北庭地区雨水较多，古城遗址周边发现的纸本文书很少，文字材料只有一些碑刻残片和回鹘时期佛教寺院的题记，因此保存的史料较少。我们过去对北庭都护府的了解大多数是一些军政建置和不同势力之间的战争。本文勾稽吐鲁番文书和当地出土碑刻残片，更多地关注丝路商业贸易和文化交流方面的内容。

可汗浮图城原是西突厥可汗所设的"北庭"。作为西突厥汗国的一个重要城镇，这里文化的主流当然是突厥人的游牧文化，即使到了贞观十四年唐置庭州，甚至显庆三年天山南北的宗主权从西突厥转归唐朝以后，这里仍然生活、游牧着大批突厥系的部族，如处月、处蜜、沙陀等，与金山地区的三姓哥逻禄等几乎连成一片。过去我们从蒙古发现的属于突厥木杆可汗时代的粟特语碑铭（即布古特碑），知道突厥人的文秘人员是由粟特人来承担的[①]。最近发现的吐鲁番文书中，我们整理出一组唐龙朔二、三年西州都督府处理哥逻禄部落破散事宜的案卷，主要内容是说哥逻禄步失达官部落被漠北铁勒部落打散，有一千帐百姓从金山南下，来到庭州附近的沙陀部所在

---

① 关于此点，参看蔡鸿生《唐代九姓胡与突厥文化》，179—181 页。布古特碑文转写研究，见 Sergej G. Kljastornyj and Vladimir A. Livšic, "The Sogdian Inscription of Bugut Revised," *Acta Orientalia Hungaricae*, 26. 1 (1972), pp. 69–102；森安孝夫等编《モンゴル国现存遗迹·碑文调查研究报告》，大阪：中央ユーラシア学研究会，1999 年，122—123 页。

的金满州一带(今乌鲁木齐乌拉泊古城北方)停住。在平定漠北的叛乱后,唐朝从西州派使者前往金满州,与沙陀的金满州刺史一起,安排哥逻禄部返回金山地区[1]。在同组的文书中,有从沙陀的金满州寄到西州的一封粟特文书信,是粟特文秘人员代沙陀的金满州刺史所写,表明粟特人也是西突厥余部中的文秘人员[2]。这些善于经商的胡人,也善于外交,而由于商业的原因,粟特文成为丝路上的国际通用语,这也可以让我们看到在庭州地区的粟特人对于北方游牧民族突厥的影响。

擅长经商的中亚粟特人,曾经在公元 3 世纪至 8 世纪之间大批东来兴贩贸易,建立了商业网络,进而垄断了丝路上的国际贸易,他们当然不会放过庭州这样一个重要的商业据点。吐鲁番出土文书《唐贞观廿二年庭州人米巡职辞为请给公验事》文字如下(图2):

贞观 廿二 [　　　　]庭州人米巡职辞:

米巡职年叁拾,奴哥多弥施年拾伍,婢娑匐年拾贰,驼壹头黄,铁勤敦捌岁,羊拾伍口。

州司:巡职今将上件奴婢驼等,望于西州市易,恐所在烽塞,不练来由。请乞公验。请裁,谨辞。

"巡职庭州根民,任往西州市易,所在烽塞勘放。怀信白。廿一日。"[3]

文书的内容是:在贞观二十二年某时,已经在庭州著籍的粟特人米巡职向官府打报告,要求前往西州(吐鲁番地区)去做生意,在报告中他按庭州官府的要求列举了本人的姓名、年龄(30 岁),他所带的奴婢的名字和年龄(奴隶哥多弥施年 15 岁、女婢娑匐年 12),以及携带的牲口(骆驼一头,黄色;铁勤敦马,8 岁;羊 15 口)。他希望获得官府发给公验,以便经过路上的烽燧时,不被扣留,奴婢、牲口等也予放行。文书后面有庭州官员怀信的判词,说

---

① 荣新江《新出吐鲁番文书所见唐龙朔年间哥逻禄部落破散问题》,沈卫荣主编《西域历史语言研究集刊》第 1 辑,科学出版社,2007 年,13—44 页。

② Yutaka Yoshida, "Sogdian Fragments Discovered from the Graveyard of Badamu",《西域历史语言研究集刊》第 1 辑,45—54 页;吉田豊《ソグド人とトルコ人の関係についてのソグド語資料 2 件》,《西南アジア研究》第 67 号,2007 年,49—52 页。

③ 《吐鲁番出土文书》叁,文物出版社,1996 年,306 页。参看姜伯勤《敦煌吐鲁番文书与丝绸之路》,文物出版社,1994 年,187—188 页。

图2　吐鲁番出土《唐贞观廿二年庭州人米巡职辞为请给公验事》

"巡职庭州根民，任往西州市易，所在烽塞勘放"。从巡职的姓来看，他原本应是中亚粟特地区米国（Maymurgh）的粟特人，但是到贞观二十二年时，他已经是"庭州根民"，此时距唐朝占领其地只有八年，所以米巡职可能在西突厥时代就已经在这里生活了，到贞观十四年变成唐朝庭州的合法居民，他利用此后一段和平时期这一大好形势，仍操旧业，前往西州地区做买卖。他所携带的奴隶和牲口，除驮马可能是运载工具外，其他应当是要出售的商品。

正因为米巡职是在和平时期出行，所以没有依靠粟特人经常组织的商队前进，而是一个人出来做买卖。其实，米巡职只是当时许多粟特商人中一个留下了记载的例子，像他这样的庭州粟特商人应当不在少数。日本京都藤井有邻馆收藏有一件《唐开元十六年（728）庭州金满县牒》，记载了开元十六年时庭州下辖的金满县总共有1760户，当县所管百姓、行客（从内地来的各类流动人口）和兴胡（粟特商胡）各占三分之一①。我们知道，金满县是

————————

①　池田温《中国古代籍帐研究》，东京大学出版会，1979 年，354 页。参看沙知《唐开元十六年庭州金满县牒小识》，《敦煌吐鲁番学研究论文集》，汉语大词典出版社，1990 年，187—195 页。

庭州下属三县中的郭下县,户数占庭州总户数的二分之一强,而其中粟特人户约占三分之一,由此可以想象这里的粟特人数之众,他们应当也像其他地区的粟特人一样,形成了自己的聚落。

粟特人不仅仅经商贩易,他们也把自己的宗教信仰带到东方。粟特人的传统宗教是发源于波斯的琐罗亚斯德教(中国称之为祆教)。虽然没有确切的庭州粟特人的祆教信仰史料,但我们知道,分布在整个丝路沿线的粟特聚落,往往都有粟特人的信仰中心祆祠相伴随。对于庭州其他地区的情况,日本大谷探险队在吐鲁番所获《唐开元四年(716)李慈艺告身》透露了一点信息:唐朝瀚海军的李慈艺等人在庭州附近战斗时,曾破河西阵、白涧阵、土山阵、双胡丘阵、五里堠阵、东胡祆阵等六阵,并于凭洛城与贼斗战,朝廷准开元三年三月二十二日敕,对这些将士根据各自战斗的情况论功酬勋①。《元和郡县图志》记凭洛镇属庭州,在州西 370 里。而《新唐书·地理志》则记庭州西 60 里有沙钵守捉,又有冯洛(即凭洛)守捉。王国维《唐李慈艺授勋告身跋》据里程计算,以为凭洛镇、城、守捉同在一地,位于庭州西约一百五六十里,而《告身》所记六次战阵就在这一带②。可见凭洛是庭州以西一个战略要地,"东胡祆"这一地名的地理坐标很可能就是凭洛。凭洛地当北庭至碎叶的丝绸之路上,是粟特人东来的道路之一。这个"东胡祆"的地名或许表明凭洛城东立有供奉胡祆神的祆祠。有意思的是,高昌城和敦煌城的祆祠都立在城池的东面,凭洛城的这所胡祆祠也在城东,这不知道是偶然的巧合,还是粟特祆教徒的特意选择。

随着唐朝对西域统治的加深,内地的汉文化也随之传播开来。大谷探险队曾在北庭都护府故城中发现一些唐朝的汉文碑刻残片,虽然已经无法连缀成文,但其中保留着"龙兴寺""白鹤观"的字样(图 3)③,从字体来看,应当是唐朝前期所立的碑铭。龙兴寺的存在说明唐朝内地的汉传系统的佛教进入北庭地区,并建立了牢固的根据地。更进一步来分析,我们知道神龙元年(705)武则天的统治结束,政权从"武周"转归"李唐",于是唐中宗命天下诸州各置"中兴寺、观"以作纪念。但后来觉得此名不妥,于是在景龙

---

① 告身录文见小田义久《德富苏峰记念馆藏〈李慈艺告身〉の写真について》发表的新文本,载《龙谷大学论集》第 456 号,2000 年,128—129 页。

② 王国维《观堂集林》卷一七,中华书局影印本,第 3 册,877—881 页。

③ 香川默识编《西域考古图谱》下卷,国华社,1915 年,史料(25)。

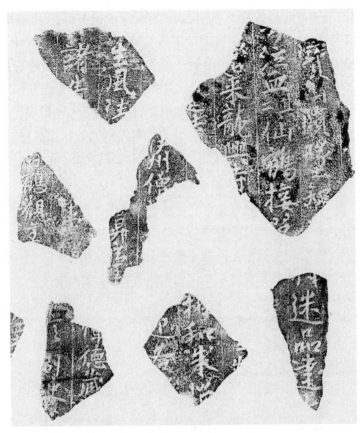

图3 北庭故城发现的唐朝汉文残碑

元年(707)二月,"敕改诸州中兴寺、观为龙兴"①。这应当就是北庭龙兴寺的来历,而从唐朝大多数州的情况来看,龙兴寺往往就是一州最重要的官寺,为当地最高僧官所驻锡。这些碑刻碎片上的佛教词语和僧官名称,可以让我们依稀看到当地汉传佛教流行与汉寺运作的一些痕迹。

同样,白鹤观在北庭的出现,更是李唐王朝大力推行道教的结果。唐朝最早在天下普建道观大概是在乾封元年(666)高宗封禅大典以后。在离开泰山前,高宗下诏:"兖州界置紫云、仙鹤、万岁观,封峦、非烟、重轮三寺。天下诸州置观、寺一所。"②兖州所置的三座道观名称是来自封禅时的所谓

① 《唐会要》卷四八"寺"条,上海古籍出版社,1991年,992—993页。
② 《旧唐书》卷五《高宗纪》下,中华书局,1975年,90页。

祥瑞,我们不知道庭州的道观是否因为乾封元年的诏书而立,也不知道白鹤观是否因封禅的祥瑞而来,但此时天下各立道观一所,因此也不排除北庭因诏书而立白鹤观的可能性。至迟在神龙元年时,北庭应当建有道观,即与后来的龙兴寺同置的龙兴观前身。从西州的情形看,玄宗即位后,道观在西州迅速增加①,估计一山之隔的北庭,情况也应当大体相同。

至于这些道观的活动情况,敦煌文书 S.2703《唐天宝八载(749)十二月敦煌郡典王隐牒》记录了从敦煌郡发遣出去的九道"文解":

1　合郡廿三日应遣上使文解总九道

2　一上北庭都护府为勘修功德使取宫观斋醮料事

3　一牒交河郡为同前事　一牒伊吾郡为同前事

4　一牒中书门下为勘修功德使墨敕并驿家事

5　一上御史台同前事　一上节度使中丞衔为同前事

　　(中略)

9　　右各责得所由状,具上使事

10　　目如前。

11 牒件状如前,谨牒。

12　　　　　　　　十二月　日,典王隐牒。②

其中的"一上北庭都护府为勘修功德使取宫观斋醮料事,一牒交河郡为同前事,一牒伊吾郡为同前事",就是西域地区的三个直辖郡在朝廷所派"修功德使"的监督下进行道教斋醮活动的情况,而玄宗派出的"修功德使",往往是由两京地区的高道与宦官共同出任。

北庭处于丝路要道,安史之乱后吐蕃占领河西,一些唐朝僧人为了躲避战乱,从印度返回时,要绕道"回鹘路"。像贞元时的悟空,就是自龟兹东行,越天山到北庭,遇于阗三藏法师戒法(尸罗达摩),于是拿出印度求法所得梵夹,请其作为译主,悟空证梵文,合作翻译出汉文本的《十地回向轮

---

① 参看荣新江《唐代西州的道教》,《敦煌吐鲁番研究》第 4 卷,北京大学出版社,1999 年,127—144 页。

② 《英藏敦煌文献》第 4 册,四川人民出版社,1991 年,202 页。参看荣新江《唐代西州的道教》,133 页;雷闻《国家宫观网络中的西州道教——唐代西州道教补说》,朱玉麒主编《西域文史》第 2 辑,科学出版社,2007 年,121—122 页。

经》①。同时，唐朝内地的一些经本，也传到北庭，包括汉僧自己编纂的一些著作。日本石井光雄积翠轩文库所藏的传为敦煌发现《神会语录》，题记说："唐贞元八年岁在未，沙门宝珍共判官赵秀琳，于北庭奉张大夫处分，令勘讫。其年冬十月廿二日讫。"②这里的张大夫应当是以御史大夫兼节度留后或节度使的张姓某人，僧宝珍和判官赵秀琳奉其命校勘著名的菏泽神会的语录，表明唐朝内地的禅宗典籍也在北庭流行，而且受到节度使这样的高级官员的支持。

在吐蕃阻断西域经河陇到中原的通道以后，西域的唐朝军队仍坚守了十多年。786 年吐蕃占领敦煌后，开始向西域进军，唐朝的西域守军在漠北回鹘汗国的帮助下，奋力抵抗。791 年，吐蕃与回鹘在北庭发生激烈的争夺战，回鹘先败后胜，将吐蕃逼到西域南道于阗、鄯善一线，而回鹘汗国则控制了塔里木盆地北沿，从北庭、高昌直到焉耆、龟兹、拨换、疏勒，都纳入漠北回鹘汗国势力范围。于是，回鹘汗国也把自己信奉的摩尼教，推广到这些新占领的地域。

德国吐鲁番探险队发掘的一件中古波斯语文的双抄页写本，内容是抄写《摩尼教赞美诗集》（Mahrnāmag）的跋文，由于其重要性，而被编为摩尼文第一号（M 1）。跋文中罗列了保义可汗时期（808—821）漠北回鹘的王族成员（可汗和王子们）、与王族密切相关的宰相权臣，以及北庭、高昌、龟兹（包括佉沙/疏勒和拨换）、焉耆、于术等地一些官员、贵族或地方首领的名称，其中有些人带有摩尼教徒的"听者首领"（niyōšāgčān）称号，但大多数人是一般的"听者"，即普通的摩尼教信众③。

---

① 《悟空入竺记》，《大正新修大藏经》第 51 卷，980 页。

② 图版见川濑一马编《石井积翠轩文库善本书目》，覆刻版，临川书店，1981 年，图 26；石井光雄印《燉煌出土神会录》，东京，1932 年，64—65 页。录文见铃木贞太郎与公田连太郎校订《敦煌出土荷泽神会禅师语录》，东京，1934 年，67—68 页；池田温《中国古代写本识语集录》，东京大学东洋文化研究所，1990 年，315 页，No. 923。

③ F. W. K. Müller, "Ein Doppelblatt aus einem manichäischen Hymnenbuch", *APAW* V, 1912, pp. 1-40; M. Boyce, *A Reader in Manichaean Middle Persian and Parthian*. Téhéran-Liège: Bilbliothèque Pahlavi and Leiden: E. J. Brill, 1975, pp. 52-53; H. -J. Klimkeit, *Gnosis on the Silk Road: Gnostic Parables, Hymns & Prayers from Central Asia*, New York, 1993, pp. 274-275; D. Durkin-Meisterernst, "Late Features in Middle Persian Texts from Turfan", Ludwig Paul (ed.), *Persian Origins – Early Judaeo-Persian and the Emergence of New Persian. Collected Papers of the Symposium*, Göttingen 1999 (*Iranica* VI), Wiesbaden, 2003, pp. 8-9; 王媛媛《中古波斯文〈摩尼教赞美诗集〉跋文译注》，《西域文史》第 2 辑，129—153 页。

在北庭(Bišbalïq、别失八里)部分的名当中,提到的人物有"北庭城主、匐呼诺鸡(Qwnkyy)大将军节度使",这位名叫呼诺鸡的最高军政首脑,既有西域传统的"城主"名号,又有新的统治者回鹘人的官称"匐"(bg,伯克),还保留着唐朝北庭节度使和大将军的头衔。以下的是带有突厥高级官称"阿波"的移健(yg'n')和咄录(twrlwg)以及散悉波若(s'nsz p'c'g),后两人拥有摩尼教"光辉的听者"的名号;再后是五位普通听者们(nywš'g'n)的名字。我们根据语言学家的还原工作,可以知道这些名字的语言归属,从而可以判断这些人的种族甚至某些家族信仰情况:蜜始延(mšyy'n)是阳性粟特人名,义为"密斯拉/太阳神的恩宠",给他起名的人应当是袄教徒;摩诃罗阇(mh'r'c)是阳性印度式称号,意为"大王";轧褐力('rqlg)是阳性突厥人名,意为"有力的";座利佑(z'rywδ)是阳性粟特人名,意思不明;咄勒(或突勒,Twrk)是突厥人名,意为"强有力的"①。由此可见,随着北庭为漠北回鹘汗国所控制,这里的上层统治者已经转换成以突厥人和粟特人为主,当然也不排除有汉人和印度、西域等其他族系的人,其实不论是突厥、唐朝还是回鹘统治时期,像北庭这样的多民族聚集区,统治者也是由多种民族共同组成的。在这里最重要的现象是,摩尼教得到当地统治阶层的大力支持。有的学者认为,这件跋文所列举的北庭、高昌、龟兹、焉耆、于术这五个地点,很可能是9世纪上半叶摩尼教利用漠北回鹘汗国的支持,在新的占领地设立的新教区的名字②。

840年,漠北的回鹘汗国被北方的黠戛斯部击溃,部众西迁。866年,北庭出身的回鹘首领仆固俊攻占西州、北庭、轮台、清镇等地,创建"西州回鹘"王国,或称"高昌回鹘",以高昌为都城,以北庭为夏都。摩尼教原本就在北庭、高昌地区建立了教团,随着回鹘的西迁,被回鹘立为国教的摩尼教教会主体,也随之西来。北庭地区的摩尼教一度更为盛行,敦煌藏经洞发现的一件回鹘语文书(编号 P.3071)的背面,抄录的是摩尼教赞美诗和摩尼教教会神职人员的名表,它与 M 1 的"听者"名单不同,而是一份摩尼教正式

---

① 王媛媛《中古波斯文〈摩尼教赞美诗集〉跋文译注》,136—137 页。

② 参看 W. B. Henning, "*Argi and the 'Tokharians'*", *Bulletin of the School of Oriental Studies*, 9, 1938, p.567, n.15;森安孝夫《增补:ウィグルと吐蕃の北庭争夺战及びその后の西域情势について》,流沙海西奖学会编《亚洲文化史论丛》第 3 卷,东京,1979 年,214—215 页;W. Sundermann, "Iranian Manichaean Turfan Texts Concerning the Turfan Region", *Turfan and Tun-huang the texts*, ed. A. Cadonna, Firenze 1992, pp.71-72。

选民的名表(图4),其中有一位慕阇和他属下的六位拂多诞:

> 神圣的大德 Yišo(夷数、耶稣)Yazd Kw 慕阇
>
> 神圣的大德 Šad Frazint 拂多诞
>
> 大德 Adda Fuxar 拂多诞
>
> 大德 Wahman Šahryar 拂多诞
>
> 大德 Āwš'y Adda 拂多诞
>
> 大德 Wispu Yad 拂多诞
>
> 拂多诞 Wispuhr,五别失八里宗教的首领。[①]

因为文书中出现有"南无佛,南无法,南无僧"这样一句佛教色彩浓厚的文句,所以可推测文书大约写于 10 世纪下半叶。参考吐鲁番出土的大量摩尼教文书和柏孜克里克石窟的摩尼教壁画,我们知道整个西州回鹘王国的总教主是摩尼教最高首领慕阇(Možak),他手下有一些摩尼教教阶第二等级的拂多诞(Aβtadan),这里列举的前五位可能和慕阇一样住在高昌,最后一位拂多诞是北庭摩尼教会的最高领袖,名叫 Wispuhr。

北庭的摩尼教势力从 9 世纪初开始,至少一直延续到 10 世纪下半期。随着西州回鹘整个范围内强大的佛教势力的重新恢复,摩尼教走向式微,佛教再次成为这里的主流宗教信仰,我们今天在北庭西大寺壁画上看到的回鹘可汗供养佛教的形象,就是这以后的反映。

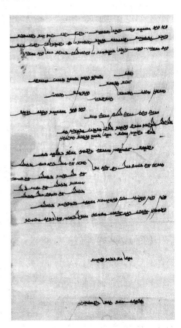

**图4 敦煌藏经洞发现
回鹘语文书(P.3071)**

(2012 年 4 月 3 日完稿,原载陈春声主编《海陆交通与世界文明》,商务印书馆,2013 年,64—73 页)

---

① J. Hamilton, *Manuscrits ouïgours du IXe-Xe siècle de Touen-houang* I, Paris, 1986, pp. 57-58;王媛媛《从波斯到中国:摩尼教在中亚和中国的传播(公元3—11 世纪)》,北京大学历史系博士学位论文,2006 年,52—54 页。

中古中西交通史上的统万城

屹立在今陕西靖边县北的统万城,不仅仅是赫连勃勃的大夏都城,在北朝隋唐历史上也曾扮演过重要的角色,特别是在北朝时期的中西交往史上,统万城更是具有特殊的意义。

一

北魏始光四年(427)六月,魏军攻占大夏首都统万城(后称夏州),获得大量珍宝及牲畜,赫连勃勃子昌奔上邽(甘肃天水)。《魏书》卷四上《世祖纪》记载:"乙巳,车驾入城,虏昌群弟及其诸母、姊妹、妻妾、宫人万数,府库珍宝、车旗、器物不可胜计……获马三十余万匹,牛羊数千万。以昌宫人及生口、金银、珍玩、布帛班赉将士各有差。……辛酉,班师,留常山王素、执金吾桓贷镇统万。"这条史料表明,大夏统万城中聚集了不少金银珍宝,所谓"九域贡以金银,八方献其瑰宝"①,其中应当有从西域贩运而来的物品。

北魏占领统万以后,多次派遣使者前往西域各国联络,西域诸国的使者也陆续遣使到北魏都城平城(大同)朝贡,其中便包括远自中亚粟特国而来的使者。

世祖太武帝太延元年(435)五月庚申,遣使者二十辈使西域。八月丙戌,太武帝幸河西。粟特国遣使朝献②。

二年(436)八月丁亥,北魏遣使六辈使西域③。

三年(437)三月癸巳,龟兹、悦般、焉耆、车师、粟特、疏勒、乌孙、渴槃陁、

---

① 《十六国春秋》卷六九《夏录》二;《晋书》卷一三〇《赫连勃勃载记》所引《统万城铭》。
② 《魏书》卷四上《世祖纪》。
③ 同上。

鄯善诸国各遣使朝献。十一月甲申，破洛那、者舌国各遣使朝献，奉汗血马①。

太延三年来朝献的西域国家，从塔里木盆地到天山以北，从葱岭山区到中亚索格底亚那的绿洲王国，范围十分广泛，表明北魏西域经营的成功。

此后，魏军继续西进，陆续攻占安定、平凉，最后在太延五年（439）征服北凉，占领北凉都城姑臧（凉州、武威），进而控制了整个河西走廊，势力进入西域。北魏还设立了统万、高平、薄骨律、沃野等镇，讨伐了反叛的部族。于是，打通了从河西走廊经过薄骨律（灵州）、夏州（统万城），沿鄂尔多斯沙漠南缘路到达北魏首都平城的捷径②。于是，远自波斯、粟特的西域使者，纷纷到平城朝贡。以下从《魏书》本纪及卷一〇二《西域传》选取若干记载③，以见其时往来之盛：

> 太延中（435—440），魏德益以远闻，西域龟兹、疏勒、乌孙、悦般、渴槃陁、鄯善、焉耆、车师、粟特诸国王始遣使来献。
>
> 五年（439）十一月，高丽及粟特、渴盘陁、破洛那、悉居半诸国各遣使朝献。
>
> 太平真君五年（444）十二月，粟特国遣使朝贡。
>
> 太安元年（455）十月，波斯、疏勒国并遣使朝贡。
>
> 和平二年（461）八月戊辰，波斯国遣使朝献。
>
> 三年（462）三月，疏勒、石那、悉居半、渴槃陁诸国各遣使朝献。
>
> 六年（465）四月，破洛那国献汗血马。
>
> 显祖献文皇帝天安元年（466）三月辛亥，高丽、波斯、于阗……诸国遣使朝献。
>
> 皇兴元年（467）九月壬子，于阗、普岚、粟特国各遣使朝献。
>
> 二年（468）四月，于阗、波斯国各遣使朝献。
>
> 高祖孝文帝皇帝延兴三年（473）冬十月，悉万斤国遣使朝献。
>
> 承明元年（476）二月，蠕蠕、波斯诸国，并遣使朝贡。九月癸丑，宕

---

① 《魏书》卷四上《世祖纪》。

② 关于这条道路的详细讨论，见前田正名《平城历史地理学研究》，李凭等译，书目文献出版社，1994 年，134—161 页。此段最早由胡戟先生译载西北大学西北历史研究室编《西北历史研究》（内部刊物）1980 年第 3 期、1981 年第 1 期。

③ 有关北魏与西域交通史料的详细整理，见余太山《两汉魏晋南北朝与西域关系史研究》，中国社会科学出版社，1995 年，177—184 页。

昌、悉万斤国并遣使朝贡。

太和三年(479)十二月,粟特、州逸、河(阿)龚、叠伏罗、员阔、悉万斤诸国各遣使朝贡。

〔肃宗孝明皇帝熙平二年/517〕四月甲午,高丽、波斯、疏勒、哌哒诸国并遣使朝献。

〔神龟元年/518〕闰七月丁未,波斯、疏勒、乌苌、龟兹诸国并遣使朝献。

可见,从北魏灭北凉的439年,到6世纪初叶,西域各国的使者前来北魏朝贡不绝。其中493年以前来者,应当是到北魏都城平城;493年以后来者,应当是到迁都后的洛阳。太安元年波斯使者的到来,是在中国与波斯直接的交往断绝了很长一段时间后,萨珊波斯与统一中国北方的北魏王朝第一次直接的沟通。1981年大同西郊北魏正始元年(504)封和突墓出土的波斯银盘,1970年大同北魏城址出土的银多曲长杯、银碗,1988年大同北魏墓葬出土的银碗,都是典型的萨珊式波斯银器①,表明北魏和西域联系的直接成果之一,是一些萨珊或中亚所产的波斯器皿传到了北魏。

中西文化交流史上一个重要的事件,就是北魏灭北凉时,曾将河西特别是姑臧的吏民工匠以及粟特商人数万家掠至平城,大量珍宝也随之而去。《魏书》卷一〇二《西域传》粟特条记载此事说:

其国(粟特)商人先多诣凉土贩货,及克姑臧,悉见虏。高宗初,粟特王遣使请赎之,诏听焉。自后无使朝献。

说明大量活跃在北凉王朝首都姑臧的西域粟特商人,被北魏迁到平城。这些粟特商人数量不少,统万城是他们迁徙的必经之地,不难推想这里也应留有粟特商人。

二

北魏时期的统万地区,主要是游牧区域,水草丰美,是北魏的马匹牛羊

---

① 参看夏鼐《北魏封和突墓出土萨珊银盘考》,《文物》1983年第8期;马雍《北魏封和突墓及其出土的波斯银盘》,同上;齐东方《唐代金银器研究》,中国社会科学出版社,1999年,255—258页,后者认为是中亚产萨珊式银器。

的供应地。《魏书·食货志》记载：

> 世祖（太武帝）之平统万，定秦陇，以河西水草善，乃以为牧地，畜产滋息，马至二百余万匹，橐驼将半之，牛羊则无数。高祖（孝文帝）即位之后，复以河阳为牧场，恒置戎马十万匹，以拟京师军警之备。每岁自河西徙牧于并州，以渐南转，欲其习水土而无死伤也。而河西之牧弥滋矣。

由于统万城的重要，北魏朝廷任命许多宗室大臣担任夏州刺史，经营其地①。如莫云，"世祖之克赫连昌，诏云与常山王素留镇统万。进爵安定公，加平西将军，后迁镇西大将军。时初并河西，人心未一，云抚慰新旧，皆得其所"②。又如尉元，"太和初，征为内都大官。既而出为使持节、镇西大将军、开府、统万镇都将，甚得夷人之心。三年，进爵淮阳王"③。北魏宗室章武王元彬曾任使持节征西大将军、都督东秦邠三州诸军事、领护西戎校尉、统万突镇都大将、夏州刺史④。通过对胡汉、新旧民众的安抚，北魏牢固控制了统万地区，并保障了通过统万城的中西交通。

北魏时的统万一带，主要分布的是稽胡。一般认为，统万地区的稽胡是屠各、卢水、铁弗、月支等各种杂胡的总称。《周书·稽胡传》记载：

> 稽胡，一曰步落稽，盖匈奴别种，刘元海（刘渊）五部之苗裔也。或云山戎赤狄之后。自离石以西，安定以东，方七八百里，居山谷间，种落繁炽。其俗土著，亦知种田，地少桑蚕，多麻布。……又与华民错居，其渠帅颇识文字，然语类夷狄，因译乃通。

《魏书》卷四下《世祖纪》太平真君八年（447）条记：

> 春正月，吐京胡阻险为盗。诏征东将军武昌王提、征南将军淮南王他讨之，不下。山胡曹仆浑等渡河西，保山以自固，招引朔方诸胡。提等引军讨仆浑。

以后仍不断有胡人反叛。延兴元年（471），"冬十月……朔方民曹平

---

① 以下材料参考了罗小红编《统万城出镇官员名单》所辑文献材料，谨此致谢。
② 《魏书》卷二三《莫含传附莫云传》。
③ 《北史》卷二五《尉元传》。
④ 《魏书》卷一九上《景穆十二王传》上《京兆王子推传附子太兴传》；《北魏元彬墓志铭》，见赵超《汉魏南北朝墓志汇编》，天津古籍出版社，1992年，38页。

原招集不逞,破石楼堡,杀军将"。二年春正月乙卯,统万镇胡民相率北叛①。正始四年(504),夏州长史曹明谋反,伏诛②。引人注目的是,这里反叛的胡人首领多为曹姓。

六镇起兵叛魏后,统万诸胡,与之应接。《魏书》卷四一《源贺传附孙源子雍传》记:

> 时沃野镇人破落汗拔陵首为反乱,所在蜂起,统万逆胡,与相应接,(夏州刺史)子雍婴城自守……子雍行数日,为朔方胡帅曹阿各拔所邀,力屈见执。……子雍虽被囚执,雅为胡人所敬,常以民礼事之。子雍为陈安危祸福之理,劝阿各拔令降,阿各拔将从之,未果而死。拔弟桑生代总部众,竟随子雍降。……时东夏合境反叛,所在屯结,子雍转斗而前,九旬之中,凡数十战,仍平东夏,征税租粟,运于统万。于是二夏渐宁。

源子雍之所以能够固守夏州,主要得力于稽胡渠帅曹阿各拔、曹桑生兄弟的支持。

532 年贺拔岳遣部将宇文泰镇守夏州,夏州更成为宇文泰霸业的开创之地。但宇文泰离开后,夏州曾在西魏、东魏间易手,后宇文泰命长孙俭收回,但北周时期的夏州,军事地位已不重要③。

三

统万城的特殊地理位置,使得它在北朝晚期的中西交通上仍然具有一定的地位,这可以从近年统万城发现的《翟曹明墓志》得到印证(图 1)。墓志题"夏州天主仪同翟君墓志",文中称"君讳曹明,西国人也。祖宗忠列,令誉家邦。受命来朝,遂居恒夏……既隆威声,渐著朝野",卒于"大周大成元年岁次己亥(579)三月癸巳朔四日乙未",葬于统万。这位受命来朝的翟曹明称自己为"西国人也",至堪注意。

过去人们一般认为"翟"姓胡人是丁零高车人,赤狄之后。史载十六国

---

① 均见《魏书》卷七上《高祖纪》上。
② 《魏书》卷八《世宗纪》。
③ 参看张伟国《关陇武将与周隋政权》,中山大学出版社,1993 年,26—35 页。

图1 翟曹明墓志拓片

后赵石勒时,有中山丁零翟鼠和翟斌,以后,丁零翟氏分布在定州常山、中山、赵郡和并州的上党郡①。但有些翟姓可能来自西域,如上述翟斌,《资治通鉴》卷九四晋成帝咸和五年(330)称:"初,丁零翟斌世居康居,后徙中国。至是入朝于赵。"康居在中亚地区,表明后为丁零的翟斌来自粟特地区。

① 段连勤《丁零、高车与铁勒》,上海人民出版社,1988年,151—156页。

在北朝隋唐时期的史籍中,我们常常见到一些翟姓的人具有粟特的文化特征,如敦煌文书 S. 367《沙州伊州地志》伊州条所记伊吾县火祆庙中之祆主翟槃陀。又如洛阳出土《翟突娑墓志》所记其父娑摩诃,为大萨宝,薄贺比多①。向达先生《唐代长安与西域文明》中已经指出:"翟突娑之父娑摩诃为大萨宝,必系火祆教徒无疑。又从突娑卒年七十推之,其父为大萨宝,当在北齐、北周之时矣。突娑疑即波斯文 tarsa 一字之异译。tarsa 在景教碑中译作'达娑',本用以称景士,同时又可用称他教教徒。故翟突娑当亦为一火祆教徒。"②还有吐鲁番出土《康波蜜提墓志》称其子名翟那宁昏③,昭陵出土武威粟特人安元寿及夫人翟六娘墓志④,又洛阳出土康国大首领康公夫人翟氏墓志⑤,武威出土娶安氏为妻的翟舍集墓志⑥。这些翟姓都和粟特康姓、安姓通婚。

由此可见,翟姓虽然不见于我们通常所知的康、安、曹、史、石、米、何等中亚粟特王国的名表,但越来越多具有粟特名字和文化特征的翟姓人墓志表明,翟姓人很可能也是来自粟特某一地区。参考隋唐时期一些翟姓胡人的名字、婚姻、文化特征,可以推测翟曹明应当是自中亚迁徙而来的粟特人,他的墓志称"西国人也",而不称之为"北方人也",恐怕不是偶然的。从翟曹明"既隆威声,渐著朝野",可以推断统万一带除了稽胡外,还应有不少源自粟特或西域其他地区的胡人,他们大量进入这一地区,可能与北魏灭北凉而迁徙大量粟特胡人前往平城地区有关,也可能是粟特商团东渐的结果。

翟曹明墓门的天王形象,也为我们进一步探讨北朝时期统万胡人的西域文化特征提供了难得的资料,唯这一问题牵涉较广,超出本文范围,此不具论。

---

① 此为鸳鸯七志斋藏石,见赵万里《魏晋南北朝墓志集释》卷九,科学出版社,1956 年,图版 484,323 页。又见《鸳鸯七志斋藏石》,三秦出版社,1995 年,218 页。
② 向达《唐代长安与西域文明》,生活·读书·新知三联书店,1957 年,90—91 页。
③ 周绍良编《唐代墓志汇编》,上海古籍出版社,1992 年,402 页。
④ 昭陵博物馆《唐安元寿夫妇墓发掘简报》,《文物》1988 年第 12 期,37—49 页。墓志录文见《全唐文补遗》第 2 册,三秦出版社,1995 年,470 页。
⑤ 《唐代墓志汇编》,1634 页;《全唐文补遗》第 5 册,三秦出版社,1998 年,382—383 页。
⑥ 王其英编《武威金石录》,兰州大学出版社,2001 年,46—47 页。

　　总之，中古时期的统万城包含着多民族的文化内涵，这里有匈奴、鲜卑、稽胡、汉人、党项等民族活跃其间，在某些特定时间里，这里是丝绸之路的干道所经之地，因此也有西胡（中亚、西亚）生活在这里，并带来他们的文化影响。我相信，随着对统万城研究的深入，特别是考古发掘的进展，统万城的丝路都市特征会更加丰富起来，统万城也将展示它在中古中西交通史上的风采。

　　（2004 年 1 月 5 日完稿，原载陕西师范大学西北环发中心编《统万城遗址综合研究》，三秦出版社，2004 年，29—33 页）

阚氏高昌王国与柔然、西域的关系

公元 5 世纪中叶的吐鲁番盆地,时局动荡。439 年北魏灭北凉,北凉王族沮渠无讳、沮渠安周兄弟由敦煌经鄯善,442 年北上占领高昌,高昌太守阚爽投奔漠北的柔然汗国。沮渠兄弟建立高昌大凉政权,450 年灭车师国,占交河城。460 年,柔然杀沮渠安周,灭大凉政权,立阚伯周为高昌王,成立了吐鲁番历史上第一个以高昌为名的王国。阚氏高昌王国实际是柔然的傀儡,奉柔然永康年号,以柔然为宗主国。约 477 年,阚伯周卒,子义成即位。约 478 年,义成为从兄首归所杀,首归即位为王。488 年,阚首归为柔然在漠北的敌手高车王阿伏至罗所杀,阚氏高昌灭亡。高车立张孟明为王,开始了张氏高昌王国时代①。

一、吐鲁番新出文书的有关记载

1997 年,吐鲁番洋海 1 号墓出土一件文书,由两张纸缀合而成,编号为 97TSYM1:13-5+97TSYM1:13-4,文书正面为《易杂占》,背面有文字 20 行,内容为某年号之九年、十年出人、出马送使的记录(图 1)②。现将"新获吐鲁番出土文献整理小组"的录文揭示如下③,再作讨论:

① 关于阚氏高昌灭亡及其相关的高车阿伏至罗西迁的年代,史料记载不一致,学者间也有不同意见,本文采用大多数学者关于高车西迁年代的意见,而高车灭阚氏的年代则采用王素的观点,见氏著《高昌史稿·统治编》,文物出版社,1998 年,270—275 页。
② 有关出土情况,参考吐鲁番地区文物局《吐鲁番地区鄯善县洋海墓地斜坡土洞墓清理简报》,《敦煌吐鲁番研究》第 10 卷,上海古籍出版社,2007 年,1—9 页。有关《易杂占》的研究,参看余欣、陈昊《吐鲁番洋海出土高昌早期写本〈易杂占〉考释》,《敦煌吐鲁番研究》第 10 卷,57—84 页。
③ 图版和录文见荣新江、李肖、孟宪实主编《新获吐鲁番出土文献》,中华书局,2008 年,162—163 页。

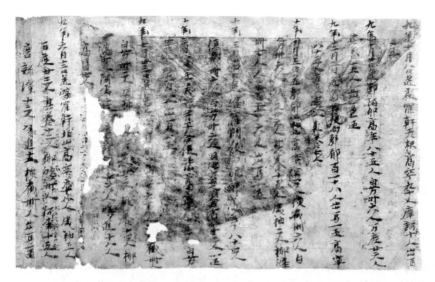

图1 吐鲁番出土《阚氏高昌永康九年、十年(474—475)送使出人、出马条记文书》

1 九年十月八日送处罗干无根,高宁九十人、摩诃演十人;出马

2 　　一匹。

3 九年十月廿日送郑阿卯,高宁八十五人、白苃卅六人、万度廿

　　六人、

4 　　其养十五人;出马一匹。

5 九年十二月二日送乌苌使向焉耆,百一十八人;出马一匹。高宁

6 　　八十五人、万度廿六人、乾养七人。

7 十年闰月五日送焉耆王北山,高宁八十四人、横截卅六人、白

8 　　苃卅六人、万度廿六人、其养十五人、威神二人、柳婆

9 　　卅七人,合二百五十六人;出马一匹。

10 十年三月十四日,送婆罗门使向焉耆,高宁八十四人、

11 　　横截卅六人、白苃卅六人、田地十六人,合百八十二人;[出

　　马]一匹。

12 十年三月八日送吴客并子合使北山,高宁八十三人、白苃

13 　　廿五人,合百八人;出马一匹。

14 九年七月廿三日送若久向焉耆,高宁六十八人、横截卅人、

15 　　白苃卅二人、威神□□、万度廿三人、乾养十四人、柳

16 　　婆卅人、阿虎十二人、磨诃演十六人、喙进十八人、

17 　　高昌七人。

18 九年六月十二日送婆罗干北山,高宁六十八人、威神五人、

19 　　万度廿三人、其养十二人、柳婆卅人、阿虎十五人、

20 　　磨诃演十三人、喙进十人、横截卅人;出马一匹。

据同墓所出《永康十二年张祖买奴契》(97TSYM1:5)的年代及其他一些证据,这件送使文书是阚氏高昌王国所用柔然永康年号的第九、十两年(474—475)高昌出人、出马护送外来使者的记录,内容异常珍贵。有关本文书年代、性质及其所记阚氏高昌时期城镇的情况,详见笔者《吐鲁番新出送使文书与阚氏高昌王国的郡县城镇》一文①,这里集中探讨文书所记送使的情况,以及在5世纪后半叶国际关系情形下这些往来使者背后所反映的以高昌为枢纽的阚氏高昌与柔然、西域、南朝间错综复杂的关系。

这件送使文书的内容,基本是按时间条记阚氏高昌王国送使时各城镇出人数目,并合计总的人数,最后的"出马一匹",应当是每人出马一匹。我们先把文书记录按时间顺序列表如下,并条列过往使者、送使方向、送使总人数和马匹数。

表一

时间	所送使者	送使方向	人数总计	出马
九年(474)六月十二日	婆罗干	北山	216	216
九年七月廿三日	若久	焉耆	260 +	260 +
九年十月八日	处罗干无根	[北山]	100	100
九年十月廿日	郑阿卯	[北山]	162	162
九年十二月二日	乌苌使	鄢耆	118	118
十年(475)三月八日	吴客并子合使	北山	108	108
十年三月十四日	婆罗门使	鄢耆	182	182
十年闰[三]月五日	鄢耆王	北山	256	256

以下先讨论文书中出现的使者并考察他们的出使使命,再讨论使者经

---

① 亦载《敦煌吐鲁番研究》第10卷,21—41页。

行的道路。

二、经过阚氏高昌的各国使者及其使命

文书所记阚氏高昌王国要送的使者,大致可以分作两类,一类是不带"使"字者,有婆罗干、若久、处罗干无根、郑阿卯,这些人为高昌官府所熟知,所以没有冠以国家名称,从阚氏高昌当时作为柔然的附属国,而这些人名又多带有阿尔泰语词汇汉译名的特征,可以推测他们都是柔然使者,除若久之外,婆罗干明确记载是去北山方向,即往柔然。而另外两位原没有记载,我们上面推测也是北山方向,大概正是因为他们是柔然使者,回柔然是必然的,所以才没有记载他们的去向。另一类是一个国名后带有"使""王""客"这样的词,可以确知他们是某国来的使者或者国王,包括乌苌使、吴客、子合使、婆罗门使、鄢耆王。

1. 柔然汗国使

柔然是继匈奴、鲜卑之后,又一个称雄漠北的游牧汗国,北魏称之为"蠕蠕",南朝称之为"芮芮"。在公元5世纪初首领社仑自称可汗以后,势力扩张,与北魏处于敌对状态,并逐渐深入到西域地区。421年被北凉灭亡的西凉遗民唐和、唐契兄弟逃到伊吾,"臣于蠕蠕"[①]。北魏太延元年(435),始"遣散骑侍郎王恩生等使高昌,为蠕蠕所执"[②],似表明其时柔然已经控制了高昌。这一年应当就是柔然扶植阚爽自立为高昌太守的年份。442年,北凉后裔沮渠无讳、安周兄弟占领高昌,阚爽奔柔然。但沮渠氏大凉政权的存在,仍然离不开柔然的支持和帮助。450年,沮渠安周引柔然兵分三道,围攻交河,最后灭掉亲魏的车师王国,统一吐鲁番盆地。但不知何故,后来安周又与柔然不和,460年,柔然攻高昌,灭沮渠氏大凉政权,立阚伯周为高昌王。《北史·西域传》高昌国条称:"和平元年(460),为蠕蠕所

---

① 《魏书》卷四三《唐和传》,中华书局,1974年,962页。
② 《魏书》卷一〇一《高昌传》,2243页;《北史》卷九七《西域传》同(中华书局,1974年,3212页)。原文所记年代为"太延中",然据《魏书》《北史》之《车师传》,应为太延元年,具体时间考证请参考余太山《两汉魏晋南北朝与西域关系史研究》,中国社会科学出版社,1995年,152页。

并,蠕蠕以阚伯周为高昌王。"①特别强调说高昌是被并入柔然汗国,只不过是立了一个傀儡的高昌王阚伯周而已②。阚伯周虽然称王,但使用的是柔然永康年号。487 年,原本役属柔然的高车副伏罗部叛柔然宗主,从漠北西迁到高昌北部一带,得以控制高昌,大概在 488 年从柔然手中夺取了高昌的宗主权,高车王阿伏至罗杀高昌王阚首归兄弟,以敦煌人张孟明为王。此后,高昌在柔然、高车两大势力之间徘徊③。

可见,在送使文书所记的永康九年、十年时(474—475),阚氏高昌不过是柔然的一个傀儡王国,因此,在当时一定有不少柔然使臣往来于漠北柔然汗廷和高昌都城之间,处理征收赋税、安排西域或南朝使者前往柔然等事宜。上面论证了婆罗干、若久、处罗干无根、郑阿卯四人应当是柔然的使者,从高昌国为送他们出动的人数都在百人以上,可见他们都不是一般的人物,而应当是重要的使臣,其中送若久的人数在 260 以上,可见其地位更是非同一般。遗憾的是,我们在有关柔然的史料里未能找到这几个人的名字④,不过,文书史料的价值重要性就在于填补历史记载的空白。

哈喇和卓 90 号墓曾出土过一件《高昌主簿张绾等传供帐》,据同墓所出永康十七年文书,年代也在永康年间。这是高昌主簿张绾等人传令支给客使物品的记录,它为我们提供了另外一些来到高昌的柔然使者的记录。现摘录有关部分文字如下:

3　　　　]出 行缣卅匹,主簿张绾传令,与道人昙训。

4　　　　]出 行缣五匹,付左首兴,与若愍提懃。

---

① 《北史》,3213 页。

② 在某一时段的北魏人的眼里,可能高昌就是柔然的一部分。葬于东魏兴和二年(540)十月的闾伯升的《墓志铭》说:"高祖即茹茹主第二子,率部归化,锡爵高昌王,仕至司徒公。"(赵万里《汉魏南北朝墓志集释》,科学出版社,1956 年,图版 591;中国科学院历史研究所史料编纂组编《柔然资料辑录》,中华书局,1962 年,54 页)北魏朝廷赐柔然国主的儿子以高昌王的称号,似乎说明了这一点。

③ 关于柔然与高昌的关系问题,参看余太山《柔然与西域关系述考》,作者《𠺕哒史研究》,齐鲁书社,1986 年,194—196 页;钱伯泉《从〈高昌主簿张绾等传供状〉看柔然汗国在高昌地区的统治》,《吐鲁番学研究专辑》,乌鲁木齐,1990 年,102—108 页;王素《高昌史稿·交通编》,文物出版社,2000 年,364—388 页。各家看法不尽一致,此处善而从。

④ "若久"虽然没有直接对应的柔然人名或称号,但我们知道柔然国主姓"郁久闾",而柔然又有部帅名"阿若"。这些名字中的"若""久"和"若久"一名应当不无关系。

5　　　]出赤违(韦)一枚,付受宗,与乌胡慎。

7　　　　]匹,付得钱,与吴儿折胡真。

8　　　　]赤违(韦)一枚,付得钱,与作都施摩何勃

9　　　]缣一匹,赤违(韦)一枚,与秃地提懃无根。

14　　　]行缣三匹,赤违(韦)三枚,付脮已隆,与阿祝至火下。

15　　　]张绾传令,出疏勒锦一张,与处论无根。

16　　　　　　　　]摩何□□

17　　　]缣一匹,毯五张,赤违(韦)□枚,各付已隆,供鍮头
　　　　[发]。①

文书中的左首兴和得钱两个人名,也见于和送使文书同出一墓的《阚氏高昌永康年间供物、差役帐》中②,可见这件《传供帐》所记使者的年代与送使文书的年代相去应当不远。这里受高昌王国供给的道人昙训、若懃提懃、乌胡慎、吴儿折胡真、作都施摩何勃、秃地提懃无根、阿祝至火下、处论无根、摩何□□、鍮头□(发),可能主要是柔然的使臣,当然也不排除有来自其他地方的使者③。其中,道人昙训的受供数目最多,此人或许是柔然国师一类的人物④;提懃即突厥语的tegin,意为“王子”;“无根”也见于送使文书,这一方面说明两件文书保存的人名之间的关系,同时也说明这个词很可能表示的是柔然语中一种官称,“处论无根”与本文书的“处罗干无根”,几乎可以勘合,但为谨慎起见,暂不作勘同。

　　由送使文书和《高昌主簿张绾等传供帐》,我们可以看出,在阚氏高昌王国时期,柔然派出许多使臣往来于高昌与柔然汗廷之间,有的甚至住在高昌,他们受到高昌王国的种种款待。若这些柔然使者返回或者向其他地方出使,高昌国还要派人、出马送使出境。

_____

① 唐长孺主编《吐鲁番出土文书》壹,文物出版社,1992年,122—123页。

② 《新获吐鲁番出土文献》,左首兴见于130、139页,得钱见于130、140页。

③ 钱伯泉《从〈高昌主簿张绾等传供状〉看柔然汗国在高昌地区的统治》,97—100页认为都是柔然使者。姜伯勤认为文书中的“特勤”是高车王子,见所撰《高昌麹朝与东西突厥》,《敦煌吐鲁番文献研究论集》第5辑,北京大学出版社,1990年,33页;《敦煌吐鲁番文书与丝绸之路》,文物出版社,1994年,85页。笔者倾向于是柔然使者,参见拙文《高昌王国与中西交通》,《欧亚学刊》第2辑,中华书局,2000年,74页。

④ 钱伯泉上引文,100—101页。

2. 乌苌使

乌苌国在北印度境,今印度河上游斯瓦特(Swat)地区。此名最早见于《法显传》,法显等自竭叉(今塔什库尔干)西行,越过葱岭(帕米尔)到陀历(达丽尔,Darel),再西南行十五日,渡新头河(印度河),到乌苌国(又作乌长,梵文 Uddyāna),在此夏坐,时在 402 年[①]。据《洛阳伽蓝记》卷五,北魏宋云、惠生等西行,从朱驹波、汉(渴)盘陀,过葱岭,经钵和国(瓦罕)、赊弥国(乞特拉尔,Tchitral,Chitral)、钵庐勒(博罗尔,Bolor),于神龟二年(519)十二月到乌场国[②]。《魏书·西域传》后半据宋云等行记成文,地名作"乌苌"[③],则今本《伽蓝记》原本应作"乌苌"。唐初玄奘也曾访问此地,《大唐西域记》卷三作"乌仗那国"[④];慧立、彦悰《大慈恩寺三藏法师传》卷二作"乌仗那",一本作"乌长那"[⑤],义净《大唐西域求法高僧传》《南海寄归内法传》作"乌长那"[⑥];慧超《往五天竺国传》作"乌长",并注明彼自称"郁地引那"[⑦],均为梵文 Uddyāna 的不同译写。送使文书写于 474—475 年,在法显、宋云的记载之间,所用"乌苌"一名,正好与二者的称呼相符。

北印度在 5 世纪后半叶时,正处于一个非常混乱的时代,此时北方强国嚈哒的势力正在向北印度渗透,与波斯、寄多罗(Kidāra)和印度笈多王朝争夺这一地区。但根据本件文书,永康九年(474)十二月二日有乌苌使经高昌向焉耆,考虑到当时阚氏高昌与北魏没有交往,则乌苌使很可能是从柔然经高昌、焉耆回国的。这批乌苌使者或者是代表嚈哒去和柔然联络,但更有可能是在周边大的势力的压力下,去和柔然沟通,寻求外部的支持。据《魏书》卷八《世宗纪》,乌苌国在景明三年(502)、永平三年(510)九月、四年三月和十月、神龟元年(518)闰七月、正光二年(521)五月曾遣使朝

---

① 章巽《法显传校注》,上海古籍出版社,1985 年,20—35 页,特别是 33 页。

② 范祥雍《洛阳伽蓝记校注》,上海古籍出版社,1978 年,277—317 页,特别是 298—301 页。

③ 《魏书》卷一〇二,2280 页。

④ 季羡林等《大唐西域记校注》,中华书局,1985 年,270 页。

⑤ 《大慈恩寺三藏法师传》,中华书局,1983 年,40 页。

⑥ 王邦维《大唐西域求法高僧传校注》,中华书局,1988 年,99、134 页;王邦维《南海寄归内法传校注》,中华书局,1995 年,28 页。

⑦ 桑山正进《慧超往五天竺国传研究》,京都大学人文科学研究所,1992 年,22 页正文,126—127 页注释。

魏[1]，表明自 6 世纪初，乌苌又和北魏取得了联系。

3. 吴客

吴客是来自南方的客使。在吐鲁番早期出土文书中，我们已经见到过一件吴客的写经，即鄯善县吐峪沟出土、现藏东京书道博物馆的《持世经》卷一，尾题作：

> 岁在己丑，凉王大且渠安周所供养经，
> 吴客丹杨郡张然祖写，
> 用𦈢廿六枚。[2]

己丑岁为 449 年，时在大凉王沮渠安周统治高昌的时期，有来自丹阳郡（治所在今江苏南京）的吴客为沮渠安周写供养经。唐长孺先生仔细分析了这件写经题记在印证高昌与南朝交往上的价值，不过他以为既称"吴客"，则表明是"来自江南的寓客"，"由此可证高昌和江南不仅有官府的使命往来以及僧徒行踪，也还有普通人较长期的流寓"[3]。

现在我们拥有了第二件记载"吴客"的高昌王国早期写本——送使文书，似乎可以对上面写经题记中的吴客给予重新的定位。据此送使文书，吴客是阚氏高昌官府派出大量人员所送的使者称谓，则应为正式的南朝使者，他们和子合国的使者在永康十年（475）三月八日一起前往北山，应当是出使柔然的刘宋的正式使团。因此，在早期高昌文书中，"吴客"可能并非简单字面意义上来南朝流寓高昌地区的普通人，而更可能是高昌官府对于南朝来的使者的特定称呼。《持世经》题记中的"吴客丹杨郡张然祖"，应当也不是普通的寓客，他能够为当时高昌最高的统治者大凉王沮渠安周抄写佛经，显然是有一定身份的人物，把他看作刘宋文帝派遣出使高昌的使者，恐怕更合理一些。

永康十年相当于刘宋后废帝元徽三年，送使文书所记当年三月八日要到柔然去的使者，可以肯定是刘宋派遣的正式使者，但由于从刘

---

① 《魏书》，195、209、210 页。
② 池田温《中国古代写本识语集录》，东京大学东洋文化研究所，1990 年，86 页，图 11。
③ 唐长孺《南北朝期间西域与南朝的陆道交通》，《魏晋南北朝史论拾遗》，中华书局，1983 年，189—190 页。

宋都城出发，一般要经益州(成都)、吐谷浑，才能到达高昌，所需时间往往较长，所以这个使者不一定是后废帝所遣，也可能是在明帝时就已出发。高昌送使文书中记把吴客与子合使一起送往柔然，当然可能是在高昌时把两者归在一起而组团前往的，但由于子合使来自塔里木盆地西南，他们可以先东行到鄯善的吐谷浑界，因此也可能是在这里与从南方而来的刘宋使者一道前往高昌，再继续前往柔然，这样的解说可能更有道理。

在永康十年之后三年的升明二年(478)，刘宋派遣骁骑将军王洪轨(一作范)出使柔然，与柔然相约，两面夹击北魏。南齐高帝萧道成即位的建元元年(479)八月，柔然可汗果然发三十万骑兵南侵[1]，但萧道成因为初即位，未遑出征。至齐武帝萧赜永明元年(483)，王洪轨回到南朝，史称"经途三万余里"[2]。王洪轨出使柔然是经过吐谷浑国(河南国)并得到吐谷浑可汗资送的[3]。他从吐谷浑到柔然，必经高昌，唐长孺先生论证吐鲁番出土两件升明元年八至九月竟陵郡开国公萧道成供养的写经当为王洪轨携至高昌[4]，诚为的论。从史籍和吐鲁番文书所存王洪轨使团的点滴记载和遗物可知，这次出使是刘宋派遣的负有重要使命的一次，那么三年以前到达高昌而同样是去柔然的刘宋使者，可能是一次普通的遣使，但更可能是为王洪轨使团打前站的。无论如何，我们从这件送使文书中，得到了永康十年刘宋使者经过高昌去柔然的消息，也由此看出高昌大凉政权时吴客丹杨郡张然祖为沮渠安周写经的意义。

4. 子合使

子合国在西域南道，今和田与塔什库尔干之间的叶城县治哈尔噶里克

---

① 相应文字，《通鉴》记作"柔然十余万骑寇魏，至塞上而还"(4234 页)。又《魏书》卷七《高祖纪》、卷一〇三《蠕蠕传》及《北史》皆未记此事。《梁书·西北诸戎·芮芮国传》记："宋升明中，遣王洪轨使焉，引之共伐魏。齐建元元年，洪轨始至其国，国王率三十万骑，出燕然山东南三千余里，魏人闭关不敢战。后稍侵弱。"未知孰是。

② 《南齐书》卷五九《芮芮虏传》，中华书局，1972 年，1023—1025 页;《资治通鉴》卷一三五齐建元元年，中华书局，1956 年，4233—4234 页。参看唐长孺上引文 179—180 页。"轨"，《通鉴》作"范"，胡注:《齐纪》作"王洪轨"，今从《齐纪》。

③ 《南齐书》卷五九《河南传》，1026 页。

④ 唐长孺《南北朝期间西域与南朝的陆道交通》，190—192 页。

（Karghalik），其名首见于《汉书》卷九六《西域传》："西夜国，王号子合王，治呼犍谷，去长安万二百五十里……东北到都护治所（乌垒城，今轮台县东北小野云沟附近）五千四十六里。"①《法显传》作"子合国"②，《洛阳伽蓝记》作"朱驹波"③。《魏书·西域传》所记，更接近送使文书的年代："悉居半国，故西夜国也，一名子合。其王号子〔合王〕，治呼犍〔谷〕。在于阗西，去代万二千九百七十里。太延初，遣使来献，自后贡使不绝。"④据《魏书》本纪，子合国遣使朝贡北魏的年月有太延五年（439）十一月、和平三年（462）三月、景明三年（502）、永平四年（511）九月、神龟元年（518）二月⑤。《梁书》卷五四《西北诸戎传》滑国（嚈哒）条记："元魏之居桑乾也，滑犹为小国，属芮芮。后稍强大，征其旁国波斯、盘盘、罽宾、焉耆、龟兹、疏勒、姑墨、于阗、句盘等国，开地千余里。"⑥据考，"元魏之居桑乾"指北魏平城时代（398—494），而滑国役属芮芮的时代应当在402—437年之间。其后，强大起来的滑国渐次占领从波斯、吐火罗到塔里木盆地的西域王国，东面直到焉耆，时间在6世纪最初五六年内⑦。这里的"句盘"即"悉居半"，同传又作"周古柯"，有专条记载："周古柯国，滑旁小国也。普通元年（520），使使随滑来献方物。"⑧南京博物院藏《梁职贡图》有周古柯使者像及上表，实为《梁书》史料来源⑨。以上史事有助于我们理解永康十年（475）三月八日子合使与南朝吴客一起前往柔然之事，即在和平三年（462）和景明三年（502）之间，我们未见到有子合国曾遣使于魏的记载，因为此时正值柔然强盛，《魏书·西域传》于阗国条记："显祖末，蠕蠕寇于阗，于阗患之，遣使素目伽上表曰：'西方诸国，今皆已属蠕蠕，奴世奉大国，至今无异。今蠕蠕军马到城下，奴聚兵自固，故遣使奉献，延望救援。'"⑩北魏君臣商议，以为于阗距离遥远，没有发兵相救。可见在

① 《汉书》，中华书局，1962年，3882—3883页。

② 章巽《法显传校注》，18页。

③ 范祥雍《洛阳伽蓝记校注》，277页。

④ 《魏书》卷一〇二，2264页；《北史》卷九七同，3211页。并请参看余太山《两汉魏晋南北朝正史西域传要注》，中华书局，2005年，439、621页。

⑤ 《魏书》，90、120、195、211、227页。

⑥ 《梁书》，中华书局，1973年，812页。

⑦ 余太山《两汉魏晋南北朝正史西域传要注》，401—405页。

⑧ 《梁书》，812页。

⑨ 参看榎一雄《梁职贡图について》，《榎一雄著作集》第7卷，汲古书院，1994年，106—129页。

⑩ 《魏书》卷一〇二，2263页。

素目伽上表的 466—468 年间，柔然的兵锋已经到了于阗，其旁的子合不如于阗力强人众，更难以抵御柔然的进攻，而此时哒的势力也还没有进入塔里木盆地的西域王国。因此，送使文书写成的前后，子合应当在柔然汗国的控制之下，因此要遣使柔然，向柔然汗国称臣纳贡。子合来自塔里木盆地西南，其东边的于阗此时得不到北魏的支持，恐怕也会采取同样的做法。

5. 婆罗门使

婆罗门一名，见《梁书·西北诸戎传》波斯条①，当指印度。玄奘《大唐西域记》卷二"印度总述"云："详夫天竺之称，异议纠纷，旧云身毒，或曰贤豆，今从正音，宜云印度。……印度种姓，族类群分，而婆罗门特为清贵，从其雅称，传以成俗，无云经界之别，总谓婆罗门国焉。"②"婆罗门国"是印度的总称，梵文作 Brāhmaṇadeśa。义净《南海寄归内法传》卷三也说："五天之地，皆曰婆罗门国；北方速利，总号胡疆。"③值得注意的是，麹氏高昌国王麹文泰就把印度称作"婆罗门国"。《大慈恩寺三藏法师传》卷一记玄奘从高昌出发向西天取经时，麹文泰写信给西突厥叶护可汗，称："法师者是奴弟，欲求法于婆罗门国，愿可汗怜师如怜奴，仍请敕以西诸国给邬落马递送出境。"④或许高昌王国这种对印度的泛称，可以追溯到阚氏高昌时期。送使文书把北印度来的乌苌国单独称呼，而又用婆罗门国这样的泛称指印度，或许永康十年（475）三月十四日经高昌到焉耆的婆罗门国使，是来自更南边的五印度中的国家。此时印度最重要的国家是笈多王国，虽然在 5 世纪后半它的北方受到哒的侵袭，但它仍然是最有势力的印度王国⑤，送使文书中的婆罗门使很可能是笈多王国所遣，其目的可能是联络柔然以对抗哒。从中国方面的记载来看，《魏书》本纪记西天竺国曾于太和元年（477）九月遣使朝魏⑥，自景明三年（502）至延昌三年（514）间，南天竺国曾五次出使北魏，

① 《梁书》卷五四，815 页。
② 《大唐西域记校注》，161—162 页。
③ 《南海寄归内法传校注》，141 页。
④ 《大慈恩寺三藏法师传》，21 页。
⑤ 参看查克拉巴尔蒂《笈多王国》，李特文斯基主编，马小鹤译《中亚文明史》第三卷，中国对外翻译出版公司、联合国教科文组织，2003 年，152—155 页。
⑥ 《魏书》卷七，144 页。

颇为密集①。送使文书所记的经过高昌的婆罗门国使者,和上面的乌苌使者一样,最有可能的是从柔然经高昌、焉耆回国,他们可能来自印度的笈多王国。

6. 鄢耆王

鄢耆,即焉耆,为汉魏以来西域北道的大国,在龟兹、高昌之间,地理位置也十分重要。448 年,北魏太武帝遣成周公万度归征伐焉耆,屠其都城,获大量珍奇异玩及牲畜,焉耆王龙鸠尸卑那奔龟兹避难②。北魏一度设焉耆镇,由唐和镇守。451 年,唐和从焉耆入代京③。次年,移居焉耆的车师王车伊洛也入代④。大概在 452 年,北魏势力就撤出焉耆,龙鸠尸卑那大概重新回国执政⑤。但好景不会很长,据上引《魏书·西域传》于阗国条,至晚在 466—468 年间,柔然的兵锋已经到了于阗,那么位于柔然和于阗之间的焉耆自然首当其冲,从而成为柔然的附属国⑥。在相当长的一段时间里,焉耆没有遣使向北魏朝贡,或许能够反证焉耆和高昌一样,都在柔然的紧密控制当中。送使文书记载,永康十年(475)闰[三]月五日,焉耆王亲自前往柔然汗国,这或许很能说明至少此时焉耆已经成为柔然的附属国。

如上所述,与送使文书同出一墓的文书中,有一批《阚氏高昌永康年间供物、差役帐》,其中多处记载了焉耆王在高昌受到供奉的情况,但抄写帐历的人不太清楚焉耆这个名字,因此时而写作"鄢耆",时而写成"耆鄢",其实都是焉耆。现摘引有关记录如下⑦(括号中为断片编号,阿拉伯数字为行号):

（二）11　　　]薪付得钱供鄢 耆王

（八）12　　　]□得薪供耆 鄢王

　　　15　　　]未 宗薪供耆鄢 王

① 《魏书》卷七,195、196、204、205、214 页。

② 《魏书》卷四下《世祖纪》,102—103 页;《魏书》卷一〇二《西域传》焉耆国条,2265—2266 页。

③ 《魏书》卷四三《唐和传》,963 页。

④ 《魏书》卷三〇《车伊洛传》,723 页。

⑤ 《魏书·西域传》焉耆国条,2266 页。

⑥ 据《魏书》卷一〇三《蠕蠕传》(2290—2291 页)或《北史》卷九八《蠕蠕传》(3250—3251 页),社仑时期,柔然转盛,所控制的范围,"西则焉耆之地"。不过这时柔然的势力恐怕还到不了天山以南,因此有的学者认为这里的"焉耆之地"是"焉耆之北"的讹误,见余太山《哒史研究》,193 页。

⑦ 《新获吐鲁番出土文献》,130、132、133、135、136、141、144、145 页。

（九）3　樊阿养薪供耆鄢王

　　　6　　　]□薪供耆鄢王

　　　14　　　]薪供鄢耆王

（一二）2　□□成薪供耆鄢王

　　　3　□□酉薪供耆鄢王

（一四）1　　　]耆鄢王

　　　10　　　]□薪供耆鄢王

（一五）1　　　]供耆鄢王

　　　4　□薪入内供耆鄢王

　　　9　隗巳衍薪供耆鄢王

（一六）1　□□薪供耆鄢王

　　　2　□媚薪供鄢耆王

　　　10　令狐成薪供耆鄢王

　　　14　□午薪供鄢耆王

　　　21　□阿木薪供鄢耆王

　　　25　□□□薪供耆鄢王

（二三）6　张兴宗薪供耆鄢王

（二八）3　□□□薪入内供鄢耆王

　　　4　□□□薪入内供鄢耆王

　　　6　□宗奴薪入内供鄢耆王

　　　12　赵保薪入内供鄢耆王

（二九）3　王阿奴薪入内供鄢耆王

　　　4　范酉隆薪入内供鄢耆王

这些全是高昌官民向政府交纳柴草（薪）来供焉耆王用的记录。值得注意的是"入内"二字，似乎表明焉耆王当时是住在高昌王国的宫内。我们不清楚此时焉耆王族与高昌阚氏的关系，从文书上看，显然是比较密切，因此高昌官民向政府交纳的柴草等税收物，直接用于供给焉耆王。这件帐历没有年代,推测也是永康年间的文书,而这里的焉耆王,应当与送使文书中的焉耆王是同一个人,事应当指的也是同一件事,即帐历所记为焉耆王逗留高昌时官府供其柴草之事。从这样大量的柴草供给焉耆王,很容易让人推想焉耆王永康九年是否在高昌过冬,因此需要较多的柴草取暖,然后在永康十年(475)闰三月五日,由高昌送他经北山去柔然。

这位焉耆王没有留下名字,他距离龙鸠尸卑那的年代(448)有 26 年的时间差,两者为同一人并不是没有可能,但送使文书中的焉耆王更可能是另一个龙姓王朝的国王,史籍中没有其任何记录[1],而我们在高昌文书中却找到了此时焉耆王的记载,这不仅仅是柔然、高昌史的内容,也是焉耆历史的重要篇章。

三、往来高昌的使者经行的道路

送使文书所记使者主要是去两个方向,一是北山,一是焉耆,其中有两条没有记录使者的去向,但大体可以确定是去北山,因为使者的名字更像是柔然使者的名字。

1. 北山

这里的北山应当是指吐鲁番盆地北部的天山,经过天山的一些隘口,可以通向漠北草原游牧地区。具体来说,在阚氏高昌王国时代,从高昌往北山,应当是去当时高昌王国的宗主国柔然。这条路应当是先从高昌向北,有数条道路可以越过天山,到达相当于汉车师后王国或唐朝庭州(今吉木萨尔)一带的地方[2]。从庭州往漠北,没有同时代的记录,但可以参看《元和郡县图志》卷四〇庭州条下所记从庭州到回鹘汗国的路线:庭州东八十里为蒲类县,从蒲类县东北行,经郝遮镇、盐泉镇、特罗堡子,东北三千里至回鹘牙帐[3]。柔然汗廷在张掖、敦煌正北方向,与后来的回鹘汗廷相距不远,可

---

① 从龙鸠尸卑那(448)到龙突骑支(?—611—644 年)之间,没有见到有关焉耆王的记载。参看拙文《龙家考》,《中亚学刊》第 4 辑,北京大学出版社,1995 年,145 页。

② 高昌通庭州的道路,可以参看严耕望《唐代交通图考》第 2 卷《河陇碛西区》,"中研院"史语所,1985 年,582—602 页,图九。

③ 《元和郡县图志》卷四〇,中华书局,1983 年,1033—1034 页。

以说阚氏高昌与柔然交往的主要路线应当是走后来的所谓"回鹘路",当然草原地带水草丰美,所以具体的路线不一定非常固定。

2. 焉耆

送使文书所记的另一个方向是去焉耆。从高昌到焉耆,汉唐之间的道路没有太大的变化,即使到今天,也相差不远。《新唐书》卷四〇《地理志》陇右道西州条对这条道路有比较细致的记录,可以作为阚氏高昌时期使者往来路线的参考,今转录其文,并括注阚氏时期的相关地名:"自州(即高昌城)西南有南平(柳婆)、安昌两城,百二十里至天山(笃进)西南入谷,经礌石碛,二百二十里至银山碛,又四十里至焉耆界吕光馆。又经盘石百里,有张三城守捉。又西南百四十五里,经新城馆,渡淡河,至焉耆镇城。"[①]阚氏高昌王国送使往焉耆,走的应当就是这条路。

至于子合、乌苌、婆罗门等国使者从高昌回国的路线,一条路是从焉耆往西,经龟兹(库车)到疏勒(喀什),越葱岭(帕米尔),南下印度。另一条路是从龟兹西拨换城(阿克苏)南下到于阗(和田),再西行,经子合(叶城),西南经悬渡入西北印度,或从子合继续西行到疏勒,再越葱岭西行。这些都是我们熟知的丝绸之路干道,前人论述颇详,此不赘述。

至于南朝吴客的往来路线,如上所述,吴客来高昌,主要是从建康(南京)溯长江而上,再从益州(成都)北上,经吐谷浑界(盛时控制从青海到且末),到高昌。这条路的前半即是所谓吐谷浑路,或称河南道,或称青海道,学者已经有非常细致的探讨[②],这里也不重复。应当指出的是,阚氏高昌时

① 《新唐书》卷四〇,中华书局,1975 年,1046 页。详细解说,参看严耕望《唐代交通图考》第 2 卷《河陇碛西区》,463—470 页。

② 比较详细的研究,参看松田寿男《吐谷浑遣使考》(上、下),《史学杂志》第 48 编第 11、12 号,1939 年;又作者《古代天山の历史地理学的研究》(增补版),早稻田大学出版社,1974 年,151—163 页;夏鼐《青海西宁出土的波斯萨珊朝银币》,《考古学报》1958 年第 1 期,40—50 页;收入《夏鼐文集》下,社会科学文献出版社,2000 年;周伟洲《古青海路考》,《西北大学学报》1982 年第 1 期,65—72 页;唐长孺《南北朝期间西域与南朝的陆道交通》,168—195 页;王育民《丝路"青海道"考》,《历史地理》第 4 辑,1986 年,145—152 页;薄小莹《吐谷浑之路》,《北京大学学报》1988 年第 4 期,70—74、51 页;吴焯《四川早期佛教遗物及其年代与传播途径的考察》,《文物》1992 年第 11 期,40—50 页;山名伸生《吐谷浑と成都の佛教》,《佛教艺术》第 218 号,1995 年,11—38 页;罗新《吐谷浑与昆仑玉》,《中国史研究》2001 年第 1 期,43—52 页;姚崇新《成都地区出土南朝造像中的外来风格渊源再探》,《华林》第 1 卷,中华书局,2001 年,245—258 页;陈良伟《丝绸之路河南道》,中国社会科学出版社,2002 年。

期从青海湖为中心的吐谷浑到高昌,要避开占领河西走廊的北魏军队,则主要应当走今天青海、新疆交界的茫崖,到鄯善(今若羌),再北上经过罗布泊的楼兰故城,越库鲁克塔格,进入吐鲁番盆地(图2)①。

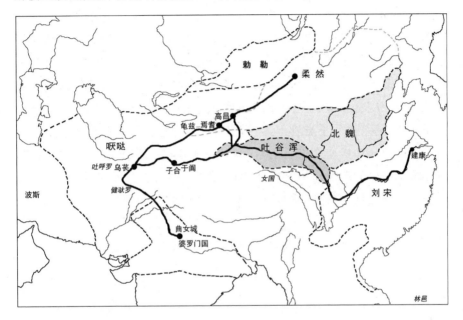

图 2 《高昌国送使文书》所记使者路线图

四、总 结

公元5世纪下半叶,正是中亚历史上最为混乱的时代,周边各大国都把势力伸进中亚,力图控制那些相对弱小的国家。北魏在灭掉河西走廊的北凉后,势力一度进入焉耆、龟兹,但未能站稳脚跟。因为与之敌对的漠北柔然汗国也伸出它强大的右臂②,把阙氏高昌当成自己的傀儡,并且让焉耆国王前来漠北汗廷称臣纳贡,甚至越过塔克拉玛干沙漠,控制了于阗、子合等塔里木盆地西南沿的绿洲王国,进而影响到北印度的乌苌。在帕米尔以西

① 2005年9—10月间,我们曾从若羌的米兰出发,北上到楼兰古城,考察了这段艰难的道路。有关穿过罗布泊地区到高昌的交通路线及其历史上的活动,罗新《墨山国之路》一文有详细探讨,文载北京大学中国传统文化研究中心《国学研究》第5卷,北京大学出版社,1998年,483—518页。

② 关于柔然与西域的关系,参看余太山《嚈哒史研究》。

地区,北方强国嚈哒击败萨珊波斯,占领了巴克特里亚(Bactria)的寄多罗的领地,并且在 5 世纪初,进而占领了索格底亚纳(Sogdiana),还把势力伸进塔里木盆地,攻击于阗、焉耆等国①。嚈哒的扩张并非没有遇到抵抗,不论是萨珊王朝的卑路斯(Peros,459—484 年在位),还是印度笈多王朝的塞建陀(Skandha,454—467 年在位),都曾努力与嚈哒争夺中亚,但都未能挡住这支强悍的游牧民族的铁蹄。在嚈哒的压力下,中亚王国寄希望于柔然或者北魏,我们过去从《魏书》本纪中看到过许多中亚王国遣使北魏的记载,现在我们又从吐鲁番出土送使文书中看到他们越过北山,奔赴柔然汗廷的身影,由此不难看出柔然汗国在 5 世纪后半叶中亚政治生活中的重要地位。而送使文书所出自的高昌,再次向人们展示了它在东西南北各国交往中的咽喉作用,也说明阚氏高昌作为柔然汗国的附属国,在柔然汗国控制西域、交通南北时所扮演的不可替代的角色。

(原载《历史研究》2007 年第 2 期,2009 年 6 月 18 日改订)

---

　　① 关于嚈哒在中亚的扩张,参看李特文斯基《嚈哒帝国》,《中亚文明史》第三卷,107—132 页;P. Callieri, "Huns in Afghanistan and the North-West of the Indian Subcontinent: The Glyptic Evidence", *Coins, Art, and Chronology. Essays on the Pre-Islamic History of the Indo-Iranian Borderlands*, ed. M. Alram and D. E. Klimburg-Salter, Wien 1999, pp. 277-291; F. Grenet, "Regional Interaction in Central Asia and Northwestern India in the Kidarite and Hephithalite Periods", *Indo-Iranian Languages and Peoples*, Oxford University Press, 2002, pp. 203-224.

第二编

文化交流与互动

波斯与中国：两种文化在唐朝的交融

一、引　言

在为《唐朝的概观》(*Perspectives on the T'ang*) 一书所写的引言
(Introduction) 中，杜希德 (Denis Twitchett) 和芮沃寿 (Authur F.
Wright) 教授曾经总结了唐朝为什么具有如此巨大的生命力：一是它
的折中主义 (eclecticism)，即把前此四百年混乱的历史中的各种文化
统一起来；二是它的世界主义 (cosmopolitanism)，即对各种各样的外
来影响兼容并蓄。虽然两位作者首先谈到唐朝极富国际号召力的特
性，如周边民族对唐文化因子的吸收，整个亚洲不同类型的人纷纷入
华，而长安更是一个大帝国的盛大国际都会。但他们认为要理解唐代
文明的国际特性时，更主要的是要从它自身过去的历史遗产中去寻
找①。因此，我们在这本概观唐朝的论文集中，主要读到的是一组有
关唐代政治、制度、思想、宗教和文学方面的高水平论文，而没有特别
涉及唐朝与外部世界的关联问题。这和西方中古历史研究的总体走
向是相一致的，因为史料的贫乏和缺少像伯希和 (P. Pelliot) 那样兼通多
种语言的汉学家②，使得唐朝甚至整个汉唐时期的中外关系史的研究不再

---

① 　D. Twitchett and A. F. Wright, "Introduction", *Perspectives on the T'ang*, ed. by A. F. Wright
and D. Twitchett, New Haven and London: Yale University Press, 1973, p. 1.

② 　Cf. D. Twitchett , "Introduction", *The Cambridge History of China*, vol. 3: *Sui and T'ang Chi-
na, 589-906, Part I*, ed. by D. Twitchett, Cambridge: Cambridge University Press, 1979, p. 38, note
32; T. H. Barrett, "Review of D. D. Leslie and K. H. J. Gardiner: *The Roman Empire in Chinese Sources*",
BSOAS, 61.1, 1998, pp. 184-185. 但有一个例外，就是 E. H. Schafer 的优秀著作 *The Golden Peaches
of Samarkand: A Study of Tang Exotics*, Berkeley-Los Angeles-London: University of California Press,
1963,其中涉及我们讨论的一些问题和具体事件。

成为西方中国历史研究的主要课题。

然而,除了制度的基本框架而外,我们今天探讨唐朝的政治、思想、宗教、文学等方面的历史,都难以使唐朝和外部世界绝对区分开来。一个最基本的事实就是作为唐朝历史乃至中国历史分水岭的安禄山叛乱,就是由在华的胡人所发动的,安禄山和他的胡兵蕃将深深地影响了唐朝的政治史进程。而且,随着我们深入探讨唐朝社会的各个层面,即当我们研究动态的唐朝时,会发现外来文明的影响更是难以排除的。

近年来,随着中国考古工作的进步和出版事业的发达,大量的文物和石刻史料被发掘或刊布出来,为我们研究中古时期的外来文明提供了丰富的素材。最近两三年间发现的安伽墓和虞弘墓引起的对入华粟特人以及其他中亚胡人的热烈讨论,就是一个明显的例证。张广达教授关于这个问题有最新研究成果。①

我很高兴地看到,会议主持人把这次"唐代的新概观"(New Perspectives on the Tang)国际学术研讨会的第一场命名为"唐代中国与外部世界"(Tang China and the Outside World),我希望用入华波斯人在唐朝的活动,来说明波斯文化与中国文化在唐朝的相互影响与交融,其中最典型的材料,是近年才真正为学界所知的波斯人李素一家的事迹,他们作为波斯贵胄,入仕唐朝;他们保持自己的景教信仰,把波斯系统的占星学引入中国;他们接受中国文化,甚至中国礼仪;他们使用李唐姓氏,并最终融入中国社会。②

二、波斯与中国的交往及波斯人入华

萨珊波斯(224—651)和唐朝(618—907)是分别位于西亚和东亚的两大帝国。中国与萨珊波斯的交往史应当上溯到公元5世纪中叶。

在唐朝建立以前,具体说就是北魏文成帝太安元年(455),在直接的交往断绝了很长一段时间后,波斯与统一中国北方的北魏王朝建立了直接的联系。从这时开始,直到522年,《魏书》本纪记载了十个波斯使团,前五次

---

① Zhang Guangda, "Sogdian Settlements and Tang Material Culture".

② 关于李素墓志的录文和初步解说,见荣新江《一个入仕唐朝的波斯景教家族》,《伊朗学在中国论文集》第2集,北京大学出版社,1998年,82—90页。

应当是到北魏都城平城（今山西大同），后五次到达的则是493年迁都后的洛阳。1981年大同西郊北魏正始元年（504）封和突墓出土的波斯银盘，1970年大同北魏城址出土的银多曲长杯、银碗，1988年大同北魏墓葬出土的银碗，都是典型的萨珊式波斯银器（图1）①，其中应当有波斯使者带来的波斯产品，当然也有可能是北魏得自西域的萨珊或中亚所产的波斯器皿。来到洛阳的波斯人，我们可以从《洛阳伽蓝记》卷三中了解他们的情况："永桥以南，圜丘以北，伊洛之间，夹御道，东有四夷馆，一曰金陵，二曰燕然，三曰扶桑，四曰崦嵫。道西有四夷里，一曰归正，二曰归德，三曰慕化，四曰慕义。……西夷来附者，处崦嵫馆，赐宅慕义里。自葱岭已西，至于大秦，百国千城，莫不款附；商胡贩客，日奔塞下，所谓尽天地之区已。乐中国土风而宅者，不可胜数。是以附化之民，万有余家。"②这里说的是西夷归附者，应当也包括波斯人在内。他们先被处之于崦嵫馆，以后赐宅在慕义里。

波斯的使者也深入到南朝。梁武帝中大通二年（530），波斯国遣使献佛牙。五年（533）八月，遣使献方物。大同元年（535）四月又献方物③。现存南京博物院的题为梁元帝萧绎的《职贡图》残卷，波斯国条题记引释道安《西域诸国志》残文，有"中大通二年遣中（使）经犍陀越奉表献佛牙"④，可知波斯之通使南朝，走的也是西域经吐谷浑境而南下益州（四川）再顺长江而下到建康（今南京）的道路。

534年北魏分裂为东、西魏后，西域形势也不安宁，柔然控制着西域通道，波斯与西魏、东魏的往来一度中断。而就在大约546年时，柔然曾派遣年轻的虞弘出使波斯和吐谷浑⑤，表示与西域的交往通道都在柔然的控制之下。552年，突厥大破柔然，柔然衰亡。西魏废帝二年（553），波斯使者到访西魏都城长安⑥，大概就是柔然破灭的结果。565年，萨珊波斯与突厥汗国联合攻灭中亚游牧强国嚈哒，但不久突厥又通过粟特商人为首的使团与

---

① 参看夏鼐《北魏封和突墓出土萨珊银盘考》，《文物》1983年第8期；马雍《北魏封和突墓及其出土的波斯银盘》，同上；齐东方《唐代金银器研究》，中国社会科学出版社，1999年，255—258页，后者认为是中亚产萨珊式银器。

② 周祖谟《洛阳伽蓝记校释》，中华书局，1963年，130—132页。

③ 见《梁书》卷五四《西北诸戎传》，中华书局，1973年，815页；卷三《武帝本纪》，77、79页。

④ 金维诺《"职贡图"的时代与作者》，《文物》1960年第7期，2页图版。

⑤ 张庆捷《虞弘墓志考释》，荣新江主编《唐研究》第7卷，北京大学出版社，2001年，153页。

⑥ 《周书》卷五〇《异域传》，中华书局，1971年，920页。

a 大同北魏城址出土银碗　　　　　　　b 封和突墓出土波斯银盘

c 大同北魏墓葬出土银碗　　　　　　　d 大同北魏城址出土银八曲长杯

图 1　大同出土波斯银器

拜占廷结盟,夹攻萨珊波斯,波斯东来的道路仍不畅通。《周书》记北周天和二年(568)有安息国使献方物①,而此时安息早已不存在,是否是用古称来指波斯,还是粟特安国之误,不能确定。终南北朝之世,未见波斯再度遣使。

隋朝统一了南北中国,到隋炀帝即位(604)后,又开始与西域的交往。他曾派遣云骑尉李昱出使波斯,波斯也遣使随李昱入隋进贡方物②。虽然帮助隋炀帝联络西域的裴矩在所撰《西域图记》中,记载了通向波斯的丝绸之路中道,但大概由于很快受到隋末战乱的影响,双方的交往又停顿下来。

唐朝建立并稳定中国南北形势以后不久,伊嗣俟(Yazdgard III)于632年即位为萨珊国王,随后受到来自阿拉伯半岛大食人的大举进攻。波斯在639年、647年、648年连续遣使入唐③,显然是请求援助。不久,伊嗣俟被大食击败,651年逃到吐火罗的木禄城(Merv),被人杀害。至此,萨珊波斯帝国实际已经灭亡。但伊嗣俟之子卑路斯(Peroz)避居吐火罗,654年(永徽五年)遣使入唐告难并请兵救援。其时唐朝尚未平定西突厥阿史那贺鲁的叛乱,当然无力出兵葱岭以西。661年(龙朔元年),卑路斯再次遣使唐朝,请兵救援。唐朝此时已击破西突厥汗国,葱岭东西原属西突厥的各个小国的宗主权转归唐朝,唐朝设置羁縻州府来加以统治。于是在同一年(661),派遣王名远到吐火罗地区设置羁縻都督府州,同时以卑路斯所在的疾陵城设波斯都督府。663年任命卑路斯为波斯都督府都督④。唐朝史料记载,667年、671年,波斯使者入贡于唐⑤,应当就是卑路斯所遣。674年,在大食的侵逼下,卑路斯无法在西域立足,逃入长安⑥,最后客死中土。可以想见,波斯流亡首领逃入长安,必然有相当一批波斯贵族随之而来。

卑路斯去世后,唐朝于678年册立留在长安的其子泥涅师师(Narses)为波斯王。679年,唐高宗任命裴行俭为"安抚大食使",发波斯道行军,以

---

① 《周书》卷五《武帝纪》,74 页;卷五〇《异域传》,919 页。
② 《隋书》卷八三《西域传》,中华书局,1973 年,1857 页。
③ 《册府元龟》卷九七〇,中华书局,1960 年,11399、11400、11401 页。
④ 《旧唐书》卷一九八《西域传》,中华书局,1975 年,5313 页;《册府元龟》卷九九五、九六四,11686、11341 页。
⑤ 《册府元龟》卷九七〇,11402 页。
⑥ 《册府元龟》卷九九九,11718 页。

册送泥涅师师为名,实际是在途中袭击西突厥余部与吐蕃联合军事力量①。当裴行俭率军在碎叶(Ak-Beshim)擒获西突厥余部首领,平定叛乱以后,随即立碑纪功而还②。据吐鲁番出土汉文文书,大概在 680 年,唐朝军队经护密到吐火罗,把泥涅师师护送到吐火罗地区③。然而,我们很难相信已经随卑路斯来到长安的波斯贵族,都会随泥涅师师回到吐火罗。

泥涅师师在吐火罗地区坚持与大食抗战二十余年,到 708 年又回到唐朝,被授予左威卫将军称号,不久后即病死于长安。在此期间,683、706 年都有波斯使者来到唐朝,或许是泥涅师师所遣,因为唐朝一直把卑路斯到泥涅师师看作是萨珊波斯的正统代表,直到泥涅师师去世后,唐朝才以为"其国遂灭"。

此后,萨珊波斯余部继续在吐火罗地区活动,而里海南岸的陀拨斯单(Tabaristan)出自萨珊王室,也一直保持独立到 765 年,因此,唐朝史籍中仍不断有波斯贡使的记录,从 719 年(开元七年)到 771 年(大历六年),仅《册府元龟》所记,除掉重复,就有十七次之多,其中甚至还有波斯国王遣使的记载④。也有研究者把这些使者看作是冒称使者的波斯商人,但这样多的记录,而且有些是明确记载为波斯国王的使者、首领、城主乃至王子,很难都把他们看作商人。而且,即使是商人冒称使者,一旦唐朝政府视作使臣,则必然是按照使者而非商人规格来接待的。

以上是传统的中国史书告诉我们的波斯与中古中国交往的历史,可以从中看出:来华的波斯人主要是肩负外交和政治使命的使者,而不是严格意义上的商人。虽然不排除一些和南海国家使者一起来的波斯使者走的是海路,但绝大多数使者是走陆路来中国的,甚至在南北朝时期,波斯与南朝的交往也走的是穿过中亚的陆路。

如果我们把上述人所共知的事实与粟特商人的活动放到一起来观察,

① 《旧唐书》卷八四《裴行俭传》,2802—2803 页。《新唐书》卷二二一《西域传》,中华书局,1975 年,6259 页。

② 周伟洲认为 Ak-Beshim 发现的残碑,就是裴行俭所立之碑,见所撰《吉尔吉斯斯坦阿克别希姆遗址出土残碑考》,收入作者《边疆民族历史与文物考论》,黑龙江教育出版社,2000 年,307—313 页。

③ 姜伯勤《吐鲁番文书所见的"波斯军"》,《中国史研究》1986 年第 1 期,128—135 页;荣新江《吐鲁番文书〈唐某人自书历官状〉所记西域史事钩沉》,《西北史地》1987 年第 4 期,54—55 页。

④ 《册府元龟》卷九七一、九七二、九七五、九九九,11406—11415、11450—11454、11723 页。

或许可以看出为什么这一段时期来华的波斯人主要是使者，而不是商人。感谢敦煌吐鲁番文书和中亚地区各种语言文献，特别是粟特文献的发现和整理，以及近年来大量公布的粟特人墓志资料，使我们现在对粟特人的东迁及其在丝绸之路沿线建立的聚落有了较为深入的了解①。

粟特人的家乡位于中亚阿姆河和锡尔河之间，即古典作家所说的 Sog-diana。他们较波斯人来说，更靠近中国，而他们作为一个商业民族，很早就开始向东方进行商贸活动。至迟在粟特文古信札（Sogdian Ancient Letter）写成的 313 年前后，粟特商人的足迹已经到达敦煌、肃州（酒泉）、姑臧（武威）、金城（兰州）以及洛阳②。而在此之前，还没有萨珊波斯遣使中国的任何记录。所以，伯希和认为汉文的"波斯"一名是转译自粟特文的说法③，是十分有道理的。粟特人的经商活动，是一种具有高度组织性的活动，他们组成队商，选举出队商首领——萨保（也写作萨簿、萨甫、萨宝），成群结队而行，进行大宗贵重商品的贩运。在粟特本土和中国东北的营州之间，他们在中原王朝和北方草原游牧汗国之间的夹缝地带，建立了一系列的殖民地，有些商人还深入到中原王朝的都城和草原帝国的汗庭所在地。可以说，从公元 4 世纪初，到公元 8 世纪上半叶，粟特人在中亚到中国北方的陆上丝绸之路沿线，已经建立了完善的商业贩运和贸易的网络。在这种情况下，萨珊波斯的商人就很难插足其间，来争夺中亚和中国本土的商业利益了。我们从吐鲁番留存的大量麴氏高昌国时期（501—640）和唐朝时期的文书，可以看到粟特商人在高昌地区从事商贸活动的真实写照，但却没有任何波斯商人的身影④。由此也可以认为，吐鲁番文书所记和丝绸之路沿线发现的大量

---

① 参看荣新江《西域粟特移民考》，马大正等编《西域考察与研究》，新疆人民出版社，1994年，157—172 页；又《北朝隋唐粟特人之迁徙及其聚落》，《国学研究》第 6 卷，北京大学出版社，1999年，27—85 页。后者有 B. Doar 的英文摘要翻译："The Migrations and Settlements of the Sogdians in the Northern Dynasties, Sui and Tang", *China Archaeology and Art Digest*, IV. 1: Zoroastrianism in China, December 2000, pp. 117-163。

② N. Sims-Williams, "Sogdian Ancient Letter II", A. L. Juliano and J. A. Lerner（ed.）, *Monks and Merchants, Silk Road Treasures from Northwest China*, 4ᵗʰ-7ᵗʰ Centuries CE, New York 2001, pp. 47-49。

③ 伯希和撰，冯承钧译《吐火罗语考》，中华书局，1957 年，73 页。

④ 参看荣新江《高昌王国与中西交通》，余太山主编《欧亚学刊》第 2 辑，中华书局，2000 年，73—83 页。

萨珊波斯银币,应当是粟特商人而不是波斯商人带来的[1]。

　　从另一方面来看,粟特商人的东方商贸活动是先后受到自己的宗主国哒和突厥庇护的,当然他们也为宗主国带来贸易上的利益。波斯的东方贸易受到粟特人的阻拦,但是波斯也同样阻碍着粟特人和突厥人与波斯以西地中海国家,特别是拜占廷的贸易往来。在粟特人力图直接通过萨珊波斯与西方贸易的努力失败后,568 年由突厥汗庭出发的突厥粟特使团到达君士坦丁堡(Constantinople),从此建立了绕过伊朗地区而经高加索地区与拜占廷交往的通道[2]。一向与波斯人争夺陆上商贸道路控制权的粟特商人,既然在 4 世纪初叶以后已经牢固地掌握了东方的贸易网,那么 5 世纪中叶以来通过陆路而来的波斯人,就很少有成群结队的商人了,波斯的商业活动仅仅局限在波斯使臣的朝贡贸易的范围内。

　　波斯人在陆上的损失,大概从海上获得了部分的补偿。虽然史料记载长安东西市上也有识宝的波斯老胡,但文献上出现的波斯商人或他们所开设的店铺,更多是在东南沿海一带。

　　从广州等沿海口岸经南海西行到波斯的海上交通道路,很早以来就已开通。1984 年广东省遂溪县边湾村发现的一批南朝窖藏金银器中带有粟特文的萨珊银器和 20 枚萨珊银币,被看作是 5 世纪波斯商舶来到南中国海沿岸的证据[3]。但波斯商船频繁来到中国东南沿海,应当是 7 世纪中叶以后的事情。671 年(咸亨二年),唐朝取经僧义净就是从广州搭波斯舶起程前往印度[4]。到开元时(713—741),广州“江中有婆罗门、波斯、昆仑等舶,

---

　　① 一些学者认为吐鲁番发现的波斯银币与 4 世纪 50 年代萨珊波斯在东部的扩张有关,见夏鼐《综述中国出土的波斯萨珊朝银币》,《考古学报》1974 年第 1 期,97 页;桑山正进《东方におけるサーサーン式货币の再检讨》,《东方学报》(京都)第 54 册,1982,149—151 页;E. V. Zeimal', "Eastern (Chinese) Turkestan on the Silk Road-First Millennium A. D. Numismatic Evidence", *Silk Road Art and Archaeology*, 2, 1991/1992, pp. 166-167。姜伯勤在《敦煌吐鲁番文书与丝绸之路》(文物出版社,1994 年)30—31 页引用了上述观点,并把这些钱币看作是波斯通往中国的“白银之路”的物证;同时又在 198—202 页指出,敦煌、吐鲁番流行银币的原因与以粟特人为大宗的西域商胡有关。

　　② Cf. J. A. Lerner, "The Merchant Empire of the Sogdians", *Monks and Merchants, Silk Road Treasures from Northwest China*, 4th-7th *Centuries CE*, p. 223.

　　③ 遂溪县博物馆《广东遂溪县发现南朝窖藏金银器》,《考古》1986 年第 3 期。参看姜伯勤《广州与海上丝绸之路上的伊兰人——论遂溪的考古新发现》,《广州与海上丝绸之路》,广东省社会科学院,1991 年,21—33 页。

　　④ 义净《大唐西域求法高僧传校注》,王邦维校注,中华书局,1988 年,152 页。

不知其数，并载香药珍宝，积载如山，其舶深六七丈"①。我们不能同意萨珊波斯支持下的商人此时已经建立了通向东方的海上贸易网络，但波斯舶确实是8世纪中叶活跃在印度洋和中国南海的重要船队，所以，唐朝笔记小说中描写的处在社会下层的波斯商胡，大概主要是从海上来到中国的②。

这些从海上来的波斯商人人数不少，《旧唐书》记载，安史之乱后，刘展作乱，扬州长史、淮南节度邓景山引平卢副大使田神功率兵马讨贼，"至扬州，大掠百姓商人资产，郡内比屋发掘略遍，商胡波斯被杀者数千人"③。可见当时扬州波斯商胡人数之多。又，乾元元年（758）九月癸巳，"广州奏大食国、波斯国兵众攻城，刺史韦利见弃城而遁"④。这些所谓波斯国兵，应当是由波斯商人组成的。他们有能力进攻偌大的广州城，而且逼迫刺史弃城而逃，更说明人数之众。

三、在华波斯人

由上述波斯人入华的途径和史料所记入华波斯人的身份，我们可以把唐朝时期在华的波斯人大致分为王族首领使者与商人两类，以便分析他们在唐朝社会中所处的不同社会阶层，以及他们融入唐朝社会的情况。

第一类人，即萨珊波斯的王族、首领和使者，因为萨珊波斯的灭亡，大多数都留在唐朝，个别如波斯王卑路斯，被优养起来，而其他人则入仕唐朝，为唐朝效力。因为波斯人留下名字、事迹的人物极少，这里就以目前所知三方波斯人墓志，来考察不同身份的波斯人入仕唐朝的情形。

其一，据洛阳早年出土的《阿罗憾墓铭》，阿罗憾原为波斯国人，显庆时（656—661），高宗以其"功绩可称，名闻□□（遐迩）"，所以"出使召来"，授予将军职衔，在宫城北门侍卫。据富安敦（A. Forte）极具说服力的考证，显庆三年（658）唐朝打败西突厥并占领西域后，以阿罗憾为"拂林国诸蕃招慰

① 《唐大和上东征传》，汪向荣校注本，中华书局，1979年，68页。
② 关于波斯与粟特分由海路和陆路与中国贸易的概述，见 W. Watson, "Iran and China", *Cambridge History of Iran*, III (2), Cambridge: Cambridge University Press, 1983, pp.552-553。
③ 《旧唐书》卷一二四《田神功传》，3533页。《旧唐书》卷一一〇《邓景山传》作"商胡大食、波斯等商旅死者数千人"，3313页。
④ 《旧唐书》卷一〇《肃宗本纪》，253页。

大使",到中亚宣传唐朝声威,并且在拂林(指吐火罗地区的 Khulm)西界立碑而还①。武则天延载元年(694)八月,在洛阳皇城的端门外,建立天枢,阿罗憾又召集各国蕃王,出资出力。此外还有其他诸军功,墓志没有一一列举。阿罗憾于景云元年(710)四月一日,以九十五岁高龄卒于东都洛阳自己的宅第里,其最终结衔为"大唐波斯国大酋长、右屯卫将军、上柱国、金城郡开国公"②。富安敦推测他的原名很可能是 Vahram,与波斯王伊嗣俟三世之子同,但难以确定是同一人③。至少阿罗憾应当出自波斯王族,而且他是 679—708 年间泥涅师师被送到吐火罗斯坦时在华波斯人中的最高首领,他的一举一动,无疑为来华波斯贵族树立了榜样。阿罗憾为唐朝向西域的扩张,以及武则天的上台,都予以积极的支持。前者仍有抵抗大食的意义,后者则主要是为武则天"铭纪功德,黜唐颂周"的政治宣传服务。

在高宗与武则天的乾陵前蕃王石像中,还有一位"波斯大首领南昧",他应当也是一位流亡到中国的萨珊波斯的高级官员,是高宗武则天时期入华波斯人的大首领之一④。南昧和阿罗憾几乎同时在华为大首领和大酋长,说明波斯流亡人员中有不少高级贵族。南昧大概没有来得及入仕唐朝就已去世,所以他的结衔中没有唐朝给予的官称。

其二,1980 年西安发现的《波斯人李素墓志》及其夫人《卑失氏墓志》,展示了另一个波斯家族入仕唐朝的完整画面。据志文,李素出身贵裔,而且是国王的外甥,家族"荣贵相承,宠光照灼"。他的祖父李益,天宝中(742—756)受君命而来通国好,作为质子,留在中国,宿卫京师。被授予银青光禄大夫、检校左散骑常侍、兼右武卫将军、赐紫金鱼袋的职衔,而且还特赐姓

---

① A. Forte, "On the So-called Abraham from Persia. A Case of Mistaken Identity", Paul Pelliot, *L'inscription nestorienne de Si-ngan-fou*, edited with supplements by Antonino Forte, Kyoto and Paris 1996, pp. 375-414.

② 墓志原文见周绍良编《唐代墓志汇编》上,上海古籍出版社,1992 年,1116 页。

③ A. Forte, "On the Identity of Aluohan (616-710), A Persian Aristocrat at the Chinese Court", *La Persia e l'Asia Centrale da Alessandro al X Secolo*, Roma 1996, pp. 187-197.

④ 林梅村《洛阳出土唐代犹太侨民阿罗憾墓志跋》,怀疑此人即阿罗憾,因为题名上无"故"字,说明神龙二年(706)年立像时还在世,并且提议把"南昧"读作"右屯卫"三字,见所著《西域文明》,东方出版社,1995 年,107 页。但南昧像前一人像,即高宗时已去世的波斯国王卑路斯像,也未书"故"字,故此用有无"故"字,难以确定立像时在世与否,而"南昧"二字清楚无误,见陈国灿《唐乾陵石人像及其衔名的研究》,《突厥与回纥历史论文集》上,中华书局,1987 年,399—400 页。况且阿罗憾去世年份晚于乾陵立像的年份,故其说不可取。

"李"，封陇西郡，与李唐皇家相同，以后子孙即以此为姓。李素的父亲李志，出任朝散大夫、守广州别驾、上柱国。李素早年即随父在广州生长，大历中（766—779）被召到京师长安，任职于司天台，前后共五十余年，经历了代、德、顺、宪四朝皇帝，最终以"行司天监兼晋州长史翰林待诏"的身份，于元和十二年（817）去世。他的六个儿子，长子李景佺（一作李景位）先任河中府（今山西永济县西南蒲州镇）散兵马使，后任神策军散兵马使兼正将。次子李景伏（一作李景复）任晋州（今山西临汾市西南）防御押衙。三子李景亮先任翰林待诏襄州南漳县（今湖北南漳）尉，后以宣德郎起复，入京任守右威卫长史、翰林待诏、赐绯鱼袋。四子李景弘（一作李景直）宝应元年（762）到贞元十二年（796）间先任朝议郎、试韩王府司马，后转为威远军押衙。五子李景文先为太庙斋郎，后为乡贡明经。六子李景度先是顺宗丰陵的挽郎，后为太庙斋郎①。

李素一家作为波斯贵裔，其祖父来到中国后，先是和其他许多外国质子一样，作为京城宿卫的军官，以后两代分别出任地方官和中央政府司天台的技术官。李素诸子则逐渐从中央或地方低级武官，变成文职人员，以及皇家礼仪中的配角。

其三，1955 年在西安城西土门村发现了汉文和波斯婆罗钵文合写的《苏谅妻马氏墓志》。苏谅和马氏是萨珊波斯的遗民，由于大食对波斯的进攻而来到东方。咸通十五年（874）马氏去世时，苏谅任左神策军散兵马使②，和李素的长子李景佺的地位一样，大概都是贞元三年（787）唐朝检括西域胡客的结果。据《资治通鉴》卷二三二记载，贞元三年对于原由鸿胪寺供给而在长安已有田宅者停止供给，使之分隶于神策两军，"王子、使者为散兵马使或押牙，余皆为卒"③。

---

① 荣新江《一个入仕唐朝的波斯景教家族》，《伊朗学在中国论文集》第 2 集，82—90 页。

② 夏鼐《唐苏谅妻马氏墓志跋》，《考古》1964 年第 9 期，458—461 页；伊藤义教《西安出土汉婆合璧墓志婆文语言学的试释》，《考古学报》1964 年第 2 期，195—202 页；W. Sundermann and Th. Thilo, "Zur mittelpersisch-chinesischen Grabinschrift aus Xi'an", *Mittelungen des Instituts fur Orientforschung*, 11.3, 1966, pp.437-450；J. Harmatta, "The Middle Persian-Chinese Bilingual Inscription from Hsian and the Chinese-Sasanian Relation", *La Persia nel medioevo*, Roma 1971, pp.363-376；H. Humbach and Wang Shiping, "Die Pahlavi-chinesische bilingue von Xi'an", *Acta Iranica*, 28, 1988, pp.73-82；刘迎胜《唐苏谅妻马氏汉巴列维文墓志再研究》，《考古学报》1990 年第 3 期，295—305 页；林梅村《唐长安城所出汉文—婆罗钵文双语墓志跋》，《西域文明》，251—258 页。

③ 《资治通鉴》，中华书局，1956 年，7492—7493 页。

可见，波斯王子、首领、贵族以及使者，大多进入唐朝各级官僚体系当中。他们有不少在唐朝皇家禁卫军中供职，也有的成为皇朝礼仪中的职员，这可能与他们的胡人外貌特征有关，而总体来说，这类波斯人逐渐与唐人没有什么区别了。

第二类人，即商人，他们原本在萨珊王朝时地位就低，到中国以后地位似乎也没有提高。我们对这些波斯商人的了解，主要来自中晚唐五代的笔记小说，其中波斯商人的形象，可以举以下记载为例[①]：

唐末段安节著《乐府杂录》记：长安富家子康老子，不事生计，使家产荡尽。偶而遇到一个老姬，持旧锦褥货卖，于是以半千文买下。随即被一波斯人看见，以为至宝，并以千万文买下。

《旧唐书》卷一七《敬宗本纪》记：长庆四年(824)九月，有波斯大商人李苏沙进沉香亭子材[②]。

元澄(玄宗时人)著《秦京杂记》，提到西市波斯客[③]。

牛僧孺(779—847)著《玄怪录》卷一有传奇：言周、隋间人杜子春，曾在长安西市波斯邸与一老人约会[④]。

五代孙光宪《北梦琐言》卷十记：长安东市原有一低洼隙地，有人填平立店，提供给波斯商人作为交易之所。

戴孚作于大历、贞元年间的《广异记》有传奇：一波斯胡人至扶风逆旅，买方石得径寸宝珠，于是随船泛海而去[⑤]。

《广异记》又有传奇：有波斯胡人，在洪州(今江西南昌)一僧人处市一小瓶，大如合拳。后胡人至扬州，长史邓景山知其事，以问胡，胡云："瓶中

---

① E. H. Schafer, "Iranian Merchants in T'ang Dynasty Tales", *Semitic and Oriental Studies. A Volume Presented to William Popper on the Occasion of His Seventy-Fifth Birthday October* 29, 1949, ed. by W. J. Fischel, Berkeley and Los Angeles: University of California Press, 1951, pp. 403-422, 几乎提示了以下所提到的所有史料，个别的还做了翻译。

② E. H. Schafer, *The Golden Peaches of Samarkand*, p. 165.

③ 《类说》卷四引元澄《秦京杂记》"压惊钱条"条，《影印四库全书文渊阁本》第 873 册，58—59 页。

④ 又见《太平广记》卷一六"杜子春"条，题出自《续玄怪录》，中华书局，1961 年，109 页。Cf. Schafer, "Iranian Merchants in T'ang Dynasty Tales", p. 417。以下传奇的作者和成书年代，参看李剑国《唐五代志怪传奇叙录》，南开大学出版社，1993 年。

⑤ 又见《太平广记》卷四○二"径寸珠"条，3237 页。Cf. Schafer, "Iranian Merchants in T'ang Dynasty Tales", pp. 418-419; Schafer, *The Golden Peaches of Samarkand*, p. 243.

是紫粖羯,人得之者,为鬼、神所护,入火不烧,涉水不溺。"①

卢肇(820?—879?)著《逸史》中,提到扬州有波斯店、波斯商人②。

薛用弱长庆四年(824)成书的《集异记》有:开元初,李勉游扬州,遇波斯老胡要求搭乘船只,自称"我本王贵种也,商贩于此,已逾二十年",其有传国宝珠,途中因病而死。李勉到达扬州之后,于旗亭处见群胡相随,其中有已故商胡之子③。

《广异记》记:"近世有波斯常云,乘舶泛海,往天竺国者已六七度。"④

李伉咸通时(860—874)撰《独异志》卷下记,有李灌者,在洪州建昌县(今江西奉新县西)岸边,救助一位卧病的波斯人。波斯临卒前送其一珠,可径寸⑤。

徐铉(917—992)著《稽神录》卷五记:临川人岑氏尝游山,于溪水中得二白石,大如莲实,后至豫章(今江西南昌),有波斯胡人以三万市去⑥。

裴铏晚唐时所著《传奇》记:贞元中(785—805),崔炜于广州波斯邸鬻宝珠,有老胡人一见,遂匍匐礼手曰:"郎君的入南越王赵佗墓中来;不然者,不合得斯宝。"⑦

《北梦琐言》记:乾宁初(894—895),秭归郡(今湖北秭归县)草圣僧怀浚为幼好药术的波斯人穆昭嗣书字画画⑧。

晚唐五代还有李珣,"其先波斯国人",后入蜀中(四川),善诗词,预宾贡,著有《海药本草》,专记海外名香奇药。其弟李玹,字廷仪,以鬻香药为

① 又见《太平广记》卷四〇三"紫末羯"条,3251 页。Cf. Schafer, "Iranian Merchants in T'ang Dynasty Tales", p. 420.

② 《太平广记》卷一七"卢李二生"条,119 页。Cf. Schafer, "Iranian Merchants in T'ang Dynasty Tales", p. 417.

③ 又见《太平广记》卷四〇二"李勉"条,3240 页。Cf. Schafer, "Iranian Merchants in T'ang Dynasty Tales", p. 419.

④ 又见《太平广记》卷四六四"南海大蟹"条,3819 页。Cf. Schafer, "Iranian Merchants in T'ang Dynasty Tales", pp. 421-422.

⑤ 又见《太平广记》卷四〇二"李灌"条,3240—3241 页。Cf. Schafer, "Iranian Merchants in T'ang Dynasty Tales", p. 419.

⑥ 又见《太平广记》卷四〇四"岑氏"条,3261 页。Cf. Schafer, "Iranian Merchants in T'ang Dynasty Tales", p. 420; Schafer, The Golden Peaches of Samarkand, p. 223.

⑦ 《太平广记》卷三四"崔炜"条,216—220 页。Cf. Schafer, "Iranian Merchants in T'ang Dynasty Tales", p. 418; Schafer, The Golden Peaches of Samarkand, p. 239.

⑧ 又见《太平广记》卷九八"怀浚"条,656 页。

业,后任前蜀率府率①。李珣还有一妹,名舜弦,被前蜀王衍纳为昭仪,有诗存世②。

以上有正史、笔记中的记载,但更多的是唐人传奇小说中的人物。这些传奇中所描写的波斯商人形象,更可以代表唐人对波斯商人的看法,而他们活动的场所,也比较真实地反映了唐朝波斯商人活动的地域范围。如果我们把来华的波斯商人和粟特商人加以对比,则可以看出一些有趣的现象。

从上面所收集的材料看,波斯商人主要活跃于唐代都城西京长安,距长安不远的扶风也有波斯人行迹,但东都洛阳却没有记载,说明武则天以后,洛阳对于胡商的吸引力减弱。更多的波斯胡人出现在扬州、洪州、广州等江南都市,以及湖北、四川等地,他们的分布十分零散。从时间上来看,波斯人主要活跃在安史之乱以后。与此不同的是,粟特商人更主要的是活跃在北方陆上交通道路的沿线,时代更集中在北朝到唐朝前期,虽然也有个别粟特人深入南方,甚至岭南,但主体显然是活跃在高昌、敦煌、武威、长安、洛阳、营州等地。

在唐人心目中,波斯人善于经商,尤其精于识宝,往往不惜重金以求宝,最终均会得手,而且虽然老病垂死,也要把宝物留给后人。因此,唐人把波斯商人看作是怀有宝物的富人。民间流行有"不相称"语,其中的"穷波斯"与"先生不认识字"并列③,即是说波斯商人根本是不可能穷的。在经商的本领上,粟特人也同样是高手,唐人传奇中往往用"商胡"来指称伊朗种的商人,他们既指波斯,也指粟特。然而,我们从上面的康老子故事,似乎可以看出,在唐人眼中,粟特人在识宝方面还是较波斯人略逊一筹。

我们知道粟特商人主要是从陆路来到中国的,而上述史料更多地把波斯商人与"乘舶泛海"联系在一起,我们从上一节所举广州、扬州大批波斯商人的情况也可以得出同样的结论。元稹《和乐天送客游岭南二十韵》一诗"舶主腰藏宝"句注称:"南方呼波斯为舶主。胡人异宝,多自怀藏,以避

---

① 《茅亭客话》卷二;《鉴诫录》卷四。参看罗香林《系出波斯之李珣及其海药本草》,《香港大学五十周年纪念论文集》第2集,香港,1964年,217—239页。按,《海药本草》有尚志钧辑校本,人民卫生出版社,1997年。

② 《全唐诗》卷七九七,中华书局,1960年,8968—8969页。

③ 《义山杂纂》"不相称"条,《说郛三种》第6册,上海古籍出版社,1988年,3543页。Cf. E. H. Schafer, *The Golden Peaches of Samarkand*, p. 223。

强丐。"①义净到广州后，也是"与波斯舶主期会南行"②。说明唐人把波斯看作是海上而来的商船"舶主"的代称了。粟特人主要是以陆上的队商形式东来的，他们有自己的队商首领，即"萨保"。

前人早已论述过，在广州等沿海城市里，由于外来蕃人较多，有专门居住蕃人的蕃坊。在广州、扬州等大都市里，波斯、大食商胡大概主要居住在蕃坊当中。但蕃坊设立的时间可能迟到文宗时期（827—840）③，而此前的情况是"蕃獠与华人错居，相婚嫁，多占田，营第舍"④。李素的父亲李志曾任"朝散大夫守广州别驾"，即仅次于都督的地方长官，时间在肃宗或代宗时期（756—779）⑤，唐朝任命一位波斯人出任广州地方官，显然是为了管理当地人数众多的波斯等外来蕃人。或许其时还没有蕃坊的定职，所以主要是由地方官来管理蕃人。上述有关波斯商人的史料当中，除了一些大都市的波斯邸店外，看不出这些波斯商人始终固定在一个地点上，而凸显的是他们到处找宝的形象。粟特商人的经商活动往往是成群结队式的，吐鲁番文书所见到的一些粟特商人，如开元二十年（732）来往于瓜州（今甘肃安西县）和西州（今新疆吐鲁番）的粟特人石染典，也是带着两个作人和一个奴隶一起行动的⑥。这和江南波斯老胡的形象颇不相同。

四、波斯与中国：两种文化在唐代的交融

上面谈到波斯上层人士的入仕唐朝，其实已经接触到波斯人对于唐朝文化的逐步认同。李素一族从波斯质子，最后成为太庙斋郎，甚至乡贡明经，是一个最好的例证。波斯商胡在江南地区的广泛活动，也使得他们越来越融入中国社会。李珣兄弟原以卖香药为业，后来成宾贡进士，以诗词名家，则是深入到中国南方腹地的波斯人迅速中国化的典型。来到中国的波斯人一旦进入这样一个富有深厚传统文化的社会当中，必然受到中国文化

---

① 《全唐诗》卷四〇七，4533 页。
② 义净《大唐西域求法高僧传校注》，152 页。
③ 刘健明《从对外贸易看唐代岭南发展的特点》，《岭南文化新探究论文集》，香港现代教育研究社，1996 年，243—244 页。
④ 《新唐书》卷一八二《卢钧传》，5367 页。
⑤ 荣新江《一个入仕唐朝的波斯景教家族》，84 页。
⑥ 《吐鲁番出土文书》第 9 册，文物出版社，1990 年，40—42 页。

的影响,逐渐脱离本来文化的束缚,最后变成面貌虽异,而心态相同的中国人了。

然而,文化的交融不是这样简单的过程,入华波斯人在很长时间里都在力图保持本民族的文化,并致力于把波斯文化传入中国的各项事业。

宗教是一个民族传统文化中保持时间最久的文化因子之一。波斯人的正统宗教是琐罗亚斯德教(Zoroastrianism,中国称作祆教),相信来到中国的大多数波斯人所信奉的宗教是祆教。

在波斯人聚集的唐朝都城长安和洛阳城内,都有祆祠。目前所知,长安有五座祆祠,分别在布政、醴泉、普宁、崇化、静恭坊。洛阳有四座,分别在立德、修善、会节坊和南市。因为同样聚集在长安和洛阳的粟特移民,他们的正统宗教信仰也是祆教,所以我们目前不清楚这些祆祠,是波斯和粟特人共同建立、共同祭祀的场所,还是有波斯人的祆祠和粟特人的祆祠之分。事实上,波斯本土和粟特地区的琐罗亚斯德教虽然在基本的教义上是一致的,但是在宗教仪式等方面又有所不同。因此,我推想长安和洛阳的祆祠,至少在开始时,应当是有波斯人的祆祠和粟特人的祆祠之分的,而以后则可能有相互利用的可能。

长安崇化坊的祆祠有明确记载:"唐贞观五年(631),有传法穆护何禄,将祆教诣阙闻奏,敕令长安崇化坊立祆寺。"[1]可见是粟特何国人何禄所建。而《长安志》称布政坊之祆寺,是武德四年(621)立,"祠内有萨宝府官,主祠祆(祆)神,亦以胡祝充其职"[2]。萨宝为粟特队商首领的称号,似乎这里的祆祠也是粟特人的祭祀场所。

但我们相信,长安和洛阳的祆祠中,应当有属于波斯人的祆祠。韦述开元十年(722)著《两京新记》卷三记长安醴泉坊西门之南,有一所祆祠[3];又记仪凤二年(677)波斯王卑路斯奏请于此坊建"波斯胡寺",位于十字街南

---

① 姚宽《西溪丛语》卷上,孔凡礼点校本,中华书局,42 页。按,上段文字他处未见,可见宋人姚宽当有所本,但最后"祆寺"后,又有"号大秦寺,又名波斯寺",并引玄宗天宝四年七月该波斯寺为大秦寺敕。显然姚宽这里把祆寺和波斯、大秦寺混淆在一起,实则波斯、大秦寺是景教寺院,与祆寺不同。Cf. Victor C. Xiong, *Sui-Tang Chang'an. A Study in the Urban History of Medieval China*, Ann Arbor: Center for Chinese Studies, The University of Michigan, 2000, p. 237.

② 宋敏求《长安志》卷一〇,平冈武夫编《唐代的长安与洛阳·资料》,上海古籍出版社,1989 年,116 页。又见徐松《唐两京城坊考》卷四,方严点校,中华书局,1985 年,104—105 页。

③ 最早的记载见《两京新记》卷三,金泽文库存抄本,收入《唐代的长安与洛阳·资料》,189 页。

之东①。因为在天宝四载（745）以前，景教寺院都称作"波斯寺"②，《两京新记》卷三记义宁坊景教寺院即作"波斯胡寺"，而称祆教寺院则作"祆祠"或"胡祆祠"。所以，按照其名称来看，醴泉坊这个波斯胡寺无疑是一所景教寺院③，据考这是因为卑路斯王后的信仰而建立的④。过去人们总是把波斯王的正统祆教信仰与他要求所建的寺院联系起来，认为波斯王建的寺必定是祆祠⑤。但是，作为政治人物，特别是来到他国的亡国君主，卑路斯完全有可能应长安的波斯景教教团的要求而新建一所寺院。而卑路斯本人，也可能会把同在醴泉坊的祆祠，当作本人宗教信仰的祭祀中心。据《长安志》卷一〇，景龙年间（707—710），因幸臣宗楚客筑宅侵入波斯胡寺，所以将此寺移至布政坊祆寺之西。这里同样是把波斯寺（景寺）与祆祠处于同一坊中，而这个祆祠中原有粟特萨保府的设施在内，此时卑路斯已逝，但泥涅师师却在708年回到唐朝首都，不排除这个祆祠成为泥涅师师祭祀祆神的地方，因为萨保府此时已经是名存实亡了。

由于有关卑路斯、泥涅师师、阿罗憾、南昧等波斯国王和大首领的宗教信仰的记录太少，我们无法深论。但有一条绝好的资料，即上述西安出土的《苏谅妻马氏墓志》证明，直到晚唐咸通十五年（874），萨珊波斯遗民不仅保持着本民族的祆教信仰，而且还继续使用本民族的官方文字婆罗钵文。对照汉文和婆罗钵文墓志铭，才可以发现以"苏谅"来音译其萨珊王族的家族名字 Sūrēn，和用"马氏"来表示逝者的名字 Māsīš，都十分巧妙⑥。在此，我们看到了波斯文化在唐朝的顽强坚持，以及波斯文化与中国文化的巧妙融合。但是，不论是"苏"，还是"马"，以及波斯人采用最多的"李"姓，实际上

---

① 最早的记载见《两京新记》卷三，金泽文库存抄本，收入《唐代的长安与洛阳·资料》，189 页。

② 《册府元龟》卷五一《帝王部·崇释氏》，575 页。

③ P. Y. Saeki, *The Nestorian Monument in China*, London 1916, p. 241; idem., *The Nestorian Documents and Relics in China*, Tokyo 1951, pp. 457-458; 陈垣《火祆教入中国考》，北京大学《国学季刊》第 1 卷第 1 期，1923 年; 此据作者 1934 年的校订本，载《陈垣学术论文集》第 1 集，中华书局，1980 年，320—321 页; P. Pelliot, *L'inscription nestorienne de Si-ngan-fou*, edited with supplements by Antonino Forte, p. 288, note 222; A. Forte, "The Edict of 638 Allowing the Diffusion of Christianity in China", *Ibid.*, p. 355。

④ D. D. Leslie, "Persian Temples in T'ang China", *Monumenta Serica*, 35, 1981-1983, p. 286.

⑤ 青木和子《唐代长安の祆教寺院について》，《龙谷大学佛教文化研究所纪要》第 17 号，1978 年，95 页; 林悟殊《波斯拜火教与古代中国》，新文丰出版公司，1995 年，139—150 页; Xiong, *Sui-Tang Chang'an. A Study in the Urban History of Medieval China*, p. 237。

⑥ 参看第 71 页注②所引文献的相关对证。

都是最容易把自己本来的出身掩蔽起来的姓氏,不像唐朝时的康、安、米姓粟特人那样容易被人察觉出来。可以说,波斯人主要选用李唐皇家的"李"姓来作为自己的姓氏,是他们融化在中国社会中的一条重要的途径。

长安的景教在波斯人的维护下,绵延了长达两百年的历史。

498 年以后,波斯成为基督教东方教会——聂斯脱利派(Nestorianism)的大本营,该派教士以波斯为根据地向东传教。唐太宗贞观九年(635),波斯僧阿罗本将此教传入中国,中国称作景教。唐太宗于贞观十二年下诏,允许传教,于是在长安义宁坊立寺一所,因为是从波斯传入的宗教,所以寺院就名为"波斯寺"或"波斯胡寺"①。

以后,活跃在中国南北的景教僧侣,如开元二年(714)与市舶使周庆立一起广造奇器异巧以进的波斯僧及烈②,开元二十年(732)八月为波斯王所遣来朝的首领潘那蜜与大德僧及烈③,以及建立《景教碑》的景净和列名其上的许多景士,实际都是波斯人④。说明长安的景教一直是由波斯的教士在维持着。

我们有幸在《景教碑》侧叙利亚文和汉文对照书写的僧侣名单左侧第三栏,找到了上面提到的波斯人李素的字"文贞",即"Luka/僧文贞",联系到李素给他六个儿子取汉名时,都以景教的"景"字开头,而他对于《景教碑》中"教称景教;教会称景门;教堂称景寺;教主曰景尊,又曰景日;教规曰景法;其传播曰景风;其作用曰景力,曰景福,曰景命;教徒曰景众;教士曰景士;僧之命名者有景净、景福、景通等"⑤,不能没有清楚的认识,因此,我们相信李素和他的家族成员是忠实的景教徒,而且,李素把他六个儿子的名字与景教联系起来,说明了他对于维护景教继续流传的愿望。这就给了我们认识长安波斯人维持自身宗教信仰的又一例证,即到李素儿子一辈,李素一家已

① 按,建中二年(781)所立《大秦景教流行中国碑》称阿罗本为"大秦国"上德,这是天宝四载以后的称呼,而据《唐会要》卷四九"大秦寺"条所载贞观十二年七月诏书原文,阿罗本实是"波斯僧"。又依同书同卷下面所载天宝四载九月诏书,最初所建之寺的名称,一定是"波斯寺",或如《两京新记》所说,叫"波斯胡寺"。

② 《宋本册府元龟》,中华书局影印本,1989 年,1490 页;参看中华书局影印明本,6547—6548 页。

③ 《宋本册府元龟》第 4 册,3878 页;明本第 12 册,11454 页。

④ 景净之为波斯人见《贞元新定释教目录》卷十七《般若三藏续翻译经记》;其他人士见 P. Pelliot, *Recherches sur les Chretiens d'Asie centrale et d'Extreme-Orient*, II. 1: La Stele de Si-Ngan-Fou (Paris 1984)中有关叙利亚人名的波斯语还原。

⑤ 朱谦之《中国景教》,东方出版社,1993 年,130 页。

经在华繁衍四辈,经过七十多年的漫长历程,已经成为唐朝中央或地方政府的官员,却仍然在宗教信仰上保持不变。而这种景教的信仰,并没有影响他们参与唐朝的政治运作,甚至礼仪活动。

相对来讲,波斯商人处在唐朝社会下层,而且具有变换灵活的性格,使得他们比较容易改变自己的宗教信仰。在上节引证的波斯商人材料中,看不出哪个人具有祆教徒或景教徒的特征。其中"李灌传奇"讲到波斯商人死后,亦如汉人一样,"买棺葬之,植木志墓"[①];"李勉传奇"中波斯老胡的儿子,也是发其父的墓,才取走那件传国宝珠的[②];说明这些波斯商胡死后,都已经按照汉式,以棺椁埋入墓中。据日本入唐求法僧圆仁记载,开成四年(839)正月,扬州大都督府长史李德裕为修开元寺瑞像阁募捐,有波斯国侨民捐钱一千贯[③]。一种可能是这些富有的波斯商胡为了讨好地方官,而不管所修佛像是否有悖于自己原本的宗教信仰;另一种可能是,唐朝中叶以后在南方活动的波斯人,逐渐接受当地流行的佛教,本身已经成为佛教徒了。在岭南韶州曹溪道场供奉的唐朝禅宗六祖大师慧能像旁,有一位"灵通侍者",据说"本西域波斯人,乘海舶至广州,闻六祖大师,因随喜归依,愿为侍者,永充护法,卫安曹溪道场"[④]。这位来到岭南的波斯人皈依佛法,代表了入华波斯人宗教信仰转换的一种趋向,尽管不是每个人都非要出家为僧,特别是那些识宝的波斯商胡,他们更大的兴趣是在经商,这个特性终唐末也没有在唐人心目中有任何改变,甚至随着唐人传奇小说的不断重复和改写[⑤],成为永远留存在中国人心目中的波斯文化符号。

五、结　语

唐朝,特别是会昌灭法以前的唐朝,确实是富有世界主义(cosmopoli-

---

① 《独异志》卷下;《太平广记》卷四〇二"李灌"条,3240—3241 页。

② 《太平广记》卷四〇二"李勉"条,3240 页。

③ 小野胜年原著,白化文等修订《入唐求法巡礼行记校注》卷一,花山文艺出版社,1992 年,95 页。

④ 清康熙年间成书的《曹溪通志》卷三所收明代释德清《为灵通侍者戒酒文》。转引自王承文《唐代岭南的波斯人与波斯文化》,《中山大学史学集刊》第 1 辑,广东人民出版社,1992 年,68—69 页。

⑤ 例如明人凌蒙初《拍案惊奇》第一卷,即《转运汉遇巧洞庭红,波斯胡指破鼍龙壳》。

tanism)精神的时代。安史之乱使得许多粟特人蒙受打击,他们纷纷向河北三镇转移,寻求新的生存之地。但唐人对"胡化"的反感,并没有影响波斯人在长安继续存在,并保持他们原有的宗教信仰,也没有阻碍波斯商胡大量涌入中国南方,甚至深入今江西、湖北、四川等地。

然而,安史之乱毕竟造成了华夷界限的划分,当粟特康姓傅会出自会稽,何氏自称望在庐江时,我们益觉得元和十四年(819)所撰《李素墓志》称志主为"西国波斯人也"是如何可贵。在大量胡人纷纷把自己改变成为地道的华人这一大趋势下,《苏谅妻马氏墓志》所表现的对波斯文化的极力维护,只能是世纪末的挽歌。

随着会昌灭法断绝了"三夷教"(祆教、景教、摩尼教)在中原地区的流行,外来民族逐渐融入中国社会,中国也逐渐失去了唐朝前期以来所具有的世界主义精神。但我们仍然应当高度评价唐朝时期中国所具有的世界主义精神,唐朝的外来文化对中国社会生活和文学艺术的影响毕竟持续下来,世界主义的影响使得唐朝以后的中国也不再是唐朝以前的中国了。

(原为提交 2002 年 4 月 18—20 日美国普林斯顿大学举办的"唐代的新概观"国际学术研讨会论文的中文原稿,载刘东编《中国学术》2002 年第 4 辑,商务印书馆,56—76 页)

唐朝与黑衣大食关系史新证

——记贞元初年杨良瑶的聘使大食

前　言

　　张广达先生《海舶来天方,丝路通大食——中国与阿拉伯世界的历史联系的回顾》对于唐朝与大食关系史做了扼要的阐述。他在文章中特别指出,公元750年,阿卜勒·阿拔斯(Abū'l'Abbās,750—754,唐史称"阿蒲·罗拔")灭乌玛亚王朝,建立阿拔斯王朝(750—1258),即唐代史籍所称之"黑衣大食"。新王朝的政治重心逐渐向东迁移,虽然因此丢失了乌玛亚王朝控制的原哈里发帝国的西疆,但是比较稳固地统治了东部伊斯兰世界,在此后的五百年时间里,创造了灿烂辉煌的阿拉伯文明,开创了与唐、宋、蒙元时期的中国交往的黄金时代。该王朝第一代哈里发阿卜勒·阿拔斯将都城从乌玛亚王朝的大马士革东迁到幼发拉底河中游的苦法(al-Kūfah)。第二代哈里发曼苏尔(al-Manṣūr,754—775)又于762年在底格里斯河中游的巴格达建立新的都城——平安京(Dār al-Salām),其用意之一就是开展对中国等东方国家的贸易。塔巴里(al-Ṭabari)《年代记》称:"这个地方(巴格达)是一个优良的营地,此外,这里有底格里斯河,可以使我们接触像中国那样遥远的国度,并带给我们海洋所能提供的一切。"[①]张先生在文章中还提到:"在唐代,确曾横渡印度洋且有姓名可考的中国人有二人。一

---

　　① 塔巴里(al-Ṭabarī)《年代记〔列王本纪〕》(Annales〔Ta'rīkh al-rusul wa'l mulūk〕)第3卷,德·古耶刊,莱顿,1879—1901年版,1964—1965年重印,272页。以上概述均据张广达《海舶来天方,丝路通大食——中国与阿拉伯世界的历史联系的回顾》,原载周一良编《中外文化交流史》,河南人民出版社,1987年;此据张广达《文本、图像与文化流传》,广西师范大学出版社,2008年,139—140页。

为达奚弘通,一为杜环。"①

现在我们可以再补充一个人的名字,就是唐德宗贞元初年出使黑衣大食的宦官杨良瑶,其事迹载于《杨良瑶神道碑》中,相关记录的文字虽然不长,但弥足珍贵。因为材料的限制,唐与黑衣大食的关系史过去讨论并不充分。本文即在前人研究的基础上,对杨良瑶出使的前因后果,出使的具体情形、经行路线等,做详细的讨论,希望借此推进我们对于唐朝与黑衣大食关系史的新认识。

一、《杨良瑶神道碑》及有关出使黑衣大食的记载

《杨良瑶神道碑》是1984年在陕西省泾阳县云阳镇小户杨村附近发现的,后移存泾阳县博物馆。2005年,咸阳市地方志办公室张世民先生发表《杨良瑶:中国最早航海下西洋的外交使节》一文(以下简称《张文》),录出全部碑文,并对其中丰富的内容一一做了考释②。张世民先生的大作厥功至伟,本文之撰写,完全得其学恩之惠,这里首先对他的工作表示敬意。为了看到碑文原貌,2012年3月29日,笔者有幸在陕西省考古研究院张建林教授陪同下,到泾阳县博物馆,打制了拓本,并校录碑文。据测量,碑首高85厘米,碑身高190厘米,上宽94厘米,下宽102厘米,上厚23厘米,下厚27厘米,两侧刻蔓草花纹,中间有花鸟图案(图1)。

杨良瑶,传世史传中尚未见到记载,由于《杨良瑶神道碑》的发现,其被湮没的名字才重显于世。据碑文,他出身弘农杨氏,曾祖为唐元功臣,也就是帮助玄宗灭掉中宗皇后韦氏的禁军将领。肃宗至德年间(756—758),入为内养,成为宦官。代宗永泰时(765),因为出使安抚叛乱的狼山部落首领塌实力继章有功,授任行内侍省掖庭局监作。大历六年(771),加朝议郎、宫闱局丞。后曾奉使安南,宣慰荒外。九年,出使广州,遇哥舒晃叛乱被执,

---

① 张广达《文本、图像与文化流传》,144—145页。

② 文载《咸阳师范学院学报》第20卷第3期,2005年,4—8页。此前作者还撰有一篇介绍性文字《中国古代最早下西洋的外交使节杨良瑶》,载《唐史论丛》第7辑,陕西师范大学出版社,1998年,351—356页。周伟洲《唐朝与南海诸国通贡关系研究》依据《唐史论丛》所刊张文,对杨良瑶事迹也有简要介绍,见《中国史研究》2002年第3期,72—73页;同样内容又见周伟洲《长安与南海诸国》(古都长安丛书),西安出版社,2003年,157—159页。

图1　泾阳县博物馆藏《杨良瑶神道碑》(张建林摄)

不为所动。十二年,事件平息,以功迁宫闱令。德宗兴元初(784),朱泚叛乱,出使西戎(吐蕃),乞师而旋。乱平,迁内侍省内给事。六月,加朝散大夫。贞元元年(785),出使黑衣大食,成功完成使命。四年六月,转中大夫。

七月,封弘农县开国男,食邑三百户。十二年,加太中大夫,余如故。十五年,奉命处理淮西叛乱,监东都畿汝州军事,用安抚手段使事件平息。顺宗永贞元年(805),回长安,供侍近密。五月,以本官领右三军僻仗使。他晚年"归信释氏,修建塔庙,缮写藏经,布金买田,舍衣救病"。元和元年(806)七月二十二日,卒于长安辅兴里私第,享年七十一岁。纵观杨良瑶一生,作为皇帝身边的宦官,他主要的功绩是代表皇帝四处出使,抚平乱局。这其中有不少重要的事迹,但最引人入胜的应当就是出使黑衣大食一事了。

关于杨良瑶聘使黑衣大食事,《神道碑》记载:

> 贞元初,既清寇难,天下□安,四海无波,九译入觐。昔使绝域,西汉难其选;今通区外,皇上思其人。比才类能,非公莫可。以贞元元年四月,赐绯鱼袋,充聘国使于黑衣大食,备判官、内傔,受国信、诏书。奉命遂行,不畏厥远。届乎南海,舍陆登舟。邈尔无惮险之容,懔然有必济之色。义激左右,忠感鬼神。公于是剪发祭波,指日誓众。遂得阳侯敛浪,屏翳调风。挂帆凌汗漫之空,举棹乘颢淼之气。黑夜则神灯表路,白昼乃仙兽前驱。星霜再周,经过万国。播皇风于异俗,被声教于无垠。往返如期,成命不坠。斯又我公杖忠信之明效也。四年六月,转中大夫。七月,封弘农县开国男,食邑三百户。

这里先对照原本和拓本,做几点文字校录说明。(1)"九译",《张文》作"九泽",误。(2)"备判官、内傔,受国信、诏书",《张文》标点做"备判官内,傔受国信诏书",似有未谛。唐朝使职差遣,均配给判官、傔人,"内傔"者,或许是出自内侍省的宦官,因为其正使是宦官的缘故。(3)"不畏厥远"之"厥"字,为唐朝俗写字体,《张文》作"乎",不取。(4)"邈尔",《张文》误作"遐迩"。(5)"往返如期"之"往"字,《张文》误作"德"。因为碑石较大,阅读不很方便,加之碑文为行书,有些文字近乎草体,释读并不容易,点滴之误,可以理解。

据此碑文可知,唐朝于贞元元年四月,以宦官杨良瑶为聘国使,出使黑衣大食。杨良瑶一行带着国信、诏书,先到南海(即广州),从广州登舟出发,经过漫长的海上旅行,到达黑衣大食。至少在贞元四年六月之前,使团回到长安。

虽然张世民先生花了许多笔墨来讨论杨良瑶出使一事,但其中还有一些问题有待深入。以下做更加细致的探讨。

二、唐朝遣使黑衣大食的背景和缘由

贞元元年前,唐朝与黑衣大食之间没有什么特别的事情,为何此时派出正式使团,不远万里地去黑衣大食呢? 这恐怕要从唐朝与吐蕃的关系上来找原因。

天宝十四载(755),中原发生安禄山叛乱,唐朝在河陇和西域的劲旅调到中原勤王,吐蕃乘虚而入,从青藏高原北上,蚕食唐朝领土,从 764 年到 776 年,攻占河西走廊的凉、甘、肃、瓜等州,并围起沙州,没有强攻。因为双方关系一度改善,建中四年(783)正月,唐蕃在清水会盟,划定边界,和平相处。

同年十月,唐长安发生泾原兵变,朱泚在长安称帝,德宗逃至奉天。兴元元年(784)正月,唐朝急忙派遣秘书监崔汉衡出使吐蕃,搬取救兵,条件是讨平朱泚,唐朝以安西、北庭土地相赠。本文所讨论的主人公杨良瑶,正是随崔汉衡出使的人员之一。《神道碑》称:"兴元初,天未悔祸,蛇豕横途。皇上轸念于苍生,臣下未遑于定策。公乃感激出涕,请使西戎;乞师而旋,遮寇以进。"①四月,吐蕃出兵相救。五月,吐蕃军助唐军大破朱泚,大概因为天气炎热,旋即退去。吐蕃救兵的到来,使唐朝得以转危为安。《杨良瑶神道碑》当然是把这些成绩加到主人身上:"覆武功之群盗,清盩厔之前途;风云奔从而遂多,山川指程而无拥。兴元既得以驻跸,渭桥因得以立功。再造寰区,不改旧物,翳我公乞师之力也。"②因此,杨良瑶也由此加官受赏:"其年二月,迁内侍省内给事。六月,加朝散大夫。此例骤迁,盖赏劳矣。"

七月,德宗自兴元返长安。吐蕃遣使来索要安西、北庭之地。谋臣李泌以为:"安西、北庭,人性骁悍,控制西域五十七国,及十姓突厥,又分吐蕃之势,使不能并兵东侵,奈何拱手与之,且两镇之人,势孤地远,尽忠竭力,为国家固守近二十年,诚可哀怜。一旦弃之以与戎狄,彼其心必深怨中国,他日

---

① 按,"天未悔祸"之"未",《张文》作"不";"遮寇以进"之"遮"字,《张文》做"邃";今据原碑改正。

② 按,"清盩厔之前途"之"清"字,《张文》作"请",今据原碑正之。

从吐蕃入寇,如报私雠矣。况日者吐蕃观望不进,阴持两端,大掠武功,受赂而去,何功之有!"①最后,德宗拒绝所请。唐蕃关系随之破裂,吐蕃"放纵兵马,蹂践禾苗,〔驱掠〕边境之人"。到贞元二年(786)八月,吐蕃大军入寇泾(今镇原)、陇(今陇县)、邠(今彬县)、宁(今宁县),游骑深入到京畿好畤(今乾县西北),德宗诏浑瑊等将兵屯咸阳以备之。九月,吐蕃攻好畤,长安戒严②。

正是在唐蕃关系破裂,吐蕃大举进攻唐朝之前的贞元元年四月,唐朝派杨良瑶出使黑衣大食,其目的恐怕不是像《神道碑》中所说的仅仅是"播皇风于异俗,被声教于无垠",而是要联合黑衣大食,请求其共同对付吐蕃。

在唐代史料中,我们都知道宰相李泌曾经向德宗提出过一个伟大的设想,这是贞元三年九月回纥使者遣使上表时记录下来的:

> 既而回纥可汗遣使上表称儿及臣,凡泌所与约五事,一皆听命。上大喜,谓泌曰:"回纥何畏服卿如此!"对曰:"此乃陛下威灵,臣何力焉!"上曰:"回纥则既和矣,所以招云南、大食、天竺奈何?"对曰:"回纥和,则吐蕃已不敢轻犯塞矣。次招云南,则是断吐蕃之右臂也。云南自汉代以来臣属中国,杨国忠无故扰之使叛,臣于吐蕃,苦于吐蕃赋役重,未尝一日不思复为唐臣也。大食在西域为最强,自葱岭尽西海,地几半天下,与天竺皆慕中国,代与吐蕃为仇,臣故知其可招也。"③

虽然这是在杨良瑶出使以后两年多才记录下来的话,但李泌作为德宗的智囊,拒绝给予吐蕃安西、北庭之地是他的主意,联络回纥、南诏、大食、天竺共同夹击吐蕃也是他的主意,贞元三年他对德宗所说的这个想法,恐怕早已成竹在胸,因为吐蕃的进攻,是由唐朝爽约而来,自爽约之时起,李泌应当就考虑到如何对付随之而来的吐蕃进攻。所以,合理的推测是,杨良瑶的出使黑衣大食,正是去实施贞元元年李泌和德宗已经考虑到的联合大食、天竺、南诏、回纥共同抗击吐蕃的策略。

长安的唐朝君臣为何想到遥远的黑衣大食?这应当是和唐朝所得到的吐蕃与大食在西域的争斗情形相关。据阿拉伯文史籍的记录,在 750 年黑

---

① 《资治通鉴》卷二三一,中华书局,1956 年,7442 页。
② 《资治通鉴》卷二三一,中华书局,7470、7472 页。
③ 《资治通鉴》卷二三三,7505 页。

衣大食建立前，中亚的粟特地区和吐火罗斯坦已经成为大食的领地。751年的怛逻斯战役虽然是唐朝和大食的一次遭遇战，但随后的安史之乱削弱了唐朝在西边的力量，大食得以继续东进，直接面对占据大小勃律（Baletistan-Gilgit）的吐蕃。768年或其后不久，大食军队征服箇失密（Kashmir/Kishmir），769年入侵高附（Kabul），这无疑会触及吐蕃的直接利益，双方在葱岭以西的征战在所难免①。贞元二年，杨良瑶应当还在路途之中时，韩滉上《请伐吐蕃疏》云：“吐蕃盗有河湟，为日已久。大历已前，中国多难，所以肆其侵轶。臣闻其近岁已来，兵众浸弱，西迫大食之强，北病回纥之众，东有南诏之防。”②《唐会要》卷一〇〇大食条也记：“贞元二年，与吐蕃为劲敌，蕃兵大半西御大食，故鲜为边患，其力不足也。”③都说明在李泌之计正式出笼之前，唐朝已经深知大食可以从西面进攻吐蕃，使其国力不足，而唐朝边患则大大减少。从大食和吐蕃开始在西域争斗的时间来看，唐朝在贞元元年得出联合大食，请大食从西部出击吐蕃的想法，是完全可能的④。

三、为何选择海路

《杨良瑶神道碑》记：“奉命遂行，不畏厥远。届乎南海，舍陆登舟。”

“南海”应指广州。按广州治南海县，天宝元年（742）曾改广州为南海郡，乾元元年（758）复为广州⑤。贞元元年时虽然正式的称呼是广州，但南海仍是广州的别名，特别是在文学作品中，南海和广州交替使用。所以，杨良瑶一行人是从广州出发，走海路往黑衣大食首都巴格达的。为什么选择海路呢？

如上所述，贞元元年四月杨良瑶出使时，唐蕃关系已经破裂，长安西北边横亘着吐蕃的劲骑。从长安往西最便捷的河西走廊通道，已经落入吐蕃人之手。如果向北先到回纥汗国，再折向西，走天山南北的丝绸之路，虽然

① 关于贞元初唐朝、吐蕃、大食三方的关系问题，参看张日铭《唐代中国与大食穆斯林》，宁夏人民出版社，2002年，93—101页；王小甫《唐吐蕃大食政治关系史》，北京大学出版社，1992年，206—214页。

② 《旧唐书》卷一二九《韩滉传》，中华书局，1975年，3602页。

③ 《唐会要》卷一〇〇，上海古籍出版社，1992年，2127页。

④ 张世民认为杨良瑶出使大食是执行李泌的方针，但未辨析其出使时间在李泌提议之前。

⑤ 《元和郡县图志》卷三四岭南道广州条，中华书局，1983年，885—887页。

是可以走通的，但路上很难说不遇到吐蕃和其他部族劫掠的风险。特别是杨良瑶一行负有很明确的政治、军事目的，他们随身携带的诏书，一定写着联络大食、进攻吐蕃的字样，一旦落入吐蕃军队或亲吐蕃部族的手中，使者必死无疑，而朝廷的使命也就无法完成。

相反，从广州出发下西洋，一路上虽然要"经过万国"，但没有与唐朝持有敌对态度的国家，所以使者可以放心前往，国家的信物和皇帝的诏书也容易送达。唯独所要克服的，恐怕不是人为的留难，而是自然的阻隔——跨洋过海。

走海路去大食，最佳的出发点就是广州。广州是唐朝海外贸易的重要港口，也是海上丝绸之路的中国起点之一。唐朝至迟到开元二年（714）已经在广州设立海外贸易的管理机构——市舶司，以市舶使掌之。《册府元龟》卷五四六《谏诤部·直谏》一三记载："开元二年……市舶使右卫威〔威卫〕中郎将周庆立、波斯僧及烈等，广造奇器异巧以进。"[1]说明这里是海外奇器异巧进入唐朝的口岸。

广州也是当时远洋航行船舶的集结地。天宝七载（748）高僧鉴真在广州时，见城外"江中有婆罗门、波斯、昆仑等舶，不知其数，并载香药、珍宝，积载如山。其舶深六七丈。师子国、大石国、骨唐国、白蛮、赤蛮等往来居〔住〕，种类极多"[2]。因此，当时人们如果要出海远行，可以选择不同类型的船只。杨良瑶作为唐朝官方正式的使臣，恐怕还是要选择唐朝自己的船舶。《中国印度见闻录》法译本序言据《印度珍奇志》说："波斯湾的商人乘坐中国的大船，才完成他们头几次越过中国南海的航行。"[3]其时间应当与杨良瑶的出使时间接近。桑原骘藏《中国阿拉伯海上交通史》也称赞中国海船："大食海舶虽然轻快，但较之中国海舶，则不免构造脆弱，形体畸小，抵抗风涛之力不强也。"[4]这类中国造的大船，应当是杨良瑶一行的首选。

杨良瑶一行选择广州作为出发点，恐怕也和他自己本人曾经出使广州，

---

① 《宋本册府元龟》，中华书局影印本，1989 年，1490 页；《册府元龟》，中华书局影印明本，6547—6548 页。参看《旧唐书》卷八《玄宗纪》，174 页。

② 真人元开《唐大和上东征传》，中华书局，2000 年，74 页。

③ 阿拉伯佚名《中国印度见闻录》(*Relation de la Chine el de l'Inde*)，穆根来、汶江、黄倬汉译，中华书局，1983 年，法译本序言 25 页。

④ 桑原骘藏《中国阿拉伯海上交通史》，冯攸译，商务印书馆，1934 年，119 页。

并熟悉那里的情形有关。《杨良瑶神道碑》记："复命至于广府,会叛军煞将,凶徒阻兵,哥舒晃因纵狼心,将邀王命,承公以剑,求表上闻。公山立巍然,不可夺志。事解归阙,时望翕然。至十二年,迁宫闱令。"这是说大历八年(773)杨良瑶出使广州时,正巧遇上循州(治海丰,今广东海丰县)刺史哥舒晃叛乱,攻杀广州刺史兼岭南节度使吕崇贲。从碑文来看,哥舒晃大概是想通过杨良瑶上表朝廷,求得岭南节度使的大位,但被杨良瑶拒绝,"公山立巍然,不可夺志"。至大历十年十一月,江西观察使路嗣恭克广州,斩哥舒晃,叛乱被平定。杨良瑶后来回到京城,得到很高的时誉,并在大历十二年迁升为宫闱令。《资治通鉴》卷二二五大历十三年十二月丙戌条记:"(路)嗣恭初平岭南,献琉璃盘,径九寸,朕(代宗)以为至宝。"[1]这个从岭南带回京城的琉璃盘,很可能就是杨良瑶携至的,应当是一件来自海外的珍贵玻璃盘。

杨良瑶一行到广州的时候,正是杜佑担任广州刺史、岭南节度使。杜佑自兴元元年三月移刺广府,"乃修伍列,辟康庄,礼俗以阜,火灾自息,南金象齿,航海贸迁",城市面貌更新,人知礼仪,而且发展海外贸易,珍稀物品贸迁而来。杜佑还"导其善利,推以信诚,万船继至,百货错出"[2]。贞元初年广州在杜佑的治理下,处在一个社会安定,海外贸易发达的时期,这为杨良瑶的出使提供了物质基础和良好的社会环境。

我们还可以想象,杨良瑶之选择广州作为出发地,也可能还有一个原因,就是了解杜环在阿拉伯地区的见闻和他回程所经的海路情况。我们知道,杜环是在天宝十载随安西四镇节度使高仙芝西征石国(Chach,今塔什干),在怛逻斯(Talas)战败被俘,却因此得以从中亚前往阿拉伯世界的核心地区(今伊拉克境),流寓黑衣大食都城苦法(al-Kūfah,今 Meshed-Ali)等地约十年,在肃宗宝应元年(762)附商舶,经海路回到广州。他记述此行见闻的《经行记》原书已佚,其片断文字保存在他的叔父杜佑所撰《通典》卷一九二、一九三《边防典》中[3]。因此可以说,杜佑所掌握的杜环《经行记》,是杨良瑶出使大食的最好指南,不仅所去的目的地是杜环刚刚游历过的地区,而

---

① 《资治通鉴》卷二二五,7253 页。

② 权德舆《杜公淮南遗爱碑铭并序》,《全唐文》卷四九六,中华书局,1983 年,5056 页下栏。关于杜佑在广州的政绩,参看郭锋《杜佑评传》,南京大学出版社,2004 年,101—108 页。

③ 杜佑《通典》卷一九一《边防典》七及相关部分,中华书局,1995 年,5199 页。张一纯有《经行记笺注》,中华书局,2000 年与慧超《往五天竺国传》合为一册印行。

且他走的海路,也是杨良瑶选择的路线。《通典》说杜环是从广州登岸的,到杨良瑶出使的贞元元年(785),我们不知道杜环本人是否仍在广州——这种可能性是存在的,至少,杨良瑶可以从杜佑那里见到杜环的《经行记》,这是他出使大食的最好指南手册。

此外,杨良瑶出使大食,要"经行万国",也需要准备许多皇帝赐给外蕃的礼物。唐朝在广州设有市舶司,往往以宦官为市舶使。市舶使通过管理海外贸易所得的丰厚财产,正好可以为杨良瑶的出使提供物质基础,他可以通过宦官的系统,在当地备办礼品,省去从长安开始的长途运输。这一点,或许也是唐朝选择广州作为杨良瑶使团出使地点的原因之一。

四、南海祭波

走海路,就要面对惊涛骇浪。杨良瑶本是河南弘农人,因曾祖为唐元功臣,以功赏赐云阳别业,遂为京兆人。因此可以说,他是出身内陆的人士,自小不熟悉海洋。在他出使黑衣大食之前,曾到过安南(治交趾,今越南河内)和广州,应当有近海航行的体验。但毕竟大食遥远,远洋航行,一定危险重重。那杨良瑶一行又是如何面对他们即将面对的惊涛骇浪呢?

《杨良瑶神道碑》称:"邈尔无惮险之容,凛然有必济之色。义激左右,忠感鬼神。公于是剪发祭波,指日誓众。遂得阳侯敛浪,屏翳调风。"意思是说,不论多远也没有任何惧怕艰险的面容,而且凛然有一定要远航到达的容色,用这样的决心,来感化鬼神相助。具体的做法,是剪下一束头发,用来祭祀海洋的波涛,并手指上天,对众宣誓。由此,他们得到风平浪静的回报。除掉文学的修饰之词,这里所透露出来的,就是面对海洋,古人必然要用庄严的祭祀活动,来求得上天相助,鬼神帮忙。

那么,杨良瑶一行的祭波仪式在哪里举行呢?最可能的地点,就是广州的南海祠,也叫南海庙。

南海祠是隋开皇十四年(594)立于广州南海县南海镇(今黄埔区庙头村),以祭祀南海神。唐朝承继隋制,祭祀南海神是国家祭祀的组成部分,即所谓"岳镇海渎"之一,属于中祀,天宝十载(751)还进封南海神为广利王。每年一次由地方长官按时祭祀,也有因为特殊原因而从中央派专使到广州祭祀南海神。南海神不仅仅是官方的祭祀对象,也是民间商人、渔民等各类民众祭祀、崇拜的偶像。对于出洋远行的人来说,南海神更加是必须祭拜的了①。因此,杨良瑶一行祭波的地点,应当就在南海祠,他们祈求的内容,正好是在南海神庇护范围之内的。

唐朝时期的南海神庙,应当就在珠江的岸边,所以杨良瑶一行很可能祭祀礼仪完毕后,就从这里"舍陆登舟",扬帆远行了。

五、出使往返的时间

《杨良瑶碑》说他们一行出使,"星霜再周,经过万国。播皇风于异俗,被声教于无垠。往返如期,成命不坠"。所谓"星霜再周"的"星"指星辰,一年运转一周;"霜"则指每年霜降。星霜一周即一年,再周应当是两年,所以这次出使应该至少是用了两年时间②。使团贞元元年四月出发,考虑到四年六月杨良瑶因出使被转迁中大夫,那么使团一行恐怕是在贞元三年下半年回到长安。

我们也可以从杨良瑶出行必须利用的季风情况来推测。香港大学钱江教授根据阿拉伯人的航海游记分析过利用季风经印度洋和南中国海航行的情况,指出唐代阿拉伯商船从波斯湾到广州走一个来回约需要18个月。从中国出发到波斯湾的航程是:10—12月从广州出发,利用东北季风前往马六甲海峡,1月份穿过孟加拉国湾,在2月或3月抵达阿拉伯半岛南部,最终在4月份乘西南季风抵达马斯喀特(Muscat)港。从波斯湾返回中国的航程是:9—10月从波斯湾出发,利用东北季风穿过印度洋,11—12月抵达印度马拉巴尔海岸,1月份抵达马来半岛等候季风,4—5月份趁南中国海无台风时抵达广州③。

据此,可以推测复原杨良瑶的行程如下:贞元元年四月为785年5月13日到6月12日之间,用公历来算,785年6月杨良瑶从长安出发,8月份

① 参看王元林《国家祭祀与海上丝路遗迹——广州南海神庙研究》,中华书局,2006年,49—97页。

② 桑原骘藏曾对大食与中国(广州)之间的航程日数进行过专门研究,表明唐代两地间往返航行"常须二年以上之时日",参看所著《中国阿拉伯海上交通史》,109—111页。

③ 钱江《古代波斯湾的航海活动与贸易港埠》,《海交史研究》2010年第2期,12页。关于阿拉伯、波斯水手向东方航行利用季风的问题,还可参看 J. W. Meri (ed.), *Medieval Islamic Civilization: An Encyclopedia*, New York and London: Routledge, 2006, pp.556-557, 816-818.

到达广州,经过休整,10 月份从广州乘船出发,786 年 4 月到达马斯喀特港,5 月到达巴格达。在黑衣大食停留数月后,786 年 9 月份从波斯湾出发,于 787 年 5 月份回到广州,787 年 7 月份回到长安(约当唐历贞元三年五至六月),或许他们在广州逗留长一点,则到长安时已是下半年了。如果按照碑文说他在贞元四年(788)六月因出使而被授予官职,则更有可能的是他在黑衣大食逗留了大约一年的时间,因为唐廷在他回国时候给他晋级是最为合理的解说。

六、经行路线

《杨良瑶神道碑》对于他们的航行过程,用墨极少:"挂帆凌汗漫之空,举棹乘颢淼之气。黑夜则神灯表路,白昼乃仙兽前驱。星霜再周,经过万国。"多为对仗的文辞,少有实际的内容。那么他们具体的行走路线如何呢?

幸运的是,我们今天可以从《新唐书·地理志》保存的贾耽《皇华四达记》中看到详细的从广州到缚达(巴格达)的路线(图2):①

> 广州东南海行,二百里至屯门山(今九龙半岛西北岸一带),乃帆风西行,二日至九州岛石(海南岛东北面之七洲/Taya 列岛)。又南二日至象石(今海南岛东南之大洲岛/Tinhosa)。又西南三日行,至占不劳山(Culao Cham,今越南占婆/Champa 岛),山在环王国(即林邑、占婆,今越南中部占城)东二百里海中。又南二日行至陵山(今越南归仁以北之燕子/Sa-hoi 岬)。又一日行,至门毒国(今越南归仁)。又一日

---

① 有关这段文字的研究论著很多,说法亦有同异,今只选一种说法,择善而从,详细讨论,请参看以下论著:费琅《昆仑及南海古代航行考》,冯承钧译,中华书局,2002 年;伯希和《交广印度两道考》,冯承钧译,中华书局,2003 年;冯承钧《中国南洋交通史》,谢方导读,上海古籍出版社,2005 年,31—33 页;韩振华《第八世纪印度波斯航海考》,《中外关系史研究》,香港大学亚洲研究中心,1999 年,353—362 页;陈佳荣《中外交通史》,学津书店,1987 年,184—186 页;苏继卿《南海钩沉录》,台湾商务印书馆,1989 年,373—378 页;刘迎胜《丝路文化·海上卷》,浙江人民出版社,1995 年,103—104 页;张广达《海舶来天方,丝路通大食——中国与阿拉伯世界的历史联系的回顾》,《文本、图像与文化流传》,133—180 页;陈炎《海上丝绸之路与文化交流(增订本)》,北京大学出版社,2002 年;林梅村《丝绸之路考古十五讲》,北京大学出版社,2006 年,223—229 页;刘迎胜《海路与陆路——中古时代东西交流研究》,北京大学出版社,2011 年,202—207 页。

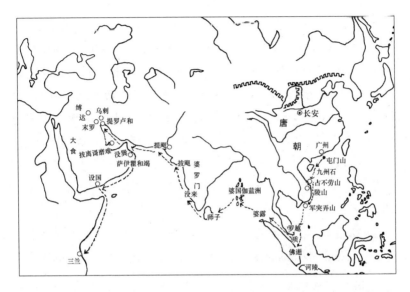

图2　贾耽所记广州至缚达（巴格达）的路线（陈佳荣《中外交通史》）

行，至古笪国（今越南芽庄/Nha-trang）。又半日行，至奔陀浪洲（今越
南藩朗/Phanrang）。又两日行，到军突弄山（今越南昆仑岛/Poulo Con-
dore）。又五日行至海硖（今马六甲海峡），蕃人谓之"质"（马来语 Selat
之音译），南北百里，北（东）岸则罗越国（今马来半岛南端），南（西）岸
则佛逝国（今苏门答腊岛东南部）。佛逝国东水行四五日，至诃陵国
（今爪哇岛），南中洲之最大者。又西出硖，三日至葛葛僧祇国（今马六
甲海峡南部 Brouwers 群岛），在佛逝西北隅之别岛，国人多钞暴，乘舶
者畏惮之。其北（东）岸则个罗国（今马来半岛西岸之吉打 Kedah 一
带）。个罗西（北）则哥谷罗国（Qaqola/ Kakula，今马来半岛克拉 Kra
地峡一带）。又从葛葛僧祇四五日行，至胜邓洲（今苏门答腊岛东北岸
的日里 Deli 一带）。又西五日行，至婆露国（Breueh，今苏门答腊岛西
北之巴鲁斯/Baros 岛）。又六日行，至婆国（Cola）伽蓝洲（今印度尼科
巴/Nicobar 群岛）。又北[①]四日行，至师子国（今斯里兰卡），其北海岸
距南天竺大岸百里。又西四日行，经没来国（Male，今印度马拉巴尔），

---

① 伯希和认为此处"北"为"十"或"廿"字之误（伯希和《交广印度两道考》，281 页）。

南天竺之最南境。又西北经十余小国，至婆罗门西境。又西北二日行，至拔䫻国（今印度西海岸之布罗奇/Broach）。又十日行，经天竺西境小国五，至提䫻国（Diul，印度西北海岸卡提阿瓦半岛南部 Diudul），其国有弥兰太河（Nahr Mihran，阿拉伯人对印度河的称谓），一曰新头河（今印度河），自北渤昆国（或指大勃律，今克什米尔西北巴尔提斯坦/Baltistan 一带）来，西流至提䫻国北，入于海。又自提䫻国西二十日行，经小国二十余，至提罗卢和国（Djerrarah，今伊朗西部波斯湾头阿巴丹附近），一曰罗和异国（Larwi），国人于海中立华表，夜则置炬其上，使舶人夜行不迷。又西一日行，至乌剌国（今伊朗西南之乌布剌/Al-Ubullah），乃大食国之弗利剌河（今幼发拉底河），南入于海。小舟泝流，二日至末罗国（今伊拉克巴士拉/Basra），大食重镇也。又西北陆行千里，至茂门（Amīr al-mu'minīn）王所都缚达城（今巴格达/Baghdad）。

按，贾耽兴元元年时任工部尚书。贞元元年二月，贾耽与工部侍郎刘太真受遣分往东都两河宣慰。六月，以本官兼御史大夫东都留守判东都尚书事东都畿汝州都防御使。贞元九年入朝觐见，征为右仆射、同中书门下平章事，是为宰相。十七年十月，贾耽上《海内华夷图》及《古今郡国县道四夷述》四十卷，表云："……去兴元元年伏奉进止，令臣修撰国图。旋即充使魏州汴州，出镇东洛东都。间以众务，不遂专门，续用久亏，忧愧弥切。近乃力衰朽，竭思虑，殚所闻见，丛于丹青。谨令工人画《海内华夷图》一轴……并撰《古今郡国县道四夷述》四十卷。"《新唐书·地理志》说："贞元宰相贾耽考方域道里之数最详，从边州入四夷，通译于鸿胪者，莫不毕纪。"可见，至少从兴元元年始，贾耽就在京城及其他各地，收集资料，既访问了"从边州入四夷"的唐朝使者，也通过翻译采访了不同国度的外人，最终在贞元十七年完稿。他曾经和杨良瑶同时在长安，那么杨良瑶亲自走过的道路记载，应当是最直接、最真实、最新鲜的材料了，贾耽岂能不用[①]。因此，我们不妨大胆地推测，贾耽所记或许就是杨良瑶所率唐朝帆船的行驶路线。贾耽记述的起点为广州，终点是大食都城巴格达；杨良瑶正好是一位从广州起航到黑

---

① 贾耽与杨良瑶应当有很深的关系。贞元十五年（779）淮西吴少诚之乱，据《神道碑》，杨良瑶的策略是绥靖招安，其计谋终被德宗接受。正史记载招安吴少诚的对策是贾耽提出的并被德宗接受。在这件事上，杨良瑶与贾耽的意见一致，他们应该有沟通，亦可推知他们之间当有交往。

衣大食新都巴格达的使者,而且他的航行是距离贾耽成书最近的事情。特别值得注意的是,贾耽所说"国人于海中立华表,夜则置炬其上,使舶人夜行不迷",与《神道碑》所说"黑夜则神灯表路",如出一辙,都是来自杨良瑶的亲身体验,甚至亲口所述。从现存规范的文本来看,贾耽的文字可能来自唐朝官府掌握的杨良瑶使团的报告①,其中也可能有得自杨良瑶本人讲说的内容。

《唐会要》卷一○○有关大食的后半段记载,系出自贾耽的《古今郡国县道四夷述》,而这一记载被认为是与杜环有关大食的报道同属中国对阿拉伯世界的最早而且最确切的记录②,今天看来,其中最新的准确信息,很可能也是贾耽从杨良瑶的报告中得来的。

阿拉伯文和波斯文的地理著作中,也记载了8—9世纪时从巴格达或波斯湾到广州的航线,这从另一个方向印证了杨良瑶使团的经行路线。如编定于851年的阿拉伯史籍《中国印度见闻录》(*Kitāb 'Aḥbār al-Sīn wa' l-Hind*)卷一,就详细记录了苏莱曼(Sulamān al-Tājir)或其他一些商人从波斯湾到广州所经过的不同海域、岛屿及在航行中的所见所闻③。伊本·胡尔达兹比赫(Ibn Khurdādhbih)《道里邦国志》(*Kitāb al-Masālik wa'l-Mamālik*)也记载了大约是9世纪下半叶到10世纪初从巴士拉到广州的海上航程,对于经行的地点和里程都有详细的记录④。对此,学者已有详细论述⑤,此不赘述。

七、出使的成果及影响

关于杨良瑶出使的成果,《神道碑》简短地说:"播皇风于异俗,被声教与无垠。往返如期,成命不坠。"碑文作者既然没有点明杨良瑶出使的目的是联合大食来抗击吐蕃,自然也就不会说到结果如何,而只是冠冕堂皇地说

---

① 张世民一文认为:"贾耽所录由南海至缚达的航路,也可能来自杨良瑶作为聘国使者西行黑衣大食的海上日记。"其说很有见地。

② 张广达《文本、图像与文化流传》,145页。

③ 《中国印度见闻录》,3—10页。

④ 伊本·胡尔达兹比赫《道里邦国志》,宋岘译注,中华书局,1991年,63—74页。

⑤ G. F. Hourani, *Arab Seafaring in the Indian Ocean in Ancient and Early Medieval Times*, Princeton University Press, 1995, pp. 61-79;马建春《唐朝与大食的海上交通》,《大食、西域与古代中国》,上海古籍出版社,2008年,3—24页。

一些皇风播于异俗、声教广被的话。

事实上,杨良瑶的出使很可能达到了唐朝的目的。前面论及 8 世纪 60 年代末大食与吐蕃在西北印度的争夺,双方的争斗恐怕不会很快结束。《旧唐书·大食传》说"贞元中……蕃兵太半西御大食",恐怕说的是实际的情形,而这种情况应当在贞元中后期更加严重。如果是这样的话,很可能大食是受到了唐朝的鼓动,是杨良瑶外交努力的结果。

从整个唐朝对外关系史来看,杨良瑶走海路出使黑衣大食,也大大促进了通过海路的东西文化交流,似乎从贞元初年开始,海上丝路日益繁荣兴盛起来。王虔休《进岭南馆王市舶使院图表》说:"(贞元年间)诸蕃君长,远慕皇风,宝舶荐臻,倍于恒数","梯山航海,岁来中国"①。到贞元末,"蕃国岁来互市,奇珠、瑇瑁、异香、文犀,皆浮海舶以来"②。大量物质文化产品源源运往东南沿海。

中晚唐时期这类经由海上丝绸之路到达中国的舶来品逐渐增多,在广州及东南沿海许多地方都有出土,有的也被带到天下宝物所聚之都——长安。我们这里只举一个例子,1987 年陕西扶风法门寺地宫发现的晚唐埋入的 18 件伊斯兰玻璃器,即有贴塑纹盘口瓶、素面蓝玻璃瓶、拉斯特彩罂粟纹盘、刻花描金十字纹团花蓝玻璃盘、刻花描金八弧波浪纹团花蓝玻璃盘、刻花描金四层花瓣团花蓝玻璃盘、刻花描金八弧形团花蓝玻璃盘、刻花米哈拉布花卉虚实方格纹蓝玻璃盘等等,均为完整的伊斯兰玻璃器,它们不像是陆路进入中原的物品,而更像是从海路而来的。伊斯兰文物专家马文宽先生把这批玻璃器的原产地考证为伊拉克③,也就是黑衣大食,我想是和当时的历史背景相符的。我们还可以进一步猜想,这些法门寺地宫文物原本都是长安宫廷的收藏或实用器皿,其中也不排除有贞元初年杨良瑶从黑衣大食带回来的贡品。

（附记:本文原为提交 2011 年 12 月 4—5 日中山大学"海陆交通与世界文明"国际学术研讨会论文。感谢中国人民大学国学院王子今教授、陕西

① 《文苑英华》卷六一三。
② 李翱《检校礼部尚书东海公徐申行状》,《文苑英华》卷九七六。
③ 阿卜杜拉·马文宽《伊斯兰世界文物在中国的发现与研究》,宗教文化出版社,2006 年,1—26 页。

省文物局副局长刘云辉先生、陕西省考古研究院副院长张建林教授、碑林博物馆馆长赵力光先生在笔者调查《杨良瑶碑》时给予的帮助，也感谢碑林博物馆拓工耿师傅的辛勤劳动，感谢罗帅、郑燕燕、陈春晓、郭桂坤同学在本文写作中给予的热情帮助。）

（原载《文史》2012 年第 3 期[百辑纪念特刊]，中华书局，2012 年 8 月，231—243 页）

敦煌文献所见晚唐五代宋初的
中印文化交往

在敦煌莫高窟藏经洞出土的文书中,包含有一些珍贵的中印文化交往史料,比如人们常常称道的慧超《往五天竺国传》,季羡林先生《一张有关印度制糖法传入中国的敦煌残卷》一文,也揭示了一件重要的科技交流文献①。

至于晚唐、五代、宋初,亦即敦煌的归义军时期的有关资料,虽然已有一些研究成果发表,但大多是札记性质的短文,收集资料尚不丰富,或论述角度与本课题无关,因而没有引起学界的广泛注意。本文拟在前人研究的基础上,系统地整理这类文书资料,并结合汉文史籍,略加考述,把敦煌文书反映的个别事例,纳入当时中印文化交往的时代背景当中。

安史之乱以后,唐朝势力逐渐退出西域。唐德宗贞元六年(790),沙门悟空从天竺回到长安之际,正是吐蕃全面占领西域之时。此后唐朝的史籍对西域、印度的记载极少,直到北宋初年,情况才有所改变。因此,传世史籍给人们一种印象,似乎晚唐五代时期中印之间的交往完全断绝了。敦煌文书资料证明,当时中印之间并未断绝往来,虽然与唐朝初年的盛况无法相比,但却为宋初大批僧人西行求法做了准备。另一方面,求法僧人留下的有关文字,也为人们探讨他们的文化水平和求法成果提供了珍贵的资料。

一、西行求法的中国僧人记录

以下按年代顺序,整理分析有关西行求法僧人的敦煌文书。

---

① 《历史研究》1982 年第 1 期,124—136 页;又《历史研究》1982 年第 3 期,93—94 页补充。修订本收入北京大学东方语言文学系编《东方研究论文集》,北京大学出版社,1983 年,1—17 页。

（1）Hva Shang（和尚）

在现藏印度事务部图书馆的斯坦因所获藏文写本中，有一件藏文与汉文相间书写的长卷，斯坦因编号为 Ch. 83. xi，馆藏号为 Vol. 72，foll. 74-84，其中 foll. 74-76 的正面，为汉文《大方便佛报恩经》卷三和藏文怛特罗仪轨。背面抄有五封藏文信札（图1），其间杂写着一些汉字，最后是汉文《凉州御

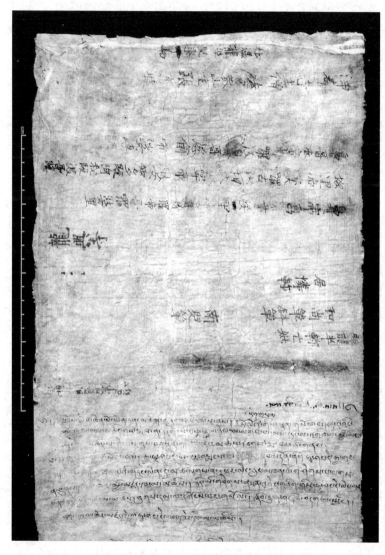

图1　敦煌藏文写本 Ch. 83. xi 背面的五封藏文信札

〔容〕山感通寺瑞像记》①。早在 1927 年,托玛斯(F. W. Thomas)就发表了这五封书信的初步转写和翻译②,遗憾的是没有公布图版。瓦雷·普散(L. de la Vállee Poussin)的目录和榎一雄所做的附录有简要的记述③。日本东洋文库西藏研究委员会编《斯坦因搜集藏语文献解题目录》第 12 册中,有部分文字的印刷体藏文录文,但限于体例,多是首尾部分,不是全貌④。迄今为止笔者尚无法根据原卷或图版来判断托玛斯的正误,也未见其他学者对此做进一步的研究。因此,以下只能根据托玛斯的初步研究及上述目录的记述,做概要的内容分析,而无法给出原文转写和翻译。

这五封信札的主要内容,都是介绍一位中国(Rgya yul)的和尚(Hva Shang)前往印度(Rgya gar yul)取经,发信者分别是 To Le'u Stag gsum、Nogs Lu zhi Nam ka、Smir kham Rin chen rdo rje、Dmag 'bu cang(二封)等吐蕃官人,收信者是和尚所经之地的官人或拟住之寺的高僧,前者请求后者关照这位西行的僧人。信中提到和尚是从五台山('go de shan)出发的,所经之地有 Leng chu(灵州或凉州)、Ga lu、Dan tig shan、Taong ka(宗哥城)、Kam cu(甘州)、Sha cu(沙州)。目的是到那烂陀寺(Nalenta)寻访高僧,到灵鹫山(Bya rgod, Grdhra-kūtta)礼释迦圣迹。从五封信连写在同一卷上来看,这些信显然是保存在和尚手边的书信副本,而正本已寄往各位收信者。文书提到和尚经行的最后一个地名是沙州,在藏文书信间杂写的汉字中,有"龙兴寺"字样⑤,应是和尚在沙州寄住的寺院名称。这些信的副本至此已无用途,故留在了敦煌。从发信者多为吐蕃官人来看,这位和尚从五台山出发往印度求经的时间,应当是在吐蕃统治河西地区的 8 世纪末到 9 世纪中期。可见,吐蕃对河陇的占领,并未中断中印之间佛教徒的往来。沙州龙兴寺是吐蕃时期的官寺,汉地和尚被馆于此寺,说明吐蕃官府对往来僧人的额外关

---

① L. de la Vállee Poussin, *Catalogue of the Tibetan Manuscripts from Tun-huang in the India Office Library*, Oxford 1962, pp. 236, 245, 259, 265; Nos. 754 C1, C98, C121.

② F. W. Thomas, "A Chinese Buddhist Pilgrim's Letters of Introduction", *Journal of the Royal Asiatic Society*, 1927, pp. 546-558.

③ Vállee Poussin, *Catalogue of the Tibetan Manuscripts from Tun-huang in the India Office Library*, pp. 236, 245, 259, 265; Nos. 754 C1, C98, C121.

④ 《スタイン蒐集チベット语文献解题目录》第 12 分册,东京东洋文库,1988 年,85—89 页。

⑤ Vállee Poussin, *Catalogue of the Tibetan Manuscripts from Tun-huang in the India Office Library*, p. 259, No. C98.

照,这和当时的吐蕃统治者正在大力发展佛教不无关系。824 年,吐蕃曾遣使往唐朝求五台山图①。在唐蕃对峙的年代里,这批使者却特往唐朝求五台山图,其缘起不得而知,但或许与上述从五台山出发的和尚经吐蕃占领区前往印度一事有某种因果关系。无论如何,虽然目前我们尚不能得悉这件藏文写卷的全貌,但却不难得出一个新的看法,即吐蕃统治河西时期,仍有中原的汉僧前往印度求法,而且这种活动受到吐蕃王国地方官员的大力支持。

(2) 智严

S.5981 写有智严在沙州巡礼圣迹留后记,文字如下:

> 大唐同光二年三月九日时来巡礼圣迹,故留后记。鄜州开元寺观音院主临坛持律大德智严,誓求无上,普愿救拔四生九类;欲往西天,求请我佛遗法回东夏。然愿我今皇帝万岁,当府曹司空千秋,合境文武崇班,总愿归依三宝,一切士庶人民,悉发无上菩提之心。智严回日,誓愿将此凡身于五台山供养大圣文殊师利菩萨,焚烧此身,用酬往来道途护卫之恩。所将有为之事,回向无为之理。法界有情,同证正觉。(后为佛传类文献,略)

据此可知,智严是鄜州(今陕西富县)开元寺观音院主,号临坛持律大德。他在后唐同光二年(924)三月初,从印度求法归来,到达沙州②,巡礼敦煌佛教圣地,并为后唐皇帝和沙州归义军节度使司空曹议金祝福。智严特别强调回到中国后,将往五台山供养文殊菩萨,以酬谢往来护卫之恩。另外,S.4793 菩提流志译《大宝积经》卷一〇一《功德宝华敷菩萨会》抄本背面,有"时当同光二载三月廿三日,东汉国鄜州观音(下缺)"的题记,应当也是指智严③。又 S.2659《摩尼教下部赞》与《僧羯磨》卷上写本纸背,同笔抄有《大唐西域记》卷一、《往生礼赞文》《十二光礼忏文》,后分别写有如下两行文字:

① 《旧唐书》卷一七上《敬宗纪》;卷一九六下《吐蕃传》,中华书局,1975 年。
② 牧田谛亮《智严の巡礼圣迹故留后记について》(《大正大学研究纪要》第 61 号,1975 年)61 页和刘铭恕《敦煌遗书杂记四篇》(《敦煌学论集》,兰州,1985 年)46 页均认为此为智严出行记录,但据"回东夏"句及前后文意,应是返回途中所写。参看土肥义和《归义军》(《讲座敦煌》第 2 卷《敦煌の历史》)267—268 页。按土肥氏将敦煌文书中"西天"解释为"西天竺",似未谛,此时文书中之"西天"应泛指古代印度全境,因为不可能所有文书中所记录的僧人都是往西天竺的。
③ 牧田谛亮《智严の巡礼圣迹故留后记について》,60 页。

> 往西天传一卷
>
> 往西天求法沙门智严西传记写下一卷

此处的智严无疑即上述智严①,但智严所写《往西天传》或《西传记》是否是他本人的西行记录②,尚不能确定,从前面同一笔迹所抄文献有《大唐西域记》来看,《往西天传》或《西传记》似指《西域记》,而不是智严自己的著作。《西域记》和《礼赞文》《礼忏文》抄本,是智严随身携带的实用文书,可见玄奘的《西域记》是当时前往印度取经求法的僧人的旅行指南③。此外,P.2054《十二时普劝四众依教修行》文末题:"同光二年甲申岁蕤宾之月(五月)冀雕二叶学子薛安俊书,信心弟子李吉顺专持念诵劝善。"背有淡墨题记:"智严大师十二时一卷。"此智严也可能即鄜州开元寺智严④,他的作品为沙州学子抄写持念。

(3) 归文

S.529 有定州(今河北省定县)开元寺僧归文的牒状六件,现移录如下(图2):

A 1 季夏极热,伏惟

2 和尚尊体起居万福。即日归文蒙

3 恩,不审近日 体气何似? 伏惟以

4 时强为茶药,卑情恳望。归文自恨

5 生末代,谬闻玄风,敢将蝼蚓之心,再答

6 崇山之翠。去年东返,烈腹谁看? 今遂

7 西行,死生无恨。昨于五月中旬以达灵州,

8 甚获平吉,勿赐忧念。即候夏满已来,

9 渐谋西进。黄沙万里,音信应待东归,方

10 申卑恳。今因人使,谨附状

---

① 牧田谛亮《智严の巡礼圣迹故留后记について》,60—61 页。

② 刘铭恕《敦煌遗书杂记四篇》46 页持肯定的看法。

③ 有关该卷的简况和图版,见向达《大唐西域记古本三种》,中华书局,1981 年。

④ 此据饶宗颐说,见《敦煌曲》(Airs de Touen-houang, Paris 1971)13 页。但饶氏把智严及下引 S.3424 所记志坚所去之西天,指为五台崇山之西天,似有未谛,因为智严从鄜州去五台甚近,不必到敦煌为曹议金祝福,有关他的敦煌文书,特别是其所抄之《西域记》,证明他所说的西天是指印度。

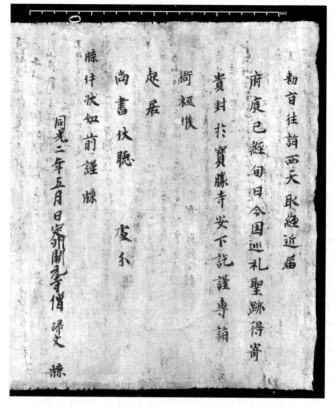

图2　敦煌写本 S.529 定州开元寺僧归文牒（之一）

11　起居,伏惟

12　慈悲,府垂　念察,谨状。

13　　　五月廿九日定州开元寺参学比丘归文状上。

14　和尚案前谨空

B 1　定州开元寺僧归文：

　2　　右归文谨诣

　3　　衙祇候

　4　　起居

　5　　令公,伏听　处分。

　6　牒件状如前,谨牒。

　7　　　　同光二年六月　日定州开元寺僧归文牒。

C 1　开元寺僧牒，候　评事起居

2　归文启：季夏极热，伏惟

3　评事尊体动止万福，即日归文蒙

4　恩，不审近日

5　尊体何似，伏惟以时倍加

6　保重，远情祷望。归文伏自去载、今年

7　皆蒙供养，奖顾之外，铭荷空深。

D 1　定州开元寺僧归文、德全等：

2　　右归文等鹫岭微尘，漕溪末胤，幸因云

3　　水，获寄

4　　王都，满川之花木。（余白）

E 1　归文启：归文伏自

2　　辞违后，虽曾有状，难忘　攀恋之怀。

3　　况寄塞途，谁是堪依之者？终期再叙，

4　　方遣愁眉，未遂寸心，故难东返。昨于

5　　四月廿三日已达灵州，兼将缘身衣物，买得

6　　驼两［头］，准备西登碛路。此后由恐平沙万里，雪

7　　嵴千寻，鱼鸟希逢，归文罕遇，切望相时

8　　度日，以道　为怀。

F 1　敕旨往诣西天取经。近届

2　　府庭，已经旬日。今因巡礼圣迹，得寄

3　　贵封，于宝胜寺安下讫。谨专诣

4　　衙祗候

5　　起居

6　　尚书，伏听　处分。

7　　牒件状如前，谨牒。

8　　　　同光二年五月　日定州开元寺僧归文牒。

这六件文书应是归文西行途中分别寄给或在当地上给沿途所经之地的和

尚、令公、评事、尚书等僧俗官人的,受文者的姓名和地点都不得而知,推测当在沙州以东地区①。这些牒状与上文介绍的五封连写的藏文书信情形正同,应是归文所留的副本,因此有些首尾略而不抄,但从中大致可以了解归文西行求法的一些经历。同光元年(923),归文就曾西行(C.6—7),但失败而归(A.6)。翌年又与德全等一起,不畏生死而西行,于四月二十三日到达灵州(E.4—5)。B 文书中的"令公",很可能指灵武节度使韩洙②,若然,则六月以后,归文等买驼两头,登碛西行(E.5—6)。从中可见其旅行之艰辛。值得注意的是 F 文书明确说明,归文之往西天取经,是奉敕旨而行的,这里透露出人们没有注意到的一个重要史实,即后唐庄宗曾在同光初年,派遣僧人西行取经。后唐政权积极与西方联系的做法,也可以从庄宗于同光二年五月承认沙州归义军节度使曹议金的官位一事上得到印证③。归文到达沙州的时间不得而知,但我们在 P.2638《清泰三年(936)六月沙州似似曾傣司教授福集状》第49—50 行看到了他的名字。该文书所记癸巳年(933)六月一日至丙申年(936)六月一日出破数中,有"绢捌尺,归文寄信用"④,证明在此期间,归文仍逗留在沙州。

(4) 讲经和尚

S.6551《佛说阿弥陀经讲经文》开首部分,有如下自述:

> 但少(小)僧生逢浊世,滥处僧伦,全无学解之能,虚受人天信施。东游唐国幸(华)都,圣君赏紫,丞(承)恩特加师号。拟五台山上,松攀(攀松)竹以经行;文殊殿前,献香花而度日。欲思普化,爱别中幸(华),负一锡以西来,途经数载;制三衣于沙碛,远达昆岗。亲牛头山,巡于阗国。更欲西登雪岭,亲诣灵山。自嗟业鄣(障)尤深,身逢病疾。遂乃远持微德,来达此方,睹我圣天可汗大回鹘国,莫不地宽万里,境广

---

① 牧田谛亮上引文 62—63 页、刘铭恕上引文 46—47 页均将 F 件中之"尚书"指为沙州曹议金。但此时议金已称司空,不应被称作尚书,参看拙稿《沙州归义军历任节度使称号研究》,《敦煌吐鲁番学研究论文集》(上海,1990 年)792—793 页。另外,该文书提到的宝胜寺,也没有史料证明其为沙州寺院,参看藤枝晃《敦煌の僧尼籍》,《东方学报》(京都)第 29 册(1959 年),287—290 页;土肥义和《莫高窟千佛洞と大寺と兰若と》,《讲座敦煌》第 3 卷《敦煌の社会》(东京,1980 年),355—362 页;李正宇《敦煌地区古代祠庙寺观简志》,《敦煌学辑刊》1988 年 1、2 期,74—85 页。

② 参看《册府元龟》卷九八〇《外臣部·通好门》广顺二年十月条。

③ 《册府元龟》卷一七〇《帝王部·来远门》同光二年五月条。

④ 池田温《中国古代籍帐研究·录文》(东京,1979 年),649 页。

千山。

据我们考订,这位讲经僧人大约在 930 年前后先东游五台山,然后西行到于
阗国,准备更往西去,越兴都库什山,往灵鹫山巡礼释迦圣迹。但因病而返,
止于西回鹘王国,做此讲经文①。虽然此僧未能到达印度,但此行证明当时
想往西天取经的僧人并非罕见。

(5) 彦熙

P. 2605 有彦熙撰《敦煌郡羌戎不杂德政序》,其题名为"洛京左街福先
寺讲唯识百法因明论习修文殊法界观西天取经赐紫沙门彦熙",内容主要
是称颂归义军节度使、"敦煌郡谯国大王"曹议金的功德②,只是在最后有
"雪山之志,移风易俗",表明彦熙西行的抱负,可惜文书后残,没有提供更
多的内容。该《序》成文于曹议金称王的 931—935 年间,彦熙作为京城的
高僧,其西行取经活动至堪注意,可惜尚不得其详。

(6) 善光

S. 4537 有《天福九年(944)正月善光牒》:

(前残)

1　太傅之恩敢贺 ⃞

2　合,不犯威仪,先有鸿愿之期,巡礼西天之境。今者

3　向西路发,般次往行,虽有此心,不能前进。伏望

4　太傅鸿造,特赐去往之由,比此般次回时,容舍(设)方求

5　道具,伏听　裁下　处分。

6 牒件状如前,谨状。

7　　　　　天福九年正月　日释门僧正沙门善光牒。

文中的"太傅"指当时的节度使曹元深无疑③,善光名前未署地名寺名,推测
他是敦煌本地的僧人。此件证明沙州的僧人也加入到西行求法的队伍中

---

① 张广达、荣新江《有关西州回鹘的一篇敦煌汉文文献》,《北京大学学报》1989 年第 2 期,
24—27 页。

② 饶宗颐《敦煌书法丛刊》第 19 卷(东京,1984 年)101 页解说认为"大王"指曹延禄,今不
取。因为曹延禄称大王在 984—1002 年间,时北宋都汴梁(开封),而非洛阳。又曹元忠在 964—974
年间称大王,也已入宋。唯一的可能就是 931—935 年间称大王的曹议金,时后唐都洛阳,而且"洛
京"恰是后唐称洛阳的专名,见《新五代史》卷六〇《职方考》;《五代会要》卷一九河南府条。

③ 拙稿《沙州归义军历任节度使称号研究》,798 页。

去了。

（7）法宗

北京图书馆藏冬字 62 号《维摩经》卷中抄本背有如下题记：

> 大周广顺捌年岁次七月十一日，西川善兴大寺西院法主大师法宗，
> 往于西天取经，流为郡主太傅。

广顺八年（958）正是后蜀后主孟昶广政二十一年。从晚唐以来，蜀地与敦煌之间的关系十分密切①，因此后蜀僧人往印度取经，也经敦煌西行。这件文书说明，西行取经的僧人不仅仅来自北方，也有来自四川盆地的高僧。

（8）道圆

S.6264 有《于阗天兴十二年（961）道圆授戒牒》，摘要如下：

> 南阎浮提大宝于阗国匝摩寺八关戒牒
>
> 　　　　　　　　　　受戒弟子曹清净牒。
>
> （中略）
>
> 　　天兴十二年二月八日，受戒弟子清净牒。
>
> （中略）
>
> 授戒师：左街内殿讲经谈论兴教法幢大师赐紫沙门道圆。

此处的授戒师道圆，即《续资治通鉴长编》及《宋史》等书所记乾德三年（965）自西域回国的沧州僧道圆②。《长编》卷六记：

> 乾德三年十一月……先是，沙门道圆出游西域二十余年，于是与于阗朝贡使者俱还，献贝叶经及舍利。癸亥，上（宋太祖）召见之，问其山川道路及风俗，一一能记。上喜，赐以紫衣及金币。

《宋史》卷四九〇《外国传》天竺条称"道圆晋天福中诣西域"，或许是和天福三年（938）前往于阗的后晋使臣张匡邺、高居诲等一同出发的，然后从于阗分手，单独赴印，巡礼了全部五天竺，返回于阗，在那里以"左街内殿讲经谈论兴教法幢大师"的名号为人授戒，可见其受于阗国佛教界之重视。而

---

① 陈祚龙《中世敦煌与成都之间的交通路线》，《敦煌学》第 1 辑（1974 年），79—86 页；龙晦《敦煌与五代两蜀文化》，《敦煌研究》1990 年第 2 期，96—102 页。

② 井ノ口泰淳《ウテン语资料による Visa 王家の系谱年代》，《龙谷大学论集》第 364 册（1960 年），36，42—43 页。

后与于阗使一道东归中原。P. 2893《佛说报恩经》卷四题记称："僧性空与道圆雇人写记。"背面是于阗文药方①。此卷大概是道圆路经敦煌时留下的②。道圆携回的梵文贝叶经,据说现辗转收藏在九华山历史文物馆内③。道圆与宋太祖是布衣交④,他对西域山川、风俗、道路情况的介绍,对宋初大批僧人西行求法,起了决定性的推动作用。

(9) 继从

橘瑞超所获敦煌写本,今归北京图书馆的新 0002 号《妙法莲华经》卷二题记:

> 西天取经僧继从,乾德六年二月 日科记⑤。

又 P. 2023《妙法莲华经赞文》题记:

> 伏惟大王采览,赐紫沙门继从呈上。

乾德六年(968)前后的大王,无疑是指归义军节度使曹元忠。两文书中的继从即《佛祖统记》卷四三所记开宝寺的继从⑥。《记》称:

> 太平兴国三年(978)三月,开宝寺沙门继从等自西天还,献梵经、佛舍利塔、菩提树叶、孔雀尾拂,并赐紫方袍。

敦煌资料表明,继从等是乾德六年以前从中原出发的,并且曾在敦煌停留,抄写佛经。

(10) 法坚

P. 2726 有西行求法僧法坚所写愿文,摘要如下:

> (前述佛法东传,略)但法坚释门末辈,秦苑微人,学无积雪,功阙聚萤。昨奉圣命,西放遗形,叨习未来梵夹,东化群生。路遭残破,得免余生。获瞻仰于上台,已光辉于末释。起为故邻颇厚,宠赐尤多。遗度

---

① H. W. Bailey, *Khotanses Texts*, III (Cambridge 1969), pp. 83-93.

② 张广达、荣新江《关于唐末宋初于阗国的国号、年号及其王家世系问题》,《敦煌吐鲁番文献研究论集》(北京大学出版社,1982 年),192—193 页。

③ 熊火箭《莲花佛国的经中三宝》,《中国文物报》1990 年 5 月 17 日。

④ 塚本善隆、贝塚茂树《山东旅行记》,《东方学报》(京都)第 8 册(1937 年),319—321 页临淄县兴国广化禅寺条。

⑤ 图版见橘瑞超编《二乐丛书》第 2 号。

⑥ 土肥义和《归义军》,270—271 页;刘铭恕《敦煌遗书考》(一),《文史》第 29 辑(1988),276 页。

访法之心，上报均慈之德。又蒙大王留连，且住未得西行。辄陈虚寡，谬赞传灯。（以下依次祝愿皇帝、大王、梁国夫人、夫人、公主、罗家夫人、达家夫人、诸娘子、诸太子大师、太子、瓜州司徒、仆射、尚书、僧统大师、都僧录大师、张僧正、诸僧正、指挥都衙、诸寺教授、诸寺老宿、纲维等、诸同志往西天取经座主、尼大德、贤者优婆夷等等。）

其中两首愿文为：

> 若乃专心西往，慕仰菩提，学法东归，为救群迷。诸同志往西天取经座主之德也。伏愿大王早放，西礼菩提，学法殷勤，却向东归。为同取经座主。

文书中的"大王"应指 964—974 年间的曹元忠，"梁国夫人"即曹元忠妻凉国夫人翟氏①，因此本文当写于 964—974 年之间。背面有杂写数行，其中之一为"端拱三年（990）七月报恩寺藏内现在经数目"，应是后来二次利用时的笔迹。从法坚的发愿，可知他与一些同志结伴西行，在沙州逗留，希望得到归义军节度使曹元忠的帮助，继续西行，求取真法。从时间上看，法坚等很可能是属于乾德四年（966）从北宋都城开封出发的 157 僧中的成员②，因为文中他自称是奉圣命西行的。

（11）志坚

S.3464《维摩诘经》卷上背面，为志坚所写《菩萨戒法》和《传授菩萨戒法》，首尾如下：

> 往西天取菩萨戒兼传授菩萨戒僧志坚敬劝受戒弟子（下略）
> 端拱二年（989）九月十六日往西天取菩萨戒兼传授菩萨戒僧志坚状③。

志坚是律学沙门，因此在途中把其往西天取经所得之密教系统的菩萨戒法传授给沙州僧众。

---

① 土肥义和《归义军》，266—267 页。

② 《宋会要辑稿》第 200 册传法院条。

③ 土桥秀高《敦煌本にみられる种种の菩萨戒仪》，《西域文化研究》第六（京都，1963 年），112—116，148—149 页。

（12）道猷

收字4号有《至道元年（995）往西天取经僧道猷状》，文字如下①：

1　奉宣往西天取经僧道猷等

2　　右道猷等谨诣

3　　衙祗候

4　　起居，伏听处分。

5　　贺，伏听处分。

6　　牒件状如前，谨牒。

7　　　　　至道元年十一月廿四日，灵图寺僧寄住。

另外，在罗振玉旧藏的文书中，也有两件道猷所写的文书②，其一《僧道猷状》，摘要如下（图3）：

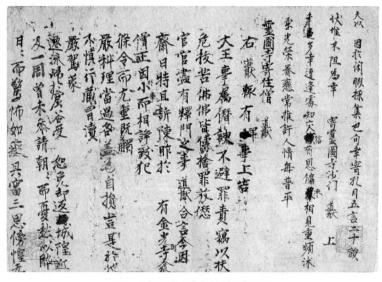

图3　敦煌写本《僧道猷状》及诗

灵图寺寄住僧道猷

　　　　右道猷辄有卑事，上告大王。（下系为他人陈情书，略）

---

① 池田温《中国古代写本识语集录》（东京大学东洋文化研究所，1990年），542页。

② 录文收入罗福苌《沙州文录补》。原卷今归北京大学图书馆，见张玉范《北京大学图书馆藏敦煌遗书目》，《敦煌吐鲁番文献研究论集》第5辑（北京大学出版社，1990年），556页，No.185。

另一件为《僧道猷残诗》：

> 夫以因于闲暇,采集巴句,幸寄孔目五言二十韵,伏惟不阻为幸。寄灵图寺沙门道猷上。
>
> 多幸遭逢处,知交信有恩。偏承相见重,频沐厚光荣。眷恋常推许,人情每普平。(原本止此,殆未完。)

从"奉宣"一词来看,道猷也是由北宋王朝派遣的取经僧人。他在至道元年前后寄住在沙州灵图寺,并与沙州官人有文字之交,而且还曾上书节度使曹延禄,为有罪僧人开脱,其善心可嘉。

除了以上略记有关求法僧事迹的文书外,S.383《西天路竟》记录了从东京(开封)出发,经灵州、河西、西域,往印度的简要路程,对比范成大《吴船录》保存的《继业行程》①,《西天路竟》也应是宋初赴印度求法僧人所写并留在敦煌的②。

以上介绍的敦煌资料表明:(1)晚唐到宋初,前往印度求法的僧人从未断绝,他们分别来自五台山、洛阳、开封、鄜州、定州、沧州、西川、敦煌等许多地方,其中引人注目的是五台山与西行或东返的求法僧人关系最为密切,表明了当时五台山文殊菩萨信仰的兴盛。(2)一些僧人是奉后唐或北宋王朝之命西行取经的,并且得到沿途地方官府的大力帮助。即使是在唐蕃对峙的时期,双方对求法僧人的往来都加以保护。这些东往西来的僧人,也就成为各民族或政权间文化交往的使者。一些僧人把随身携带或专门抄写的佛教文献留给沙州僧众或官府,丰富了敦煌的佛教文化宝库。(3)总的来看,宋代以前的取经活动是无组织的,僧人所遇困难也较多,取经的目的各不相同,成果和影响一般不大。从史籍和经录的记载得知,宋初曾有组织地派遣沙门往西天取经,返回的僧人对传法院的译经事业

---

① E. Huber, "L'itinéraire du pèlerin Ki Ye dan l'Inde", *Bulletin de l'École Française d'Extrême-Orient*, II (1902), pp. 256-259; E. Chavannes, "Notes sinologiques", *op. cit.*, IV (1904), pp. 75-81;长泽和俊《继业的西域行程小考》,《シルク・ロード史研究》(东京,1979年),564—585页;黄盛璋《继业西域行记历史地理研究》,《新疆文物》1990年第3期,42—54页。

② 黄盛璋《敦煌写本〈西天路竟〉历史地理研究》,《历史地理》创刊号(1981年),9—20页;同作者《西天路竟笺证》,《敦煌学辑刊》1984年第2期,1—13页。

产生了直接的影响①。

二、东来巡礼的印度僧人记录

在传世的文献中,有关晚唐五代时期从印度东来传法或巡礼的僧人的记录,要较有关西行求法的为多。如日本入唐求法僧圆仁所著《入唐求法巡礼行记》中,就曾记录了开成、会昌时巡礼五台山的北印度僧人和住在长安的南、北印度的三藏法师。唐末五代初活跃的禅月大师贯休(832—912)也曾写有《遇五天僧入五台》五言律诗五首②。

敦煌文书中记印度僧人东来的最详细资料,首推P.3931写本。该写本抄有若干表、状样本(书仪)或副本等,其中包括有关印僧东来的牒言、游记共三篇,现录如下③:

(A)僧牒

牒:法师者,中印度之人也,利名如来贤,历代为君,霸化氏国,乃释种之苗矣。自幼出家,会五明□,解八般书,诸国宗师,推为法器。游方志切,利物情殷。爰别梵遐,登雪岭,万里冰山,晓夜岂词(辞)于凉山[之]列;千重沙漠,春秋不惮于暑寒之苦。曾达朕封,淹停岁月。今则言旋震域,誓谒清凉。经行恐滥于时流,解学全高于往哲。华区英彦,京府王臣。请阅梵文,便知憋昧。愿为檀越,勿见愐迟。共成有学之心,必获无疆之福。

(B)夫周昭王代,佛出西天。汉明帝时,法传东夏。自后累有三藏,携瓶来至五峰。玄奘遇于德(太)宗,波利(Buddhapāli)逢于大圣。前后垢藏,幸遇庄皇。此吉祥天,喜逢今圣。师乃生长在摩竭陁国

① Jan Yün-hua, "Buddhist Relations between India and Sung China", *History of Religions*, VI.1-2 (1966), pp.24-42, 135-168; 间野潜龙《宋代の西行求法とその意义》,《印度学佛教学研究》第14卷第2号(1966年),248—252页;中村菊之进《宋传法院译经三藏惟净の传记及び年谱》,《文化》第41卷第1.2号(1977年),1—59页;藤善真澄《宋朝译经始末考》,《关西大学文学论集》(创立百周年纪念特集)上(1986年),399—428页。

② 《禅月集》卷一四。

③ 全卷图版、录文见唐耕耦、陆宏基《敦煌社会经济文献真迹释录》五(北京,1990年),332—349页。(B)件录文,见陈祚龙《敦煌学林札记》上(台北,1987年),91—95页。法译及研究有R. Schneider, "Un moine indien au Wou-t'ai chan", *Cahiers d'Extrême-Asie* 3 (1987), pp.27-39。

(Magadha)内,出家于那烂陀寺(Nālandā)中。唐标三藏普化大师,梵号啰么室利祢嚩(Rama Śrīinivāsa?)。早者,别中天之鹫岭(Gṛdhrakūṭa),趋上国之清凉。历十万里之危途,岂辞艰阻。登百千重之峻岭,宁惮劬劳。昨四月十九日平[旦],达华严寺。寻礼真容,果谐夙愿。瞻虔至夜,宿在殿中。持念更深,圣灯忽现。举众皆睹,无不忻然。廿日,再启虔诚,重趋圣殿。夜观真相,忽现毫光。晃辉尊颜,如悬朗月。睹斯圣瑞,转切殷勤。廿一日,登善住阁,礼肉罗睺。叹文殊而化现真身,嗟栢氏而生圣质。廿二日,游王子寺,上罗汉台。礼降龙大师真,看新罗王子塔。廿三日,入金刚圣窟,访波利前踪。玩水寻山,回归寺内。廿四日,上中台,登险道,过玉华之故寺,历菩提之新庵。斋毕冲云,诣西台顶。寻维摩对谈法座,睹文殊师子灵踪。巡礼未周,五色云现。攀绿岫,踏青莎。恣意巡游,回归宿舍。廿五日,往北台,穿碧雾。过骆驼岛,渡龙泉水。启告再三,至东台宿。晚际,有化金桥,久而方灭。来晨,斋上米铺。却往华严,驻泊一宵。次游竹林、金阁,过南台,宿灵境,看神钟,礼圣金刚。拂旦,登途,至法花寺,斋羞而别。奔赴佛光寺,音乐喧天,幡花覆地。礼弥勒之大像,游涅槃之臣蓝。焚香解脱师前,虔祈于贤圣楼上,宿于常住。发骑来晨,斋于圣寿寺中,宿在福圣寺内。礼佛之次,忽有祥云,云中化菩萨三尊,举众皆礼敬。次至文殊尼寺,兼游香谷梵宫,宿在清凉。登峻层道,谒清峰道者,开万菩萨堂,游玩侵宵。来朝过岭,兼诸寺院兰若,并已周游。却到华严,设斋告别。临途之际,四众攀留。既逞速已再三,伏惟千万。

(C)僧牒:高超像秀,迥达真宗。五乘驰骤于心田,三藏波飞于口海。携囊鹫岭,早闻吼石之能。振锡金河,每听鞭尸之力。悲心普化,志存游方。遂乃远别中天,来经上国,翻传妙典,译布灵筌。为梵宇之笙簧,作缁徒之龟镜。今则誓游震旦,愿睹文殊,继往哲之遗踪,踵前贤之令迹。所经郡国,要在逢迎,共助良缘,同修上善。

A 和 C 两件僧牒,都是地方官府为普化大师写的介绍性信函;B 件是普化大师巡礼五台山的行记。在同卷《表本别纸》后,有"天福肆年己亥岁厶某"的题记;又《贺官状》后,有"天福叁年戊戌岁七月日记"的题记,可以据此判断普化大师的东来,不晚于天福三年(938)七月。从同卷所写表状类资料看,不会早于后唐同光年间(923—925)①。《旧五代史》卷七六《晋高祖纪》载：天福二年正月丙寅，"诏曰：'西天中印土摩竭陀舍卫国大菩提寺三藏阿阇梨沙门室利缚罗，宜赐号弘梵大师。'"这位弘梵大师的名字和来历，都和普化大师有某些相似之处，但是否同一人尚难肯定。

另一位巡礼五台山的印度僧人，见于 P. t. 845(= P. 3531)梵藏对照文书集的题记中。该梵僧是在 10 世纪中叶从五台山回印度途经肃州(Sug chu)时写下的这件文书②。

此外，P. 5538 于阗文写本，正面是天尊四年(970)正月九日于阗王 Viśa' Śura(967—977 年在位)致沙州大王曹元忠的正式信函③。背面是用梵文和于阗文对照书写的一些词汇、语句，似乎是为旅行者特别准备的内容，某些部分像是谈语记录，现摘录三段对语并译成汉文④：

  A.4 [你从]何处来？

   5 [我从]瞿萨旦那(于阗)国来。

   6 [你从]印度何时来？

   7 已有两年。

   8 [你]在瞿萨旦那国住何处？

   9 寄住在一所寺院。

  B.13 今者你将何往？

   14 我将前往中国。

   15 在中国做何事？

   16 我将前往参拜文殊师利菩萨。

   17 你何时回到此地？

   18 我将巡礼全中国，然后回还。

---

 ① 参看土肥义和《敦煌发见唐·回鹘间交易关系汉文文书断简考》，《中国古代の法と社会·栗原益男先生古稀记念论集》，东京，1988 年，416—418 页；刘方译载《西北民族研究》1989 年第 2 期，201—204 页。

 ② J. Hackin, *Formulaire sanscrit-tibétain du Xe siècle*, Paris 1924.

 ③ H. W. Bailey, "Sri Visa Sura and the Ta-Uang", *Asia Major*, *New series*, XI. 1 (1946), pp. 17-26.

 ④ H. W. Bailey, "Hvatanica Ⅲ", *Bulletin of the School of Oriental Studies*, IX. 3 (1938), pp. 528 –529；熊本裕《西域旅行者用サンスクリット＝コータン语会话练习帐》，《西南アジア研究》No. 28(1988)，58—61 页。

C. 26 ［你］是否有书籍？

27 有。

28 什么书？ 经、论、律还是金刚乘［文献］？ 这些书属于哪一类？

29 ［你］喜爱哪部书？

30 喜爱金刚乘，教授［此部经典］。

以上三段引文意思比较完整，其中记录了一位从印度经于阗前往中国巡礼的僧人的情况，其往中国的主要目的，是往五台山参拜文殊菩萨。这位僧人特别强调他对金刚乘文献的偏好，也和当时印度密教盛行并大量传入中国的历史背景相符。

P.2703《归义军节度使曹元忠状》之二记：

1 早者安山胡去后，倍切

2 攀思，其于衷肠，莫尽披剖。在此远近

3 亲情眷属，并总如常，不用忧心。今西天

4 大师等去，辄附音书。其西天大师到日，

5 希望重迭津置，疾速发送。谨奉状

6 起居，伏惟

7 照察，谨状。

8　　　　舅归义军节度使特进检校太师兼中书令敦煌王曹　状。

西天大师无疑是指印度来的高僧，状文大概是归义军节度使曹元忠致甘州回鹘可汗的信稿，主要内容就是介绍西天大师经甘州往中原[1]。据曹元忠称王的时间，这位西天大师来中国的时间，应在964—974年之间。

又 S.1366《归义军宴设司面、油破历》提到"汉僧三人、于阗僧一人、婆罗门僧一人、凉州僧一人"在敦煌受到官府招待，这批客僧应是西行或东来的结伴而行的中、印僧人。

以上把敦煌汉、藏、于阗文文书中有关印度僧人东来的资料归纳在一起，可以看出，自唐末以来不断地有印度僧人经敦煌前往中原，其中五台山

---

[1] 藤枝晃《沙州归义军节度使始末》(四)，《东方学报》(京都)第13册第2分(1943年)，65—66页。

是他们巡礼的重要目的地之一。在这些东来的僧侣中,当以修习金刚乘或密宗者居多,这和宋初在宋、辽两地组织译经的天竺三藏均为密教宗匠有密切关系。

本文汇集了敦煌文书中有关晚唐五代宋初时期中印交往资料,从中不难得出结论,即这一时期双方交往仍未断绝。文书所记种种事件和人物,提供给我们许多西行求法或东来巡礼的中印僧侣的详细活动内容。

(1991 年 2 月 18 日完稿于京都龙谷大学,原载《季羡林教授八十华诞纪念论文集》,江西人民出版社,1991 年,955—968 页)

唐与新罗文化交往史证

——以《海州大云寺禅院碑》为中心

唐代的海州,领朐山、东海、沭阳、怀仁四县,属河南道,即今天的连云港市。海州北通山东半岛,南连楚扬运河,东临大海,与当时位于朝鲜半岛南部的新罗以及日本隔海相望。海州的这种地理位置,决定了它在唐与新罗、日本交往中的地位,使它在通过海上丝绸之路把唐朝文化输送到新罗、日本的过程中,扮演了十分重要的角色。

本文将以唐开元年间海州刺史李邕所撰《海州大云寺禅院碑》为中心,初步探讨海州在当时海上丝绸之路上的位置及其在唐与新罗文化交往中的地位。

一

李邕《海州大云寺禅院碑》原碑已佚,全文保存在《文苑英华》《李北海集》《全唐文》等书中,现校录标点如下[①]:

> 天也地也,摄生之谓玄造;日也月也,容光之谓神功。然亭育之仁,可斡终灭;照明之力,未焯昏霾。故热恼积薪,劫烧难铄,惊波巨海,沃焦自渊。独有导师空王,禅那宴寂,一念首安住之域,加行证无为之阶。密教内修,庄严外度。双引相应,并照两忘。然后生无生净名不去,照无照了义能觉。爇菩提之炬,则枳棘涤除;楫般若之航,则横流既济。湛四禅于中道,超三有以上征。精舍攸跻,度门斯盛,其此之谓矣。

---

① 《文苑英华》卷八五八,《李北海集》(文渊阁四库全书本)卷四,《全唐文》卷二六四。现以《全唐文》为底本,参考其他,择善而从。

粤有寺之艮背，山之前临，有确师禅房者，武德八年邦守萧公讳颣护法之所建也。周目环郭，澄心际海，亦既一味，实无众生。夫凭其高，宅其胜，曾近俗谛，或乘法流。且水出于冰，凡作于圣，虽曰丑地，犹是道场。矧乃妙有孤标，宝相灵变，入我室观我形者哉。

施及贞观岁，有等观禅师，继前心，承后问。分之则别位二事，合之则同列大空，坐于期，竟于斯，于戏！四益风驱，百为火灭，栋宇崩落，象设倾低。

先天中，有惠藏禅师，闻之斯行，居而不住。妙龄强植，劲节老成，被甲律仪，下惟经藏。方丈之室，时历十年，箪瓢之餐，日常一食。信为法本，悟实如宗，简珠圆明，经莲清净。剃发结落，亡境受除。生起了于心，缘觉被于物。是以兴补旧塔，建置尊容。弥陀当其阳，菩萨侍其侧。四大海水，慧眼启明，五须弥山，毫相崇绝。有若稽义撼实，沿名讨因，都极乐之大郊，寿无量之景命，备如昔者称赞。观厥音声，克济斯艰，乃复于远，则有阶地超越，自在神通。发宏愿心，得大势用，皆所以濡火宅，轫剑轮。投地者结业坐开，入影者苦趣以息。粤若殚财竭力，刻楠雕题，积四三年，模造化意。宝殿蔚以云构，金山焕其日临，岂徒然哉。夫壮丽者，将以重威神；仪形者，将以摄归止。或离性解脱，或见作随缘。药草寓其根茎，云雷感其方类。即说非说，若通不通。惟三兽之渡河，庶一子之来学。禅师以为默则绝教，言则牵文。苟心事于化人，岂迹留于舍法。会议研石，佥允图功。

邕来守是邦，偶闻兹事。依僧依佛，何日忘之？在家出家，惟其常矣。顷者下檄湖海，申明捕杀，鳞羽咸若，灾疫以宁。救蚁虽尚于沙弥，涸鱼每忧于释种。祁寒则怨，童子何知！率三省于短怀，寄一尘于宝地。别驾弘农杨公守坚字越石，本枝鼎贵，胄胤岳灵，直道守公，智印观法。司马琅琊王公元勖字固礼，高闳袭吉，皇士令名，资位升闻，妙意融朗。盛矣美矣，左之右之。时有新罗通禅师，五力上乘，一门深入，利行摄俗，德水浮天。赞而演成，恭而有述，其词曰：

覆焘之奖，始生终灭，昭回之明，内昏外彻。阴入不断，心起难折，灵海欲深，洪炉火热。俾彼大师，超然正觉，亡境息想，示法流渥。绝生死岸，破烦恼壳，度门光启，住地玄邈。传灯三叶，分座一义，象设仪形，庄严地位。有为不染，无相能离，苟曰法乘，莫非种智。古者丰石，抗之高山,纪事标柱,铭勋列班。广兹妙有,运彼玄关,别百伊昔,粤吾无间。

碑文作者李邕(678—747),字泰和,是以注《文选》著称于世的李善之子。受家学熏陶,少年时代就以文章名闻天下,而且精于书法,尤其以行草著称,因曾任北海(今山东益都)太守,时人称为"李北海"。但因秉性直爽,而又自负才名,所以一生仕途坎坷,先后得罪执掌朝政的姚崇、张说、李林甫等人,屡遭贬抑,最终以七十高龄,被酷吏杖杀。《旧唐书》卷一九〇《李邕传》称①:

> 初,邕早擅才名,尤以碑颂。虽贬职在外,中朝衣冠及天下寺观,多赍持金帛,往求其文。前后所制,凡数百首,受纳馈遗,亦至巨万。时议以为自古鬻文获财,未有如邕者。

唐朝时,文人为寺院撰写碑铭而收取报酬,是屡见不鲜的事,白居易作江州司马时,庐山东林寺的僧人就曾赍钱十万,来请他为先师撰碑②。但上引《旧传》的文字,显然对李邕的收取报酬采取批评的态度。检《太平广记》卷二〇一李邕条,这段文字原出于《谭宾录》③。此书《新唐书》卷五九《艺文志》丙部小说家著录,作者胡璩,字子温,唐文宗、武宗时人。据此,《旧传》这段为后人广泛征引的文字,实出说部,不应看作信史。胡璩这段记录,或许受到当年反对李邕者的谣言影响,亦未可知。总之,李邕为寺院撰碑而收取赍钱,实为平常之事,更何况李邕有时主动为寺院撰碑,应当是不收任何报酬的,《海州大云寺禅院碑》应属这种情况,碑中明确地说,李邕是任海州刺史后,听说了大云寺的历史,因此写成此碑,其中还称颂了自己的功德,并表彰了其手下别驾杨守坚、司马王元勖的家世品行,显然不是受雇而写的。

两《唐书》未记李邕曾任海州刺史职,因此严耕望先生在谈到《海州大云寺禅院碑》时,提出这样的看法④:

> 按邕序云:"邕来守是邦"云云。但检两唐书李邕传,曾官北海太守(青州刺史),不曾为海州刺史(东海郡太守)。疑此题"海州"当作

---

① 参看《新唐书》卷二〇二《李邕传》。

② 《唐文粹》卷六二所载白居易《唐抚州景云寺故律大德上弘和尚石塔碑铭并序》。

③ 原文如下:"邕早擅才名,尤长碑记,前后所制,凡数百首,受纳馈送,亦至巨万,自古鬻文获财,未有如邕者。"文字较《旧传》粗简。

④ 严耕望《新罗留唐学生与僧徒》,原载《唐史研究丛稿》,香港,1969年,458页。

"北海",则青州也。邕守是郡在天宝初。

严氏仅据两《唐书》立论,且疑"海州"为"北海",其说实误。此碑宋代尚存,宋人金石著作中屡见记载。赵明诚《金石录》卷二六"唐大云寺禅院碑"条记[①]:

> 右《唐大云寺禅院碑》,李邕撰并书。初,武后时,有僧上《大云经》,陈述符命,遂命天下立大云寺。至开元二十六年,诏改为开元寺。此碑十一年建,故称"大云"也。

又陈思《宝刻丛编》卷一二海州条引《集古录目》记[②]:

> 《唐大云寺碑》,唐海州刺史李邕撰并书。寺旧谓之确师禅房,僧慧藏增葺之。碑以开元十二年四月立。

又佚名《宝刻类编》卷三记[③]:

> 李邕……海州刺史……
> 《大云寺碑》:撰并书。开元十一年四月立。海。

以上三条材料表明,此碑建于唐玄宗开元十一年(723),《宝刻丛编》作"十二年"显系传写之误。后两条材料不仅明记碑在海州,而且告诉人们李邕确曾任海州刺史。这一点还可以从《舆地碑记目》卷二《楚州碑记》所记《唐娑罗木碑》注"唐开元十一年海州刺史李邕文并书"、《太平寰宇记》卷一二四、《直斋书录解题》卷七和《太平广记》卷二四三李邕条(详下引)得到证明。郁贤皓《唐刺史考》(二)河南道海州条列李邕任职在"约开元八年——十二年"[④],其说虽不无疑点,然大致可信。因此,严氏之说是不可取的。李邕确曾在开元十一年任海州刺史,而《海州大云寺禅院碑》就是这年四月建立的。

上引《金石录》还据建碑的年代,解释了大云寺一名的来历。若按严氏的说法将此碑定为天宝初所撰,则只能称开元寺而不是大云寺,由此亦可见其说不确。其实,大云寺之名和李邕任海州刺史职亦不无联系。《唐会要》

---

① 此据《金石录校证》,上海书画出版社,1985年。
② 此据文渊阁四库全书本。
③ 同上。
④ 《唐刺史考》(二),江苏古籍出版社,1987年,908页。

卷四八寺条记载①：

> 天授元年十月二十九日，两京及天下诸州各置大云寺一所。至开
> 元二十六年六月一日，并改为开元寺。

天授元年（690）命天下诸州各置大云寺一所的敕令，是根据盛言女主降世
的《大云经》为理论根据的，同时亦是武则天革除唐命，改号为周，升释教在
道教之上等政治措施之一②，因此实施得相当彻底，连远在西陲的羁縻州碎
叶都建立了大云寺③，何况距武则天统治中心洛阳较近的海州，理所当然地
要建大云寺了。然而，要让每一州都新建一寺并非易事，因此，一些州的大
云寺是把某所旧寺改个名称而已，如长安大云寺就是由光明寺改名而成
的④。海州的情形亦是这样。《海州大云寺禅院碑》未记大云寺一名的来
历，据碑文，该寺原是确师禅房，唐高祖武德八年（625）始建。太宗贞观年
间（627—649），有等观禅师住持。此后"栋宇崩落"，有所衰落。到玄宗先
天中（712—713），由惠藏禅师主持，经三四年的时间，"兴补旧塔，建置尊
容"，使"宝殿蔚以云构，金山焕其日临"，形成相当大的规模。由此可以推
知，天授元年虽然受诏称为大云寺，但当时正处在衰败时期，所以碑中未加
记载，到先天中才重修完毕，作为敕建的官寺，大云寺无疑是当时海州地区
最大的寺院，是这一地区宗教活动的中心。正是由于海州大云寺的这种官
寺性质，作为海州刺史的李邕才会特别为大云寺禅院写篇碑文，以表彰该寺
的高僧，申明自己的崇佛善意。

值得注意的是李邕最后提到的"新罗通禅师"，显然就是开元十一年前
后主持该禅院甚至大云寺的禅僧。新罗通禅师在海州官立大云寺中处于如
此重要的地位并不是偶然的现象，这是海州与海东诸国通过海上丝绸之路
进行文化交流的必然结果。

---

① 参看《旧唐书》卷六《则天皇后本纪》。

② 参看陈寅恪《武曌与佛教》，载《金明馆丛稿二编》，上海古籍出版社，1980 年，147—151 页；
饶宗颐《从石刻论武后之宗教信仰》，载《选堂集林·史林》，香港中华书局，1982 年，590—594 页。

③ 见张广达《碎叶城今地考》，《北京大学学报》1979 年第 5 期，78—79 页。

④ 宋敏求《长安志》卷一〇（《经训堂丛书》本）。

二

唐朝前期通往朝鲜半岛的最主要海路,是以登州(今山东蓬莱)为出海口的。唐德宗时宰相贾耽撰《皇华四达记》,记"登州海行入高丽、渤海道"曰[①]:

> 登州东北海行,过大谢岛、龟歆岛、末岛、乌湖岛三百里。北渡乌湖海,至马石山东之都里镇二百里。东傍海壖,过青泥浦、桃花浦、杏花浦、石人汪、橐驼湾、乌骨江八百里。乃南傍海壖,过乌牧岛、贝江口、椒岛,得新罗西北之长口镇。又过秦王石桥、麻田岛、古寺岛、得物岛,千里至鸭绿江唐恩浦口。乃东南陆行,七百里至新罗王城。

此道由山东半岛北部出发,沿庙岛群岛至旅顺,再沿辽东半岛东南岸东行至鸭绿江,上岸东南陆行到庆州。走此道去新罗显然有些迂远。实际上,由登州泛海东行,亦可以到达朝鲜南方。《元和郡县图志》卷一一记载:

> 登州……北至海三里,西至海四里,当中国往新罗、渤海过(道)大路。
>
> 黄县……大人故城,在县北二十里。司马宣王伐辽东,造此城,运粮船从此入。今新罗、百济往还常由于此。

登州无疑是唐初选定的东部出海口。登州、海州之间,则有陆、海两路相通。陆路见《元和郡县图志》卷一一:

> 海州,北至密州三百八十四里。
>
> 密州,南至海州三百八十四里。东北至莱州三百四十五里。
>
> 莱州,东北至登州二百四十里。正南微西至密州三百四十五里。
>
> 登州,南至莱州昌阳县二百里。

海路则见日僧圆仁《入唐求法巡礼行记》卷一、卷四,不详引。

然而,唐朝并不都以登州为出海口。贞观十八年(644)太宗征高丽,命

---

① 见《新唐书》卷四三《地理志》。有关地名的考订,参看吴承志《唐贾耽记边州入四夷道里考实》卷二;岑仲勉《隋唐史》(下),中华书局,1982年,615页;史念海《隋唐时期域外地理的探索及世界认识的再扩大》,《中国历史地理论丛》1988年第2辑,91页。

刑部尚书张亮为平壤道行军大总管,率兵四万,战舰五百艘,自莱州泛海趋平壤①。高宗显庆五年(660),苏定方率兵自城山(今山东荣成市成鱼)渡海讨百济②。正是在唐朝征服百济的战争中,我们首次看到了海州的作用。《旧唐书·东夷传》百济条记载,龙朔二年(662)七月,唐将刘仁愿、刘仁轨率留守之兵在百济苦战③:

> 仁愿乃奏请益兵,诏发淄、青、莱、海之兵七千人,遣左威卫将军孙仁师统众浮海赴熊津,以益仁愿之众。

虽然海州不是唐军的出海口,但据此可知,海州地区有相当多的人是习水性、熟海路的,因此被征发渡海救援唐军。在此后的唐朝海运事业中,海州的水手或舵师亦发挥着相当大的作用。敦煌发现的唐开元年间编成的《水部式》记载④:

> 沧、瀛、贝、莫、登、莱、海、泗、魏、德等十州共差水手五千四百人,三千四百人海运,二千人平河,宜二年与替,不烦更给勋赐。

在这十州五千余名水手的分配上,服海运役的三千四百人应当主要来源于临海的登、莱、海三州,其他七州均在运河两岸附近,应负责平河役人的提供。由此可见,海州从事官府指派的海运人数当在千人左右⑤,而其他从事海上运输、海外贸易的人亦应不在少数。

虽然到目前为止我们还未见到开元以前唐朝把海州作为远行商船或使臣官船出海口的记录,但海州地濒大海,自有一批知水性、会驾船的水手、舵师。从另一方面讲,由于当时航海技术条件的限制,新罗、日本等海东诸国入唐的船只,常常不能如愿到达事先选定的目的地,海州自然而然地就成为外来番船的停靠港。对此,我们恰好找到了一条李邕任海州刺史时的记载,《太平广记》卷二四三李邕条引牛肃撰《纪闻》:

---

① 《旧唐书》卷三《太宗本纪》;同书卷一九九《东夷传》高丽条;《资治通鉴》卷一九七。
② 《旧唐书》卷八三《苏定方传》;《新唐书》卷二二〇《东夷传》百济条。
③ 参看《资治通鉴》卷二〇〇。
④ 见王永兴《敦煌写本唐开元水部式校释》,北京大学中国中古史研究中心编《敦煌吐鲁番文献论集》第3辑,北京大学出版社,1986年,44页。
⑤ 《连云港史》(古、近代部分),人民交通出版社,1987年,24页,认为总数为三百人左右,似有误。

> 唐江夏李邕之为海州也，日本国使至海州，凡五百人，载国信，有十
> 船，珍货数百万。邕见之，舍于馆，厚给所须，禁其出入。夜中，尽取所
> 载而沉其船。既明，讽所馆人白云："昨夜海潮大至，日本国船尽漂失，
> 不知所在。"于是以其事奏之。敕下邕，令造船十艘，善水者五百人，送
> 日本使至其国。邕既具舟及水工，使者未发。水工辞邕，邕曰："日本
> 路遥，海中风浪，安能却返，前路任汝便宜从事。"送人喜。行数日，知
> 其无备，夜尽杀之，遂归。

抛掉小说作者对李邕的中伤之词，这条材料提供了丰富的史实。一方面，海
州在开元年间已经是海外诸国入华番船的接待口岸，有停靠十船以上的港
口，有接待数百人的客馆。另一方面，海州又是一个造船基地，可以制造供
外国正式使臣乘坐的大船，并可派出数百名水手，将外国使团从海州送出中
国。这和开元《水部式》的记载相印证，表明在唐朝鼎盛的开元年间，海州
已完全具备了送往迎来的海上丝路港口的性质。

说明海州这一性质的另一具体事例，是日本最后一次遣唐使的行踪，随
船东来的日僧圆仁所著《入唐求法巡礼行记》对此有详细的记载。日本遣
唐使一行，照例是由四船组成。据《续日本后纪》卷七承和五年（唐开成三
年，838 年）七月庚申（五日）条记：

> 大宰府奏：遣唐使第一、第四舶进发。

同上七月甲申（二十八日）条记：

> 大宰府奏：遣唐使第二舶进发。

圆仁所乘的第一舶漂到长江口，陆行至扬州。八月十日，"即闻第二舶着海
州"①。圆仁等请往天台山求法未被批准，开成四年二月只好沿运河到楚
州，与从长安归来的遣唐使会合。三月，遣唐使一行在楚州雇了 9 条船，以
及新罗人谙海路者 60 余人，然后沿淮水东行入海，傍岸北行到海州东海县
东海山东边（约在今连云港口）。离楚州时，"中丞（楚刺史）着军将，令送九
只船。又有敕，转牒海州、登州路次州县支给"②。经过几天的准备，四月五
日，遣唐使一行 9 艘船从海州出发回国。圆仁等为向天台求法，暗自留下，

---

① 小野胜年《入唐求法巡礼行记の研究》第一卷，东京，1964 年，177—179 页。
② 同上。

被当地官兵带到州中,却又被送到东海县(今南城)西北不远的小海(约在今连云港市)中停的遣唐使第二舶上,只好随船北航至登州文登县,入赤山法华院,重新开始求法行程①。由此可见,海州在唐代一直有着迎送日本遣唐使的任务,其中圆仁记载较少的遣唐使第二舶,就一直是以海州为活动基地的。

五代时,海州属南唐,仍然是海外交通的重要门户。北宋程大昌《续演繁露》卷一高丽境望条记②:

> 《海外行程记》者,南唐章僚记其使高丽所经所见也。……今观僚所书水程,乃自海、莱二州,须得西南风乃行。

可见在五代时海州的作用与唐朝时无异。

入宋以后,由于先后与北方契丹、金朝对立,海州作为北方的重要港口,不同时期发挥着不同的作用。北宋时,因登州临近契丹,所以在与海州接壤的密州(治所在今山东诸城)设市舶司,海州亦设高丽馆接待商旅③。宋朝南渡以后,与海东诸国的往来改在明州(今宁波)出航④。在宋、金胶西海战中,我们又见到了海州的重要性⑤。元朝统一中国后,海州又成为南北海运的重要中转站⑥。

以上简要说明了海州在唐朝对外交往中的地位,了解了这样的背景,亦就不难理解新罗通禅师能来海州主持禅院或大云寺了。实际上,唐代的山东半岛和苏北地区,分布着许多新罗人的聚居地,这些新罗人有的是使者,有的是商人,还有的是水手、翻译和僧侣。圆仁《入唐求法巡礼行记》记录了他所经过的地区新罗人的状况,对此,许多学者已从不同的角度做了详细

---

① 小野胜年《入唐求法巡礼行记の研究》,482—527 页。关于圆仁在海州的行踪及其所记地名的考证,均请参看李鼎霞《日本入唐求法僧圆仁在海州》,载《连云港论坛》1987 年第 3 期。

② 此据文渊阁四库全书本。

③ 参看石文济《宋代市舶司的设置》,载《宋史研究集》第 5 辑,台北,1970 年,368—372 页。

④ 参看王文楚《两宋和高丽海上航路初探》,载《文史》第 12 辑,中华书局,1981 年,97—105 页。

⑤ 参看王曾瑜《南宋对金第二次战争的重要战役述评》,载北京大学中国中古史研究中心编《纪念陈寅恪先生诞辰百年学术论文集》,北京大学出版社,1989 年。

⑥ 参看高荣盛《元代海运试析》,载《元史及北方民族史研究集刊》第 7 期,1983 年,40—65 页。

的探讨①,此处仅将圆仁提到的各地新罗人行踪或居住点提示如下:

> 登州文登县清宁乡赤山村新罗院,集会道俗老少尊卑总是新罗人(卷二),新罗人郑客(卷四)登州城南街东有新罗馆、渤海馆(卷二);
>
> 登州乳山新罗人三十余(卷二);
>
> 楚州新罗坊,有总管、译语,雇新罗人谙海路者六十余人(卷四、卷一);
>
> 青州龙兴寺新罗院(卷二);
>
> 淄州长山县醴泉寺新罗院(卷二);
>
> 泗州涟水县新罗坊(卷四);
>
> 海州东海县新罗船人数十有余载炭由密州向楚州(卷一);
>
> 海州东海县宿城村新罗人宅(卷一);
>
> 扬州新罗人王清(卷一);
>
> 密州诸城县大朱山驻马浦新罗船人陈忠载炭往楚州(卷四)。

圆仁的记录当然是不全面的,但上举各条材料已足以说明新罗人在山东半岛与苏北地区的状况。这些新罗人大致可以分成两类,一类是住在所谓新罗院中的僧侣,其中以赤山新罗院最为典型,"其讲经礼忏,皆据新罗风俗。但黄昏、寅朝二时礼忏,且依唐风,自余并依新罗语音"②。由于赤山的特殊地理位置,周围僧俗大众多是新罗人,因此其佛教仪式是新罗与唐的混合体,在其他新罗院,或许唐朝的因素更多一些。另一类是住在所谓新罗坊中的各种人,包括商人、使者、翻译、水手,他们有的往来于唐与新罗、日本等国之间,有的则专在唐朝沿海与运河上做运输工作。圆仁提到了海州的新罗人宅,并在此遇到过从事海运的新罗人数十人。由于他三次经过海州都来去匆匆,所以没有提到海州的佛寺中僧人的情况。《海州大云寺禅院碑》为圆仁的记载补充了一个较早的实例。海州大云寺禅院既然由新罗通禅师主

---

① 如 E. O. Reischauer, *Ennin's Travels in Tang China*, New York,1995,pp. 281-287;田余庆、李孝聪《唐宋运河在中外交通史上的地位和作用》,载唐宋运河考察队编《运河访古》,上海人民出版社,1986 年,117—118 页;金文经《唐代新罗侨民的活动》,载林天蔚、黄约瑟编《古代中韩日关系研究》,香港大学亚洲研究中心,1987 年,27—38 页;坂上早鱼《九世纪的日唐交通と新罗人——圆仁〈入唐求法巡礼行记〉を中心に》,载《九州博物馆》(*Museum Kyushu*)第 8 卷第 1 号,1988 年,8—18 页。

② 《入唐求法巡礼行记の研究》第 2 卷,138 页。

持,那么可以推知该禅院内应当有一些新罗僧徒,因此,海州大云寺的禅院亦可以称之为"新罗院"了。考虑到海州在对外往来中的地位和新罗人在山东、苏北的分布,这种看法是不难理解的。事实上,通禅师不过是入唐求法的大批新罗僧侣之一,而且,他与海州刺史李邕的关系以及他身在海州这一特殊身份,促使我们进而考察他在唐与新罗文化交往中到底扮演着什么样的角色。

三

唐初以来,新罗就与唐保持着友好的关系。7世纪中叶,唐与新罗联兵先后灭掉百济和高丽,新罗占据了浿江(今大同江)以南地区,统一了朝鲜半岛南部,因领地与唐直接接壤,所以双方往来更加密切,新罗每年派朝贡使入唐,同时,大批留学生和留学僧来到唐朝各地,学习唐朝的制度和文化。如贞观二十二年(648)新罗王弟金春秋入唐,亲自到国学参观释奠和讲论,唐太宗赐予亲手写的《温汤铭》和《晋祠碑》拓本以及新修的《晋书》一部[1]。垂拱二年(686),新罗使入唐请《唐礼》一部及杂文章,武后令所司写《吉凶要礼》以及《文馆词林》中涉及规诫的文章共五十卷赐之[2]。开元十六年(728),新罗更进一步请求派人入唐"学问经教",玄宗许之[3]。此后,一批批新罗学生留学唐朝,有的还在唐朝登第入仕,名闻中外[4]。甚至在天宝年间,新罗还想请唐朝的大文豪萧颖士到新罗去任国师[5]。中国传统的诗书礼乐、律令格式对海外诸国的影响,应以新罗为最[6]。

---

① 《旧唐书》卷一九九《东夷传》新罗条;《新唐书》卷二二〇《东夷传》新罗条。

② 《旧唐书》卷一九九《东夷传》新罗条;《新唐书》卷二二〇《东夷传》新罗条。《唐会要》卷三六;《册府元龟》卷九九九。

③ 《唐会要》卷九五;《册府元龟》卷九七五。

④ 参看严耕望《新罗留唐学生与僧徒》,426—441页;谢海平《唐代留华外国人生活考述》,台湾商务印书馆,1978年,126—133页。

⑤ 池田温《萧颖士招聘は日本か》,载《榎博士颂寿记念东洋史论丛》,东京汲古书院,1988年,1—19页。萧颖士文名甚高,就连李邕这样的大手笔都曾请他作文,见《全唐文》卷三二二《为李北海作进芝草表》。有关他的学行,参看俞纪东《萧颖士事迹考》,载《中华文史论丛》1983年第2辑,231—243页。

⑥ 其他例证参看井上秀雄《隋唐文化の影响うけた朝鲜诸国の文化》,载《隋唐帝国と东アシア世界》,汲古书院,1979年,327—355页;杨通方《源远流长的中朝文化交流》,载周一良《中外文化交流史》,河南人民出版社,1987年,366—369页。

新罗佛教僧侣更是抱着真诚求法的热情,一批批地西入唐土,有的还远赴印度,寻求真谛,仅天授二年(691)义净撰《大唐西域求法高僧传》,就提到 7 位新罗高僧①。但最有名的还是开元年间西行东返的慧超法师,他的行纪《往五天竺国传》已在敦煌写本中发现②。唐朝前期入唐的新罗僧人,大多学习华严、法相、天台、律宗,其中较著名的有贞观元年(627)入唐的圆测,著有《唯识疏钞》等③;贞观十二年入唐的慈藏,回国后整顿僧尼戒律,创立僧官制度④;永徽元年(650)入唐的义湘,从师终南山至相寺智俨,回国后弘传其说,被尊为海东华严初祖⑤。至于禅宗,目前只知有法朗,是唐初双峰山四祖道信的弟子⑥。

根据敦煌发现的早期禅宗文献和流传下来的一些碑铭,禅宗的迅猛发展是在五祖弘忍时期,"时四方请益,九众师模;虚往实归,月逾千计"⑦。上元元年(674)弘忍死后,他的十大弟子分布南北,传播禅法。经过 20 多年的努力,久视元年(700),武后下诏请弘忍大弟子神秀到东京洛阳,"遂推为两京法主,三帝(武后、中宗、睿宗)国师"⑧,禅宗的势力达到了顶峰。神龙二年(706)神秀死后,中宗下旨,令其弟子普寂统领徒众,宣扬教迹。开元十三年(725),普寂奉玄宗恩诏,移住京师敬爱寺,"坐金刚座,称天人师。禀训者匝于寰中,归依者周于宇内"⑨。虽然神会在开元二十年于滑台大云寺的无遮大会上强烈攻击普寂,但并没有动摇后者所代表的北宗禅的地位。开元二十七年普寂逝后,玄宗还册谥为大照禅师,送葬者"自都达岳,白露数里,弥川遍空"⑩。因此,神会的后嗣圭峰宗密在《圆觉大疏钞》

---

① 王邦维《大唐西域求法高僧传校注》,中华书局,1988 年,40—47 页、101—102 页。

② 羽田亨《慧超往五天竺国传迻录》,载《羽田博士史学论文集》上,京都,1958 年,610—629 页。

③ 赞宁《宋高僧传》卷四《唐京师西明寺圆测传》。

④ 道宣《续高僧传》卷二四《唐新罗国大僧统释慈藏传》;《三国遗事》卷四慈藏定律条。参看鎌田茂雄《新罗佛教史序说》,东京大学,1988 年,134—198 页。

⑤ 《宋高僧传》卷四《唐新罗国义湘传》;《三国遗事》卷四义湘传教条。参看鎌田茂雄上引书,201—478 页。

⑥ 《唐文拾遗》卷四四所载致远《唐新罗国故凤岩山寺教谥智证大师塔碑铭》。

⑦ 净觉《楞伽师资记》,《大正藏》卷八五,1289;柳田圣山校本,载《禅の语录》第二卷《初期の禅史》,东京,1971 年,273 页。

⑧ 张说《唐玉泉寺大通和尚碑》,载《张说之文集》(四部丛刊本)卷一九。

⑨ 敦煌写本 S.2512《第七祖大照和尚寂灭日斋赞文》(拟),载田中良昭《敦煌禅宗文献の研究》,东京大东出版社,1983 年,555 页。

⑩ 李邕《大照禅师塔铭》,载《全唐文》卷二六二。

中对此描写道：

> 曹溪顿旨(南宗)沉废于荆吴,嵩岳渐门(北宗)炽盛于秦洛。普寂禅师,季弟子也,谬称七祖。二京法主,三帝门师,朝臣归崇,敕使监卫。雄雄若是,谁敢当冲。

正是在神秀、普寂一系正统禅宗炽盛以后,才有大批新罗的僧人陆续来学习禅法。目前我们所能见到的较早的两人是无相(694—762)和神行(703—779)。无相又名金和尚,本是新罗王子,入唐从师弘忍弟子智诜的弟子处寂,后入四川益州净众寺,创净众宗,其所说禅法不仅影响了当地的民众,还传入了吐蕃[①]。神行是新罗东京御里人,入唐后,师事普寂弟子志空,后回国传播禅法[②]。此后习禅僧人接踵而来,闻道而去,终于使朝鲜出现了禅门九山的兴盛局面[③]。

相比而言,住锡海州大云寺的新罗通禅师应是最早入唐习禅的新罗高僧之一,他所学禅法究从何出我们未见明确的记载,但并不是没有踪迹可寻。有两点值得注意:

第一,在先天年间(712—713)前后修茸大云寺的惠藏禅师,应当是通禅师的前辈或其从学的老师,他能在三四年内把海州大云寺修筑得更为壮观,表明他是个不平常的禅师。在道宣《续高僧传》、赞宁《宋高僧传》等书中,我们没有发现叫惠藏的禅僧,有幸的是敦煌发现的早期禅宗灯史之一——净觉著《楞伽师资记》(约713—715年成书)引其师玄赜撰《楞伽人法志》弘忍传中,提到一位惠藏[④]:

> [弘忍]又曰:如吾一生,教人无数,好者并亡,后传吾道者,只可十耳。我与神秀论《楞伽经》,玄理通快,必多利益。资州智诜、白松山刘

---

① 山口瑞凤《チベット佛教と新罗の金和尚》,载金知见、蔡印幻编《新罗佛教研究》,东京,1973年;关南译载中央民族学院藏族研究所编《藏族研究译文集》第1集,1983年,85—96页;冉云华《东海大师无相传研究》,载《敦煌学》第4辑,1979年,47—60页,张广达《唐代禅宗的传入吐蕃及有关的敦煌文书》,载《学林漫录》三集,中华书局,1981年,51—56页。

② 见《全唐文》卷七一八所载金献贞《海东故神行禅师之碑》。

③ 其他入唐僧人情况,参看严耕望《新罗留唐学生与僧徒》250—292页;黄心川《隋唐时期中国与朝鲜佛教的交流——新罗来华佛教僧侣考》,《世界宗教研究》1989年第1期,54—75页。

④ 《大正藏》卷八五,1289页;《初期の禅史》Ⅰ,273页。其成书年代参看田中良昭上引书27—37页。

主簿,兼有文性。华州惠藏、随州玄约,忆不见之。嵩山老安,深有道行。潞州法如、韶州惠能、扬州高丽僧智德,此并堪为人师,但一方人物。越州义方,仍便讲说。又语玄赜曰:汝之兼行,善自保爱,吾涅槃后,汝与神秀,当以佛日再晖,心灯重照。

惠藏一名,在敦煌发现的记载净众宗、保唐宗一派的灯史《历代法宝记》(约775年成书)中又两次出现,内容与上引文字略同①。除此之外,不见记载。弘忍逝于上元元年(674),当时住在华州的惠藏禅师与先天中(712—713)主持海州大云寺的惠藏禅师法名完全相同,使我们不得不考虑两者是同一人的可能性。除了法名相同外,以年代上来讲并不矛盾,如果惠藏30岁左右从弘忍习禅,先天时年岁应在70岁左右。据《海州大云寺碑》,李邕撰碑时他已不在人世,与上述年龄假说完全符合。另外,碑文称惠藏"方丈之室,时历十年。箪瓢之餐,日常一食",这正是菩提达摩以来修头陀(Dhuta)苦行的做法,如禅宗二祖惠可的弟子那禅师"一坐一食",那禅师的弟子慧满"一衣一食",又法冲师事的慧嵩"日止一餐",都是一脉相承的②,表明海州惠藏的禅法与弘忍一系正同。如果海州大云寺惠藏禅师真是弘忍弟子的话,那么新罗通禅师很可能就是弘忍的再传弟子,与同时代的国师普寂同出一门。然而,由于目前材料的缺乏,上述说法只是一种可能的假设,还有待将来进一步的核证。

第二,海州刺史李邕特地为海州大云寺禅院撰碑,除了大云寺是官寺的原因外,恐怕还有李邕与通禅师有一定的友好交往的缘故。李邕是开元年间名士,自称为普寂的弟子,与神秀、普寂一系北宗禅师关系密切。开元二十年,神会在滑台大云寺无遮大会上攻击北宗普寂,敦煌发现的记录神会这次辩难的《菩提达摩南宗定是非论》中称③:

> 又今普寂禅师在嵩山竖碑铭,立七祖堂,修《法宝记》,排七代数,不见著能禅师。□能禅师是得传授付嘱人,为[人]天师,盖国知闻,即

----

① 《大正藏》卷五一,182、183页,柳田圣山《禅の语录》第3卷《初期の禅史》Ⅱ,东京,1976年,92、122页。

② 参看胡适《楞伽宗考》,《胡适文存》第4集,北平,1935年,203、208—209、214—215、229页;柳田圣山编《胡适禅学案》,台湾正中书局,1975年,163、168—169、174—175、189页。

③ 胡适编《神会和尚遗集》,台湾胡适纪念馆,1968年,289—290页。

不见著。如禅师是秀禅师同学,又非是传授付嘱人,不为人天师,天下不知闻,有何承禀充为第六代?

　　普寂禅师为秀和上竖碑铭,立秀和上为第六代。今修《法宝纪》,又立如禅师为第六代。未审此二大德各立为第六代,谁是谁非,请普[寂]禅师仔细自思量看!

这里所攻击的普寂在嵩山所立碑铭,即李邕撰的《嵩岳寺碑》,其中说到"达摩菩萨传法于可,可付于璨,璨受于信,信恣于忍,忍遗于秀,秀钟于今和上寂"①,正是神会所说的"立秀和上为第六代",加上普寂,构成七祖堂。所谓《法宝记》则指杜朏撰的《传法宝记》,其写本亦在敦煌发现,其所记法统正是菩提达摩→惠可→僧璨→道信→弘忍→法如→神秀②。神会猛烈攻击普寂及其代言人们所讲的法统,目的是要确立慧能是五祖弘忍唯一的传法人的说法③。如前所述,神会的攻击并没有动摇普寂的地位,为之撰碑的李邕仍然站在北宗一边,开元二十七年普寂去世后,李邕又为他撰写了《大照禅师塔铭》,其中记普寂对门人说④:

　　吾受托先师,传兹密印。远自达摩菩萨导于可,可进于璨,璨钟于信,信传于忍,忍授于大通(神秀),大通贻于吾,今七叶矣。

再次重复了《嵩岳寺碑》所讲的法统。这一方面说明北宗的地位仍牢不可破,另一方面亦表明李邕的态度未变。然而,神会仍然在为确立南宗的地位而奋斗,最后终于被人以"聚徒"罪告发,遭到贬逐⑤。这表明当时南、北宗斗争的激烈程度,而李邕坚决地站在北宗一边表明了他个人的好恶。回过头来看李邕在开元十一年前后在海州遇见新罗通禅师,并与之建立友情,为之撰写碑文,在在都证明这个通禅师只能是一个修习北宗禅法的僧人,否则很难与李邕交往。此外,碑文铭词说其禅法是"亡境息想,示法流湮",与神

<hr>

① 载《全唐文》卷二六三。
② 见柳田圣山《初期の禅史》所收《传法宝记》,329—435 页。
③ 胡适《新校定的敦煌写本神会和尚遗著两种校写后记》,《历史语言研究所集刊》第 29 本,1958 年,335—357 页;《胡适禅学案》269—291 页。
④ 《全唐文》卷二六二。
⑤ 胡适《荷泽大师神会传》,《胡适文存》第 4 集,273—276 页;《胡适禅学案》,127—130 页;冉云华《北宗禅籍拾遗——记寂和尚偈》,《敦煌学》第 10 辑,1985 年,7—8 页。

秀的教旨"慧念以息想,极力以摄心"完全相同①,都是一种渐修的禅法。由此亦可见通禅师的禅法是源于弘忍、神秀的。

总之,通禅师是法朗之后,无相、神行之前入唐的新罗禅师,他修习的是当时中国北方盛行的渐悟禅法,而且他有可能就是五祖弘忍的再传弟子。同时,他在唐朝与新罗间往来的通道之一海州主持大云寺禅院,必然对往来其地的新罗僧侣产生影响。由此不难推测他曾为禅宗东传朝鲜作出过贡献。

以上以李邕所撰《海州大云寺禅院碑》为中心,探讨了海州在唐朝对外交往中的地位,阐明了当时的海州不仅是海上丝路航线上的一个重要港口,而且还是外国商人、水手、僧侣的聚居之地,其中大云寺的新罗通禅师在唐朝禅宗传入朝鲜的过程中做出了应有的贡献。

(原载《韩国研究》第 3 辑,杭州出版社,1996 年,14—34 页)

---

① 张说《唐玉泉寺大通和尚碑》。

8世纪的东亚外交形势和
日中遣唐使交流

最近,由于井真成墓志的发现,引起了中日双方学术界对于遣唐使的新探讨,并由此出发,重新审视井真成入唐的8世纪上半叶及其前后东亚的外交形势,给已经丰富多彩的中日文化交流史,增添了新的篇章。近年来,笔者一直关注唐代长安的外来人与外来文明以及长安物质文化与精神文化对周边民族、国家的影响,这里仅就8世纪上半叶井真成来唐前后东亚的外交形势和遣唐使问题,略加论说。

一、7世纪后半叶东亚形势与中日关系

在讨论8世纪东亚外交形势和中日关系之前,必须回顾一下7世纪后半叶的情形。

在唐朝内部局势平稳以后,贞观四年(630),迎来了倭国(后改称日本,以下行文通用日本)派遣的犬上御田锹、大仁药师惠日为首的第一次遣唐使。中国史书称唐太宗"矜其道远,敕所司无令岁贡",显然没有把日本当作每年朝贡的藩国,而是《唐会要》卷一百《杂录》所说的"绝域"之国。不过,太宗对于首次来唐的日本使还是非常重视的,因此在翌年派遣新州刺史高表仁持节回访。但史称高表仁"无绥远之才,与王子争礼,不宣朝命而还"[①]。显然是日本不肯向唐朝称臣,而唐朝也不能容忍日本分庭抗礼,因此,高表仁的出使无功而返,日唐邦交暂时中断。

二十多年以后,653年、654年,日本接连派出第二、第三次遣唐使,而且

是前使还没有回国,后使就出发了,这种异常的动作显然和当时的朝鲜半岛局势有关。因为当时正处在高丽、百济与新罗纷争的紧要关头,唐朝支持新罗,屡次出兵攻打高丽;日本在"大化改新"后,也正积极介入半岛政治,支持高丽、百济,暗中与唐朝对抗。唐朝力图从外交上争取日本对新罗的支持,高宗曾对第三次遣唐使者说:"王国与新罗接近,新罗素为高丽、百济所侵,若有危急,王宜遣兵救之。"①并且给予较多的"文书宝物"②。但日本并没有接受唐朝的建言,而是继续支持百济,致使新罗在 657 年拒绝日使经由新罗入唐,双方关系断绝。两年后日本派出的第四次遣唐使,"以道奥虾夷男女二人,示唐天子"③,显然是向唐朝表示日本在东海地域的优越地位。而且,据说这次遣唐使在参加十一月一日冬至之会的番国当中,人数最多。唐朝此时已经看出日本在半岛政治格局中的倾向,因为即将用兵百济,所以把日本使者"幽置别处,闭户防禁,不许东西"④。

660 年,唐朝、新罗联军灭百济王国,并分道发兵攻高丽。随后,日本支持百济遗民复国,于 662 年派 170 艘船送百济王子归国。663 年,又先后派数万兵支援百济。同年八月,唐朝、新罗联军与日本战船相遇于白江(白村江)口,经过激战,日军大败而归。白江口之战彻底击破了日本以武力介入朝鲜半岛的企图,使日本的外交政策开始转向,放弃半岛的军事介入,巩固自己的边防,不与唐朝正面对立,也不积极与唐通交和要求册封。从唐朝一方来讲,因为当时的主要敌对目标是百济北面的高丽,因此对于日本采取和平的外交,665 年,由百济镇将刘仁愿派郭务悰出使日本,缓和双方的紧张局势。随后,双方通过百济故地进行交往,665 年、667 年日本的第五、第六次遣唐使只是送唐朝使者的行动,而且只到百济唐军驻地而止。668 年,唐朝、新罗联军灭高丽,置安东都护府,镇平壤。翌年,日本派出第七次遣唐使,"贺平高丽"⑤。此后 31 年没有与唐朝正式交往,表明日本在武力退出半岛后政治上的消极态度。

与此同时,在高丽灭亡后,唐朝与新罗的联盟破裂,新罗开始向北蚕食

---

① 《唐会要》卷九九倭国条。
② 《日本书纪》卷二五。
③ 《日本书纪》卷二六。
④ 《日本书纪》卷二六注引《伊吉连博德书》。
⑤ 《新唐书·东夷日本传》。

唐朝占领的百济故地,并北争高丽。而唐朝迫于西边新兴的吐蕃与唐朝争夺河陇、西域的战争压力,从"关中本位政策"出发,调集朝鲜半岛的武力,去抗击吐蕃。675 年,唐朝与新罗开战,但不久新罗遣使入朝。唐朝主动从半岛撤军,而派高丽、百济首领回故地安抚旧民。到 7 世纪末,东北的契丹反叛,渤海兴起,北边则有突厥第二汗国的强大势力,使得唐朝彻底退出半岛政治,新罗得以统一半岛。在新罗统一的过程中,采取与日本修好的外交政策,在 7 世纪下半叶与日本往来密切。

二、"皇明远被,日本来庭"

与 7 世纪中叶以来的战火硝烟相比,进入 8 世纪,东亚各国间的交往变得彬彬有礼,特别是中日之间的交流,看不出两者之间的利益之争,而主要是频繁的文化交往。

在 7 世纪的后半,日本虽然在四十年间没有遣使入唐,但在经新罗陆续归国的入唐留学生和留学僧的帮助下,大力改革国家制度。681 年开始编纂律令。689 年完成《净御原令》。到文武天皇大宝元年(701),完成《大宝律令》的改订。就在《大宝律令》完成的同年,建造遣唐船并任命遣唐使,准备前往唐朝。

702 年出发的第八次遣唐使,由粟田真人率领,经南路,703 年到唐楚州(位于今江苏省)沿岸。日本史书记载:使者"初至唐时……唐人谓我使曰:'亟闻海东有大倭国,谓之君子国;人民丰乐,礼义敦行。今看使人,仪容大净,岂不信乎!'"[1]大使粟田真人等到达京城后,唐朝方面的记载是:"其大臣朝臣真人来贡方物。朝臣真人者,犹中国户部尚书,冠进德冠,其顶为花,分而四散,身服紫袍,以帛为腰带。真人好读经史,解属文,容止温雅。"[2]双方的记载相当一致,都强调唐人眼中的日本使者仪容大方,温文尔雅,而且通经史,能写文章,唐人由此推知日本为海东君子之国,人民富裕愉快,敦行礼义。这与 7 世纪入唐的日本使者判若两人。因此,唐朝对于这批日本使者也给予了很高的待遇。撰写于先天二年(713)的《徐州刺史杜嗣先墓志》

---

① 《续日本纪》卷三庆云元年条。
② 《旧唐书·日本传》。

中,提到了武后对这批使者的招待:"皇明远被,日本来庭,有敕令公与李怀远、豆卢钦望、祝钦明等宾于蕃使,共其语话。"杜嗣先当时任礼部侍郎、昭文馆学士,而李怀远、豆卢钦望则是前任宰相,武周政权派文人学者和高级官僚接待遣唐使者,看重的也是礼仪问题。最后,"则天宴之于麟德殿,授司膳卿,放还本国"①。麟德殿是长安大明宫中规模最大的殿堂,武则天在这里宴请日本使者,应当是最高规格的接待了,而且还授予粟田真人司膳卿官职。据日本史书记载,唐朝还借此机会,把四十年前百济之役唐军俘虏的日本军人随使送还,这无疑是武则天对日本的一个非常友好的姿态。

702 年的遣唐使,走的是新开辟的从博多湾,经五岛列岛,直到中国东海的新航线,更重要的是,他们开辟了一个礼仪文化交往的新天地。从唐朝一方来讲,虽然仍按照中国传统的理念,认为是"皇明远被",才使得"日本来庭",但对待这批使者,确实是以礼相待,以诚相向,而且归还了四十年前的战俘,开启了 8 世纪中日友好交往的新局面。

717 年出发的以多治比真人县守为押使、大伴宿祢山守为遣唐大使的第九次遣唐使,也同样以学习唐朝文化为主要目的。这批遣唐使共分四船进发,可见人数不少,而且其中有阿倍仲麻吕、吉备真备、大和长冈、僧玄昉等人。留学生阿倍仲麻吕慕中国之风,逗留不去,改名朝衡(又作晁衡),入仕唐朝,历任左补阙、仪王友,最后为镇南都护②。盛唐时的著名诗人王维、李白等都有诗歌赠他,可见其汉文化水平不同一般。吉备真备也在唐朝"留学受业,研览经史,该涉众艺"③,学成回国。大和长冈则是在刑名之学方面有一定特长的请益生,在唐朝解决其不明白的疑滞问题后回国④。吉备真备和大和长冈成为后来删定日本律令的重要人物。僧玄昉在唐朝学习佛法,于 735 年随同下一次遣唐使回国,"赍经论五千余卷及诸佛像来"⑤。

第九次遣唐使是一次异常成功的出使,相对于每次出使几乎都要遇到海难,这次出使的四条船舶,却都在 718 年顺利回到日本,日本史籍特别记

---

① 《旧唐书·日本传》。
② 同上。
③ 《续日本纪》卷三三宝龟六年十月壬戌条。
④ 《续日本纪》卷三〇神护景云三年十月癸亥条。
⑤ 《续日本纪》卷一六天平十八年六月己亥条。

载说:"此度使人,略无阙亡。"①更为重要的是,此行中的留学生或请益生、僧中,有不少饱学之人,如朝衡和古备真备,他们留学的成功,也使得今天的人们对于这次遣唐使在学术文化方面的成就印象尤深。这或许就是井真成墓志发现以后,大多数学者都把井真成看作是第九次遣唐使的留学生的缘故吧。不过,笔者并不同意这种看法。

三、"衔命远邦,驰骋上国"

关于 733 年出发的第十次遣唐使,中日双方的记载可以衔接起来。《续日本纪》卷一一天平五年闰三月条记:"癸巳,遣唐大使多治比真人广成辞见,授节刀。夏四月己亥,遣唐四船自难波津进发。"四个月以后,《册府元龟》卷九七一外臣部朝贡第四记载:开元二十一年"八月,日本国朝贺使真人广成与僚从五百九十,舟行遇风,飘至苏州,刺史钱惟正以闻。诏通事舍人韦景先往苏州宣慰焉。"由此可知,多治比广成所率五百多人的庞大使团在八月到达苏州,唐朝特别派遣通事舍人韦景先前往迎接。估计最迟在十月或十一月,被允许进京的人员可以到达长安。可不巧的是,这一年关中久雨害稼,京师饥馑,唐玄宗一方面下诏出太仓米二百万石救济;另一方面,为了缓解长安的饥荒,玄宗率百官于次年正月前往东都洛阳就食。至于这些到达长安的遣唐使成员,据石山寺藏《遗教经》写本题记:"唐清信弟子陈延昌庄严此大乘经典,附日本使、国子监大学朋古满,于彼流传。开元廿二年二月八日从京发记。"可以认为他们在二月八日离开长安,追随玄宗前往洛阳。《册府元龟》同上卷接着记载:二十二年"四月,日本国遣使来朝。"这是在洛阳进贡的记录。

由大使多治比广成所率领的这个遣唐使团,分乘四艘船而来,总共有594 人,其中包括前来奉请鉴真和尚的兴福寺僧荣叡和普照(一说大安寺僧)。井真成也应当是这次遣唐使的请益生一类人物。《井真成墓志》里缺少一项重要内容,就是墓主人在唐朝的生平事迹。大多数学者认为井真成是 717 年入唐的留学生,那么到 734 年已经过去 17 个年头。而按照唐朝对待留学生的规定,他只能在太学学习 9 年,以后应当在唐朝任职,可是墓志

---

① 《续日本纪》卷八。

对这段时间里井真成的事迹没有任何交代,似乎是于理不通的。如果我们把井真成看作是随同多治比广成为首的遣唐使前来的使团成员,则是完全可以成立的,而且更加顺理成章。

《井真成墓志》说志主"□(衔)命远邦,驰骋上国",已经到了长安;"蹈礼乐,袭衣冠,束带□(而)朝,难与俦矣",是一个难以比拟的人物;可惜正准备"强学不倦",却"问道未终",年仅 36 岁就客死异国。井真成去世于开元二十二年正月,其时正是唐玄宗率百官启程前往洛阳的前后,玄宗对于这样一位壮志未酬的有识之士的去世,表示伤悼,并特别追赠他为尚衣奉御的高官,这应当是和井真成的出身和素质有一定关系,但同时更是唐朝政府对待井真成乃至整个日本遣唐使团的隆重礼遇。

第十次遣唐使虽然遇到了井真成的不幸,但整个活动却是非常有成就的。735 年,大使多治比广成回到日本。日本史书记载:四月,入唐留学生下道朝臣真备献《唐礼》《太衍历经》《太衍历立成》《乐书要录》以及测影铁尺、铜律管、铁如方响写律管、弦缠漆角弓、马上饮水漆角、露面漆四节角弓、射甲箭、平射箭等①。仅此一点,就可以看出这次遣唐使带回日本的典籍、文物、音乐、仪器的丰富多彩。736 年八月,遣唐副使中臣朝臣名代等率三唐人、一波斯人回到日本。十月,官府施唐僧道璿、婆罗门僧菩提等时服②。说明这次遣唐使还带回了唐人唐僧、波斯人和印度僧人,这使得日本文化更富有盛唐文化特色,这一点我们可以在正仓院保存的文物上清楚地看到。

"衔命远邦,驰骋上国",前来"强学""问道",无疑是当时日本朝野的一种倾向,这种积极汲取唐朝文化的做法,比起 7 世纪中期与唐朝对立的外交态势已经大不相同。作为唐朝一方,实际上从一开始就没有把日本当作敌对的势力看待,虽然在白江口双方曾经遭遇而大战四合,但从随后的交往看,并没有影响到双方的关系。在 7 世纪末、8 世纪初,唐朝忙于对付吐蕃、突厥、东北两蕃(奚、契丹),对于海东来朝的翩翩君子日本使者,当然是给予极大的欢迎,从第十二次遣唐使在唐朝的争长事件中,可以看出唐朝对日本的态度。

752 年,以藤原清河、大伴古麻吕为首的遣唐使来唐。翌年(天宝十二

① 《续日本纪》卷一三。
② 同上。

载)正月朔,百官、诸蕃朝贺天子于大明宫含元殿,古麻吕与新罗使者争夺座位,结果取胜,"敕命日本使可于新罗使之上"[1]。关于这件事虽然学者们之间有争议,但应当是可信的,因为就在天宝十二载藤原清河等离开唐朝时,王维在送给同行回国的晁衡的诗序中,就说到"海东诸国,日本为大",这应当是当时唐朝政府上下的一致看法,也是半个世纪以来日中之间通过遣唐使的往来而得出的结论。

8 世纪的唐朝,无疑处于最为繁盛的时期,周边相对稳定的国际形势,给中日双方的交往提供了最佳的机运。以天子自尊的唐朝皇帝,按照传统的怀柔远夷的思想,对从"绝域之地"日本泛海而来的使者,给予盛情的接待和隆重的礼遇。与此同时,退出朝鲜半岛政治而一心发展本国实力的日本,也利用这个时机,大力收集唐朝文物,学习唐朝制度、文化,以推进本国发展。当时的长安和奈良,虽然规模不同,但都是东亚文明的中心,它们遗存下来的文物、图籍,至今仍闪烁着辉煌。

参考文献:

池田温编《古代を考える　唐と日本》,吉川弘文馆,1992 年。

池田温《东アジアの文化交流史》,吉川弘文馆,2002 年。

《东アジアの古代文化》123 号(特集:遣唐使墓志をめぐる日中交流史),东京古代学研究所编,2005 年春。

东野治之《遣唐使と正仓院》,岩波书店,1992 年。

古濑奈津子《遣唐使の见た中国》,吉川弘文馆,2003 年。

刘健明编,《黄约瑟隋唐史论集》,中华书局,1997 年。

贾麦明《新发现的唐日本人井真成墓志及初步研究》、王建新《西北大学博物馆收藏唐代日本留学生墓志考释》,《西北大学学报》第 34 卷第 6 期,2004 年 11 月,12—14、18—20 页。

金子修一《隋唐の国际秩序と东アジア》,名著刊行会,2001 年。

堀敏一《隋唐帝国与东亚》,韩昇、刘建英译,云南人民出版社,2002 年。

荣新江《从〈井真成墓志〉看唐朝对日本遣唐使的礼遇》,《西北大学学报》2005 年第 4 期,108—111 页。

---

[1]　《东大寺要录》卷一引《延历僧录》。

石见清裕《唐の北方问题と国际秩序》，汲古书院，1998 年。

汪向荣、夏应元编《中日关系史资料汇编》，中华书局，1984 年。

王小甫编《盛唐时代与东北亚政局》，上海辞书出版社，2003 年。

王贞平《汉唐中日关系论》，文津出版社，1997 年。

叶国良《唐代墓志考释八则》，《台大中文学报》1995 年，第 7 期，51—76 页。

专修大学遣唐使墓志研究课题组《井真成墓志研讨会资料》，东京，2005 年 1 月 28 日。

（原以日文刊载《遣唐使と唐の美术》，东京国立博物馆、朝日新闻社，2005 年 7 月，134—137 页）

从《井真成墓志》看唐朝
对日本遣唐使的礼遇

2004 年 4 月,西北大学历史博物馆征集到一方唐开元二十二年
(734)日本人井真成的墓志(图 1),这一新发现,立刻引起中日双方学
者的重视。2004 年 11 月出版的《西北大学学报》第 34 卷第 6 期上,发
表了贾麦明副馆长《新发现的唐日本人井真成墓志及初步研究》、王建新

图 1　井真成墓志

教授《唐代的日本留学生与遣唐使》和《西北大学博物馆收藏唐代日本留学生墓志考释》三篇文章,公布了这方墓志,并就墓志录文和井真成的身份、来历做了初步考释①。2005 年 1 月 28—29 日,在日本东京召开了中国西北大学与日本专修大学共同举办的"井真成墓志研讨会"。会上,中方学者方光华发表《西北大学考古文物遗迹与古代中日文化交流关系》,王建新发表《日本留学生与遣唐使》,王维坤发表《井真成遣唐的历史背景以及井真成改名问题》,贾麦明发表《井真成墓志有关问题的基础研究》;日方学者气贺泽保规教授发表《有关井真成墓志的疑问与尚衣奉御》,龟井明德发表《井真成墓的位置与构造》,土屋昌明发表《井真成墓志的书道史意义》,铃木靖民发表《遣唐使"井真成"及其来历》,东野治之发表《遣唐使与葛井氏》,矢野建一发表《井真成墓志与第 10 次遣唐使》等论文②;这些文章从多角度对《井真成墓志》的价值、井真成的名称、所属遣唐使团、可能的家族来历、埋葬地点等问题,做了非常深入细致的解说和探讨③。此外,石见清裕先生《有关入唐日本人〈井真成墓志〉的性格——从中国唐代史研究的立场来看》一文,对比唐朝的类似墓志,阐释了这方墓志的特征,即此方墓志没有墓主生平事迹的记录,为秘书省著作局撰写套话连篇的文字④。2005 年 3 月出版的《西北大学学报》第 35 卷第 2 期上,又发表了贾麦明、葛继勇《井真成墓志铭释读再探》和王维坤《关于唐日本留学生井真成墓志之我见》两文,对墓志录文和墓志中涉及的一些问题,提出新的看法⑤。日本 2005 年出版的古代学研究所编《东亚的古代与文化》第 123 号,也是研究《井真成墓志》的专刊⑥。

　　《井真成墓志》的志盖,题作"赠尚衣奉御井府君墓志之铭"。墓志全文

---

① 《西北大学学报》第 34 卷第 6 期,2004 年 11 月,12—14、15—17、18—20 页。同时该刊还发表了墓志照片和拓片。

② 见专修大学遣唐使墓志研究课题组《井真成墓志研讨会资料》,东京,2005 年 1 月 28 日。此资料集后正式出版:《新发见遣唐使墓志の语る中国と古代》,朝日选书,2005 年,内容有增加。

③ 具体参看方光华《井真成墓志特别研讨会在日本东京引起轰动》,作者寄赠。

④ 《アジア游学》No.70,2004 年 12 月,22—31 页。

⑤ 《西北大学学报》第 35 卷第 2 期,2005 年 3 月,92—97、98—103 页。

⑥ 《东アジアの古代と文化》123 号,大和书房,2005 年 4 月。感谢西村阳子告诉我日本有关的最新研究情况(2005 年 4 月 6 日 Email)。

如下①：

> 赠尚衣奉御井公墓志文并序
> 公姓井，字真成，国号日本，才称天纵。故能
> □（衔）命远邦，驰骋上国。蹈礼乐，袭衣冠，束带
> □（而）朝，难与俦矣。岂图强学不倦，问道未终，
> □（蜒）遇移舟，隙逢奔驷。以开元廿二年正月
> □日，乃终于官弟（第），春秋卅六。　皇上
> □（愍）伤，追崇有典，诏赠尚衣奉御，葬令官
> □（给）。即以其年二月四日，窆于万年县浐水
> □（东）原，礼也。呜呼！素车晓引，丹旐行哀，嗟远
> □（道）兮颓暮日，指穷郊兮悲夜台。其辞曰：
> □（命）乃天常，哀兹远方。形既埋于异土，魂庶
> 归于故乡。

自这方墓志被西北大学博物馆收藏至今，经过一段时间轰轰烈烈的讨论以后，我们现在对其价值的判定，既不能太高，也不能太低。把这方墓志看作是首次发现的带有"日本"国名的实物资料，恐怕是不够妥当的，因为就墓志而言，先天二年(713)的《徐州刺史杜嗣先墓志》中，已经有"皇明远被，日本来庭"的记载了②。但这方墓志确实是难得的日本遣唐使的实物资料，尽管内容比较简单，却印证了日本遣唐使前来唐都长安的史事，并提供了许多有关遣唐使研究的线索。

仔细分析这方墓志的内容，我们不难看出，志文的前一半，叙述井真成随遣唐使来华，说他是一个"蹈礼乐，袭衣冠"的天才之士，但他虽然有志"强学不倦"，可是却"问道未终"，年仅三十六岁，就在开元二十二年正月去世。志文的后一半，是记述朝廷对他葬礼的安排和下葬的经过。这里缺少了一项重要的内容，就是墓主人在唐朝的生平事迹。大多数学者认为井真

---

① 墓志录文、标点主要据贾麦明、王建新上引文。阙字所补，除参考上列论著外，还有方光华《西北大学文物遗迹所见唐代中日文化联系》(作者寄赠，谨此致谢)、王子今《井真成墓志试补释》(唐代日本留学生井真成墓志学术研讨会论文，西北大学，2005 年 4 月 9 日)、葛继勇《唐代日本留学生井真成墓志铭初释》(《华南农业大学学报(社会科学版)》2005 年第 1 期，119—126 页)。

② 见叶国良《唐代墓志考释八则》，原载《台大中文学报》，1995 年第 7 期；此据作者《石学续探》，台北大安出版社，1999 年，128 页。

成是随 717 年出发的日本第九次遣唐使团来华的留学生,那么到 734 年他去世时,已经过去 17 个年头。按照唐朝对待留学生的规定,他只能在太学学习 9 年时间,之后他应当在唐朝任职,可是墓志对这段时间里井真成的事迹没有任何交代,似乎是于理不通的。吴玉贵先生根据墓志本文,结合唐朝关于留学生的制度,认为井真成很可能是随 733 年出发的日本第十次遣唐使团来华的[①]。这一看法很有见地,也和墓志中没有墓主在华的事迹相符合。

《续日本纪》天平五年(733)闰三月条记:"癸巳,遣唐大使多治比真人广成辞见,授节刀。夏四月己亥,遣唐四船自难波津进发。"据《册府元龟》卷九七一《外臣部》朝贡第四记载:"开元二十一年(733)……八月,日本国朝贺使真人广成(多治比广成)与傔从五百九十,舟行遇风,飘至苏州,刺史钱惟正以闻。诏通事舍人韦景先往苏州宣慰焉。"[②]由此可知,多治比广成一行在八月到达苏州,那么最迟在十月或十一月可以到达长安。矢野建一教授指出,据《旧唐书》记载,开元二十一年关中久雨害稼,京师饥馑,玄宗下诏出太仓米二百万石给之;同时,为了缓解长安的饥荒,玄宗于次年正月行幸东都洛阳。他又举出石山寺藏《遗教经》写本题记:"唐清信弟子陈延昌庄严此大乘经典,附日本使、国子监大学朋古满,于彼流传。开元廿二年二月八日从京发记。"认为这批第十次遣唐使团的成员是在参加完井真成的葬礼之后,在二月八日离开长安,追随玄宗前往洛阳的[③]。《册府元龟》同上卷同条后面接着记载:"二十二年……四月,日本国遣使来朝。"[④]这是在洛阳进贡的记录。由大使多治比广成所率领的这个遣唐使团分乘四艘船而来,总共有五百九十四人,其中包括前来奉请鉴真和尚的兴福寺僧荣叡和普照(一说大安寺僧)[⑤]。如果我们把井真成看作是随同多治比广成为首的遣唐使前来的使团成员,也是完全可以成立的,而且更加顺理成章。我们看墓志说他"□(衔)命远邦,驰骋上国",是已经到了长安;"蹈礼乐,袭衣冠,束带

---

① 吴玉贵《井真成来华时间的一点意见》,唐代日本留学生井真成墓志学术研讨会论文,西北大学,2005 年 4 月 9 日。

② 《宋本册府元龟》第 4 册,中华书局,1989 年,3850 页。

③ 矢野建一《井真成墓志と第 10 次遣唐使》,《井真成墓志研讨会资料》,35—37 页。

④ 《宋本册府元龟》第 4 册,3850 页。

⑤ 关于这次遣唐使的详细研究,见安藤更生《鉴真大和上传之研究》,平凡社,1960 年,59—86 页。

□(而)朝,难与俦矣",是一个难以比拟的人物;可惜正准备"强学不倦",却"问道未终",年仅三十六岁就客死异国。我们如果仔细品味"□(衔)命远邦,驰骋上国","束带□(而)朝","问道未终"等语句,其实不难理解井真成是在墓志撰写前不久来到长安的。井真成的去世,不知与当时长安的饥荒有无关联,但遣唐使一路颠簸,风餐露宿,一些文弱的书生恐怕经受不起这样的折磨,最终没有挺下来,井真成可能就是这样一位。虽然他已经到达了目的地,但是却一命呜呼。

如果把井真成看作是开元二十一年入唐的遣唐使成员,则还有三点推想可以提出来讨论。

一是如果井真成是开元二十一年入唐,其时已经 35 岁,由于大多数留学生来华时都比较年轻,在 18—20 岁左右,那么他就不应当是留学生的身份。一种可能是他只是一般的遣唐使随行人员,另一种可能是他是遣唐使团中的请益生。我们知道在日本遣唐使团中,常有请益生或请益僧随行,他们是在日本已经学有专长,再到唐朝来进修或者提高的士人或僧侣。他们来唐时的年龄不等,但多数已经不年轻,比如灵龟二年(716)以请益生身份入唐的大和长冈,时年 28 岁①;承和五年(838)以请益僧身份入唐的圆仁,时年 44 岁②。从"强学不倦,问道未终"一句来看,把井真成看作是遣唐使团中的请益生似乎更为合适。

二是井真成的姓的来历有几种说法,其中东野治之教授认为可能是改自南河内的藤井寺为根据地的"葛井"氏,原本叫作"白猪"氏,这一家族中有不少人曾出使唐朝(白猪史阿麻留、白猪史骨)和新罗(白猪史广成、葛井连子老)③。如果我们把井真成看作是开元二十一年遣唐使成员,那么可以补充的是,使团中的兴福寺僧普照的母亲,就出自白猪(葛井)氏④。这多少可以帮助我们想象井真成之成为此次使团成员,或许与普照的出行有关。

三是《井真成墓志》中使用了"日本"作为他的本国的名号,这一点曾经引起日本国内学术界和普通民众的广泛关注。我们前面已经说到,这并非

① 《续日本纪》卷三〇神护景云三年(769)十月癸亥条。
② 《续日本后纪》承和十五年(848)三月乙酉条。以上两条系马一虹博士提供,关于井真成可能是请益生的看法,也是她在"唐代日本留学生井真成墓志学术研讨会"上提出的。
③ 东野治之《遣唐使と葛井氏》,《井真成墓志研讨会资料》,39—40 页。
④ 安藤更生《鉴真大和上传之研究》,63 页。

"日本"国号在实物资料中的首次印证,如果翻看史籍记载,则更没有什么稀奇。但如果我们把井真成看作是开元二十一年遣唐使团的成员,倒是值得注意张九龄代笔所撰的玄宗《敕日本国王书》①。玄宗的这份诏书就是针对开元二十一年的使团的,也是官文书中首次使用"日本"国号。《井真成墓志》是和张九龄《敕日本国王书》同时写作的官方文献,俱使用"日本"一词,正好反映了唐朝官府在称呼这一使团本国名号时的一致性。

基于井真成应该是第十次遣唐使团的成员这一看法,我们对墓志所表现出来的唐朝政府对于日本遣唐使的礼遇可能会有更加清晰的认识,以下略作分析。

第一,井真成是开元二十二年正月某日卒于官第的。龟井明德教授已经指出,这里的"官第"有三种可能:(1)管理外国人事务的鸿胪寺典客署下的鸿胪客馆,在皇城内朱雀门西侧;(2)与鸿胪客馆性质相近的礼宾院,在昌化坊(广化坊或安兴坊);(3)皇城外的官第,他举出《唐会要》所记大和四年(830)七月时诸司所有官宅多被所属官员赁贷的例子②。这三种可能性都是有的,所可补充的是:(1)礼宾院所在的昌化坊,应当就是安兴坊,在朱雀门街东第四街(即皇城东之第二街)从北第三坊③。(2)关于诸司官府所掌握的官第,在中晚唐时期被官员赁贷是事实,但这种情况未必在开元时已经如此。从上面所说的三种官第的可能来看,最有可能的还是第三种,因为如果是鸿胪客馆或礼宾院,都可以直接称之,而"官第"在长安城里指的正是这种官府在坊里所拥有的住宅。《新唐书》卷一七九《王涯传》记:"涯文有雅思,永贞、元和间,训诰温丽,多所稿定。帝以其孤进自树立,数访逮,以私居远(在永宁坊),或召不时至,诏假光宅里官第,诸学士莫敢望。"这说明把距离宫城较近的光宅坊官第借给王涯,是皇帝的恩赐;也印证了"官第"的确切含义。井真成住在唐朝官府安排的坊里官第中,应当是唐朝官府特意关照下的安排,那么这所官第应当靠近皇帝所在的宫城(兴庆宫)附

---

① 《张曲江先生文集》卷一二,9—10 页。参看武伯伦《唐玄宗给日本国王的一封信》,作者《古城集》,三秦出版社,1987 年,240—242 页。

② 龟井明德《井真成墓の位置と构造》,《井真成墓志研讨会资料》,17—19 页。

③ 辛德勇《隋唐两京丛考》,三秦出版社,1991 年,41—45 页。

近,而这一带地区,是长安城内贵族、官僚、宦官、禁军将领集中居住的地方①。在唐朝都城长安,当时有相当多的外国使者、质子、商人、俘虏,他们被安排住在什么地方,是非常有讲究的。石见清裕先生上引文中举《九姓突厥契苾李中郎墓志》,作为与《井真成墓志》最相似的例证。值得注意的是,前者是"终于藁街",后者是"终于官第"。"藁街"是汉长安城的蛮夷邸②,唐人颜师古注《汉书·陈汤传》中"藁街蛮夷邸"时,指出即当时之鸿胪客馆,但汉代的藁街也是处决犯人的地方。所以,外国使者在长安居住,如果是在鸿胪客馆,就像和许多蛮夷一同住在藁街一样,唐人眼中的突厥李中郎住地,正是这样的意思。因此,井真成等日本使者住在唐朝官府特意安排的官第,恐怕有一层优待的意思,这与王维《送秘书晁监还日本国并序》中说晁衡(阿倍仲麻吕)"不居蛮夷之邸"的做法是一脉相承的③。我们知道,晁衡随717年的遣唐使团来到长安,当井真成等人来到长安时,他任唐朝左补阙,一定是接待安排新的遣唐使团的人士之一,晁衡不愿住在"蛮夷之邸",也可能正是井真成住在"官第"的原因。从唐朝一方来说,把日本使团放在坊里中居住,应当是一种特别的优待,即王维《序》中接下来所写的:"我无尔诈,尔无我虞,彼以好来,废关弛禁。上敷文教,虚至实归。故人民杂居,往来如市。"

第二,既然唐朝官府把井真成安排在官第中居住,那么就意味着他是由政府招待的客人,可以从鸿胪寺领取应有的供给④。在开元二十一年长安正在闹饥荒的时候,虽然按照常例,五百多人组成的庞大的遣唐使团不会被全部允许进入长安,但在这个时候到来,无疑加重了长安粮食供应的压力,而在这样艰难的情况下,唐朝官府仍然把遣唐使团成员安排在官第中居住,供给应有的粮食,可见唐朝政府对待遣唐使的礼遇之重。《册府元龟》记载玄宗特派通事舍人韦景先前往苏州宣慰迎接,也体现了唐朝政府对日本使团的重视。

---

① 妹尾达彦《唐长安城の官人居住地》,《东洋史研究》第55卷第2号,1996年,35—74页。

② 何清谷校注《三辅黄图校注》卷六,三秦出版社,1995年,373—374页。

③ 《王右丞集》卷一二;《全唐诗》卷一二七。参看王贞平《汉唐中日关系论》,文津出版社,1997年,50页。

④ 关于唐朝对外来使团的供给制度,参看石见清裕《唐の北方问题と国际秩序》,汲古书院,1998年,368—374页;王静《中国古代中央客馆制度研究》,黑龙江教育出版社,2002年,77—102页。

第三,对于这样一位不幸去世的年轻遣唐使成员,唐玄宗和唐朝政府给予了一定规格的礼遇:"皇上□(愍)伤,追崇有典,诏赠尚衣奉御,葬令官□(给)。"作为前来朝贡的使者而死在长安,唐朝官府当然应当安排他的葬礼。《唐六典》卷一八"鸿胪寺典客署"条记载:"若身亡,使主、副及第三等已上官奏闻。其丧事所须,所司量给。……首领第四等已下不奏闻。但差车、牛送至墓所。"这方墓志没有撰者署名,而且文字简单、多是套话,也可以看出是出自唐朝官府(一说是秘书省著作局)官员手笔,是匆促埋葬时撰就的文字。井真成不见于任何中日双方的史料,他似乎不属于遣唐使团前三等的官员。但是,值得注意的是,玄宗在率百官匆匆奔赴洛阳,以缓解长安饥馑情形之际,却对井真成这样一个遣唐使成员不仅表示了哀伤之意,还安排了丧事,特别是还追赠给这样一个没有任何官职的外国人以"尚衣奉御"的五品职事官,不可不谓为殊遇。尚衣奉御是唐朝宫廷中殿中省尚衣局的长官,属于"六尚"之一,为从五品上,掌"供天子衣服"①。作为赠官,尚衣奉御一职对于井真成已经没有任何意义,但问题是玄宗为什么给这样一个没有任何官位的遣唐使成员以"尚衣奉御"这样高的官称呢? 据黄正建先生研究,任六尚长官的人,一类是拥有专门的知识和技能,一类是皇帝的亲戚、亲信或功臣名臣的子孙,他们大多"人才颖逸,地望清英"②。我想,唐玄宗给井真成一个"尚衣奉御"的赠官,应当是和他个人的出身和素质有一定关系,他应该是出身于贵族之家,且聪颖过人,这就是墓志所说的"才称天纵",所以才会引起玄宗的"愍伤",给了他一个"尚衣奉御"的美称,这无疑是唐朝政府对待井真成乃至整个日本遣唐使团的隆重礼遇。

总之,我认为井真成是开元二十一年(733)四月出发来华的日本遣唐使团成员,八月到达苏州,然后转赴长安。大概因为劳累过度等原因,开元二十二年正月在长安去世。他可能是随遣唐使而来的请益生,可惜未能进入太学学习,更无法施展自己的才华,就英年早逝。但由于他出身贵族,聪颖外溢,其过早去世,引起唐玄宗的伤感,在离开长安以减轻当地饥荒的紧

---

① 《唐六典》卷一一《殿中省》。
② 黄正建《唐六尚长官考》,《魏晋南北朝隋唐史资料(唐长孺教授逝世十周年纪念专辑)》第21辑,2004年,223—245页。

急时刻,还特别下诏追赠他为尚衣奉御,并让官府妥善安排好了他的后事。玄宗和唐朝政府对于这位无名无位的遣唐使团成员的隆重礼遇,谱写了唐朝长安城内中日交往史的一段佳话。虽然这方墓志的文字十分朴素无华,但从这个意义上来讲,它的确是一件非常珍贵的历史文物。

(本文 2005 年 4 月 7 日初稿写毕,提交至 4 月 9 日在西北大学召开的"唐代日本留学生井真成墓志学术研讨会",会议期间得到王维坤、王子今、吴玉贵、罗新、马一虹诸位先生的指教,同时也受到西北大学文博学院的盛情款待,在此一并致谢。2005 年 4 月 30 日修订,载《西北大学学报》2005 年第 4 期,108—111 页)

第三编

汉文化的西渐

唐代西域的汉化佛寺系统

20 世纪初,日本大谷探险队曾经从库木吐喇石窟切割走一幅供养人壁画的榜题,最初发表在《西域考古图谱》上,题"唐壁画铭文(库木吐喇)"①,以后原物辗转数人之手,所幸现在完整地保存在东京国立博物馆东洋馆中②,笔者曾在 1991 年调查该馆所藏大谷收集品时,亲见原物。在长方形边框内,题记分两行书写(图 1):

> 大唐□(庄)严寺上座四
> 镇都统律师□道

马世长先生在讨论库木吐喇石窟中的汉风洞窟的历史背景时,曾经指出:"这方榜题的具体出土地点不明。据榜题明书'大唐'两字来看,有可能就出于第 16 窟。这则榜题又给我们提供了一个汉寺'□严寺'的例证。该寺有可能就在龟兹,供养僧人的头衔是'四镇都统'。都统当是都僧统的略称。这一名叫'□道'的律师,是四镇的都僧统。四镇,显然是指龟兹、疏勒、于阗、焉耆四镇。根据榜题,我们可以知道,在龟兹

壁画铭文(库木吐喇)

图 1　大谷探险队切割走的库木吐喇石窟一则供养人题名

---

①　《西域考古图谱》上卷,东京,1915 年,图 9。
②　《东京国立博物馆图版目录·大谷探险队将来品篇》,东京国立博物馆,1971 年,图 178。

设有掌管四镇佛教事务的僧官——'四镇都统',这位都统是一汉僧,说明当时的龟兹,在佛教上也居于统辖四镇僧寺的特殊地位。"①在这里,马世长先生指出了一个非常重要的事实,即唐朝在龟兹设有统辖龟兹、疏勒、于阗、焉耆四镇佛教事务的都僧统,由汉僧充任,地点和唐朝在西域地区的安西都护府一样,也设在龟兹。大概因为马先生的文章主要是讨论库木吐喇石窟,所以未能引起治西域史事者的注意。

敦煌藏经洞发现的新罗僧人慧超的《往五天竺国传》,是我们研究8世纪前半叶印度、中亚的宗教、政治形势以及中印关系史的重要依据,历来受到学者的重视,自罗振玉以来,整理、校注、翻译者,代不乏人,且已取得了丰厚的成果②。《慧超传》抄本的最后部分,给我们留下了一份有关开元十五年(727)时安西四镇佛教状况的珍贵记录:

> 又从葱岭步入一月,至疏勒,外国自呼名伽师祇离国。此亦汉军马守捉,有寺有僧,行小乘法,吃肉及葱韭等,土人着叠布衣也。

> 又从疏勒东行一月,至龟兹国,即是安西大都护府,汉国兵马大都集处。此龟兹国,足寺足僧,行小乘法,吃肉及葱韭等也,汉僧行大

---

① 马世长《库木吐喇的汉风石窟》,《中国石窟·库木吐喇石窟》,文物出版社,1992年,221页。

② 罗振玉《慧超往五天竺国传》,《敦煌石室遗书》,诵芬室,1909年;藤田丰八《慧超往五天竺国传笺释》,北京,1910年;钱稻孙校印本,北平,1931年;W. Fuchs(福克司),"Huei-ch'ao's Pilgerreise durch Nordwest-Indien und Zentralasien um 726"(726年慧超往西北天竺与中亚行记),*Sitzungsberichte der Preussischen Akademie der Wissenschaften*, phil. -hist. *Klasse*, 30, 1938(1939), pp. 426-469;Yun-hua Jan, "Hui-ch'ao's Record on Kashmir", *Kashmir Research Biannual* (Srinagar), II, 1961, pp. 115-124;idem., "Western India according to Hui-ch'ao", *Indian Historical Quarterly* (Calcutta), XXXIX, 1963, pp. 61-82;idem., "Hui-ch'ao and His Works, a Reassessment", *Indo-Asian Culture* (New Delhi), XII, 1964, pp. 177-190;idem., "Some New Light on Kusinagara from the Memoirs of Hui-ch'ao", *Oriens Extremus* (Wiesbaden), XII, 1965, pp. 55-63;idem., "Korean Record on Varanasi and Samath", *Vishveshvaranand Indological Journal* (Hoshiapur), IV, 1966, pp. 264-272;idem., "South India in the VIII Century A. D.", *Oriens Extremus*, XV. 2, 1968, pp. 169-177;idem., "Nagarjunakonda. Note on a New Reference from Chinese Source", *Journal of Indian History*, XLVIII, 1970, pp. 415-426;idem., "Tibetans in Northwest India during the VIIIth Century A. D.", *Journal of Indian History* (Golden Jubilee Volume), 1973, pp. 81-96;Yun-hua Jan, Han-Sung Yang, Sh. Iida and L. W. Preston, *The Hye Ch'o Diary*:*Memoir of the Pilgrimage to the Five Regions of India* (慧超往五天竺国传),Berkeley:Asian Humanities Press, 1984;桑山正进编《慧超往五天竺国传研究》,京都大学人文科学研究所,1992年;张毅《往五天竺国传笺释》,中华书局,1994年。其中汉文录文以桑山正进组织相关学者所作的校注本最为精审,参看王邦维对后两书的书评,载《敦煌吐鲁番研究》第1卷,北京大学出版社,1996年,415—420页。

乘法。

又安西南去于阗国二千里,亦足汉军马领押。足寺足僧,行大乘法,不食肉也。

从此已东,并是大唐境界,诸人共知,不言可悉。开元十五年十一月上旬至安西,于时节度大使赵君。

且于安西,有两所汉僧住持,行大乘法,不食肉也。大云寺主秀行,善能讲说,先是京中七宝台寺僧。大云寺都维那,名义超,善解律藏,旧是京中庄严寺僧也。大云寺上座,名明恽,大有行业,亦是京中僧。此等僧大好住持,甚有道心,乐崇功德。龙兴寺主,名法海,虽是汉儿,生安西,学识人风,不殊华夏。

于阗有一汉寺,名龙兴寺。有一汉僧,名□□,是彼寺主,大好住持,彼僧是河北冀州人士。

疏勒亦有汉大云寺,有一汉僧住持,即是岷州人士。

又从安西东行□□,至焉耆国,是汉军兵〔马〕领押,有王,百姓是胡,足寺足僧,行小乘〔法〕。

此是安西四镇名数:一安西,二于阗,三疏勒,四焉耆①。

这段文字颇值得斟酌,它既是普通的行记,而在叙述上又有所安排。在"开元十五年十一月上旬至安西,于时节度大使赵君"一句之前,是描述疏勒、龟兹、于阗王国的一般情况,特别是佛教的状况和系统。然后是对三个地方的汉寺以及主持汉寺的汉僧特别加以归纳记录。之后是有关焉耆的一般佛教状况记录,可惜没有关于汉寺的文字。最后记"安西四镇名数",再后原本残缺。从前后文来看,前面一部分是慧超在安西都护府所在地龟兹所写,可能对焉耆汉寺的情况尚不了解。焉耆以后的部分是后来补上去的。

慧超是在开元年间的龟兹,即安西四镇的中心来记载上述汉寺情况的,他没有去于阗,却要特别加以记录,显然是有所根据的。笔者以为他所根据的应当是安西四镇官方或统领安西四镇佛教的都统的相关记录,这也透露出当时驻锡安西的四镇都统是整个安西地区汉僧的最高僧官这一事实。

库木吐喇题记的头一个缺字已残缺过甚,考虑到慧超所记龟兹"大云

---

① 桑山正进编《慧超往五天竺国传研究》,25—26 页。

寺都维那,名义超,善解律藏,旧是京中庄严寺僧也",不排除所缺就是"庄"字的可能①。如果这个补字是正确的,则这位四镇都统就和安西大云寺的义超一样,出身长安的庄严寺。可惜这位律师的名字残缺,使得我们无法进一步查找其是否在唐朝文献中留下其他记载。

从《慧超传》的记载,我们可以发现,慧超所记录的开元十五年之时,安西地区的汉寺仅有大云寺和龙兴寺,而这两所寺院皆是唐朝敕建的官寺。由于武则天利用《大云经疏》来为其登基作政治宣传,所以在天授元年(690)十月二十九日,敕令"两京及天下诸州,各置大云寺一所"②。因为此时安西四镇尚在吐蕃占领下,所以大云寺的建立大概是在唐朝军队长寿元年(692)收复四镇之后,稍晚于唐朝的内地州县。神龙元年(705),武周政权结束,李唐王朝重兴,于是天下诸州置中兴寺以作纪念。但后来因觉此名不妥,于是在景龙元年(707)二月"庚寅,敕改诸州中兴寺、观为龙兴"③。

富安敦(Antonino Forte)教授曾指出,安西大云寺主秀行原是长安七宝台寺的僧人,而七宝台寺是仪凤二年(677)武则天所建,原名光宅寺,主持兴建者即是天授元年(690)进《大云经疏》的僧人之一德感④。因此,秀行的七宝台寺的特殊出身,使我们推想他可能是和大云寺在西域的建立诏令一起,被武则天或武周政权派至安西地区的,这更说明了慧超所记载的安西地区大云寺和龙兴寺是武周和唐朝着意建立的官寺。

慧超作为行脚僧,所见毕竟有限,我们从其他史料中,还可以找到一些西域地区汉寺的记载。笔者曾在《关于唐宋时期中原文化对于阗影响的几个问题》⑤一文中,专门讨论过于阗汉寺的问题,这里把相关史料转述如下:敦煌文书 P.2899 号汉文《须摩提长者经》卷端题:"于阗开元寺一切经",卷背书于阗语医药文献⑥,可知这个卷子原本为于阗人所有,正面的汉文佛经应当也出自于阗,原是于阗开元寺的藏经。

---

① 笔者在 2002 年上半年的"古代中外关系史"课堂上展示这个题名图片时,不止一个学生提出此处所缺当为"庄"字。

② 《唐会要》卷四八"寺"条,上海古籍出版社,1991 年,996 页。

③ 《资治通鉴》卷二〇八。又见《唐会要》卷四八"寺"条,992—993 页。

④ A. Forte, "Chinese State Monasteries in the Seventh and Eighth Centuries",桑山正进编《慧超往五天竺国传研究》附论 2,229—230 页。

⑤ 《国学研究》第 1 卷,北京大学出版社,1993 年,411—415 页。

⑥ H. W. Bailey, *Khotanese Texts*, III, Cambridge University Press, 1969, p. 78.

藏文于阗佛教史《于阗国授记》（Li-yul Lung-bstan-pa）一书中记载：

> 尔后，尉迟僧伽罗摩（Vijiya Sangrama）王之子尉迟毗讫罗摩（Vijiya Vikram）返归于阗国，为其善友尊者大阿罗汉提云般若（Devendra）建毗沙罗摩（Byi-zha-gre-rma）寺。至今，阿婆罗质多天王与摩尼跋陀罗神守护之。
>
> 尔后，唐朝大臣谢大使（Ser The-shi）与尉迟达摩（Vijiya Dharma）王一起，为他们的善友瞿摩帝（'Gum-tir）的上座阇那斯纳（Jinasena），于东城建弥勒寺（Byams-pa Maitri）。至今，毗沙门天王守护此寺。
>
> 尔后，王之大臣盖大使（Ka The-shi）与尉迟散跋婆（Vijiya Sambhava）王一起，为他们的善友乌丹陀罗若希（Udrendra Rod-ci）与达磨难陀（Dharmananda）二人，共建开元寺（Khe-gan-rtsi）。至今，毗沙门天王守护此寺①。

笔者在文章中已经指出，第一段记载为提云般若建寺一事，John E. Hill 已经考订应当发生在 691 年或 692 年提云般若去世之时，以纪念这位大法师，他是武则天从于阗请到洛阳魏国东寺领导佛经翻译工作的大法师②。跟随其后的两段记载，时间应当与此接近。我对证出第二段中的 Ser The-shi 应即开元十六年（728）十一月乙酉以前任"右羽林军大将军兼安西副大都护、四镇节度等副大使谢知信"，第三段的 Ka The-shi 应即开元二十六年安西都护盖嘉运，因此译作"谢大使"和"盖大使"③。据《唐会要》卷五十"杂记"条："〔开元〕二十六年（738）六月一日，敕每州各以郭下定形胜观、寺，改以'开元'为额。"盖大使任职安西的时间恰恰是唐朝敕建开元寺的那一年，因此可以把藏文的 khe-gan-rtsi 比定为"开元寺"的不规则拼写。此藏文名称又见于麻札塔格出土的 M. T. b. i. 0045 号藏文木简文书中，文曰：lha-gang

① 此据 R. E. Emmerick, *Tibetan Texts concerning Khotan*（London 1967）pp. 58-61 校勘并英译本译出，专名乃笔者据相关史实译出，后括注原文的拉丁转写。

② J. E. Hill, "Notes on the Dating of Khotanese History", *Indo-Iranian Journal*, XXXI. 3, 1988, pp. 181-182.

③ 关于 *Ser-the-shi* and *Ka-the-shi*, E. G. Pulleyblank 建议比定为"薛"和"贾"姓，而 The-she 为"太使"，意为"great envoy; ambassador", 见 Pulleyblank notes, 载 Emmerick 上引书, pp. 93, 106.

ke'u-'gan-tshe Rgya Sam-du "开元寺之汉人孙度(音)"①。

慧超在开元十五年时,当然不会记载到开元二十六年才建立的开元寺,以上三条史料证明,于阗在开元十五年以后,也曾按唐朝的诏令,建立了新的官寺——开元寺,而这所寺院正是唐朝的安西都护盖嘉运和于阗国王尉迟散跋婆一起建造的,并且由于阗国的保护神毗沙门天王来加以守护,可见这所官寺在于阗的重要地位。

调露元年(679),取代焉耆而成为安西四镇之一的碎叶②,也曾建有大云寺。《通典》卷一九三引杜环《经行记》载:

> 又有碎叶城,天宝七年(748),北庭节度使王正见薄伐,城壁摧毁,邑居零落。昔交河公主所居止之处,建大云寺,犹存。

克劳森(Gernard Clauson)根据苏联在托克玛克西南 8 公里处发现的阿克贝希姆城(Ak Beshim)的考古报告,比定为碎叶,并指出考古发掘所见的佛寺遗址,就是杜环所记的大云寺(图 2)③。对此,张广达先生又从汉文和阿拉伯文文献、历史地理和考古学方面,给予了充分的论证④。20 世纪末,当地学者和日本学者又在阿克贝希姆城发现了两块汉文残碑,其一是颇富文采

图 2　碎叶大云寺复原图

---

① F. W. Thomas, *Tibetan Literary Texts and Documents Concerning Chinese Turkestan*, II. London 1951, p. 183, n. 1.

② 关于碎叶取代焉耆的年代,Forte 上引文做 692—719 年,此据王小甫《唐吐蕃大食政治关系史》(北京大学出版社,1992 年)68—88 页的详细论证。

③ G. Clauson, "Ak-Beshim-Suyab", *Journal of the Royal Asiatic Society*, 1961, pp. 1-13.

④ 张广达《碎叶城今地考》,《北京大学学报》1979 年第 5 期,70—82 页;收入作者《西域史地丛稿初编》,上海古籍出版社,1995 年,1—29 页。

图3 碎叶发现的汉文造像碑

的碑文残片,另一件是安西副都护、碎叶镇压使杜怀宝的造像记(图3),进一步证实了该地为碎叶无疑①。其中的杜怀宝造像碑,很可能就是立在大云寺当中的。

由于史料的缺乏,有关安西四镇的唐代官寺记录不够完整,现把已知的名称列表于下:

安西(龟兹)	大云寺	龙兴寺	
于阗		龙兴寺	开元寺
疏勒	大云寺		
碎叶	大云寺		

根据它们重复出现的情况,可推测当时安西四镇在不同时期都奉唐朝敕令建立了官寺,这些寺院的建立并且得到了唐朝安西四镇的镇守军将领和地方王国国王的有力支持。

除了这些较大的汉寺外,随着唐朝势力进入西域,西域各地还建立

① 周伟洲《吉尔吉斯斯坦阿克别希姆遗址出土唐杜怀宝造像题铭考》,荣新江编《唐研究》第6卷,北京大学出版社,2000年,383—394页;同作者《吉尔吉斯斯坦阿克别希姆遗址出土残碑考》,载作者《边疆民族历史与文物考论》,黑龙江教育出版社,2000年,307—313页。

了一些规模不大的汉寺。如位于于阗王城东北边境杰谢镇（丹丹乌里克）的护国寺,斯坦因在此处发现的《大历十七年(782)行官霍昕悦便粟契》(D. Ⅶ. 4. a)、《建中三年(782)健儿马令庄举钱契》(D. Ⅶ. 2)等,皆证明了此寺的存在①。

最后还应指出的是,《慧超传》相关记载的价值不仅仅在于提供了一个西域地区唐朝官寺的名录,更为重要的是,慧超在安西所写的这段关于汉寺的特别记录,似乎表明这些汉寺是属于一个系统,这个系统应当是唐朝在西域地区着意建立的汉寺体系,与当地胡人的寺院系统有别,这也就是慧超特别区分当地佛教和汉僧信奉的教法不同的原因所在。结合库木吐喇题记所透露的信息,我们可以确定从武周至开元这一段唐朝盛期,西域地区曾经奉唐朝敕令而建立了汉化佛寺系统,它们统属于住在龟兹的四镇都统,而此四镇都统,与其他官寺的重要僧官一样,很可能是从京师直接派至安西地区来的。

(2003 年 8 月初稿,9 月以日文提交龙谷大学召开的"丝路北道的佛教社会"学术研讨会。2005 年 4 月 6 日修订。载新疆龟兹学会编《龟兹文化研究》第 1 辑,香港天马出版有限公司,2005 年,130—137 页)

---

① 荣新江《关于唐宋时期中原文化对于阗影响的几个问题》,《国学研究》第 1 卷,413 页。

唐代龟兹地区流传的汉文典籍

——以德藏"吐鲁番收集品"为中心

一、德国"吐鲁番收集品"中的库车出土文献

1902—1914 年德国的四次"吐鲁番考察队"所得的文物和文献材料,虽然均名为"吐鲁番收集品",但实际上后两次考察的重点都在库车、巴楚地区,即古代龟兹国的范围内,最后一次根本就没有到吐鲁番去。这两次考察在库车、图木舒克、焉耆等地发掘而得的材料,因为也称为"吐鲁番收集品",所以很容易被人误解为出自吐鲁番地区,从而使得不少原本是库车出土的汉文文献被当作吐鲁番文献来研究,甚至用龟兹文书来印证西州的事情,因而忽视了这些资料在研究唐代西域史,特别是龟兹地区历史文化的重要价值。

其实,我们可以通过编号来判定哪些是库车出土文献。德国四次"吐鲁番考察队"所获资料最初均入藏柏林民俗学博物馆,大概在入藏时,给每件材料编过号码。这种旧编号以 T 开头,指吐鲁番考察队所得资料;然后空格接写罗马数字 I, II, III, IV,表明是第一、二、三、四次考察所得;后再空格写出土地的缩写词,其中接在 T IV 后面的"K",即指库车地区出土文献,遗址缩写后空格再写文物或文书的数字编号。目前我们从所谓"吐鲁番收集品"中,根据编号总共找到 18 件带有"T IV K"的库车出土文献资料,其中两件背面也有文字。这些文献已经著录于拙编《吐鲁番文书总目(欧美收藏卷)》,实际上,这些文书不是吐鲁番出土,所以我们在每条解说中都写有

"库车地区出土"的字样①。

可惜的是,在德藏"吐鲁番收集品"中,由于主持考古工作的格伦威德尔(Albert Grünwedel, 1856—1935)和勒柯克(Albert von Le Coq, 1860—1930)不是科班的考古学出身,特别是主持第四次考察的勒柯克,更是以掠夺文物的心理来进行发掘。因此,许多文献的出土地记录不详,加之第二次世界大战时的转移等影响,现在许多写本的原编号已经佚失,我们很难判断它们是来自吐鲁番还是别地,我们只能说,在现在没有原始编号的文献当中,一定还有不少库车出土的文献,只是目前还无法把它们明确指认出来,所以只好缺而不谈。即便我们知道是库车出土的这18件写本,由于德国考察队工作的粗疏,也没有给我们留下具体是在古代龟兹的什么遗址中发现的记录。我们知道,德国吐鲁番探险队在第三次考察中曾在库木吐喇(Kumtura)和克孜尔(Kizil)石窟工作②;第四次考察除了第三次考察过的库木吐喇和克孜尔石窟寺外,还考察了阿及里克(Achik-ilek)、苏巴什(Subashi)、克日西(Kirish)、森木塞姆(Simsim)等古代佛寺或石窟寺③。这些地点都在这些文献出土地的考虑范围当中,其中以库木吐喇的可能性最大。

这些文献一经判定为库车出土,就为我们研究古代龟兹的历史文化提供了新的资料,迄今为止,笔者还没有看到学者把这些资料用于龟兹的研究,虽然其中有些文献被学者当作吐鲁番文献而反复讨论。特别是这些文献大多数出自佛教寺院或窟寺,而不是墓葬,其原本可能是属于寺院图书馆的藏书,所以典籍类的资料居多。这些汉文典籍大多是唐朝时期从中原流传到西域的传统文化的精华,因此可反映传统中国国学典籍向西域的传播与接收的情形,这是史籍很少记载的方面,从国学研究的角度也弥足珍贵。

笔者从1985年以来在欧美调查敦煌吐鲁番文书,同时收集于阗、龟兹、焉耆等唐朝安西四镇的汉文文献。这里仅就德藏库车文献部分加以讨论,借以考察唐朝龟兹地区中原传统国学典籍的流传问题。

---

① 荣新江主编《吐鲁番文书总目(欧美收藏卷)》,武汉大学出版社,2007 年,相关条目。

② A. Grünwedel, *Altbuddhistische kultstätten in Chinesisch-Turkistan*, *bericht über archäologische Arbeiten von 1906 bis 1907 Kuca*, *Qarasahr und in der oase Turfan*, Berlin 1912; idem., *Alt-Kutscha*, Berlin 1920; A. von Le Coq, *Buried Treasures of Chinese Turkestan*; *An Account of the Activities and Adventures of the Second and Third German Turfan Expeditions*, tr. by A. Barwell, London 1928.

③ A. von Le Coq, *Von Land und Leuten in Ostturkistan*; *Berichte und Abenteuer der 4. deutschen Turfanexpedition*, Leipzig 1928.

二、唐朝的法律文书

T IV K 70(+)71（现编号 Ch 991）为《唐律·擅兴律》,18.1×23cm,存 11 行,楷书精写（图 1）。纸色呈黑褐色,且纸面有土,或为使用时间较长的 缘故①。1937 年,向达先生访问德国柏林民俗学博物馆,曾获得一帧照片, 但没有来得及研究。该照片后保存在北京图书馆,现在中国国家图书馆善 本部②。1978 年,日本学者山本达郎、池田温、冈野诚等据东洋文库所获照 片,录入《敦煌吐鲁番社会经济史料集》第 1 集《法律文书卷》③。以后,中国 学者均据此书转录④。现将所存文字转录于下（录文用繁体字）：

图 1　库车出土《唐律·擅兴律》

---

①　此卷著录于荣新江《德国吐鲁番收集品中的汉文典籍与文书》,饶宗颐主编《华学》第 3 辑,紫禁城出版社,1998 年,315 页；T. Nishiwaki, *Chinesische Texte vermischten Inhalts aus der Berliner Turfansammlung（Chinesische und manjurische Handschriften und seltene Drucke. Teil 3）*, Stuttgart：Franz Steiner Verlag, pp. 60-61, pl. 7；《吐鲁番文书总目（欧美收藏卷）》,81 页。

②　荣新江《中国国家图书馆善本部藏德国吐鲁番文献旧照片的学术价值》,国家图书馆善本 特藏部敦煌吐鲁番学资料研究中心编《敦煌学国际研讨会论文集》,北京图书馆出版社,2005 年, 273 页。

③　T. Yamamoto, O. Ikeda & Y. Okano. *Tun-huang and Turfan Documents concerning Social and Economic History*, I. Legal Texts, Tokyo,（A）, 1978, pp. 26, 121；（B）, 1980, p. 16.

④　刘俊文《敦煌吐鲁番唐代法制文书考释》,中华书局,1989 年,89—93 页；唐耕耦等编《敦煌社 会经济文献真迹释录》第 2 辑,全国图书馆缩微复制中心,1990 年,517 页。

1　間諜;或傳書信與化內人并受,及知情容止者,[

2　固守而弃[去],及守備不設為賊所掩覆者,斬。[

3　者,徒三年。以故致有覆敗者,亦斬。　[

4　軍及弃賊来降而輒煞者,斬。即違犯軍令,[

5　在軍所及在鎮戍私放征防人還者,各以征鎮人逃亡[

6　減二等。若放人多者,一人准一日,多者一日准一人。謂放三人各[累成十五日[

7　者,斬。被放者各減一等。　　臨軍征討而巧詐[

8　若有校試,以能為不能,以故有所稽之者,以乏軍[

9　承詐者,減罪二等;知情者與同罪。至者[

10　]有犯,本條無罪名者,各減征人二等,[

11　]雖有符牒合給,未判而出給者,[

《唐律》是高宗永徽年间编成的唐朝法典,颁行全国,我们在敦煌、吐鲁番文献中都发现了一些《唐律》或《唐律疏议》的抄本,应当是经河西道首府凉州都督府而颁下的唐朝法令。T IV K 70(+)71 这件文书所写的《唐律》字体工整,背面无字,应当是正式的唐朝法典抄本。

唐朝显庆二年(657),苏定方率唐军打败阿史那贺鲁,西突厥各部及其所控制的葱岭东西各国皆降唐。三年正月,唐平定龟兹羯猎颠之乱,于龟兹国设立羁縻性质的龟兹都督府,下辖九州,立故王布失毕子白素稽为龟兹王兼都督。五月,又将唐安西都护府从西州交河城迁至龟兹都城,下设龟兹、于阗、焉耆、疏勒四镇,龟兹开始成为唐朝统治西域的中心。不久,吐蕃势力进入西域,与西突厥余部联合,于咸亨元年(670)攻陷西域十八州。唐罢龟兹等四镇,安西都护府迁回西州,同时派军反击。上元二年(675),渐次夺回四镇,白素稽遣使献物。但随即又为吐蕃攻占。调露元年(679),裴行俭率唐军打败亲吐蕃的西突厥余部,重立四镇,并以碎叶代焉耆,稍稍抑制了吐蕃的攻势。垂拱二年(686),吐蕃大举进攻西域,唐四路出兵反击,但未能阻止吐蕃的攻势,武则天下诏"拔四镇",再次放弃西域。直到长寿元年(692),由王孝杰率军恢复了四镇,并派汉兵三万人前往镇守,此后约百年间,安西都护府得以稳定在龟兹,故龟兹王城又称作"安西"。

自显庆三年至长寿元年,由于唐蕃间的战争,安西都护府在西州和龟兹间反复移动,龟兹的局势尚未稳定。因此,这件《唐律》抄本的传入,更可能是在长寿元年以后,特别是开元、天宝时期。

这里我们应当考虑龟兹地区在进入唐朝羁縻州系统以后是否使用唐律的问题。按照唐朝羁縻州的制度,在涉及民事问题时,似乎不用唐律断案。但是在涉及与镇守军有关的问题时,龟兹都督府仍然需要掌握唐朝的法典,因此,这个写本也可能是龟兹都督府的文书。现存文本的内容与出兵征讨、镇戍私放征防人与征镇士兵逃亡等事项有关,这是龟兹镇守军应当要参照使用的。在日本龙谷大学所藏吐鲁番出土文书中,有一组是关于天宝二年(743)交河郡高昌县访捉安西逃兵任顺儿等人的案卷(大谷 2377、3379等),交河郡应当是接到安西都护府的来文,才在境内访捉从龟兹来的逃兵①。这组文书可以为我们讨论的《唐律》写本在龟兹的行用做一个脚注,间接证明这件写本很可能是龟兹镇守军使用的律文。

三、唐朝的韵书

T IV K 95-100a, b(现编号 Ch 1991)《切韵》,13.9×8.9cm,正背书,正面 7 行,背面 6 行。韵目衔接,知原为册子本②。从中国国家图书馆保存的原卷照片上看,有编号"T I D",似说明为高昌故城出土,但又有 T IV K 95-100a,b,则为库车地区出土,未知孰是。从后一编号的烦琐程度来看,似乎更可能是原始编号。这件文书历来为音韵研究者研究的对象,其上有朱笔点记,又数字用朱笔,前人刊布的黑白图版或复印件没有显示,故此已刊的

---

① 参看王永兴《吐鲁番出土唐前期西北逃兵文书考释》,同作者《唐代前期西北军事研究》,中国社会科学出版社,1994 年,340—352 页;刘安志《对吐鲁番所出唐天宝间西北逃兵文书的探讨》,《魏晋南北朝隋唐史资料》第 25 辑,1997 年,118—122 页。

② 荣新江《德国吐鲁番收集品中的汉文典籍与文书》,317 页;Nishiwaki, *Chinesische Texte vermischten Inhalts aus der Berliner Turfansammlung*, pp. 43-44;《吐鲁番文书总目(欧美收藏卷)》,165 页。

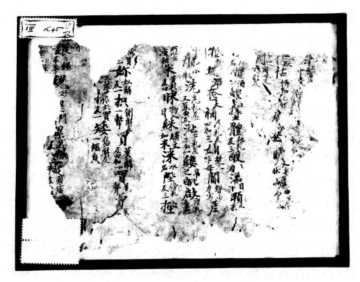

图2　库车出土增字本《切韵》(王重民拍摄照片)

摹本也有遗漏①。

T IV K 75(现编号 Ch 2094)为增字本《切韵》,13.7×19.5cm,正背书写,正面 13 行,背面 10 行②。中国国家图书馆善本部藏有王重民 1935 年及向达 1937 年所获照片(图 2)③。按德国吐鲁番探险队所得此书残片共八件,周祖谟据王、向带回的照片,复原其先后次序,现存其中第六七片,其余各残片,现已不知所在,当为"二战"时遗失④。和上件一样,有关这件《切韵》

① 参看武内义雄《唐钞本韵书と印本切韵との断片》,《文化》2—7,1935 年;刘复等《十韵汇编》,北京,1937 年;万斯年(译)《唐钞本韵书及印本切韵之断片》,《唐代文献丛考》,上海,开明书店,1947 年,53—54 页;Wang Lien-tseng, "Notes on Maspero's *Les documents chinois de la troisième expedition de Sir Aurel Stein en Asie centrale*", *Harvard Journal of Asiatic Studies*, 18.1-2, 1963, pp. 251-252;上田正《切韵残卷诸本补正》,东京,1973 年;周祖谟《唐五代韵书辑存》,学生书局,1994 年,71 页,825—827 页;T. Takata, "The Chinese Language in Turfan with a Special Focus on the *Qieyun* Fragments", *Turfan Revisited-The First Century of Research into the Arts and Cultures of the Silk Road*, eds. D. Durkin-Meisterernst et al., Berlin: Dietrich Reimer Verlag, 2004, pp. 333-335, pl. 2;高田时雄《敦煌·民族·语言》,钟翀等译,中华书局,2005 年,24—27 页,37 页(图 2)。

② 荣新江《德国吐鲁番收集品中的汉文典籍与文书》,318 页;Nishiwaki, *Chinesische Texte vermischten Inhalts aus der Berliner Turfansammlung*, p. 44;《吐鲁番文书总目(欧美收藏卷)》,172—173 页。

③ 荣新江《中国国家图书馆善本部藏德国吐鲁番文献旧照片的学术价值》,270 页。

④ 这是笔者 1996 年在柏林调查德国国家图书馆、印度艺术博物馆、柏林布莱登堡科学院所藏所有吐鲁番文献后得出的结论。

的研究,也主要是从音韵的角度进行的①。

从文献的角度来看上述两件《切韵》写本,当然这是音韵学上的重要典籍,是后代韵书的鼻祖,而且,从《切韵》到增字本《切韵》,反映了《切韵》系韵书在唐朝的发展历程,文献的价值已由音韵学家给予很高的定位,不必我来费词。

从历史的角度来看这件写本,似乎没有太多人注意,那就是唐朝的韵书在当时有两个功能,一个是做诗时的参考文献,在选取韵脚的时候可以帮助推敲词句时选取恰当的文字。二是作为科举考试的书籍而存在。因为唐朝的科举考试重进士科,而进士科考诗赋,因此也需要用《切韵》作为参考文献②。所以,敦煌、吐鲁番文献中之所以有这样多的《切韵》及《切韵》系的写本、刻本,是和唐朝及五代、宋都重视科举考试密切相关。龟兹的这两种《切韵》写本从功能上来说,很可能是和诗歌的流行或科举考试有关。我们知道,在唐朝前期有不少文人学士到过安西地区,著名的有诗人骆宾王和岑参,不见于史传的还应当有不少,特别是一些未出道的学子在西行时,很可能携带《切韵》类著作。另外,承柴剑虹先生教示,这些《切韵》写本,也可能是当地学童教育的产物③。这种看法可以得到传世史籍和出土文献的支持。

四、史　书

《旧唐书》卷一〇四《哥舒翰传》记载:"哥舒翰,突骑施首领哥舒部落之裔也。……祖沮,左清道率。父道元,安西副都护,世居安西。……年四十,遭父丧,三年客居京师,为长安尉不礼,慨然发愤折节,仗剑之河西。……翰好读《左氏春秋传》及《汉书》,疏财重气,士多归之。……翰母尉迟氏,于阗之族也。"

---

① 参看武内义雄《唐钞本韵书と印本切韵との断片》;刘复等《十韵汇编》;万斯年(译)《唐钞本韵书及印本切韵之断片》,52—53 页;Wang Lien-tseng, "Notes on Maspero's *Les documents chinois de la troisième expedition de Sir Aurel Stein en Asie centrale*", pp. 251-252;上田正《切韵残卷诸本补正》;周祖谟《唐五代韵书辑存》,236,239,865—866 页;Takata , "The Chinese Language in Turfan with a Special Focus on the *Qieyun* Fragments", pp. 333 –335;高田时雄《敦煌·民族·语言》,24—27 页。

② 参看平田昌司《〈切韵〉与唐代功令——科举制度与汉语史第三》,潘悟云编《东方语言与文化》,东方出版中心,2002 年,327—359 页。

③ 柴剑虹《吐鲁番的学童读本与"侧书"——重读吐鲁番所出"卜天寿抄本"札记》,新疆吐鲁番学研究院编《第三届吐鲁番学暨欧亚游牧民族的起源与迁徙国际学术研讨会论文集》,上海古籍出版社,2010 年, 548—553 页。

哥舒翰少读《汉书》的地点,笔者曾推测在于阗,因为其父娶于阗王女,又任安西副都护,驻扎地应在于阗,所谓"世居安西"的"安西",是广义的安西四镇的范围,不是狭义的龟兹①。大谷探险队曾在和田发现一件《尚书孔氏传》的抄本残片②,可以与哥舒翰的事迹相印证。既然于阗都有这样的汉文化教育传统,那比于阗地位更重要、交通与中原更方便的龟兹,应当也有同样的汉文化教育。

在德藏"吐鲁番收集品"中,有一件编号为 T II T 1132(现编号 Ch. 938)的残片,经比定,正面抄的是班固《汉书》卷四〇《张良传》,背面是司马迁《史记》卷六七《仲尼弟子列传》③,是一件极其珍贵的历史文献。笔者进而发现,《西域考古图谱》下卷经籍类图版(5)-(1)和(2)所刊写本,正背面也是《汉书》和《史记》,卷次、书法全同,应当是同一个抄本,而且就是同一张纸的下半,两者不能直接缀合,但可以肯定原本是同一个卷子④。按德藏编号指的是德国第二次吐鲁番探险队在吐鲁番吐峪沟所得,而据《西域考古图谱》,大谷队所得残片出土地标为"库木吐喇"(Kumtura),即库木吐喇石窟。目前尚无法判定哪个编号对,至少一种可能是出自龟兹,可以为哥舒翰的故事以及龟兹地区的汉文化教育提供进一步的佐证。

五、唐代龟兹的汉化佛寺与汉文佛经

唐开元间往印度取经的新罗人慧超,在其所著《往五天竺国传》记他回到龟兹时的情况说:

> 开元十五年十一月上旬至安西,于时节度大使赵君。
>
> 且于安西,有两所汉僧住持,行大乘法,不食肉也。大云寺主秀行,善能讲说,先是京中七宝台寺僧。大云寺都维那,名义超,善解律藏,旧是京中庄严寺僧也。大云寺上座,名明恽,大有行业,亦是京中僧。此

---

① 荣新江《关于唐宋时期中原文化对于阗影响的几个问题》,北京大学中国传统文化研究中心编《国学研究》第 1 卷,北京大学出版社,1993 年,416 页。
② 同上书。原件见香川默识编《西域考古图谱》下卷,国华社,1915 年,经籍(2)之(1)。
③ 《吐鲁番文书总目(欧美收藏卷)》,77 页。
④ 荣新江《〈史记〉与〈汉书〉——吐鲁番出土文献札记之一》,《新疆师范大学学报》2004 年第 1 期,41—43 页 +4 图。

等僧大好住持,甚有道心,乐崇功德。龙兴寺主,名法海,虽是汉儿,生安西,学识人风,不殊华夏。①

由《慧超传》的记载可知,开元十五年时,安西(龟兹)地区有大云寺和龙兴寺两所汉寺,它们都应当是唐朝敕建的官寺。其中大云寺是天授元年(690)十月二十九日,敕令“两京及天下诸州,各置大云寺一所”的结果②;龙兴寺则是景龙元年(707)二月“庚寅,敕改诸州中兴寺、观为龙兴”的结果③。

20 世纪初大谷探险队从库木吐喇石窟切割走的一幅供养人壁画榜题,残存文字如下:

> 大唐□(庄)严寺上座四
> 镇都统律师□道④

马世长先生在讨论库木吐喇石窟中的汉风洞窟的历史背景时,曾经指出:“这方榜题的具体出土地点不明。据榜题明书‘大唐’两字来看,有可能就出于第 16 窟。这则榜题又给我们提供了一个汉寺‘□严寺’的例证。该寺有可能就在龟兹,供养僧人的头衔是‘四镇都统’。都统当是都僧统的略称。这一名叫‘□道’的律师,是四镇的都僧统。四镇,显然是指龟兹、疏勒、于阗、焉耆四镇。根据榜题,我们可以知道,在龟兹设有掌管四镇佛教事务的僧官——‘四镇都统’,这位都统是一汉僧,说明当时的龟兹,在佛教上也居于统辖四镇僧寺的特殊地位。”⑤库木吐喇题记的头一个缺字,我们参考慧超关于龟兹大云寺都维那义超旧是京中庄严寺僧的记载,认为就是“庄”字,也就是说,这位四镇都统和龟兹大云寺的义超一样,来自唐朝都城长安的著名寺院大庄严寺。

我曾经在《唐代西域的汉化佛寺系统》一文中,根据《慧超传》这段文字和库木吐喇的壁画榜题,考证从武周至开元年间唐朝盛期的这一时段中,西域地区曾经奉唐朝敕令而建立了一套汉化佛寺系统,这套系统与当地胡人

---

① 桑山正进编《慧超往五天竺国传研究》,京都大学人文科学研究所,1992 年,25—26 页。

② 《唐会要》卷四八“寺”条,上海古籍出版社,1991 年,996 页。

③ 同上书,992—993 页;又见《资治通鉴》卷二〇八。

④ 香川默识编《西域考古图谱》上卷,图 9。

⑤ 马世长《库木吐喇的汉风石窟》,《中国石窟·库木吐喇石窟》,文物出版社,1992 年,221 页。

的寺院系统有别,它们统属于住在龟兹的四镇都统管辖,而这个曾在库木吐喇石窟有着供养人像的四镇都统,与其他官寺的重要僧官一样,很可能是从京师直接派至安西地区来的①。

笔者过去曾经在《关于唐宋时期中原文化对于阗影响的几个问题》中指出:"随着唐朝势力在于阗的确立,汉寺也就陆续地出现在于阗境内,与此同时,汉译佛典也必然流传到于阗地区。"并举和田地区遗址出土的汉文《大般若波罗密多经》等佛典断片以及信徒所写的发愿文为证②。现在,我们根据德藏"吐鲁番收集品"中的库车出土文献,可以补充龟兹地区唐朝时期流行的汉译佛典名录如下:

T IV K 75(Ch 171)《金刚般若波罗蜜经》,8.7×21.2cm,12 行,唐朝时期的写本③。

T IV K 75(Ch 805)《妙法莲华经》卷二,27×10.5cm,4 行,唐写本④。

T IV K 70(+)71(Ch 2293r)《大般涅槃经》卷三,26.7×19cm,9 行,唐写本。背面写"《佛名经》一卷",但无本文⑤。

T IV K 77(Ch 5511)《四分律比丘戒本》,27.4×81.4cm,64 行,约 9—10 世纪回鹘时期写本⑥。

T IV K 77(Ch 5512)《四分律比丘戒本》,26.8×190.1cm,148 行,约 9—10 世纪回鹘时期写本⑦。

T IV K 70(+)71(Ch 852)佛典残片,12.1×22.3cm,12 行⑧。

T IV K.75(Ch 1373)佛典残片,14.1×10.7cm,10 行⑨。

---

① 新疆龟兹学会编《龟兹文化研究》第 1 辑,天马出版有限公司,2005 年,130—137 页。

② 荣新江《关于唐宋时期中原文化对于阗影响的几个问题》,401—424 页。

③ G. Schmitt and T. Thilo, *Katalog chinesischer buddhistischer Textfragmente* I (BTT VI), Berlin 1975,p.40;《吐鲁番文书总目(欧美收藏卷)》,14 页。

④ *Katalog chinesischer buddhistischer Textfragmente* I,p.57;《吐鲁番文书总目(欧美收藏卷)》,65 页。

⑤ T. Thilo, *Katalog chinesischer buddhistischer Textfragmente* II (BTT XIV), Berlin 1985,p.64;《吐鲁番文书总目(欧美收藏卷)》,188 页。

⑥ G. Schmitt and T. Thilo, *Katalog chinesischer buddhistischer Textfragmente* I,p.172;《吐鲁番文书总目(欧美收藏卷)》,321 页。

⑦ *Katalog chinesischer buddhistischer Textfragmente* I,p.172;《吐鲁番文书总目(欧美收藏卷)》,321 页。

⑧ 《吐鲁番文书总目(欧美收藏卷)》,69 页。

⑨ 同上书,114 页。

T IV K 70(+)71.502(Ch 1998)佛典残片,17×22cm,12 行①。

T IV K 70(+)71(Ch 2063)佛典残片,20×3.2cm,6 行。

T IV K 70(+)71.503(Ch 2209),佛教文献,18.5×15.9cm,1 行②。

T IV K 70(+)71.500(Ch 2809)佛典残片,9.6×10.1cm,5 行③。

《金刚般若波罗蜜经》《妙法莲华经》《大般涅槃经》都是唐朝最流行的汉译佛典,表明这里流行的汉文佛典与同时期的沙州(敦煌)和西州(吐鲁番)没有什么不同。另外两件回鹘时期的写本《四分律比丘戒本》,其祖本可能也是唐朝时期的汉文写本。其他未比定和编号不能确知为库车出土文献的佛典还有许多。

六、小　结

1. 德国探险队在库车地区所获文书并不是孤立的,法国伯希和探险队和日本大谷探险队曾经在龟兹故城西边的都勒都尔·阿护尔(Douldour - aqour)遗址,获得更多的汉文文书和文献④;黄文弼先生也曾在龟兹地区的古代遗址中发现少量文书⑤。这些文献应当是一个整体,为我们今天从出土汉文文献的视角来研究古代龟兹提供了材料依据。

2. 德藏“吐鲁番收集品”中的汉文文献反映了唐朝势力进入西域以后汉文化流行的情况,这里讨论的唐朝法律文书、韵书、史籍、汉译佛典,分别说明了唐朝律令的使用、韵书的功能、史籍的研习、佛典的传诵,表明中原的传统文化和当代文化在龟兹地区的传播。这些汉文文献构成了唐代龟兹古代文化史的一个重要方面。

---

① 《吐鲁番文书总目(欧美收藏卷)》,165 页。

② Nishiwaki, *Chinesische Texte vermischten Inhalts aus der Berliner Turfansammlung*, p. 125;《吐鲁番文书总目(欧美收藏卷)》,182 页。

③ 《吐鲁番文书总目(欧美收藏卷)》,228 页。

④ *Les manuscripts chinois de Doutcha. Fonds Pelliot de la Bibliotheque Nationale de France*, par E. Trombert avec la collaboration de Ikeda On et Zhang Guangda, Paris 2000;小田义久责任编集《大谷文书集成》壹,法藏馆,1984 年。关于这些文书的探讨,参看王炳华《唐安西拓厥关故址并有关问题研究》,《西北史地》1987 年第 3 期,10—20 页;姜伯勤《敦煌新疆文书所记的唐代“行客”》,《出土文献研究续集》,文物出版社,1989 年,277—290 页;张广达《唐代龟兹地区水利》,同作者《文书、典籍与西域史地》,广西师范大学出版社,2008 年,71—79 页。

⑤ 黄文弼《塔里木盆地考古记》,科学出版社,1958 年。

3. 龟兹在唐朝是统辖整个西域地区的安西都护府所在地,汉文文献的流传是随着唐朝势力的进入而大量涌进龟兹地区的。由于龟兹特殊的地理位置和军政地位,龟兹地区所流传的汉文文献必然也是整个西域地区流行的汉文文献,在同时期的于阗、焉耆、疏勒、碎叶等城镇,也应当有同样的或同类的汉文文献遗存,其中和田地区已经出土了一些同类的文献,而其他地区也将会有同类的文献陆续出土。可以说,这些汉文文献是唐朝中原文化在西域的一个缩影。

4. 唐朝时期在龟兹流行的中原汉文化,对于西域地区的民族文化有不同程度的影响。我们对于这些汉文文献的整理与研究,也将有助于我们对于同时期或稍晚流行在当地的吐火罗语、粟特语、回鹘语文献的整理与研究。

(2010 年 9 月 4 日完稿,原载《国学学刊》2010 年第 4 期,77—83 页)

唐代禅宗的西域流传

一、前　言

　　唐朝时期,禅宗从一个佛教的小宗派,不断发展壮大,武则天召弘忍弟子神秀入东都供养。中宗即位后,"尤加宠重"①,尊神秀为"两京法主,三帝(武后、中宗、睿宗)国师"②。神龙二年(706)神秀示寂后,其弟子普寂继统法众。开元十三年(725),玄宗恩诏请入长安,住敬爱寺,后移兴唐寺;而神秀另一弟子义福,则随玄宗东巡,入住洛阳福先寺③。所谓北宗神秀的弟子占居了两京僧首的地位,势力达到顶峰。安史之乱后,南宗神会因为帮助朔方军筹集军饷,势力渐渐兴起。到中晚唐,禅宗在南方得到广泛的传播和发展,南宗禅也最终成为佛教各派中最有势力、最有影响的宗派。

　　远在甘肃西部的敦煌石窟,保存下来许多唐代的禅宗文献,南北宗以及其他禅宗派别的语录、灯史、铭赞、伪经都有多少不等的遗存,反映了禅宗在敦煌地区的流行。敦煌有着特殊的历史进程,即786年被吐蕃王国占领,848年被沙州土豪张议潮收复,唐朝以其地为归义军,进入五代以后,归义军实际相当于一个地方王国,周边是其他民族建立的政权,禅宗文献在这个汉文化孤岛上一直传存。

　　敦煌禅宗文献已经广为人知,并且为初期禅宗历史的研究做出极大的

---

① 《宋高僧传》卷八,中华书局,1987年,177页。
② 张说《荆州玉泉寺大通禅师碑铭》,《全唐文》卷二三一。
③ 《宋高僧传》卷九,197—199页。

贡献①。笔者想进一步探讨的问题是,在敦煌以西的西域地区(包括曾是唐朝直辖领地的吐鲁番和北庭),禅宗是否也曾流行? 以下就把笔者多年来留意的禅宗典籍在西域的蛛丝马迹集中起来,并讨论它们的来源和影响问题。

二、禅宗文献在西域的流传

19 世纪末、20 世纪初以来,各国探险队和考古学者在今天新疆范围内发掘到大量古代文物和文献,经过近百年的整理、研究,已知的禅宗文献如下:

1. 高昌地区

位于新疆东北部的吐鲁番盆地,原是麴氏高昌王国所在地,当地以汉文化为主。唐朝于贞观十四年(640)灭高昌国,立西州,把这里置于直接控制之下。贞元八年(792),吐蕃军队曾一度占领西州,但很快又为唐朝恢复。大概在贞元十九年,唐朝在此的势力最终被漠北回鹘汗国所取代。840 年回鹘汗国破灭后,部众西迁,在包括吐鲁番在内的天山东部地区建立了西州回鹘王国。

(1)《绝观论》

西胁常记《关于柏林所藏吐鲁番收集品中的禅籍资料》一文,指出德国吐鲁番探险队所得 Ch. 1433r(T II)号残片,是《绝观论》开头部分的十行文字(图 1),他对比了柳田圣山《绝观论的本文研究》(《禅学研究》第 58 号,1970 年)所校订的六种敦煌本,文字基本相同,与 P. 2885 书写形态和文字最为相近。他还指出,文书的背面(实际应当是正面)是《开元十三年(725)西州籍》,可以作为《绝观论》写本的年代上限,"最晚是在唐朝势力强盛的8 世纪,以及其影响犹存的 9 世纪"。因为原编号只有"T II",西胁以为出土地点不明②。

---

① 参看篠原寿雄与田中良昭编《敦煌佛典と禅》(《讲座敦煌》8),大东出版社,1980 年;田中良昭《敦煌禅宗文献の研究》,大东出版社,1983 年。

② 裘云青汉译本,《俗语言研究》第 4 期,1997 年,136—138、139 页及附图。

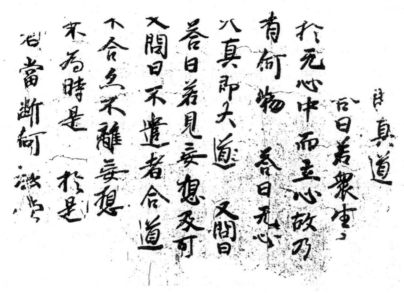

图1　吐鲁番出土《绝观论》

按,这个残片背面的户籍,最早由梯娄(Thoma Thilo)发表,他给出的原编号也是"T II",因此也说"出土地不明",从而不敢断定此户籍是敦煌还是吐鲁番的①。土肥义和判定为开元十三年的西州籍②,并得到池田温的肯定③。《绝观论》既然是利用《西州籍》的背面所写,说其为吐鲁番出土当无大误。而且德国吐鲁番第二次考察的主要地点,就是吐鲁番盆地,只短暂去过哈密,基本没有写本上的收获④。因此,据"T II"的原始编号,也可以说写本出自吐鲁番。据我在德国国家图书馆所见这件残片时的记录,原始编号是"T II T",表明是德国吐鲁番第二次探险队得自吐峪沟石窟。属于唐朝西州地方官府的户籍写本,按规定保存九年,当官文书废弃后,往往被僧人拿来抄写佛经。吐峪沟石窟,唐朝时名为丁谷窟。这件残片的原本,应当就

---

① Th. Thilo, " Fragmente chinesischer Haushaltsregister der Tang-Zeit in der Berliner Turfan-Sammlung", *Mitteilungen des Instituts für Orientforschung*, XVI, 1970, SS. 87-88, 93-94, Abb. 4.

② 土肥义和《唐令よりみたる现存唐代户籍の基础の研究》(上),《东洋学报》第52卷第1号,1969年,124—125页,注24。

③ 池田温《中国古代籍帐研究》,东京大学出版会,1979年,250页,No.38。

④ A. von Le Coq, "A Short Account of the Origin, Journey, and Results of the First Royal Prussian (Second German) Expedition to Turfan in Chinese Turkistan", *JRAS*, 1909, pp. 299-322.

是唐朝丁谷寺窟的僧人所抄《绝观论》，其抄写年代，一般来讲，不会距正面的开元十三年太晚，应当就在 8 世纪后四分之三的岁月中。

敦煌文书 P.2009《西州图经》山窟二院条记："丁谷窟：有寺一所，并有禅院一所。右在柳中县界，至北山廿五里丁谷中，西去州廿里。寺其（基）依山构，揆洯巘疏阶，鹰塔飞空，虹梁饮汉，岩蛮（峦）纷纠，丛薄阡眠，既切烟云，亦亏星月。上则危峰迢遆，下〔则〕轻溜潺湲。实仙居之胜地，谅栖灵之秘域。见有名额，僧徒居焉。"①据罗振玉考证，《图经》是对乾元以后至贞元陷蕃以前（760—791）西州的记录②。值得注意的是，丁谷窟寺中有禅

**图 2　吐鲁番出土
《历代法宝记》**

院一所，显然在寺中比较重要，因此特予标出。凡去过吐峪沟石窟的人都可以想见，那里无疑是个修禅的好地方。所以，这里发现早期禅宗的典籍是不足为奇的。

还值得提到的是，敦煌写本 P.2732《绝观论》的题记如下：

（朱笔）大唐贞元十年岁次甲戌仲夏八日西州落蕃僧怀生于甘州大宁寺南所居再校。

（墨笔）阿志澄阇梨各执一本校勘讫③。

怀生是被吐蕃俘虏的西州僧人，他被带到甘州后再加校勘的《绝观论》，不知是从西州原本带在身上的，还是在甘州当地抄写的，因为不能确定，故只作为西州流传《绝观论》的参考。

（2）《历代法宝记》

西胁常记在同一篇文章中介绍的另一个德国吐鲁番收集品中的残片，是《历代法宝记》的抄本（图 2），现编号是 Ch.3934r，原编号无，写在未知名

---

① 罗振玉《敦煌石室遗书》，1909 年，叶三正面。

② 同上书，叶六正面。

③ 按此卷已刊图版或缩微胶卷十分模糊，此据隋丽玫（Marie-Rose Seguy）《巴黎国家图书馆藏敦煌写本题记分年初录》，《敦煌学》第 1 辑，香港，1974 年，44 页；上山大峻《敦煌佛教の研究》，法藏馆，1990 年，405 页。

佛典的背面,仅存三行文字。他对比了《大正藏》本和柳田圣山《初期の禅史》II 的录文,大同小异①。

按敦煌写本中,迄今已发现十二件《历代法宝记》的写本,即 S. 516、S. 1611、S. 1776 背、S. 5916、S. 11014(仅存题目)、P. 2125、P. 3717、P. 3727、Ф. 261、天津艺术博物馆藏津艺 103 背、津艺 304 背、石井光雄藏本,大多数是文字较长的写本②。而 Ch. 3934 是一张小纸条,比较像是从土里挖掘而得的吐鲁番出土残片。从四次德国吐鲁番探险队的行程来看,它若不是吐鲁番出土的话,那就可能是在更西边的库车发现的,那将更有助于我们的论题。但目前来讲,还是按照大多数德国吐鲁番探险队所获汉文文献的出土地,把它归入吐鲁番的出土品较为妥当。

《历代法宝记》是记载剑南地区的保唐宗(净众宗)的一部禅宗灯史,大约成书于大历九年(774)六月三日保唐寺僧无住示寂以后不久,篇幅颇长。它的抄本之传入吐鲁番地区,应当是唐朝统治其地的末期,甚至到了回鹘统治时期。

(3)《法王经》(粟特语译本)

吉田丰在《大谷探险队将来中世イラン语文书管见》中,比定大谷探险队从吐鲁番所获 Ot. 2326、Ot. 2922、Ot. 2437 为禅宗系伪经《法王经》的粟特语译本,三件残片原是同一写本,缀合后,共得文字 13 行,他对照敦煌发现的六件汉文写本和两件藏文写本,给出拉丁字转写和日文翻译及汉文原文③。

《法王经》是大约 664—695 年间中国僧人编纂的伪经,内容受华严宗和北宗禅影响④。吉田丰后来又比定出伯希和敦煌所获粟特文写本 Pelliot sogdien 23 也是《法王经》的译本⑤,所以这里所讨论的吐鲁番出土粟特语《法王经》,暂不能确定是粟特人在什么地方翻译的。但吐鲁番在唐朝时期有不

---

① 《俗语言研究》第 4 期,138—139 页。

② 关于这些写本的情况,参看拙文《敦煌本禅宗灯史残卷拾遗》(《周绍良先生欣开九秩庆寿文集》,中华书局,1997 年)和《有关敦煌本〈历代法宝记〉的新资料——积翠轩文库旧藏“略出本”校录》,《戒幢佛学》2(中日敦煌佛教学术会议专辑),岳麓书社,2002 年,94—105 页。。

③ 《オリエント》第 28 卷第 1 号,1985 年,50—54 页。又见百济康义等《イラン语断片集成·解说编》(龙谷大学善本丛书 17),法藏馆,1997 年,72—73 页;同书《图版编》,15 页。

④ 冈部和雄《疑伪经典》,《敦煌佛典と禅》,362—365 页。

⑤ 吉田丰《ソグド语佛典解说》,《内陆アジア言语の研究》VII,1991 年,111 页。

少粟特人,有些还是虔诚的佛教徒①,因此,其中有禅宗信徒是可以想象的。

(4)《金刚五礼》

吉田豐还比定出,德国吐鲁番探险队所得 Mainz 160 + Mainz 624 残片,是用粟特文字音译的禅宗文献《金刚五礼》,共存 9 行文字②。其原编号为 T I D,表明是德国第一次吐鲁番探险队在高昌故城中所获。吉田对比 12件敦煌汉文本《金刚五礼》,做了转写和对证,并根据其中西北方音的特征,推测其写成的时间在 10 世纪(更可能是后半)③。

2. 北庭地区

位于天山北部的北庭(今新疆吉木萨尔县北),隋唐之际是在西突厥汗国的控制之下,又名可汗浮图城。贞观十四年唐朝灭高昌王国,在天山北声援麴氏王朝的突厥叶护,也以城降唐,唐朝在此立庭州。长安二年(702),设北庭都护府,与龟兹的安西都护府犄角为势,成为唐朝在西域的两个军事重镇之一。贞元六年(790)被吐蕃短暂攻取,不久以后即落入回鹘人之手,和吐鲁番一样,最后成为西州回鹘王国的领地。

虽然北庭故址当中没有发现有关禅宗的文献,但石井光雄积翠轩文库所藏敦煌本《神会语录》,原本是在北庭抄写、校勘的。这个写本首部略残,大半内容完整,尾题作(图3):

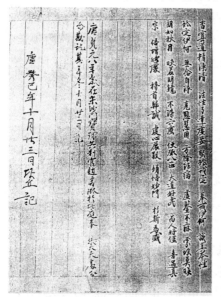

图 3 石井光雄积翠轩文库藏
敦煌本《神会语录》尾题

① 参看拙文《北朝隋唐粟特人之迁徙及其聚落》和《胡人对武周政权之态度——吐鲁番出土〈武周康居士写经功德记碑〉校考》,见拙著《中古中国与外来文明》,生活·读书·新知三联书店,2001 年,44—48、204—221 页。

② 吉田豐《ソグド语杂录》(III),《内陆アジア言语の研究》V,1989 年,99 页。

③ 吉田豐《ソグド文字で表记された汉字音》,《东方学报》(京都)第 66 册,1994 年,367—358、324—322 页。

唐贞元八年岁在未,沙门宝珍共判官赵秀琳,于北庭奉 张大夫处分,令勘讫。其年冬十月廿二日讫。

唐癸巳年十月廿三日比丘记①。

从两段题记看,这个《神会语录》原是由僧宝珍和判官赵秀琳奉命校勘的一个北庭抄本,时在贞元八年(792),大概在以后某时传到敦煌,因出土于敦煌而被称作敦煌本,其实应当称作"北庭本"。

这两段题记还包含有更重要的信息。《旧唐书·德宗纪》下记:"是岁(贞元六年),吐蕃陷我北庭都护府,节度使杨袭古奔西州。回纥大相颉干迦斯给袭古,请合军收复北庭,乃杀袭古,安西因是阻绝,唯西州犹固守之。"一般的北庭节度使年表,都以杨袭古为最后一任北庭节度②。但这里的张大夫,应当是以御史大夫兼节度留后或节度使的张姓某人,可见贞元六年后,唐朝在北庭的统治一度恢复,甚至到了癸巳年(813)题记的某僧,还冠以唐朝,但这是习惯,还是事实,难以断定,不过可以肯定的是,这个《神会语录》是受北庭最高军事长官之命而勘定的。抄本前有一句话说:"此文字欠头,后有博览道人,寻本续之矣",说明当地已经找不到全本的《神会录》,希望以后有人找到时,把欠缺的首部补足。

3. 于阗

于阗是两汉以来西域的大国,显庆三年(658),唐朝取代西突厥,成为西域各王国的宗主,于阗王国也归属唐朝。唐朝在于阗设军镇,为安西四镇之一。长寿二年(693)以后,又由镇扩充成军,安西副都护或节度副使常常驻扎在于阗,地位十分重要③。安史之乱后,吐蕃自河西向西域进攻,最终在贞元十七年(801)攻占于阗④,于阗王国成为吐蕃帝国的属国。大约在9

---

① 图版见川濑一马编《石井积翠轩文库善本书目》,临川书店覆刻版,1981年,图26;石井光雄编印《燉煌出土神会录》,东京,1932年,64—65页;录文见铃木贞太郎与公田连太郎校订《敦煌出土荷泽神会禅师语录》,东京,1934年,67—68页;池田温《中国古代写本识语集录》,东京大学东洋文化研究所,1990年,315页,No.923。池田指出"未"当作"申",甚是。

② 如孟凡人《北庭史地研究》,新疆人民出版社,1985年,92页;郁贤皓《唐刺史考全编》一,安徽大学出版社,2000年,536页。

③ 参看拙文《于阗在唐朝安西四镇中的地位》,《西域研究》1992年第3期,56—64页。

④ 参看张广达与荣新江《八世纪下半与九世纪初的于阗》,《唐研究》第3卷,北京大学出版社,1997年,339—361页。

世纪中叶,随着吐蕃帝国的瓦解,于阗又重新独立成为一个西域强国。

20 世纪初,斯坦因(A. Stein)在和田地区发掘过许多古代遗址,获得大批于阗文、汉文、梵文、藏文的写本,其中在和田城北方和田河西岸麻札塔格(Mazar-tagh)的佛寺遗址中掘获的 MT. b. 001 号残片(图 4),由沙畹(Ed. Chavannes)刊布,以为是佛经写本①。该写本上下均残,存八残行文字。戴密微(P. Demiéville)独具慧眼,将此残片比定为《神会语录》,并给出与胡适《神会和尚遗集》、铃木等《石井本神会录》及 S. 6557 的对应行数②。从于阗的历史来看,这个写本应当是 8 世纪下半叶从中原带到于阗,或是在于阗当地抄写的。

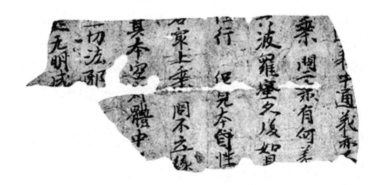

图4　和田麻札塔格出土《神会语录》

三、西域禅籍的来源

以上高昌、北庭、于阗所写的禅宗典籍,主要是安史之乱以后抄写的。安史之乱后,吐蕃乘虚而入,由东向西步步进攻,先占领陇右,然后沿河西走廊西征,764 年占凉州,766 年甘州、肃州,776 年瓜州,781 年伊州,786 年沙州,792 年西州,790 年北庭。此后,吐蕃牢固地占领了河西,在西域地区,则

---

① É. Chavannes, *Les documents chinois découverts par Aurel Stein dans les sables du Turkestan oriental*, Oxford 1913, p. 203, No. 958, pl. XXXII.

② P. Demiéville, "Deux documents de Touen-houang sur le Dhyana chinois", *Essays on the History of Buddhism presented to Professor Zenryu Tsukamoto*, Kyoto 1961, p. 6;林信明日译文,见《ポール・ドミヴィル禅学论集》(花园大学国际禅学研究所报告第一册),1988 年,113 页(林氏译文系衣川贤次先生见告,谨此致谢)。

以塔里木盆地为界,与回鹘南北相拒。在这种背景下,西域禅籍来自哪里呢?

一种可能是吐蕃也信佛教,他们并不阻止佛教徒的往来,因此,唐朝的僧人可以把内地传抄的禅宗文献带到西域,比如像晚出的《历代法宝记》。另外,在吐蕃和唐朝结盟的某一时期,如建中二年(781),吐蕃允许唐朝使者前往安西、北庭,这些使者也可能把禅宗文献带到西方。

另一种可能是,敦煌等河西地区在吐蕃统治时期,禅宗文献十分流行,这些文献也可以从这里流向同属于吐蕃统治的地区,如于阗。

上述西域的禅宗典籍十分稀少,因此难以概括哪个宗派或哪种文献更为流行,但有一点似乎可以肯定,即在极少的已知文献中,却有两部《神会语录》,这恐怕不是偶然的。我们知道,安史之乱爆发以后,唐朝对付叛军的主力是郭子仪所率朔方军,但军需用度不足,于是以卖官爵和纳钱度僧尼道士的办法,筹集资金。《宋高僧传》卷八《神会传》记:

> 副元帅郭子仪率兵平殄,然于飞挽索然。用右仆射裴冕权计,大府各置戒坛度僧,僧税缗谓之香水钱,聚是以助军须。初洛都先陷,会越在草莽,时卢奕为贼所戮,群议乃请会主其坛度。于时寺宇宫观,鞠为灰烬,乃权创一院,悉资苫盖,而中筑方坛,所获财帛,顿支军费。代宗、郭子仪收复两京,会之济用颇有力焉。肃宗皇帝诏入内供养,敕将作大匠并功齐力,为造禅宇于荷泽寺中是也。会之敷演,显发能祖之宗风,使秀之门寂寞矣。[①]

神会对朔方军收复两京做出了贡献,一方面使得他所倡导的南禅宗得以在两京地区传播弘扬,另一方面也建立了他与朔方军的密切关系,有些朔方军的将士成为他的信徒。洛阳龙门出土的《大唐东都荷泽寺殁故第七祖国师大德(神会)于龙门宝应寺龙首腹建身塔铭并序》(立于765年)中提到:

> 别有梴(檀)主功臣高辅成、赵令珍,奏寺度僧,果乎先愿[②]。

① 《宋高僧传》卷八,180页。
② 洛阳市文物工作队《洛阳唐神会和尚身塔塔基清理简报》,《文物》1992年第3期,67页,66页图七。

据考,高辅成是仆固怀恩麾下的北庭朔方兵马使,后因助平河朔之功,被授予太子少傅,兼御史中丞,充河北副元帅、都知兵马使[①],可知他是郭子仪系统的朔方军的主帅之一,也是神会的信徒。

敦煌写本 P. 2942《唐某年(约 765)河西节度使判集》最后一首是"周逸与逆贼仆固怀恩书"[②],周逸在仆固怀恩反叛唐朝时任伊西庭留后,是西域地区的军事长官,他与朔方军的首脑有书信往来,为我们透露了朔方军与西域地区的联系,而神会系的禅宗文献,特别是《神会语录》,很可能就由此而从朔方军传到西域地区。北庭节度使张大夫在军务繁忙之间隙,还不忘让僧人和手下判官校勘《神会语录》,表明神会的著作在西域军队中的重要性。

四、余　论

禅宗文献在西域的遗存使我们知道,在唐朝势力在西域走向衰退的时候,禅宗却开始在西域流传,最初应当是当地的汉族僧人抄写汉文经典,后来也有军队高级将领参与禅宗语录的校勘,以后还有当地的胡人把汉文伪经译成胡语。

然而,对于禅宗在西域的影响到底有多大,以及影响的深度广度如何,我们目前还没有资料加以说明。值得作为参考的有三条敦煌等地出土的胡语资料。

一是粟特语译本《佛为心王菩萨说头陀经》。这是一部重要的禅宗系伪经。1931 年,赖歇尔特(H. Reichelt)刊布了英国图书馆藏敦煌写本 Or. 8212(160)号粟特文佛典残卷[③],戴密微认为相当于汉文《头陀经》残本后面缺失的部分[④],但这一比定当时无法确认。近年来,方广锠以北图新 1569 为底本,校以 S. 2474、P. 2052、三井文库藏本、天津艺术博物馆藏本,提供给

---

① 《旧唐书》卷一二一《仆固怀恩传》。参看吴其昱《荷泽神会传研究》,《史语所集刊》第 59 本第 4 分,1988 年,904 页;小川隆《荷泽神会の人と思想》,《禅学研究》第 69 号,1992 年,40 页。

② 池田温《中国古代籍帐研究》,497 页。

③ H. Reichelt, *Die soghdischen Handschriftenreste des Britischen Museums*, I, Heidelberg 1928, SS. 15-32. 新刊本见 N. D. MacKenzie, *The Buddhist Sogdian Texts of the British Library*, Leiden 1976。

④ P. Demiéville, *apud* E. Benveniste, "Notes sur le fragment sogdien du *Buddhadhyānasamā-dhisāgarasūtra*", *Journal Asiatique*, 223, 1933, p. 240.

学界一个汉文全本①。汉文全本的公布使粟特文本得以全面比定,证实了当年戴密微的推测不误②。这部书写精美的粟特文写经,表明粟特人已经接受了禅宗的某些说教。虽然这个写本是在敦煌发现的,但粟特人是商业民族,他们可以把这部(甚至还有其他)禅宗经典带到西域。

二是于阗文音译《梁朝傅大士颂金刚经序》。这是巴黎国立图书馆藏P.5597 号残片和伦敦印度事务部图书馆藏 Ch.00120 号缀合而成的一个卷子,共 94 行,是用于阗所用的婆罗谜文(Brahmi)音译的汉语佛典。经过学者多年的探讨,已经比定出前 23 行是《梁朝傅大士颂金刚经序》,24 行以下为鸠摩罗什译本《金刚般若波罗蜜经》③。音译是学习汉文佛典的一种方法,至少我们由此可以知道,于阗人对于这部属于禅宗的文献并不陌生。

三是回鹘语译本《圆觉经》。百济康义比定出大谷探险队所得一件出土地点不明的印本回鹘语《圆觉经》残片,以及斯文·赫定(Sven Hedin)探险队敦煌所获四叶写本回鹘语《圆觉经》注释书④。以后,茨默(P.Zieme)又发表了六件吐鲁番出土写本回鹘文《圆觉经》,并说明这部与禅宗有关的经典在回鹘的流行情况,其年代稍晚,都在 11 世纪以后⑤。更重要的是,敦煌发现的伦敦藏 Or.8212(108)回鹘文写本中,还有北宗神秀的《观心论》节略本⑥。这个写本的年代可以确定为元朝时期。此外,吐鲁番也发现有回

---

① 载方广锠主编《藏外佛教文献》第 1 辑,宗教文化出版社,1995 年,251—218 页。

② Y. Yoshida, "The Sogdian Dhuta Text and Its Chinese Original", *Bulletin of the Asia Institute*, *new series*, 10, 1996, pp.167-173. 柳田圣山已注意到这个汉文全本的发现和粟特文本的比定对于禅宗研究的意义,见所著《禅佛教の研究·柳田圣山集》第一卷《著者解题》,法藏馆,1999 年,687—699 页。

③ F. W. Thomas, "A Buddhist Chinese Text in Brahmi Script", *Zeitschrift der Deutschen Morgenlandischen Gesellschaft*, 91, 1937, pp.1-48; H, W. Bailey, "Vajra-prajñā-pāramitā", *Ibid.*, 92, 1938, pp.579-593; W. Simon, "A Note on Chinese Texts in Tibetan Transcription", *Bulletin of the School of Oriental and African Studies*, XXI, p.335, n.3; 高田时雄《敦煌资料による中国语史の研究》,创文社,1988 年,38—40 页。

④ 百济康义《ウィグル〈圆觉经〉とその注释》,《龙谷纪要》第 14 卷第 1 号,1992 年,1—23 页。

⑤ P. Zieme, "The 'Sutra of Complete Enlightenment' in Old Turkish Buddhism", *Collection of Essays 1993. Buddhism Across Boundaries—Chinese Buddhism and the Western Regions*, by E. Zurcher, L. Sander, and others, Taipei 1999, pp.449-483.

⑥ *Ibid.*, pp.470-474.

鹘文《梁朝傅大士颂金刚经》,也与禅宗有关①。这些回鹘文译本出自吐鲁番和敦煌两地,大多数是 11 世纪以后西州回鹘王国时期的产物,有的晚到 13 世纪的元朝统治时期,虽然溢出我们讨论的年代,但也可以看作是禅宗在西域流传之深远影响的一个佐证。

总之,中唐以后,中原地区禅宗得到广泛流行,产生了极大的影响,唐朝政治势力虽然逐渐退出西域,但禅宗典籍和思想却流传开来,并影响深远。

(原载《田中良昭博士古稀记念论集·禅学研究の诸相》,东京大东出版社,2003 年,59—68 页)

---

① G. Hazai and P. Zieme, *Fragmente der uigurischen Version des ' Jin' gang-jing mit den Gathas des Meister Fu'*, nebst einem Anhang von T. Inokuchi (Berliner Turtantexte I), Berlin 1971; P. Zieme, "Probleme alttürkischer Vajracchedikā-Übersetzungen", *Turfan and Tun-huang. The Texts*, Firenze 1992, pp. 21-42.

《兰亭序》在西域[*]

宽堂冯其庸先生精通书法,又倡导西域研究;人大国学院推进中国文化研究,且有西域历史语言研究所之设。今欣逢冯先生米寿暨国学院成立五周年之庆,谨撰小文,表示衷心祝贺。

笔者曾从官制、行政、文书制度、度量衡制、汉化佛教等方面来讨论中原文化对于阗的影响,也根据当地出土的《尚书孔氏传》《刘子新论》等抄本,略论中国传统文化的浸染[①]。今以新近所见唐代于阗地区抄写的王羲之《兰亭序》摹本为题,来进一步申论中原文化对西域的影响问题。

一、和田出土《兰亭序》抄本

2002 年,笔者与业师张广达先生合撰《圣彼得堡藏和田出土汉文文书考释》,从俄藏敦煌编号(Дх)的写本中,分辨出一组原本是和田出土的唐代于阗文书,即 Дх. 18915—Дх. 18931 和 Дх. 18937—Дх. 18942 号,两组中间的 Дх. 18932—Дх. 18936 号从内容来看是敦煌文书[②]。于阗文书后的 Дх. 18943-1 是《兰亭序》的抄本,Дх. 18943-2 是三个残片,每件存字不多,不成文句。Дх. 18945 以下则像是敦煌文书。《兰亭序》的写本纸面撮皱,与和田出土文书的外貌比较接近,而不似一般比较平展的敦煌文书,所以我们判定其为和田出土文书,但因为它与前面刊布的唐朝大历、建中、贞元年间所写

---

* 感谢魏坚、孟宪实、朱玉麒、史睿诸位先生在本文写作中的帮助和指教。
  ① 荣新江《关于唐宋时期中原文化对于阗影响的几个问题》,北京大学中国传统文化研究中心编《国学研究》第 1 卷,北京大学出版社,1993 年,401—424 页。
  ② 《敦煌吐鲁番研究》第 6 卷,北京大学出版社,2002 年,221—241 页;收入张广达、荣新江《于阗史丛考》(增订本),中国人民大学出版社,2008 年,267—288 页。

的公私文书没有什么内容上的关联，所以没有纳入我们前文的讨论范围。这样做的另一个原因，也是当时对于《兰亭序》这一最为传统的中原文化的代表作是否远播西域于阗地区，尚没有把握。

在中国人民大学有关校领导以及博物馆、历史学院、国学院的相关领导和专家的努力和支持以及冯其庸先生的大力推动之下，人民大学博物馆于2009年末，从一位收藏家手中获得一批和田出土文书的捐赠，其中有汉文、于阗文、梵文、藏文、粟特文、察合台文等文字书写的典籍和文书。笔者有幸参与其中汉文文书的整理工作，首先引起我们注意的，就是两件写有"永和九年"字样的残片。我们知道，永和是东晋年号，在公元4世纪中叶的西域王国于阗是不可能使用远在东南地区的东晋年号来做纪年的，而且这种行书的书体也不大可能是当时于阗国流行的字体，从吐鲁番、楼兰出土的西晋至十六国时期的文书中可以看出，当时河西、西域地区流行的书体尚保存较多的隶意①。因此，这两件存字不多的残纸上的"永和九年"云云，应当是唐人所抄《兰亭序》的文字。这一新发现，为我们确认俄藏敦煌编号写本（Дх.18943-1）为和田地区出土的《兰亭序》抄本，提供了强有力的佐证。

先让我们来看看这三件《兰亭序》抄本的模样吧：

Дх. 18943-1 未见原件，尺寸不明。写本除开头部分的前面和上部完整外，其余部分都已残缺，残存5行中的部分文字如下②：（图1）

```
1   永和[
2   于會稽山陰[
3   羣賢畢至[
4   □山峻領[
5   湍暎帶[
      （后缺）
```

此写本文字紧顶着纸边书写，不像一般的典籍抄本那样留有天头地脚，应当是书法习字的遗存。写本行间间隔均匀，当是临帖的结果。特别值得称道的是，这个《兰亭序》的抄本，文字极其有力，可见所据原本颇佳，而书者也有相当水准。

---

① 参看刘涛《中国书法史·魏晋南北朝卷》，江苏教育出版社，2002年，118—140、365—389页。
② 《俄藏敦煌文献》第17册，上海古籍出版社，2001年，296页下栏。

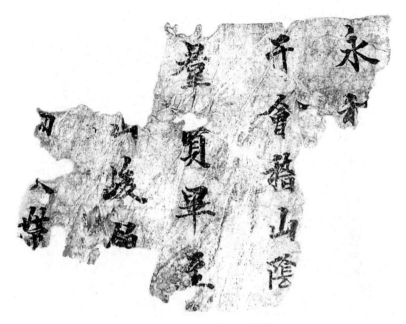

图1　Дх.18943-1《兰亭序》抄本

中国人民大学博物馆藏卷 GXW0112 号仅存开头六字（图 2a），即"永和九年歳癸"，不知何故没有继续书写，但写本文字也是顶着页边书写，视其文字大小和纸张的空白长度，其格式也和其他《兰亭序》帖本相同，第一行为 13 字。此残纸的另一面是一件唐朝官文书的尾部（图 2b），存署名、判案文字。《兰亭序》的文字，可能是利用废弃文书作为练字的稿纸，但没有写完而止。从书法上来看，这个书手要较 Дх.18943-1 的书写者相差甚远。

人民大学博物馆藏卷 GXW0017 号应当是一个习字残片，前两行重复写"经"字，后一行有"永和九歳"字样，应当也是《兰亭序》的文字，可惜后面残缺。承史睿先生的提示，我们从国家图书馆新近入藏的和田出土文书中，也找到一件《兰亭序》的习字残片（编号 BH3-7v），前面也是"经"字的习字，而且在"经"字之前有"餘"字，"字"的下面还有"极""热""初"等习字。两件可以上下缀合（图 3），作为《兰亭序》的文字，"歳"字可以拼合为完整的一个字，下面尚有"在癸丑"及三个"在"字。后一"在"字显然是误写，所以没有再往下写，留有余白。此外，两残片的另一面都是唐朝粮食帐的残文书，其中的"石"字也可以拼合成一个字。

图2a 《兰亭序》抄本　　　　　　图2b 唐朝官文书尾部

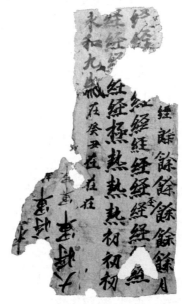

图3 《兰亭序》抄本缀合

以上四件文书残片缀合后形成的三个《兰亭序》抄本,虽然只是摹抄或习字之类的文本,谈不上什么书法艺术的高度,但它们出现在和田这样遥远的沙漠绿洲当中,却有着非同小可的意义。

二、《兰亭序》在唐朝的流传

东晋穆帝永和九年三月三日,王羲之与谢安、孙绰、郗昙、支遁等四十一位文人名士,在会稽山阴(今浙江绍兴)的兰亭举行祓禊之礼的集会,与会者饮酒赋诗,汇编成《兰亭集》,王羲之为之作序,即《兰亭序》。据说王羲之当时乘醉意将《序》文书写一纸,精妙绝伦,等到酒醒以后,"他日更书数十百本,无如祓禊所书之者。右军亦自珍爱,宝重此书,留付子孙传掌"①。

唐天宝初的史官刘餗在他的《隋唐嘉话》卷下中记:

> 王右军《兰亭序》,梁乱出在外,陈天嘉中为僧永所得。至太建中,献之宣帝。隋平陈日,或以献晋王,王不之宝。后僧果从帝借拓。及登极,竟未从索。果师死后,弟子僧辩得之。②

但是,荻信雄先生检索了大量有关《兰亭序》的文献,结论是从王羲之时代到唐初编纂《晋书》之前,没有一篇文献提到过《兰亭序》。他推论说,所有关于《兰亭序》的讨论是从《晋书·王羲之传》采录《兰亭序》以后才开始的③。

唐太宗的确极其推崇王羲之的书法,在他所撰写的四篇《晋书》的史论中,就有一篇是《王羲之传赞》④。赞文先是数点张伯英、钟繇、王献之等人书法的弱点,最后极力推崇王羲之书:"所以详察古今,研精篆素,尽善尽美,其惟王逸少乎!"在即位之前,作为秦王的李世民就在大力收集王羲之的书法名迹。登极以后,更是利用国家的力量,把大量王羲之的书法作品网罗到长安宫廷里面,这其中,就有后来越来越有名的《兰亭序》。

关于《兰亭序》之为太宗所得,主要有两种不同的说法,即秦王派萧翼

---

① 何延之《兰亭记》,《法书要录》卷三,人民美术出版社,1984 年,124 页。
② 《隋唐嘉话》卷下,中华书局,1979 年,53 页。
③ 荻信雄《文献から見た兰亭序の流転》,《墨》第 148 号(王羲之·兰亭序专号),2001 年 1·2 月号,48—53 页。
④ 《晋书》,中华书局,1974 年,2107—2108 页。

去越州赚取《兰亭》和派欧阳询就越州访求得之。刘悚《隋唐嘉话》卷下接着上面的引文记载：

> 太宗为秦王日，见拓本惊喜，乃贵价市大王书《兰亭》，终不至焉。及知在辩师处，使萧翊就越州求得之，以武德四年入秦府。贞观十年，乃拓十本以赐近臣。帝崩，中书令褚遂良奏："《兰亭》先帝所重，不可留。"遂秘于昭陵。①

萧翊（即萧翼）赚取《兰亭》的说法在唐朝就广为流传，在刘悚之前，何延之就将此故事敷衍成一篇传奇——《兰亭记》。此文为张彦远《法书要录》全文收入，成为书法史上的"信史"。然而，早在宋代就有人质疑萧翼赚《兰亭》的故事，如赵彦卫《云麓漫钞》即提出这种说法的七点谬误②。

宋人钱易《南部新书》卷丁云：

> 《兰亭》者，武德四年欧阳询就越访求得之，始入秦王府。麻道嵩奉教拓两本，一送辩才，一王自收。嵩私拓一本。于时天下草创，秦王虽亲总戎，《兰亭》不离肘腋。及即位，学之不倦。至贞观二十三年，褚遂良请入昭陵。后但得其摹本耳。③

此后，元代刘有定《衍极》注④、明代宋濂《跋〈西台御史萧翼赚兰亭图〉后》⑤、清代李慈铭《越缦堂读书记》⑥，都强调为秦王获得《兰亭序》的是欧阳询，而不是萧翼。至于史官刘悚《隋唐嘉话》为何说"使萧翊就越州求得之"，据萩信雄先生的考察，他找出三种宋元时代文献所引《隋唐嘉话》的相关处都写成"欧阳询"而非"萧翼"，所以他认为原来的"欧阳询"在后来被改写为"萧翼"了⑦。荒金治氏进一步指出，《全唐文》所收刘悚《兰亭记》和《隋唐嘉话》的文本基本相同，只是"欧阳询"尚未改动，可以证明《隋唐嘉话》的原本就是"使欧阳询就越州求得之"⑧。从当时的历史背景、秦王

---

① 《隋唐嘉话》卷下,53 页。
② 《云麓漫钞》卷六,中华书局,1996 年,104 页。
③ 《南部新书》卷丁,中华书局,2002 年,50 页。
④ 《衍极》,《历代书法文选》,上海书画出版社,1979 年,442 页。
⑤ 《翰苑别集》卷三,《宋濂全集》,浙江古籍出版社,1999 年,1006 页。
⑥ 《越缦堂读书记·札记》,上海书店出版社,2000 年,1310 页。
⑦ 萩信雄《文献から見た兰亭序の流转》,49 页。
⑧ 荒金治《唐初的书法与政治》,北京大学历史系硕士论文,2005 年 6 月,35—36 页。

与欧阳询的关系、后人关于两种说法的文献学考证等方面来看,笔者赞同欧阳询就越州求得的说法①。

据褚遂良《右军书目》,唐太宗所收《兰亭序》真本,列为贞观内府所藏王羲之行书五十八卷二百五十二帖中的第一卷第一帖。太宗命弘文馆拓书人冯承素、汤普彻等用双钩廓填法摹写了一些副本赐给近臣,其中汤普彻曾"窃拓以出,故在外传之"②。现在北京故宫博物馆还收藏有三个摹本,即(一)冯承素摹本,其前后有唐中宗年号"神龙"半字印,故名神龙本(图4);(二)虞世南摹本,明代董其昌定,因是元代张金界奴进呈给元文宗的,故名张金界奴本;(三)褚遂良摹本,后有米芾题诗,故也有人认为是米芾摹本③。此外,还有据欧阳询临本上石的定武本,因临本曾存定州定武军库中,故名。这些本子的行款章法都完全一致,特别是第4行"崇山"二字写在行间,当是祖述同一个底本④。

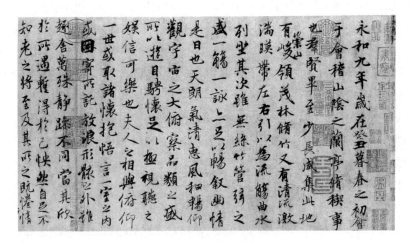

图4　冯承素摹本《兰亭序》

---

① 有关《兰亭序》入长安的论辩,古今各种演说很多,这里不必赘述。参看以下两书所收相关论文:文物出版社编《兰亭论辨》,文物出版社,1973 年;华人德、白谦慎主编《兰亭论集》,苏州大学出版社,2001 年。

② 《法书要录》卷三,114、131 页。

③ 以上三本的精美图版和详细著录解说,见施安昌主编《晋唐五代书法》(故宫博物院文物珍品大系),上海科学技术出版社、香港商务印书馆,2001 年,30—58 页。

④ 参看刘涛《中国书法史·魏晋南北朝卷》,199 页;朱关田《中国书法史·隋唐五代卷》,江苏教育出版社,1999 年,56—57 页。

我们今天看到的故宫所藏的这些摹本,都出自唐太宗的近臣手笔。至于在外流传的《兰亭序》摹本或拓本,则很少见到,因此有的学者认为王羲之的书法在唐朝民间的流传,不是由于难得一见的《兰亭序》,而是通过怀仁集王羲之字而成的《圣教序》和后来的《永字八法》,《圣教序》中的文字有辑自《兰亭序》者,所以民间是通过《圣教序》碑而习得《兰亭序》书法的①。

然而,事实恐非如此。

三、《兰亭序》的西渐

《兰亭序》真本虽然已经密封于太宗的昭陵,高宗以后,唐人无缘得见。近臣摹本,"一本尚直钱数万"②,也不是一般人可以见到的。但当时毕竟有人已经将摹本或拓本传出宫外,民间得以转相传习。只是过去关心书法的人留意的主要是水平最高的"神品"以及后世反复的摹本和名家的再创作,很少关心民间的文献遗存。1900 年敦煌藏经洞开启后,学者们陆续从敦煌写本中,找到若干《兰亭序》的抄本。这些可谓民间《兰亭序》写本的存在,目前所知者已有十余件。

首先,饶宗颐先生曾从书法的角度提示了三件敦煌写本《兰亭序》的存在,即 P. 2544、P. 2622 背、P. 3194 背。他将 P. 2544 写本按原大尺寸影印收入所编《敦煌书法丛刊》,并在跋语中提示了其他两本的存在③。敦煌写本中的《兰亭序》的存在,有两种可能。一是作为古代文献的抄本,一是作为书法的习字。因此,这三件敦煌本《兰亭序》的功能,还值得仔细分析。

P. 2544 的正面是一部诗文集,纸有栏格,依次抄写刘长卿《酒赋》《锦衣篇》《汉家篇》《老人篇》《老人相问晓叹汉诗》《龙门赋》《北邙篇》,然后空两行写《兰亭序》整篇文字,计 14 行,但文末接书"文 义同",再隔一行写

---

① 朱关田《〈兰亭序〉在唐代的影响》,华人德、白谦慎主编《兰亭论集》下编,318—321 页;又收入作者《初果集——朱关田论书文集》,荣宝斋出版社,2008 年,6—11 页。

② 《法书要录》卷三,131 页。

③ 饶宗颐《敦煌书法丛刊》第 1 册,二玄社,1983 年;此据其中文增订本《法藏敦煌书苑精华》第 1 册《拓本·碎金》,广东人民出版社,1993 年,101—102 页,跋见 267 页。

"永和九"即止,次行又写"永和九年岁"而止,均系习字①。徐俊先生曾仔细分析此卷,指出《兰亭序》前的诗文集与 P. 4994 + S. 2049 唐诗丛钞内容及次序基本一致,"《兰亭序》与前诗为一人所抄,但字迹有明显摹写王羲之《兰亭序》帖笔法的痕迹,可断定为临习之作"②。徐先生深谙书法,对敦煌写本诗歌丛钞有整体关照,他的判断笔者完全赞同,从《兰亭序》文本后的附加文字和隔行重抄《兰亭序》文字的情形来看,其为临习之本无疑。此本写在原有的栏格当中,每行约 24 字,非一般所见《兰亭序》摹本格式,可知其虽然是临习之本,但并没有按照原帖的格式来抄。

P. 2622 正面为《吉凶书仪》,尾题"大中十三年(859)四月四日午时写了",然后接着写学郎诗及杂诗五首,卷背有相同笔迹抄写的诗八首,有些只是残句,学者都认为此卷抄者是《书仪》文字中所写题识"此是李文义书记"中的李文义③。在纸背第一首残诗句的后面,抄有三行《兰亭序》的习字(图5),从"永和九年"开始,但原文"此地有崇山峻领茂林修竹"一句,误抄作"此地有茂林修竹崇",可能是发现有误,所以戛然而止。此文与正背面《书仪》、诗歌不同,为顶格书写,仍存帖本痕迹,为临帖之作无疑。另外,卷背还有许多杂写、杂画动物、题名等,均为习书的样子,也可帮助我们判断《兰亭序》为临习作品的性质。从《书仪》尾题的年代来看,《兰亭序》习字的书写时间在大中十三年以后的晚唐时期。

P. 3194 正面唐写本《论语集解》,尾题"论语卷第四"④,最后的抄写题记被人用浓墨涂去,今不可识。背面有张通信等状稿及杂写,还有半行藏文,最后倒书《兰亭序》三行(图6),从"永和九年"到"少长咸集"而止,下有空白未书⑤。文字顶格书写,行款与"神龙本"等不同,前两行分别为 18、13字,"之兰亭"误作"至兰停",是为习字之作。饶宗颐先生评价此卷书法云

---

① 全卷图版,见《法藏敦煌西域文献》第 15 册,上海古籍出版社,2001 年,255—258 页,《兰亭序》在 257 页。

② 徐俊《敦煌诗集残卷辑考》,中华书局,2000 年,465 页。

③ 全卷正背图版,见《法藏敦煌西域文献》第 16 册,上海古籍出版社,2001 年,315—324 页,《兰亭序》在 320 页。关于《吉凶书仪》,参看赵和平《敦煌写本书仪研究》,新文丰出版公司,1993年,568—601 页;关于诗歌部分,参看徐俊《敦煌诗集残卷辑考》,775—779 页,他提到《兰亭序》时,称之为"习字",见 777 页。

④ 李方《敦煌〈论语集解〉校正》,江苏古籍出版社,1998 年,219—329 页取做参校本。

⑤ 全卷正背图版,见《法藏敦煌西域文献》第 22 册,上海古籍出版社,2002 年,120—123 页,《兰亭序》见 123 页。

"书法甚佳"①。这篇习字的年代,可据张通信状稿略作推测,从内容看,应当是归义军时期的文书。状文是上给某"常侍"的,归义军节度使中称常侍的,先后有867—872年的张淮深、893年的索勋、896—901年的张承奉②,故此状的年代当在这个范围当中,写于其后的《兰亭序》习字,也当在晚唐甚至五代时期。

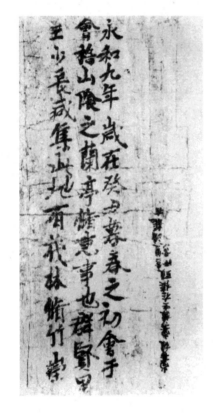 

图 5　敦煌抄本 P.2622《兰亭序》　　图 6　敦煌抄本 P.3194《兰亭序》

此后,随着学者们视野的拓展和新材料的公布,又发现了以下《兰亭序》习字残片。

P.4764 残存两纸,第二纸首残,有文字痕迹,后存《兰亭序》文字两行,

---

① 《法藏敦煌书苑精华》第 1 册《拓本、碎金》,267 页。
② 参看荣新江《归义军史研究》,上海古籍出版社,1996 年,78—84、88—93、131 页。

从"群贤毕至"至"又有清流激","激"字又重写两遍,下余空白未书①,实为习字之属。

S.1619 亦是《兰亭序》的习字,存 16 行,写"若合一契未尝不临"八字,每字写两行②,上面是老师写的例字,下面是学生的临书③。

P.3369-P2 背亦为《兰亭序》习字。该卷正面存"供其斋""金光明道""前赦生三万"等文字,背面存《兰亭序》"之视昔"三字的习字 5 行,其中,"之"字尚存 1 行,"视昔"两字各写 2 行,"昔"左侧尚余"悲"下半部分的字迹残画"心"④。

Дx.00528A 背,残损严重,存"之"习字两行,"兰"习字 6 行,当为《兰亭序》习字⑤。此号正面为《沙州敦煌县神沙乡籍》,则是学童用废弃之户籍来习书。

Дx.00528B 包括数件残片,正背皆为习字,正面是包括"至少""和"等每字 1 行的习字,必为《兰亭序》无疑,背面则包括"和""也"等习字以及一行《千字文》残文:"命临深履薄夙兴。"⑥

Дx.00538,写有"佛说无常经□卷""永和九年岁在癸丑暮春之初会于会稽"各一行,"大"字四次,以及倒书"大□□"一行⑦。

Дx.11023,正面为"之兰"习字 3 行,首行"之"字,次行"兰"字,末行为"兰"字残画,为《兰亭序》文字。背面残留"兴温清"等字迹,应为《千字文》残文⑧。笔者认为,此片可以与 Дx.00528B 写有"命临深履薄夙兴"字样的残片直接缀合。

Дx.11024,存四片残片,正背均为《兰亭序》习字。正面书写内容分别

---

① 《法藏敦煌西域文献》第 33 册,上海古籍出版社,2005 年,162 页,原题"书仪"。参看沃兴华《敦煌书法艺术》,上海人民出版社,1994 年,39—40 页。

② 《英藏敦煌文献》第 3 册,四川人民出版社,1990 年,109 页,题"习字"。郝春文《英藏敦煌社会历史文献释录》第 7 卷,社会科学文献出版社,2010 年,371—372 页,亦题"习字"。

③ 参看沃兴华《敦煌书法艺术》,42、44 页。

④ 图版见《法藏敦煌西域文献》第 23 册,上海古籍出版社,2002 年,365 页。

⑤ 图版见《俄藏敦煌文献》第 6 册,上海古籍出版社、俄罗斯科学出版社东方文学部,2000 年,342—343 页。

⑥ 《俄藏敦煌文献》第 6 册,343—344 页。

⑦ 《俄藏敦煌文献》第 6 册,351 页。

⑧ 图版见《俄藏敦煌文献》第 15 册,上海古籍出版社、俄罗斯科学出版社东方文学部,2000 年,132 页。

为"一咏亦足""日也幽情是日""之盛""以畅叙",基本为每字 2 行;背面内容为"长咸集此地有崇山峻领""会稽山阴之兰亭修楔事""事也群贤毕至 少""流激湍映"等字,均为每字书写 1 行①。

Дx.05687 仅公布有一面图版,上书文字 8 行,为"游目畅怀"四字之每字两行的习字②。《兰亭序》中有"所以游目骋(畅)怀,足以极视听之娱,信可乐也"之句,可知此件残片当为《兰亭序》习字。

Дx.12833 为正背书,正面为"和"字的 3 行习字,及些许残存笔画;背面为"永"字 3 行字,及些许残存笔画。从"永""和"两字的书写结构来看,颇似《兰亭序》书迹之貌,故此片亦当为《兰亭序》之"永和"习字③。

此外,2010 年 4 月 19—24 日在日本大阪武田科学振兴财团举办的"第 54 回杏雨书屋特别展示会"上,陈列有已故著名学者羽田亨旧藏的敦煌文书羽 664 号④。这是一件学生习字残片,有趣的是正面为王羲之《尚想黄绮帖》的文字,背面则是《兰亭序》的文字(图 7)⑤,形式都是在纸的上端紧顶着纸边横写原文,每个字写两遍,作为标本,字体较为粗大,下面整行则是学生照着标本的临写,真切地反映了敦煌学生临习王羲之字帖的样子。其中《兰亭序》部分存"和九年岁在癸丑暮春之初会"和"湍暎带左",中间似有纸缝,故文字不够连续。

以上敦煌《兰亭序》习字写本,从字体和同卷相关文字来看,都是中晚唐甚至五代时期的写本,说明唐朝民间自有《兰亭序》摹本的流传,不仅长安有,而且西渐敦煌,为当地学子习字之资。

---

① 《俄藏敦煌文献》第 15 册,132—133 页。关于 P.3369-P2V⁰、Дx.00528AV、Дx.00528B、Дx.00538、Дx.11023、Дx.11024V 等各号,蔡渊迪均已考订为《兰亭序》残片,见氏著《敦煌经典书法及相关习字研究》,浙江大学中国古典文献学专业硕士论文,2010 年,42 页。

② 图版见《俄藏敦煌文献》第 12 册,上海古籍出版社、俄罗斯科学出版社东方文学部,2000 年,218 页。

③ 参《俄藏敦煌文献》第 16 册,上海古籍出版社、俄罗斯科学出版社东方文学部,2001 年,177 页。以上 Дx.05687 与 Дx.12833 之判定,均为北京大学博士生田卫卫见告,谨致谢忱。

④ 羽 664 号著录于羽田亨编《敦煌秘笈目录·新增目录》(敦煌写本 433—670 番),系与其他 14 中敦煌写本一道,于 1941 年 5 月购自某氏。见落合俊典《敦煌秘笈目录(第 433 至 670 号)略考》,《敦煌吐鲁番研究》第 7 卷,中华书局,2004 年,175 页;参看同氏《敦煌秘笈——幻のシルクロード写本を探して》,《华顶短期大学学报》第 6 号,2002 年,15—19 页。

⑤ 见《第 54 回杏雨书屋特别展示会"敦煌の典籍と古文书"》图录,大阪:杏雨书屋,2010 年,27—28 页。

图 7　敦煌写本羽 664 背《兰亭序》习字

　　另外,斯坦因第二次探险在麻札塔格发现的 MT. b. 006 号(图 8)①,其正面残存"欣"字 1 行和"俛"字 2 行,为"向之所欣,俛(俯)仰之间"一句的残字,是《兰亭序》的习字②。背面上残存"当"字 2 行和"抗"字 4 行,对应《尚想黄绮帖》"吾比之张、钟当抗行"一句③。可见,这也是一件正面抄写《兰亭序》、背面抄写《尚想黄绮帖》的学生习字文书。由此得知于阗当地的学童也和敦煌一样,同时把《兰亭序》和《尚想黄绮帖》当作习字课本。

　　总之,今天我们有幸获得四件唐朝西域于阗地区的《兰亭序》写本。从已经发表的于阗地区官私文书来看,和田地区出土汉文文书的年代大体上是从开元(713—741)到贞元年间(785—805),不过在最近中国人民大学博物馆入藏的文书中,我们发现有带武周新字的官文书,所以于阗汉文文书使用的年份,还可以上推到天授元年(690)至神龙元年(705)新字流行的年代,但从整体上看,和田出土《兰亭序》的临本更可能产生于汉文文书写作最为盛行的 8 世纪后半叶。

　　从写本的格式来看,中国人民大学博物馆的两件,或则残缺,或则没有

---

　　① É. Chavannes. *Les documents chinois découverts par Aurel Stein dans les sables du Turkestan oriental*, Oxford 1913, p. 204, pl. XXXII.
　　② 陈丽芳《唐代于阗的童蒙教育——以中国人民大学博物馆藏和田习字为中心》,《西域研究》2014 年第 1 期,41 页。
　　③ 此承北京大学研究生包晓悦见告,谨此致谢。

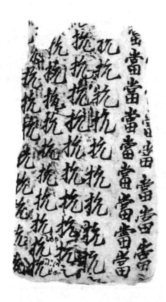

图8　和田麻札塔格出土的《兰亭序》和《尚想黄绮帖》习字本

写完,无法推断。俄藏的一件,转行与冯承素、虞世南、褚遂良等摹本相近,似乎更接近于宫廷摹本的原貌,较敦煌临本更胜一筹。

　　自长寿元年(692)十月唐复置安西四镇并发汉军三万人驻守西域以后,中原的官人开始大量进入西域,中原传统文化、官僚体制等也随之流传到于阗等安西四镇地区。从和田发现的四件《兰亭序》写本文字的流畅程度看,似乎应当是驻扎当地的唐朝官人或其家人所书,中国人民大学博物馆藏 GXW0112 号《兰亭序》写本的正面是官文书,字体颇佳,判案文字更是流利潇洒,或许有利于我们理解《兰亭序》写本的主人①。但是,我们也不排除当地胡人所写的可能性。笔者曾阐述唐朝名将哥舒翰的父亲哥舒道元任唐朝安西副都护,驻守于阗,娶于阗王女,生哥舒翰。"翰好读《左氏春秋传》及《汉书》,疏财重气,士多归之"②。其早年读书的地点应当就在于阗,则像哥舒翰这样能读《左传》和《汉书》的胡人,应当也能写出像出土残片那样水平

――――――――――

　　① 按,从现存的汉简习书来看,汉代边关将吏就利用闲暇时光练习写字,这个传统应当一直存在。参看鲁惟一著,于振波、车金花译《汉代行政记录》(上),广西师范大学出版社,2005年,55 页。

　　② 《旧唐书》卷一〇四《哥舒翰传》,中华书局,1976 年,3212 页。参看荣新江《关于唐宋时期中原文化对于阗影响的几个问题》,416 页;又《〈史记〉与〈汉书〉——吐鲁番出土文献札记之一》,《新疆师范大学学报》2004 年第 1 期,41—43 页。

的《兰亭序》吧。

《兰亭序》于阗摹写的发现具有十分重要的意义，因为《兰亭》是以书法为载体的中国文化最根本的范本，是任何一部中国文化史都不能不提的杰作，它在塔里木盆地西南隅的于阗地区传抄流行，无疑是中国传统文化西渐到西域地区的最好印证。

此外，在中国书法史的论著中，李柏文书等早期西域书法的墨迹已经占据了重要的篇幅，但是到了唐代以后，由于传世的法帖、碑刻增加，西域出土的典籍和文书也就很少作为书法材料而被使用和研究了。其实唐代西域不仅有不经意而留下来的书法材料，而且还有像《兰亭序》这样作为书法本身而留存下来的遗篇，值得在中国书法史上大书一笔。

中国书法的西域篇章，更是中国书法研究的缺环，西域地区出土的大量官私文书，也能够揭示唐朝民间书法传习的系统。如果没有唐朝官府大力提倡书法，如果没有唐朝官人考课要考身、言、书、判，则唐朝的总体书法水平不会如此之高，也不一定能够烘托出一个又一个伟大的书法家。

（2010 年 10 月 10 日完稿，原载《国学的传承与创新——冯其庸先生从事教学与科研六十周年庆贺学术文集》，上海古籍出版社，2013 年，1099—1108 页。2015 年 2 月 10 日增订）

王羲之《尚想黄绮帖》在西域的流传

　　2010年,笔者曾撰《〈兰亭序〉在西域》,提交10月16—17日中国人民大学国学院举办的"冯其庸先生从教六十周年国际学术研讨会"①。事实上,王羲之书法的西渐不仅仅透过《兰亭序》,还有现在没有原样摹本流传的《尚想黄绮帖》。

　　敦煌文书中保存有若干王羲之《尚想黄绮帖》(即《自书论》)的抄本,其中英藏S.214、S.3287号由池田温先生检出,并在大文《敦煌写本所见王羲之论书》中有所解说②。今参照池田先生的文章和有关同卷其他内容的敦煌学研究成果,将此两卷介绍如下:

　　S.3287正面是《吐蕃子年五月左二将百姓氾履倩等户口状》,计五件,前后残,最后有杂写文字,是《尚想黄绮帖》首行(图1)③。关于子年的年份,池田温先生推测在9世纪前半。杨际平先生有专文讨论,以为是公元820年的庚子④。写本的另一面依次抄有《千字文》《尚想黄绮帖》《十五愿礼佛》《甲子五行歌诀》《早出缠》《乐入山》《乐住山》《李涉法师劝善文》

　　①　拙文《〈兰亭序〉在西域》由会议主办方安排,先发表在中国人民大学国学院编《国学学刊》2011年第1期,65—71页,后收入中国人民大学国学院主编《国学的传承与创新——冯其庸先生从事教学与科研六十周年庆贺学术文集》,上海古籍出版社,2013年,1099—1108页。

　　②　池田温《敦煌本に见える王羲之论书》,《中国书论大系月报》第5号,1979年,8—12页。

　　③　池田温《中国古代籍帐研究》,东京大学东洋文化研究所,1979年,录文246号,519—522页;《英藏敦煌文献》第5册,成都:四川人民出版社,1992年,34页。沃兴华《敦煌书法艺术》(上海人民出版社,1994年,54页)以及张天弓《论王羲之〈尚想黄绮帖〉及其相关问题》(《全国第六届书学讨论会论文集》,河南美术出版社,2004年,36—51页;后收入氏著《张天弓先唐书学考辨文集》,荣宝斋出版社,2009年,129—147页),均指P.2378为《尚想黄绮》习字,但该号实为《道经》《五藏论一卷》(图版见《法藏敦煌文献》第13册,上海古籍出版社,2000年,82—84页),前人或误S.3287为P.2378。

　　④　杨际平《吐蕃子年左二将户状与所谓"擘三部落"》,原载《敦煌学辑刊》1986年第2期,此据作者《敦煌吐鲁番文书研究文选》,台北:新文丰出版公司,2007年,281—291页。

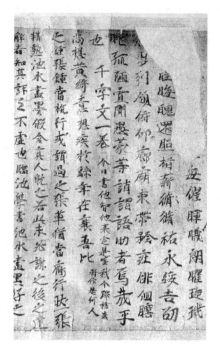

图 1　敦煌写本 S.3287《尚想黄绮帖》习字

等①。按照敦煌文书的一般情形，《子年户口状》应当是正式的文书，是先写的正面；《千字文》等抄本，是利用废弃文书而抄写的蒙书、字帖、通俗文学作品等，这些应当是后写的，即写本的背面。敦煌从 786 年至 848 年为吐蕃统治时期，《尚想黄绮帖》等文本的抄写年代更有可能是 848 年以后的晚唐、五代归义军时期。

　　S.214 正面抄《燕子赋》，尾题有二，一曰"癸未年十二月廿一日永安寺学士郎杜友遂书记之耳"，一曰"甲申年三月廿三日永安寺学郎杜友遂书记之耳"②，学者考证两个时间均在公元 924 年③。该卷背面为杂写、杂抄文字，首行有"甲申年十月廿日"云云，次行即抄《尚想黄绮帖》，墨色较前后为

---

　　①　《英藏敦煌文献》第 5 册,27—30 页。参看沃兴华《敦煌书法艺术》,53—55 页。

　　②　《英藏敦煌文献》第 1 册,成都:四川人民出版社,1990 年,84—86 页;黄征、张涌泉《敦煌变文校注》,中华书局,1997 年,376—380 页;郝春文《英藏敦煌社会历史文献释录》第 1 卷,科学出版社,2001 年,315—320 页。

　　③　Lionel Giles, *Descriptive Catalogue of the Chinese Manuscripts from Tunhuang in the British Museum*, London, 1957, p.236;李正宇《敦煌学郎题记辑注》,《敦煌学辑刊》1987 年第 1 期,35 页。

重,以下有行人转帖、社司转帖、诗、什物历等文字的抄录,其中有"甲申年十一月廿日绿(录)事杜友遂帖"的习字①,可知都是学郎杜友遂的习书杂写,年份也在924年。

法藏 P.2671 正面是《大乘无量寿宗要经》,背面是白画《未生怨》《十六观》,画稿上有一些杂写,其一写"尚想黄"三字各一行,方向是由左向右书写②,其为《尚想黄绮帖》开头三字的习字。

P.3368 是《新集文词九经抄》写本,从上面揭出若干残纸片,其中第7片上写"池水"三行,"池"字写一行半③,这也是《尚想黄绮帖》帖文的单字练习。

此外,中国国家图书馆藏 BD9089(陶 10)背,有"尚想黄绮意想□□"等字迹,俄藏 Дх.00953 背面有"尚想黄"三字,均为《尚想黄绮帖》习字本④。

除此之外,近年发表的日本杏雨书屋藏羽 3 背面第 2 篇文献,也是《尚想黄绮帖》的抄本(图 2)。按,羽 3 号写本是羽田亨从中国购藏的原李盛铎旧藏敦煌文献,正面是《十戒经》写本,楷书精写,有至德二载(757)五月十四日吴紫阳题记。写本上有李盛铎家藏书印,首钤"两晋六朝三唐五代妙墨之轩",尾钤"李滂""敦煌石室秘籍""李盛铎合家眷属供养"印。背面抄佛典《辨中边论》卷一,后有余白,倒书《尚想黄绮帖》三行半,未完而止,是习书一类文字⑤。此抄本文字颇佳,有王书精神,可能临自正规的帖本,因此得以保存。

2010 年 4 月 19—24 日,日本大阪武田科学振兴财团举办"第 54 回杏雨书屋特别展示会",陈列有已故著名学者羽田亨旧藏的敦煌文书羽 664 号⑥。这是一件学生习字残片,正面为王羲之《尚想黄绮帖》的文字,背面则

---

① 《英藏敦煌文献》第 1 册,86—87 页;郝春文《英藏敦煌社会历史文献释录》第 1 卷,330—338 页。

② 《法藏敦煌西域文献》第 17 册,上海古籍出版社,2001 年,179 页。参看沃兴华《敦煌书法艺术》,54 页。

③ 《法藏敦煌西域文献》第 23 册,上海古籍出版社,2002 年,360 页。参看沃兴华《敦煌书法艺术》,54 页。

④ 参看蔡渊迪《敦煌经典书法及相关习字研究》,浙江大学中国古典文献学专业硕士论文,2010 年,42 页。

⑤ 武田科学振兴财团杏雨书屋编《敦煌秘笈》影片册一,非买品,2009 年,39 页;《第 54 回杏雨书屋特别展示会"敦煌の典籍と古文书"》图录,大阪:杏雨书屋,2010 年 4 月,27 页。

⑥ 羽 664 号著录于羽田亨编《敦煌秘籍目录·新增目录》(敦煌写本 433—670 番),系与其他 14 种敦煌写本一道,于 1941 年 5 月购自某氏。见落合俊典《敦煌秘笈目录(第 433 号至 670 号)略考》,《敦煌吐鲁番研究》第 7 卷,中华书局,2004 年,175 页;参看同氏《敦煌秘笈——幻のシルクロード写本を探して》,《华顶短期大学学报》第 6 号,2002 年,15—19 页。

图 2　羽 3 背敦煌本《尚想黄绮帖》抄本

是《兰亭序》的文字(图 3a-b)①。正背形式相同,都是在纸的上端由老师紧顶着纸边横写原文,每个字写两遍,作为标本,字体较为粗大;下面整行则是学生照着标本的临写,真切地反映了敦煌学生临习王羲之字帖的样子。其中《兰亭序》部分存"和九年岁在癸丑暮春之初会"和"湍暎带左",中间似有纸缝,故文字不够连续②。

图 3a　羽 664 正面敦煌本《尚想黄绮帖》习字

---

① 见《第 54 回杏雨书屋特别展示会"敦煌の典籍と古文书"》图录,27—28 页。

② 参看第 200 页注①所引拙文。

图 3b　羽 664 背面敦煌本《兰亭序》习字

以上是我们迄今所知敦煌写本中保存的《尚想黄绮帖》抄本的情况。正像王羲之《兰亭序》的帖本一样,《尚想黄绮帖》也随着唐朝文化的西进,传入到西域地区。

首先是唐朝贞观十四年(640)灭高昌王国所建立的西州地区,作为唐朝的正州,这里的文化教育与内地应当一致,王羲之书法的流传应当是理所当然的事情,但我们目前在吐鲁番出土文书中尚未见到《兰亭序》的摹本或习字,却找到两种《尚想黄绮》的习字写本。

1972 年发掘的吐鲁番阿斯塔纳第 179 号墓,出土有若干学生习字残片,《吐鲁番出土文书》的编者只录出其中的两件,题为"武周学生令狐慈敏习字",并做解题云:"本件共十三片,均为学童习字,内九片为学生令狐慈敏习字,其他四片为学生和阇利习字,所写诸字不相连贯,今只录一、二两片令狐慈敏题记。"其他习字残片,全部影印出来,均题"文书残片"①。福田哲之氏发现 72TAM179∶18 编号下的各残片,都是令狐慈敏所写的王羲之《尚想黄绮帖》的文字,计写"……当抗行,或谓过之,张草……若此,未必谢,临学后之……"(图 4),每字写两行。另外和阇利的习字,写的是《千字文》(均为 72TAM179∶17 编号)②。在"未""过"二字间,有题记"三月十七日令

① 唐长孺主编《吐鲁番出土文书》叁,文物出版社,1996 年,363、366 页。
② 福田哲之《トゥルファン出土文书に见られる王羲之习书——アスターナ一七九号墓文书〈72TAM179∶18〉を中心に》,《书学书道史研究》第 8 号,1998 年,29—41 页。参看张娜丽《西域出土文书の基础的研究》,汲古书院,2006 年,312—315 页。

狐慈敏放书"，后别笔大字"记忆"二字①，当是教师的批注。又有一纸，仅存题记"三月十九日 学 生令 狐慈敏 （下缺）"，"月""日"二字为武周新字，说明写在武周时期。

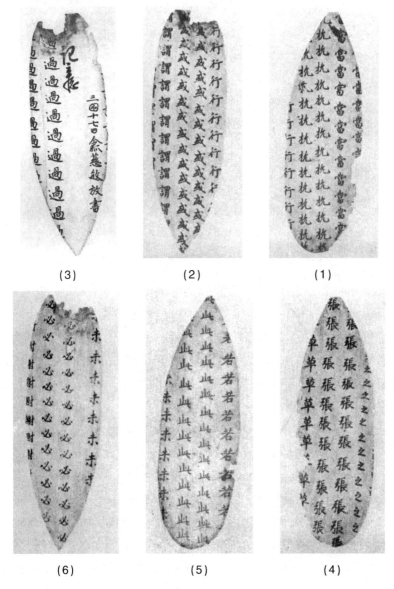

(3)　　　　　　(2)　　　　　　(1)

(6)　　　　　　(5)　　　　　　(4)

① 按此"忆"字为变体的写法，承南京艺术学院薛龙春教授、中央美术学院刘涛教授帮助释读，谨此致谢。

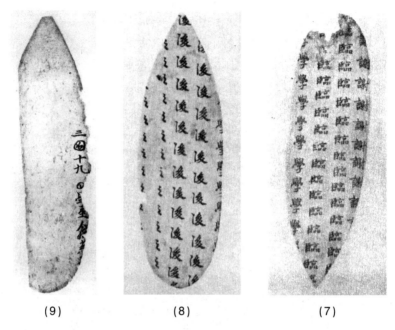

（9）　　　　　　　（8）　　　　　　　（7）

图4　吐鲁番出土学生令狐慈敏习字《尚想黄绮帖》

这个写本在王羲之《尚想黄绮帖》的传播史上非常重要,一是这件写本有武周新字,较我们所见敦煌本要早很多;二是这件写本的题记表明,《尚想黄绮帖》是当时学生必须书写的作业,每字写两行,题记后的别笔大字应当是老师的批语。可见,至少从武周时期(可能要提前到喜欢王字的唐太宗时期)开始,《尚想黄绮帖》就成为天下各州学生的习字标本,每字两行的规矩也可以从敦煌写本羽664号等得到印证。

吐鲁番写本中还有一件《尚想黄绮帖》的抄本,即大谷文书4087号,其前三行抄《尚想黄绮帖》,后五行抄《兔园策府》[①]。此本文字不佳,系学生抄本。其与童蒙读物合抄,也说明出自学童之手。

吐鲁番所在的唐朝西州,是唐朝的正州,王羲之的《尚想黄绮帖》的流传并没有以此为终点,而是像《兰亭序》一样,继续西进,先是传到安西都护府所在的龟兹。大谷探险队在都勒都尔·阿护尔(Douldour-aqour)发现的一个小纸片(大谷1510,图5),只有3行10个字,字较一般文书字体要大,

---

①　福田哲之《トゥルファン出土文书に见られる王羲之习书》,33—34页;张娜丽《西域出土文书の基础的研究》,310—312、315—318页。

有一指宽的样子,残片下为纸缝,故第3行末字写的较小①。前两行写"雁",后一行写"行",即王羲之《尚想黄绮帖》中"张草犹当雁行"的习字。文字写到纸边,也是习字的格式。虽然只是极小的断片,但证明了王羲之《尚想黄绮帖》的流传已经越出唐朝的正州,进入真正的西域地区。

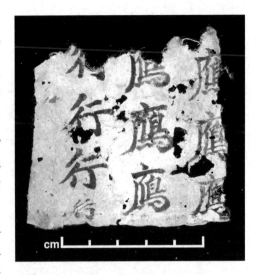

图 5　龟兹地区的《尚想黄绮帖》习字

王羲之书的故事还没有终止,《尚想黄绮帖》像《兰亭序》一样,还进而到达最远的西域腹地——于阗。迄今为止,我们已经发现三件相关的写本。

一是斯坦因第三次中亚探险在和田北方麻札塔格遗址发现的 M. T. 095 号(Or. 8212/1519)残纸,残存九行文字,重复写"躭之若"三字(图 6)②,一看便知是《尚想黄绮帖》的习书文字。虽然出自一个学童之手,书法不佳,但因为发现在遥远的西域地区,在王羲之书帖的传播史上,确是十分重要的文献资料。

二是中国人民大学博物馆藏和田出土五件残片,均为"吾弗及"三字的习书,应当是三行换一字,据 S. 214 写本保存的文字,当是《尚想黄绮帖》最后三字的练习。纸片虽残,但确是书圣王羲之帖文的习字,极为可贵。

更有进者,斯坦因第二次探险在和田麻札塔格遗址发现残纸中,有一件(MT. b. 006 号)正面残存《兰亭序》习字"欣"字 1 行和"俛"字 2 行("向之所欣,俛[俯]仰之间"一句的残字),背面残存《尚想黄绮帖》习字"当"字 2

①　小田义久编《大谷文书集成》壹,法藏馆,1984 年,73 页,题"习字纸断片",图版 132。

②　沙知、吴芳思编《斯坦因第三次中亚考古所获汉文文献(非佛经部分)》第 2 册,上海辞书出版社,2005 年,197 页,题"习字"。

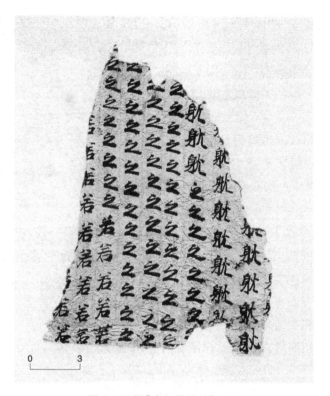

图6　于阗《尚想黄绮帖》习字

行和"抗"字4行(对应"吾比之张、钟当抗行"一句残文)①。这个写本显然是正面抄写《兰亭序》习字、背面抄写《尚想黄绮帖》的学生习字文书,和上述羽田亨旧藏的敦煌文书羽664号一样,正背面都写王羲之的《兰亭序》和《尚想黄绮帖》,这恐怕不是巧合,而是唐朝书法教育制度的体现。

我们知道,长寿元年(692)十月,唐朝复置安西四镇,并发三万汉军驻守西域。此后必定有不少通文墨的中原官人进入西域地区,中原的传统文化也随之大量流入安西四镇地区。随军的儿童也要学习书法,《尚想黄绮帖》的习字更可能出自学童手笔。吐鲁番、库车、和田出土抄本、习书《兰亭序》和《尚想黄绮帖》的发现,说明唐内府藏右军书目所著录的这些法帖,不仅

① É. Chavannes. *Les documents chinois découverts par Aurel Stein dans les sables du Turkestan oriental*, Oxford 1913, p.204, pl. XXXII. 正面比定见陈丽芳《唐代于阗的童蒙教育——以中国人民大学博物馆藏和田习字为中心》,《西域研究》2014年第1期,41页;背面比定承北京大学研究生包晓悦见告,谨此致谢。

仅为皇家所欣赏，同时也流入民间，传播广远，成为敦煌、西域地区学童模仿的对象，也是中原文化西渐的表征。

（2011 年 10 月 7 日初稿，提交故宫博物院举办的"2011 年兰亭国际学术研讨会"，2012 年 3 月 31 日修订，2015 年 2 月 10 日增订）

接受与排斥

——唐朝时期汉籍的西域流布

唐朝自太宗开始势力伸入西域地区,高宗时灭西突厥汗国,西域的宗主权归属唐朝。以后虽然不时受到吐蕃和西突厥余部的骚扰,但唐朝持续统治西域一百多年。在此期间,唐朝的制度文化逐渐进入西域地区,为当地绿洲王国所吸收采纳。

然而,由于史籍记载相对较少,以前当地出土的文书又十分零散,对于唐朝时期中原文化影响西域的深度和广度无法展开论述。笔者根据19世纪末叶以来库车、和田等地出土汉语和胡语文书,特别是近年来发现的新材料,重点考察构成中原文化核心内涵的书籍在西域地区的流传,讨论哪些图书传播到了西域,以何种形态传播过去,传播的途径,使用的人群,产生的影响,对当地胡人知识建构的意义,传播的阻力,以期全面综合地讨论这些汉籍在当地的流传状况,并探讨这种传播最终没有持续下来的原因。

一、"西域"的地理范围和本文的限定

"西域"一词,有狭义和广义两种。狭义的西域,一般即指天山以南,昆仑山以北,帕米尔以东,玉门关以西的地域;广义的西域,则指当时中原王朝西部边界以西的所有地域,除包含狭义的西域外,还包括南亚、西亚,甚至北非和欧洲地区。可见,狭义的西域是"西域"的核心部分,我们这里所说的"西域",指的是狭义的西域。

应当说明的是,"西域"的范围和边界在不同的历史时期不是一成不变的。自汉代以来,中原王朝的观念一般是以敦煌西北的玉门关和阳关为界,出这两个关,就进入西域了。诗人吟诵的"西出阳关无故人""春风不度玉

门关",都是这种概念的反映。公元前 60 年,中原的西汉王朝在此设立西域都护府,管辖包括南北疆的"西域"地区。但是到了唐朝初年,这个界限就有所改变。唐初往西天取经的玄奘在经行吐鲁番的高昌王国时,受到国王麴文泰的盛情款待和丰厚的资助,等到 644 年他回国时,本拟到高昌国去回报麴文泰的供养之恩,可是高昌国在此前的 640 年已经被唐太宗派兵灭掉,这里已经改作唐朝直辖的西州①。于是,玄奘在撰写《大唐西域记》时,第一句话就是"出高昌故地,自近者始,曰阿耆尼国(旧曰焉耆)"②,把"西域"的东部边界放在吐鲁番盆地之西的地方。到了开元、天宝时期,唐朝已经把直接控制的领域从西州(吐鲁番)、伊州(哈密)、石城镇(若羌)、播仙镇(且末)一线,扩大到塔里木盆地的安西四镇地区,唐朝的西部边界也向西移动到葱岭一线③。正因为此,我们讨论唐代西域的情况时,只得放弃材料异常丰富的吐鲁番出土文书④。

　　狭义的西域,大体上相当于今天所说的南疆。新疆地区以天山山脉为界,分为南北疆两个部分。自古以来,北疆主要生活着各种游牧民族,南疆则是以定居农耕为主的绿洲王国。1759 年,清政府收复西域南北疆地区。1884年清朝设立新疆省。但清人的著作对"新疆"的说法并不统一,著名学者徐松的《西域水道记》仍把敦煌放在西域范围中,但他为伊犁将军松筠所纂官修的著作《新疆识略》,又把新疆的地域界定在哈密以西。现在的"新疆",位于欧亚大陆的腹地,面积 160 多万平方千米,约占中国陆地总面积的 1/6。

　　从 19 世纪下半叶开始,西方学者对于新疆的地理、考古做了相当深入的考察。在他们的著作中,对于"西域"的称呼并不一致,各种称呼的地理范围也不一样。许多人就用泛泛的 Central Asia 来指称西域,这当然不错。

---

① 参看孟宪实《唐玄奘与麴文泰》,季羡林等主编《敦煌吐鲁番研究》第 4 卷,北京大学出版社,1999 年,89—101 页。

② 季羡林等《大唐西域记校注》,中华书局,1995 年,46 页。

③ 关于唐代不同时期"西域"的范围,参看荣新江《敦煌本〈天宝十道录〉及其价值》,唐晓峰等编《九州》第 2 辑,1999 年,125 页;荣新江、文欣《"西域"概念的变化与唐朝"边境"的西移——兼谈安西都护府在唐政治体系中的地位》,《北京大学学报》2012 年第 4 期,113—119 页。

④ 有关吐鲁番文书中的汉籍情况,朱玉麒教授以广义的文学概念为核心,做了较为透彻的收集、整理和研究,见其所撰《中古时期吐鲁番地区汉文文学的传播与接受:以吐鲁番出土文书为中心》,《中国社会科学》2010 年第 6 期,182—194 页;又《吐鲁番文书中的汉文文学资料叙录》,《吐鲁番学研究》2009 年第 2 期,89—98 页;又《吐鲁番文书中的玄宗诗》,《西域文史》第 7 辑,科学出版社,2012 年,63—75 页。

也有的人习惯用 Chinese Turkestan 或 East Turkestan，这两个词是对应于 Russian Turkestan 和 West Turkestan，因为对于最初来到此地的西方人来说，这些地方主要是操各种突厥语的民族，所以把这里叫做"Turkestan"（突厥斯坦）。从现代地理概念上来说，"西域"属于 Central Asia 或更广阔的 Inner Asia，也是"新疆"的主体部分。

我们以下从四个方面谈谈中原的典籍在西域传播的问题。

二、经典西渐

我们把唐朝时期的西州排除在外，主要的出土文献来自龟兹、于阗两个绿洲王国。根据传世文献和出土文书，我们来看看中原汉文典籍在这里的流传情况。

1. 龟兹

龟兹是汉唐时期西域的大国，北据天山，南临大漠，是西域地区最为重要的绿洲王国。从汉代以来，龟兹与中原王朝保持着联系，唐朝于658年灭西突厥汗国，包括龟兹在内的西域各国的宗主权转归唐朝，唐朝将安西都护府从西州交河城迁至龟兹王城，下辖安西（龟兹）、于阗、疏勒、焉耆四镇，龟兹成为唐朝统治西域地区的军政中心。随着与中原内地关系越发紧密，汉文的典籍也和白练一起，一批批地被驮到龟兹，分散到各地。

在德国所藏古代龟兹国范围内出土的文献中，有《切韵》（T IV K 95-100a，b，现编号 Ch 1991）①和增字本《切韵》（T IV K 75，Ch 2094）②。唐朝的韵书在当时有两个功能，一个是做诗时的参考文献，在推敲词句、选取韵脚的时候可以帮助选取恰当的文字。二是作为科举考试的书籍而存在，因为唐朝的科举考试重进士科，而进士科考诗赋，因此也需要用《切韵》作为

---

① 周祖谟《唐五代韵书辑存》，学生书局，1994年，71、825—827页；高田时雄《敦煌·民族·语言》，钟翀等译，中华书局，2005，24—27、37页（图2）。

② 周祖谟《唐五代韵书辑存》，236，239，865—866页；T. Takata，"The Chinese Language in Turfan with a Special Focus on the *Qieyun* Fragments"，*Turfan Revisited – The First Century of Research into the Arts and Cultures of the Silk Road*，eds. D. Durkin-Meisterernst et al.，Berlin：Dietrich Reimer Verlag，2004，pp. 333-335；高田时雄《敦煌·民族·语言》，24—27页。

参考文献①。

《西域考古图谱》下卷经籍类曾经刊布一件大谷探险队所得写本残片，正背面分别抄写班固《汉书》卷四〇《张良传》和司马迁《史记》卷六七《仲尼弟子列传》，出土地标为"库木吐喇"②，即库木吐喇（Kumtura）石窟。无独有偶，德藏所谓"吐鲁番收集品"中编号为 T II T 1132（Ch. 938）的残片，正背面也是《汉书·张良传》和《史记·仲尼弟子列传》③，两件写本卷次、书法全同，应当是同一个抄本，而且就是同一张纸的上下半，但中间还有残缺，不能直接缀合（图 1）④。按德藏编号的含义，是指德国第二次吐鲁番探险队在吐鲁番吐峪沟所得，与大谷探险队的标记不同，目前尚无法判定哪个编号正确，但至少一种可能是出自龟兹。

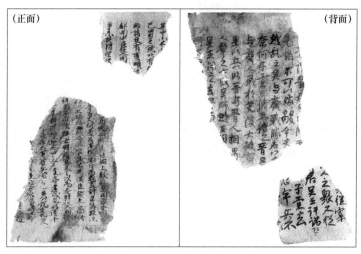

**图 1　班固《汉书》卷四〇《张良传》（正面）
和司马迁《史记》卷六七《仲尼弟子列传》（背面）**

---

① 参看平田昌司《〈切韵〉与唐代功令——科举制度与汉语史第三》，潘悟云编《东方语言与文化》，东方出版中心，2002 年，327—359 页。

② 《西域考古图谱》下卷，国华社，1915 年，经籍类图版（5）—（1）和（2）。

③ 荣新江《德国吐鲁番收集品中的汉文典籍与文书》，饶宗颐主编《华学》第 3 辑，紫禁城出版社，1998 年，312、315 页；T. Nishiwaki, *Chinesische Texte vermischten Inhalts aus der Berliner Turfan-sammlung（Chinesische und manjurische Handschriften und seltene Drucke. Teil 3）*, Stuttgart：Franz Steiner Verlag, 2001, pp. 58-59, pl. 6；荣新江主编《吐鲁番文书总目（欧美收藏卷）》，武汉大学出版社，2007 年，77 页。

④ 荣新江《〈史记〉与〈汉书〉——吐鲁番出土文献札记之一》，《新疆师范大学学报》2004 年第 1 期，41—43 页 +4 图。

　　大谷探险队在库车城西渭干河西岸的都勒都尔·阿护尔(Douldour-aqour)遗址,发现过一个小纸片(大谷1510),只有3行10个字①,从内容看,是王羲之《尚想黄绮帖》中"张草犹当雁行"最后两字的习字。

　　在龟兹国范围内,已经发现过一些汉文佛典的遗存,就笔者检索所记,有如下残片:

　　《金刚般若波罗蜜经》(T IV K 75,Ch 171)②。

　　《金刚般若波罗蜜经》(伯希和都勒都尔·阿护尔所得 D. a. 113 号)③。

　　《摩诃般若波罗蜜经》卷二十四(大谷8123)④。

　　《妙法莲华经》卷二(T IV K 75,Ch 805)⑤。

　　《妙法莲华经》卷五(大谷8125)⑥。

　　《妙法莲华经》卷五(大谷7518 + 大谷7126 + 大谷7244 + 大谷7005),库木土拉出土⑦。

　　《大般涅槃经》卷三(T IV K 70(+)71,Ch 2293r),背面写"《佛名经》一卷",但无本文⑧。

　　《维摩诘所说经》卷上(大谷8122)⑨。

　　此外,尚未比定的德藏佛典残片还有六件:T IV K 70(+)71(Ch

---

①　小田义久编《大谷文书集成》壹,法藏馆,1984年,73页,图版132,题"习字纸断片"。

②　G. Schmitt and T. Thilo, *Katalog chinesischer buddhistischer Textfragmente* I (BTT VI), Berlin 1975,p.40;《吐鲁番文书总目(欧美收藏卷)》,14页。

③　*Les manuscrits chinois de Koutcha. Fonds Pelliot de la Bibliothèque Nationale de France*, par E. Trombert avec la collaboration de Ikeda On et Zhang Guangda, Paris: Institut des Hautes Études Chinoises de Collège de France, 2000, p.99.

④　香川默识编《西域考古图谱》下卷,佛典13;小田义久编《大谷文书集成》叁,法藏馆,2003年,244页。

⑤　*Katalog chinesischer buddhistischer Textfragmente* I,p.57;《吐鲁番文书总目(欧美收藏卷)》,65页。

⑥　香川默识编《西域考古图谱》下卷,佛典58;小田义久编《大谷文书集成》叁,244页。

⑦　小田义久编《大谷文书集成》肆,79、28、45、8页。

⑧　T. Thilo, *Katalog chinesischer buddhistischer Textfragmente* II (BTT XIV), Berlin 1985, p.64;《吐鲁番文书总目(欧美收藏卷)》,188页。

⑨　香川默识编《西域考古图谱》下卷,佛典66;小田义久编《大谷文书集成》叁,244页。

852）①、T IV K.75（Ch 1373）②、T IV K 70（+）71. 502（Ch 1998）③、T IV K 70（+）71（Ch 2063）、T IV K 70（+）71. 503（Ch 2209）④、T IV K 70（+）71. 500（Ch 2809）⑤；伯希和（P. Pelliot）在都勒都尔·阿护尔所得佛典残片五件：D. a. 5 号⑥、D. a. 25 号⑦、D. a. 26 号⑧、D. a. 241 号⑨、D. a. 246 号⑩。

《金刚般若波罗蜜经》《妙法莲华经》《大般涅槃经》都是唐朝最流行的汉译佛典，表明这里僧人诵读的汉文佛典与同时期的沙州（敦煌）和西州（吐鲁番）没有什么不同。另外，还有两件约 9—10 世纪回鹘时期写本《四分律比丘戒本》（T IV K 77，Ch 5511；T IV K 77，Ch 5512）⑪，其祖本可能也是唐朝时期的汉文写本。其他未比定和编号不能确知为库车出土文献的佛典应当还有许多。

此外。唐朝法律文书《唐律·擅兴律》（T IV K 70（+）71，Ch 991）⑫也传到了龟兹。

2. 于阗

大谷探险队曾在和田发现一件《尚书正义》卷八《商书太甲上第五》孔氏传的抄本残片（图 2）⑬，从字体看，应当是唐人抄本。这是很难得的一件儒家根本经典遗存。另外，德国探险队所获一件和田出土写本，为《经典释

---

① 《吐鲁番文书总目（欧美收藏卷）》，69 页。

② 同上书，114 页。

③ 同上书，165 页。

④ Nishiwaki, *Chinesische Texte vermischten Inhalts aus der Berliner Turfansammlung*, p. 125；《吐鲁番文书总目（欧美收藏卷）》，182 页。

⑤ 《吐鲁番文书总目（欧美收藏卷）》，228 页。

⑥ E. Trombert, *Les manuscrits chinois de Koutcha*, p. 50.

⑦ Ibid. , p. 60.

⑧ Ibid. , p. 60.

⑨ Ibid. , p. 127.

⑩ Ibid. , p. 128.

⑪ G. Schmitt and T. Thilo, *Katalog chinesischer buddhistischer Textfragmente* I, p. 172；《吐鲁番文书总目（欧美收藏卷）》，321 页。

⑫ T. Yamamoto, O. Ikeda & Y. Okano. *Tun-huang and Turfan Documents concerning Social and Economic History*, I. Legal Texts（A）（B）, Tokyo：Toyo Bunko, 1978-1980, A, 26, 121 B, 16.

⑬ 香川默识编《西域考古图谱》下卷，经籍（2）—（1）；小田义久编《大谷文书集成》叁，233 页。

图2 和田出土
《尚书正义》卷八孔氏传抄本

文》卷二《论语·微子》(T IV Chotan, Ch 3473r),存7行文字①,也颇为珍贵。

很有意思的是,斯坦因(A. Stein)第三次中亚探险在和田北方麻札塔格发现的一个残片,我们发现竟然是北齐刘昼撰《刘子》祸福第四十八篇的残文(M. T. 0625, Or. 8212/725,图3)②,这或许代表了道家思想的流传。

王羲之的《兰亭序》,是中国书法最具代表性的作品,由于唐太宗的鼓吹,在唐朝成为备受关注的书帖,也是普罗大众学习书法的最好模本。我们不仅仅在敦煌发现很多《兰亭序》的摹本,在吐鲁番、库车发现了《尚想黄绮帖》的习字,现近年来我们也在俄藏和田出土文书中,找到一件摹写非常精到的《兰亭序》(Дх. 18943-1),写本残存5行,可惜只有开头部分文字。更能说明问题的是,我们在中国人民大学博物馆和中国国家图书馆藏卷中,又发现了两件《兰亭序》的摹本。一件编号为GXW0112,仅存开头六字,即"永和九年岁癸",不知何故没有继续书写,从写本文字顶着页边书写以及文字大小和纸张的空白长度,其为照摹《兰亭序》帖本,显然没有疑义。另外一件是人民大学博物馆藏卷GXW0017号和国家图书馆BH3-7号缀合而成,写"永和九岁在癸丑"几个字,是一

---

① Nishiwaki, *Chinesische Texte vermischten Inhalts aus der Berliner Turfansammlung*, p. 40。此件已断为若干小残片,馆方夹入厚玻璃板保护时,正背有所错乱,小口雅史做了整理复原,见所撰《ベルリン・吐鲁番コレクション中のコータン人名录(Ch 3473)をめぐって》,《法政史学》第67号,2007年,16—29页;又同上文《补订》,《法政史学》都68号,2007年,11—119页。

② 荣新江《关于唐宋时期中原文化对于阗影响的几个问题》,北京大学中国传统文化研究中心编《国学研究》第1卷,1993年,北京大学出版社,416页。图版见 H. Maspero, *Les documents chinois de la troisième expédition de Sir Aurel Stein en Asie Centrale*, London: The British Museum, 1953, p. 191, pl. XXXV;沙知、吴芳思编《斯坦因第三次中亚考古所获汉文文献(非佛经部分)》第2册,上海辞书出版社,2005年,196页。

图3　和田出土《刘子》祸福第四十八篇

个文化水平不高的习字,性质是书法习字,而不是文献抄本①。此外,斯坦因在麻札塔格遗址发现的一件学童习字(M. T. b. 006),一面上残存抄写"当"字两行和"抗"字四行,另一面上残存"欣"字一行和"俛"两行,中间是学生的题记:

>]　补仁里　祖为户
> □生李仲雅仿书册行谨呈上。②

这里的习字"欣"和"俛",刚好对应《兰亭序》中"向之所欣,俛(俯)仰之间"一句中的字,因此也应当是《兰亭序》的学生习字文本③;背面习字"当"和"抗",恰好是《尚想黄绮帖》中"吾比之张、钟当抗行"一句残文④。

　　更有甚者,斯坦因在麻札塔格遗址发现的 M. T. 095 号(Or. 8212/

　　① 荣新江《〈兰亭序〉在西域》,中国人民大学国学院编《国学学刊》2011 年第 1 期,65—71 页;收入中国人民大学国学院主编《国学的传承与创新——冯其庸先生从事教学与科研六十周年庆贺学术文集》,上海古籍出版社,2013 年,1099—1108 页。

　　② É. Chavannes. *Les documents chinois découverts par Aurel Stein dans les sables du Turkestan oriental*, Oxford 1913, p. 204, pl. XXXII.

　　③ 陈丽芳《唐代于阗的童蒙教育——以中国人民大学博物馆藏和田习字文书为中心》,《西域研究》2014 年第 1 期,41 页。

　　④ 此承北京大学研究生包晓悦见告,谨此致谢。

1519）残纸，残存九行文字，重复写"軓之若"三字①，这无疑是王羲之《尚想黄绮帖》的习书文字。另外，中国人民大学博物馆藏和田出土五件残片，均为"吾弗及"三字的习书，应当是《尚想黄绮帖》最后三字的练习②。这两种王羲之书帖的习字，表明王羲之的这个帖本，从中原到敦煌，再到吐鲁番、龟兹，最终传写到于阗。

作为习字的残片，还有麻札塔格出土的《千字文》（M. T. 0199a, Or. 8212/1859），正背书写③。《千字文》是唐朝更为流行的识字、习字文本，它传入于阗，是不难理解的。

在佛教典籍方面，英国霍恩雷（A. F. R. Hoernle）收集品中，有一件写本正面为汉文，背面为于阗文，据云出自和田东哈达里克（Khadalik）遗址。正面的汉文由沙畹（É. Chavannes）比定为《大般若波罗蜜多经》，背面的于阗文由霍恩雷本人刊布，内容亦属于般若经典④。后来，斯坦因又在麻札塔格的佛寺遗址中，发现汉文《大般若波罗蜜多经》等佛典断片（编号 M. T. a. 004［a］；M. T. a. 004；M. T. a. 003；M. T. b. 004；M. T. b. 004［a］；M. T. b. 004［b］）⑤，以及信徒所写的发愿文（M. T. 0634（3））⑥。另外英藏现编号为 Or. 8212/1573 的《金光明经》卷六残片，没有原编号⑦，但前后都是麻札塔格文书，或许也是古代于阗流通的汉文写经。

尤其值得提到的是，和田麻札塔格遗址还出土了一件《神会语录》（M.

① 沙知、吴芳思编《斯坦因第三次中亚考古所获汉文文献（非佛经部分）》第 2 册，197 页，题"习字"。

② 荣新江《〈兰亭序〉および〈尚想黄绮帖〉帖の西域における流传》（村井恭子译），东方学研究论集刊行会编《高田時雄教授退職記念東方学研究論集》（日英文分册），临川书店，2014 年，89—104 页。

③ 沙知、吴芳思编《斯坦因第三次中亚考古所获汉文文献（非佛经部分）》第 2 册，247 页，题"习字"。

④ A. F. R. Hoernle, "A Bilingual Fragment in Chines-Khotanese. Hoernle MSS. , Nos. 142 and 143", *Manuscript Remains of Buddhist Literature found in Eastern Turkestan*. ed. by A. F. R. Hoernle, Oxford 1916, pp. 387-399, pl. XXII. Cf. H. W. Bailey, *Khotanese Texts*, V. Cambridge：Cambridge University Press, 1980, pp. 67-68.

⑤ É. Chavannes. *Les documents chinois découverts par Aurel Stein dans les sables du Turkestan oriental*, pp. 202-203, pl. XXXII.

⑥ H. Maspero, *Les documents chinois de la troisième expédition de Sir Aurel Stein en Asie Centrale*, p. 189.

⑦ 沙知、吴芳思编《斯坦因第三次中亚考古所获汉文文献（非佛经部分）》第 2 册，226 页，题"寺院残文书"，实乃《金光明经》。

T. b. 001 号)①,写本上下均残,仅存八残行文字,但是作为南宗神会和尚的语录,弥足珍贵。

近年来中国国家图书馆收集的和田文书中,又有《僧伽吒经》《大般涅槃经》,特别是一件《观世音菩萨劝攘灾经一卷》(BH1-11)写本,这是唐天宝、至德年间或稍后的十数年内产生于龟兹一带的佛教疑伪经,但传写到于阗②。这些资料虽然不多,但足以证明许多类型的汉文佛典在于阗地区的传习。

三、传播的途径与接受者是谁

如上所述,显庆三年(658),唐朝灭西突厥汗国,将安西都护府从西州交河城迁至龟兹王城,下辖安西(龟兹)、于阗、疏勒、焉耆四镇,龟兹成为唐朝统治西域地区的军政中心,于阗位居第二。此后一段时间里,唐朝与吐蕃及西突厥余部曾在西域地区展开拉锯战,安西都护府曾撤回西州。长寿二年(693),唐将王孝杰率军从吐蕃手中收复安西四镇,则天武后决定征发汉兵三万人镇守西域。这一决策虽然遭到一些大臣的反对,但它的施行无疑取得了预期的效果,安西四镇抵御外敌的能力大大增强,此后直到8世纪末、9世纪初,除个别地区曾经受到突骑施等部的侵扰外,安西四镇的建置始终没有动摇。

高宗、武后到玄宗时期,正是唐朝军制从行军到镇军的转化阶段,边防体制也逐渐由府兵番上镇戍,转变为节度使体制下的军镇驻防。汉兵三万人出镇安西四镇,每镇至少在五千人以上,四镇的级别从原来的都护府下之镇,升格为直属于节度使的军镇一级,而此时安西都护府也逐渐转变为安西节度使。安西四镇"大军万人,小军千人,烽戍逻卒,万里相继,以却于强

① É Chavannes, *Les documents chinois découverts par Aurel Stein dans les sables du Turkestan oriental*, p. 203, No. 958, pl. XXXII. 文书内容为戴密微比定,见 P. Demiéville, "Deux documents de Touenhouang sur le Dhyana chinois", *Essays on the History of Buddhism Presented to Professor Zenryu Tsukamoto*, Kyoto 1961, p. 6; 林信明日译文,见《ポール・ドミヴィル禅学论集》(花园大学国际禅学研究所报告第一册),1988 年,113 页。

② 林世田、刘波《国图藏西域出土〈观世音菩萨劝攘灾经〉研究》,樊锦诗、荣新江、林世田主编《敦煌文献、考古、艺术综合研究——纪念向达教授诞辰 110 周年国际学术研讨会论文集》,中华书局,2011 年,306—318 页。

敌"①。而节度使体制下的新兵制,是"长征健儿"制,前往西域的兵士为职业兵,不再番替,而是一直镇守在那里,家属也从军而居②。

在这样的大背景下,一些中原的汉籍,就通过唐朝官人、军将、士兵及其家属之手,带到西域地区。上述库车出土的两种《切韵》写本,如果从使用功能上来看,很可能是和诗歌的流行或科举考试有关。我们知道,在唐朝前期有不少文人学士到过安西地区,著名的有诗人骆宾王和岑参,他们的行踪不仅见于他们自己的诗歌,也记录在吐鲁番出土的唐朝官府文书上③。另外还有一些不见于史传的文人学士,以及一些尚未出道的学子,他们在西行时,很可能随身携带着《切韵》一类图书。当然,更重要的是,科举的应试制度直接影响了童蒙以来的基础教育方式,《切韵》当然成为塾学必备的工具书。

上述流传到于阗的《神会语录》是如何传入的?笔者曾经根据神会和尚与朔方军的关系以及朔方军与西域地区驻军的联系,推测神会系的禅宗文献很可能是由朔方军的将士带到西域地区的。可以作为佐证的材料,是日本石井光雄积翠轩文库所藏敦煌本《神会语录》,据其题记,为贞元八年(792)北庭节度使张大夫在军务繁忙之间隙,让僧人和手下判官抄写校勘的,这表明神会的著作在西域军队中的重要地位④。

据唐开元年间求法僧慧超路过龟兹时的记录,这里有两所汉寺,于阗和疏勒也各有一所汉寺,其中的僧官三纲多是来自京城长安的大德⑤。大谷探险队在库木吐拉石窟切割走的一条供养人的榜题称:"大唐□(庄)严寺上座四镇都统律师□道。"⑥这是掌管安西四镇地区僧团事务的最高僧

① 《旧唐书》卷一九六上《吐蕃传》,中华书局,1975 年,5236 页。

② 关于唐朝军制的转变,参看菊池英夫《唐代边防机关としての守捉、城、镇等の成立过程について》,《东洋史学》第 27 号,1964 年,31—57 页;又《西域出土文书を通じてみたる唐玄宗时代における府兵制の运用》(上),《东洋学报》第 52 卷第 3 号,1969 年,22—53 页;(下),《东洋学报》第 52 卷第 4 号,52—101 页;孟宪实《于阗:从镇成到军镇的演变》,《北京大学学报》2012 年第 4 期,120—128 页。

③ 参看郭平梁《骆宾王西域之行与阿斯塔那 64TAM35:19(a)号文书》,《西北民族研究》1989 年第 1 期,53—62 页;王素《吐鲁番文书中有关岑参的一些资料》,《文史》第 36 辑,1992 年,中华书局,185—198 页;廖立《吐鲁番出土文书与岑参》,《新疆大学学报》1996 年第 1 期,88—92 页。

④ 荣新江《唐代禅宗的西域流传》,《田中良昭博士古稀纪念论集·禅学研究の诸相》,大东出版社,2003 年,62—65 页。

⑤ 桑山正进编《慧超往五天竺国传研究》,京都大学人文科学研究所,1992 年,25—26 页。参看 A. Forte, "A Chinese State Monasteries in the Seventh and Eighth Centuries",同书,213—258 页。

⑥ 香川默识编《西域考古图谱》上卷,国华社,1915 年,图 9。

官——都统，他来自长安的著名寺院大庄严寺。这些汉僧的到来，一定把汉传佛教思想及其典籍带到安西地区①。在龟兹、于阗当地发现的汉译佛典，恐怕主要是这些汉寺的遗存，当然由于有些文书的出土地点并不确切，所以也不排除来自当地的胡僧寺院。

从现存的史料来看，胡人首领当中，也有相当精通汉文典籍的人，最好的例子是哥舒翰。《旧唐书》卷一〇四《哥舒翰传》记载：

> 哥舒翰，突骑施首领哥舒部落之裔也。……祖沮，左清道率。父道元，安西副都护，世居安西。……年四十，遭父丧，三年客居京师，为长安尉不礼，慨然发愤折节，仗剑之河西。……翰好读《左氏春秋传》及《汉书》，疏财重气，士多归之。翰母尉迟氏，于阗之族也。

哥舒翰父哥舒道元任安西副都护，所娶尉迟氏，应当是出自尉迟王家的于阗王女。据《宋高僧传》卷二《实叉难陀传》，景云元年（710）十月于阗三藏法师实叉难陀在中原去世后，是由哥舒道元护送他的骨灰回到于阗国的。因此，我曾推测安西副都护和后来的安西节度副使一样，驻扎地应在于阗②。而哥舒翰少年时阅读《左传》和《汉书》的地点，推测是他随父任所在的于阗，《旧唐书》本传所谓"世居安西"的"安西"，是广义的安西，其中也包括于阗③。

尉迟王族成员，因为与中原交往甚密，应当也是汉文化的主要受众。安禄山叛乱后，于阗王尉迟胜于天宝十四载（755）领兵入援，等战事结束后，他却不回于阗，在长安住下不走了，"胜乃于京师修行里盛饰林亭，以待宾客，好事者多访之"④。其不回国为王而是在长安居住下来，一方面可能是长安的生活优裕，另一方面也可能是尉迟胜的汉文化修养较高，喜爱中华文化，他交往的宾客，应当包括长安的文人墨客。从间接的情况来看，到了公元10世纪时，于阗王李圣天以及他的儿子从德太子（尉迟输罗王），我们从

① 参看荣新江《慧超所记唐代西域的汉化佛寺》，《冉云华先生八秩华诞寿庆论文集》，法光出版社，2003年，399—407页；又《唐代西域的汉化佛寺系统》，新疆龟兹学会编《龟兹文化研究》第1辑，天马出版有限公司，2005年，130—137页。

② 荣新江《于阗在唐朝安西四镇中的地位》，《西域研究》1992年第3期，59—60页。

③ 荣新江《关于唐宋时期中原文化对阗影响的几个问题》，北京大学中国传统文化研究中心编《国学研究》第1卷，北京大学出版社，1993年，416页。

④ 《旧唐书》卷一四四《尉迟胜传》，3925页。

敦煌文献中可以了解到他们对汉文佛典的熟悉,特别是从德太子,留下了于阗文《礼忏文》等,表明他的思想深受汉地佛教的影响①。

至于普通的胡人,似乎未见受用汉文典籍。但值得注意的是上述麻札塔格遗址发现的《兰亭序》习字(M. T. b. 006),其上有学生题记:"］ 补仁里 祖为户[ ]□(学)生李仲雅,仿书卅行,谨呈上。"这一写法与1969年吐鲁番阿斯塔那363号墓发现的《论语·郑氏注》抄本的题记"景龙四年三月一日私学生卜天寿□","西州高昌县宁昌乡厚风里义学生卜天寿,年十二,状上"②(阙字是我们据文意所补)相比,十分相像。李仲雅既然是从祖辈以来就居住在补仁里的居民,那么他很可能是当地的于阗人,大概因为学习汉文,所以也起了汉名。如果这一推测成立,则作为汉文习字典范的《兰亭序》的书写,已经进入到当地的童蒙教育之中,虽然我们不知道李仲雅是正规学校的学生,还是像卜天寿那样是私塾里的义学生。从吐鲁番出土的武周时期学生令狐慈敏习字的《尚想黄绮帖》③来看,王羲之的书法作品是唐朝正规学校规定的习字用本,因此也不排除随着唐朝将乡里村坊制度等行政体制推行到安西四镇地区,汉式的学校教育体制也随之进入胡人小区。

四、拒绝抑或排斥

从上节的探讨得知,汉籍流传到西域地区,主要发现于龟兹和于阗,这虽然和新疆地区考古发掘点的不均匀分布有关,但经过一百多年来的偶然发现和主动发掘,汉籍主要出土于龟兹和于阗,也可能是唐朝时期的历史事实,当然我们相信焉耆、疏勒两地也一定有汉籍的流传,只是我们的确没有发掘到相关的遗址而已。

从上述龟兹、于阗出土的汉籍和传世史籍的记载来看,西域地区的汉籍

---

① 张广达、荣新江《敦煌文书 P. 3510 于阗文〈从德太子发愿文〉(拟)及其年代》,《1983年全国敦煌学术讨论会文集·文史遗书编》上,甘肃人民出版社,1987年,163—175页。

② 文物出版社《唐写本〈论语郑氏注〉说明》,《文物》1972年第2期,13页。

③ 唐长孺主编《吐鲁番出土文书》叁,文物出版社,1996年,363、366页,题"武周学生令狐慈敏习字"。比定见福田哲之《トゥルファン出土文书に见られる王羲之习书——アスターナ一七九号墓文书〈72TAM179:18〉を中心に》,《书学书道史研究》第8号,1998年,29—41页。参看张娜丽《西域出土文书の基础的研究》,汲古书院,2006年,312—315页。

主要受众是从中原内地前往征战或镇守的汉地将领、一些胡人首领,以及开始学习汉文化的儿童。从目前西域当地出土胡汉各种语言的文书材料来看,汉籍在当地产生的影响是有限的,对于当地胡人知识建构上的意义不是很大。

那么,唐朝中原强大的文化体系和发达的汉籍书写传统,在向西域传播时受到了什么样的阻力,这是我们讨论了这些汉籍在当地的流传状况之后,应当进一步思考的问题。

首先,西域与中原之间的地理环境是否成大量汉籍流传的障碍? 张广达先生在《古代欧亚的内陆交通——兼论山脉、沙漠、绿洲对东西文化交流的影响》一文中指出,在中原与西域之间,横亘着大片的戈壁和沙漠,还有大面积的盐原和雅丹,比如西域东部也就是中原进入西域门户地带的罗布泊东部地区,由于长年风蚀而成崎岖起伏、犬牙交错的雅丹地貌,中国古代典籍称之为"白龙堆"。这些盐原、雅丹地貌区和风蚀黏土层区连在一起,构成了高山、戈壁、流沙之外的阻滞古代人民往来的又一地理障碍。然而,靠高山融雪形成河流来滋润灌溉的绿洲,是广阔的沙漠之中的绿色生命岛屿,这些岛屿的存在打破了流沙世界的"生物真空",人们正是靠联结各个绿洲的一段段道路,沟通了与西域的往来。因此可以说,严酷的地理环境并没有阻止中原和西域地区的交往①。

其次,交通是否不够通畅? 由于上述地理方面的障碍,从中原到西域的交通道路肯定不如平原地区便捷易行。但显庆三年安西都护府移到龟兹以后,唐朝在西域地区"列置馆驿",当地出土文书也有不少馆驿的记载以及与馆驿有关的赋税记录,证明了唐安西四镇地区馆驿的广泛存在。而馆驿制度有一整套促进交通往来的功能,如安排食宿、提供马匹等交通运输工具,成为唐朝军政人员、公文、物资往来的途径与支撑。严耕望先生曾考索从长安经河西走廊越西州、焉耆到龟兹的道路,称此道"即为唐代长安西通西域中亚之大孔道也。全线行程皆置驿。……使骑较急之文书,约一月可达"②。其实从龟兹到疏勒,或从龟兹到于阗,唐朝西域军镇之间都有馆驿、

① 原载中国史学会编《第十六届国际历史科学大会中国学者论文集》,中华书局,1985 年,253—270 页;收入作者《西域史地丛考初编》,上海古籍出版社,1985 年,373—391 页。
② 见《唐代交通图考》第 2 卷,"中研院"史语所,1985 年,488 页。

烽铺相连。唐朝驿路系统的开通，不仅为丝绸之路上兴贩贸易的商人提供了有安全保障的通畅道路①，也大大加速了唐朝公文往来的传递速度，以及人员流动的频繁与行进的迅速。因此，唐朝开元、天宝时期应当是东西交通最为通畅的时代。

再次，语言的障碍是否成为问题？我们知道，唐朝时期西域地区主要流行的语言基本上都是属于印欧语系的。龟兹语又被学界称之为"吐火罗语"B语或B方言，是印欧语系西支的最东边的一个分支；于阗语则是印欧语系印度伊朗语族中的东伊朗语的一个分支；两者都因为受佛教影响而使用印度的婆罗谜文字。不论是语言还是文字，都和汉语汉字有很大的区别。所以，汉籍在西域的流行一定会受到语言、文字方面的阻障。我们曾考察过现存的9件（组）汉语于阗语双语文书，年代在开元十年（722）至贞元十四年（798）之间，一般是先写汉语，后写于阗语；汉语是正文，于阗语有的是把所有的汉语都翻译过来，有的是缩写，省略一些年份之类的文辞②。这些公私双语文书的存在，表明当地已经具备了从汉语翻译成于阗语的能力。但是，我们在唐朝的西域地区，没有看到像在吐蕃统治敦煌时期那样，把汉文经典如《尚书》③《春秋后语》④，以及一些佛典，特别是禅宗典籍，大量翻译成藏文⑤；也没有看到像9、10世纪的高昌回鹘王国时期那样，把大量的佛

① 参看程喜霖《从唐代过所文书所见通"西域"的中道》，《敦煌研究》1988年第1期，58—67页；又《唐代过所与胡汉商人贸易》，《西域研究》1995年第1期，97—103页；又《唐代过所研究》第5章《唐代公验过所与交通贸易》，中华书局，2000年，219—265页。

② 荣新江《汉语—于阗语双语文书的历史学考察》，新疆吐鲁番学研究院编《语言背后的历史——西域古典语言学高峰论坛论文集》，上海古籍出版社，2012年，20—31页。

③ W. S. Coblin, "A Study of the Old Tibetan *Shangshu* Paraphrase", Part 1, *Journal of the American Oriental Society*, 111. 2, 1991, pp. 303-322; Part 2, *Journal of the American Oriental Society*, 111. 3, 1991, pp. 523-539.

④ Y. Imaeda, "L'identification de l'original chinois du Pelliot Tibétain 1291, traduction tibétaine du *Zhanguo ce*", *Acta Orientalia Hungaricae*, 34. 1-3, 1980, pp. 53-69. 现在学界已基本认同马明达的考证结果，此卷不是《战国策》，而是《春秋后语》。

⑤ 关于禅宗典籍译成藏文的研究成果极多，参看 P. Demiéville, *Le concile de Lhasa. Une controverse sur le quiétisme entre bouddhistes de l'Inde et de la Chine au VIIIe siècle de l' ère chrétienne*, Paris: Institut des Hautes chinoises, 1952; rep., 1987; 耿昇汉译本《吐蕃僧诤记》，甘肃人民出版社，1984年；张广达《唐代禅宗的传入吐蕃及其有关的敦煌文书》，《学林漫录》第3辑，中华书局，1981年，36—58页；沈卫荣《敦煌古藏文佛教文献、塔波寺文书和〈禅定目炬〉研究：对新近研究成果的评述》，樊锦诗、荣新江、林世田主编《敦煌文献、考古、艺术综合研究——纪念向达教授诞辰110周年国际学术研讨会论文集》，339—353页。

教经典、禅籍、僧传都翻译成回鹘文①。

复次，应当看到唐朝以及西域历史进程的影响。我们从典籍和文书两方面的证据得知，唐朝在开元、天宝时期，已经把直辖领域从西州、伊州、石城镇、播仙镇一线扩大到安西四镇地区，唐朝的西部边界也西移到葱岭一带②。然而，安史之乱的爆发终止了唐朝直辖控制安西四镇的步伐，吐蕃乘河西、安西节度使下辖的唐军主力部队东调勤王之机，从青海地区开始，由东向西步步攻占唐朝领地，最后在9世纪初，占领了全部河西之地，并与漠北的回鹘汗国以塔克拉玛干沙漠中间为界，双方各据有原属安西四镇范围的塔里木盆地南北沿绿洲王国。唐朝与西域的官方联系最终断绝，汉籍不再能够传播过去，已经传去的典籍也渐渐变成了残篇断简，随着后来这一地区的突厥化和伊斯兰化，沉入沙漠当中。

从以上的分析可以看出，西域的胡人对于中原传来的汉籍并没有拒绝或排斥，只是唐朝真正占领的时间总体来说还是比较短暂的，更加深入的传播和渗透还没有来得及开始，就被安史之乱以及其后的政治进程所中断。

最后，我们还应当从唐朝本身的角度来思考这个问题，也就是说，儒家文化主张"安土重迁"，民间禁忌也阻碍人们到处旅行，文人士大夫对于四夷之人抱着十分蔑视的态度，因此，中国文化传统里没有自己的"传教士"，不像西方宗教那样，主动而有计划地来传播自己的教义。史籍记载唐太宗曾经命令高僧玄奘把《道德经》翻译成梵文，结果不得而知。我们从西域的情形可以看到，除了中原的佛教僧侣曾经努力向西域传播汉化佛教经典和思想之外，中国传统文化的精英分子，并没有现身西域。很可能，他们原本就认为，戎夷之人根本无法接受他们的"礼仪"和"典章"。

（2013年12月8日初稿，2014年2月14日定稿，提交台湾汉学研究中心举办的"图书、知识建构与文化传播学术研讨会"论文）

---

① 相关研究很多，可据下述著作参看相关参考文献：J. Elverskog, *Uygur Buddhist Literature* (Silk Road Studies I), Turahout: Brepols, 1997。

② 荣新江《敦煌本〈天宝十道录〉及其价值》，125页；荣新江、文欣《"西域"概念的变化与唐朝"边境"的西移——兼谈安西都护府在唐政治体系中的地位》，113—119页。

第四编

外来物质文明的贡献

丝绸之路上的粟特商人与粟特文化

一、粟特人及其在丝路上的聚落

粟特人,在中国史籍中又被称为昭武九姓、九姓胡、杂种胡、粟特胡等。从人种上来说,他们是属于伊朗系统的中亚古族;从语言上来说,他们操印欧语系伊朗语族中的东伊朗语的一支,即粟特语(Sogdian),文字则使用阿拉美文的一种变体,现通称粟特文。粟特人的本土位于中亚阿姆河和锡尔河之间的泽拉夫珊河流域,即西方古典文献所说的粟特地区(Sogdiana,音译作"索格底亚那"),其主要范围在今乌兹别克斯坦,还有部分在塔吉克斯坦和吉尔吉斯斯坦。在粟特地区的大大小小的绿洲上,分布着一个个大小不同的城邦国家,其中以撒马尔罕(Samarkand)为中心的康国最大,它常常是粟特各城邦国家的代表。此外,以布哈拉(Bukhara)为中心的安国,也是相对较大的粟特王国。还有位于苏对萨那(Sutrushana/Ushrusana)的东曹国、劫布呾那(Kaputana)的曹国、瑟底痕(Ishitikhan)的西曹国、弭秣贺(Maymurgh)的米国、屈霜你迦(Kushanika)的何国、羯霜那(Kashana)的史国、赭时(Chach)的石国等等,不同时期,或有分合,中国史籍称他们为"昭武九姓",其实有时候不止九个国家①。

中古时期,粟特人以经商著称,"利之所在,无远弗至"。从公元 3 世纪到 10 世纪,大批经商的粟特人进入中国,在丝绸之路沿线的城镇周围或城市中间,形成一连串的粟特聚落或聚居区,其中也包括随之而来的其他

---

① 关于粟特王国的古地今名,参考张广达为《大唐西域记校注》(中华书局,1985 年)所写的相关条目。粟特历史,则请参考《中亚文明史》1—3 卷汉译本相关章节,中国对外翻译出版公司、联合国教科文组织,2002—2003 年。

中亚居民,如吐火罗人、焉耆人、突厥人等等。我曾经汇集中国史书、各地出土的汉语和伊朗语文书、汉文石刻材料,描绘出沿塔里木盆地,经河西走廊,到唐朝的都城长安或东都洛阳,以及山西、河北,直到东北营州地区的粟特聚落的分布情况。把这些胡人聚落串连在一起,实际上可以清晰地勾勒出一条粟特人东行所走的丝绸之路,这条道路从西域北道的据史德(今新疆巴楚东)、龟兹(库车)、焉耆、高昌(吐鲁番)、伊州(哈密),或是从南道的于阗(和田)、且末、石城镇(鄯善),进入河西走廊,经敦煌、酒泉、张掖、武威,再东南经原州(固原),入长安(西安)、洛阳,或东北向灵州(灵武西南)、并州(太原)、云州(大同东)乃至幽州(北京)、营州(朝阳),或者从洛阳经卫州(汲县)、相州(安阳)、魏州(大名北)、邢州(邢台)、定州(定县)、幽州(北京)可以到营州①。

二、萨保:粟特商队首领和聚落首领

文献记载粟特聚落的首领是"萨保",此词来源于粟特文的 s'rtp'w,汉文音译作"萨保""萨甫""萨宝"等,本意是指"队商首领",意译就是"首领",延伸为商队所形成的聚落上的政教兼理的胡人大首领的意思,由于大多数早期东来的粟特人信奉的是粟特传统的琐罗亚斯德教(中国称之为祆教、拜火教),所以聚落中往往立有祆祠,萨保也就成为粟特聚落中的政教大首领②。

聚落来源于商队,中古时期陆上丝绸之路的商队(图1),因为要在克服自然环境所带来的困难的同时,还要防止土匪的打劫,所以往往动辄数百人一道行动,一同居止,佛经中有五百商人遇盗图,虽然不是确切的实数,但反映的就是这种数百人一起行动的情况。

从敦煌发现的粟特文古信札来看,公元4世纪初叶进入河西走廊的粟

---

① 荣新江《北朝隋唐粟特人之迁徙及其聚落》,《国学研究》第6卷,北京大学出版社,1999年,27—85页;收入《中古中国与外来文明》,生活·读书·新知三联书店,2001年,37—110页。

② 吉田豊《ソグド语杂录》(II),《オリエント》第31卷第2号,1989年,168—171页;姜伯勤《论高昌胡天与敦煌祆寺》,《世界宗教研究》1993年第1期,2—5页;荣新江《萨保与萨薄:北朝隋唐胡人聚落首领问题的争论与辨析》,叶奕良编《伊朗学在中国论文集》第3集,北京大学出版社,2003年,128—143页。

特人,就是由萨保统领的,在这些
粟特商队所形成的聚落中,有他们
供奉的祆祠,管理者为萨保手下的
祆祠主①。在中原,萨保作为一种
中原王朝中央或地方官府、地方王
国的职官,应当出现在 6 世纪前半
的北魏时期。

把胡人聚落首领任命为政府
官员,并用其原语的称呼——"萨
保"来作为官名,即表明北魏王朝
开始对胡人聚落加以控制,同时以
继续任用胡人聚落首领的方式,保
持了聚落的自治性质,萨保既是胡
人首领,同时开始成为中央或地方
政府的官员。萨保被纳入中国传
统的官僚体制当中,成为一级职
官,作为视流外官,专门授予胡人
首领。并设立萨保府,其中设有萨
宝府祆正、萨宝府祆祝、萨宝府长
史、萨宝府果毅、萨宝府率、萨宝府
史等官吏,来控制胡人聚落,管理
聚落行政和宗教事务。从史籍和

图 1　安伽墓图像所见粟特商队

墓志辑录的材料来看,从北魏开始,中原王朝就在都城洛阳设京师萨保,而
在各地设州一级的萨保。我们见到有雍州、凉州、甘州等地萨保的称号。以
后西魏北周、东魏北齐都继承了此制度。北齐有京邑萨甫,诸州萨甫。北周
有京师萨保,墓志材料中还有凉州、酒泉、同州、并州、代州、介州等州一级的
萨保,如新发现的史君墓主人是凉州萨保,安伽是同州萨保,还有中央政府
派出的检校萨保府的官员,即虞弘。隋代有雍州(京师)萨保和诸州萨保。
唐朝建立后,把正式州县中的胡人聚落改作乡里,如西州的胡人聚落设为崇化

---

① 荣新江《祆教初传中国年代考》,《国学研究》第 3 卷,北京大学出版社,1995 年,341 页。

乡安乐里,敦煌则以粟特聚落建立从化乡,两京地区城镇中的胡人同样不会以聚落形式存在,但边境地区如六胡州、营州柳城等地的胡人聚落,应当继续存在,因此萨保府制度并未终结,所以《通典》卷四〇《职官典》以及其他史料仍有萨宝府职官的记录,事实上,北朝至隋唐的中央政府对粟特聚落的控制是一个漫长的过程。

在中央或地方政府势力所不及的地方,胡人聚落中的萨保虽然存在,但却没有作为官称出现,史料中提到这类胡人聚落的首领时,往往就用"首领"或"大首领"的称呼。敦煌写本《沙州伊州地志》石城镇条云:"贞观中(627—649),康国大首领康艳典东来,居此城,胡人随之,因成聚落,亦曰典合城。"①同卷伊州条记:"隋末,复没于胡。贞观四年(630),首领石万年率七城来降。"②若是占据了某个城镇,则也有称作"城主"的,如唐高宗与武则天乾陵蕃王石像题名有:"播仙城□(主)河(何)伏帝延。"③

三、粟特人的商业活动

目前所见最早的有关粟特商人在中国活动的记录,是斯坦因(A. Stein)在敦煌西北长城烽燧下面发现的粟特文古信札。这是一组住在武威、敦煌的粟特商人写给家乡撒马尔罕或西域楼兰等地的粟特商人的信件,不知何故被送信的使者遗失在那里。经过学者们的解读,我们得知这是公元4世纪初叶写成的,主要内容是报告粟特商人以凉州武威为大本营,派出商人前往洛阳、邺城、金城(兰州)、敦煌等地从事贸易活动,因为晋末中原的动乱,致使经商的粟特人也蒙受打击这一情况,通过信札所述内容我们还了解到他们行踪之远,以及经营的货物品种——香料、布匹等④。

粟特人经过长时间的经营,在撒马尔罕和长安之间,甚至远到中国东北边境地带,逐渐形成了自己的贸易网络,在这个贸易网络的交汇点上,建立

① 池田温《沙州图经略考》,《榎博士还历记念东洋史论丛》,山川出版社,1975年,91—93页。

② 唐耕耦等编《敦煌社会经济文献真迹释录》一,书目文献出版社,1986年40—41页。

③ 陈国灿《唐乾陵石像及其衔名的研究》,《文物集刊》第2集,1980年,189—203页。

④ N. Sims-Williams, "The Sogdian Ancient Letter II", *Philologica et Linguistica : Historia, Pluralitas, Universitas. Festschrift für Helmut Humbach zum 80. Geburtstag am 4. Dezember* 2001, ed. ,. M. G. Schmidt and W. Bisang, Trier 2001, pp. 267-280; F. Grenet, N. Sims-Williams, and E. de la Vaissière, "The Sogdian Ancient Letter V", *Bulletin of the Asia Institute*, XII, 1998, pp. 91-104.

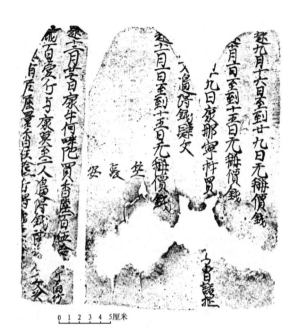

图2　吐鲁番出土称价钱文书（部分）

起殖民聚落，作为他们东西贸易的中转站。吐鲁番出土有高昌国时期的
《高昌内藏奏得称价钱帐》（图2），就反映了在高昌地区进行贵金属、香料
等贸易的双方，基本都是粟特人①。也就是说，从西方来的粟特商人把大宗
货物运载到高昌，由高昌的粟特商人买下来，再分散或整批运至河西或中原
地区兴贩。辛姆斯—威廉姆斯（N. Sims-Williams）教授曾据印度河上游中
巴友好公路巴基斯坦一侧发现的粟特文摩岩题记，指出粟特人不仅仅是粟
特与中国之间贸易的担当者，也是中国与印度之间的贸易担当者②。结合
吐鲁番阿斯塔那古墓发现的粟特文买卖突厥地区女婢的契约（图3）③，我
们也可以说，粟特人还是中国与北方游牧民族之间贸易的担当者，即如姜伯

---

① 《吐鲁番出土文书》壹，文物出版社，1992年，450—453页；《吐鲁番出土文书》三，文物出版社，1981年，318—325页。参看朱雷《麴氏高昌王国的"称价钱"》，《魏晋南北朝隋唐史资料》第4期，1982年，17—24页。

② N. Sims-Williams, "The Sogdian Merchants in China and India", *Cina e Iran da Alessandro Magno alla Dinastia Tang*, ed. A. Cadonna e L. Lanciotti, Firenze 1996, pp. 45-67.

③ 吉田豊、森安孝夫、新疆博物馆《麴氏高昌国时代ソグド文女奴隷卖买文书》，《内陆アジア言语の研究》IV，1988年，1—50页＋图版一；Y. Yoshida, "Translation of the Contract for the Purchase of a Slave Girl Found at Turfan and Dated 639", *T'oung Pao*, LXXXIX/1-3, 2003, pp. 159-161。

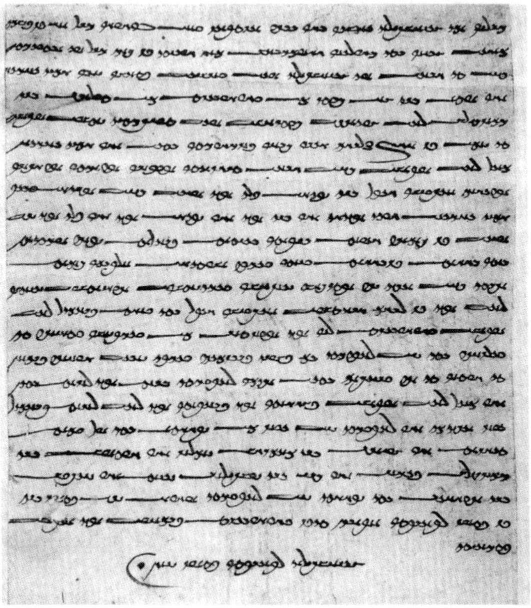

图3　吐鲁番出土粟特文买卖女婢契

勤教授所强调的那样,粟特人实际上是中古时期丝绸之路上的贸易担当者①。大概正是因为从北朝到隋唐,陆上丝绸之路的贸易几乎被粟特人垄断,所以我们在史籍中很少看到波斯商人的足迹,现代舞剧《丝路花雨》所描写的丝绸之路上的波斯商人,在唐朝时期更多是活跃在东南沿海,而非在敦煌、吐鲁番,北方丝路沿线发现的大量的波斯银币和少量的东罗马金币,应当是粟特人贸易的印证,而不是钱币源出国的波斯人和拜占庭人②。

四、粟特考古新发现

虽然敦煌、吐鲁番发现的大量汉文和粟特文文书,使我们对于敦煌、吐鲁番两地的粟特人的了解远较其他地区要详细得多。但敦煌、吐鲁番文书所反映的情况,主要是粟特人集中在某一乡里的情况,也就是唐朝中央政府

---

① 姜伯勤《敦煌吐鲁番文书与丝绸之路》,文物出版社,1994年,150—226页。

② 荣新江《波斯与中国:两种文化在唐朝的交融》,刘东编《中国学术》第4辑,商务印书馆,2002年,61—64页。

把原本属于粟特聚落的粟特民众编入唐朝地方行政管理体制内的乡里以后的情况,唐代墓志和其他考古数据所反映的武威、固原等地的粟特人,也大多数是这种情形,即粟特人已经完全按照汉式的葬法埋葬,并书写与汉人相同的墓志铭。但是,北朝隋唐时期没有被中央或地方政府(如高昌王国)所控制的粟特聚落及其文化面貌,我们过去不甚了然。

1999 年 7 月山西太原发现的虞弘墓和 2000 年 5 月陕西西安发现的安伽墓,是迄今为止中国发现的有关中亚人或粟特人的最重要墓葬。据墓志记载,虞弘是鱼国人。鱼国在史籍中没有记载,从他祖上和他本人原是中亚柔然帝国的官员来看,鱼国是中亚的一个国家。虞弘出使过波斯、吐谷浑等地,后进入中原王朝,担任太原等三个州的"检校萨保府"官员,即中央政府派驻太原管理胡人聚落者,死于隋开皇十二年(592)①。安伽从姓氏来看,显然是来自中亚安国(Bukhara)的粟特人,北周时任同州(陕西大荔)萨保,即中央政府任命的同州地区的胡人聚落首领,死于大象元年(579)②。这两个墓葬不仅是目前中国发现的有确切纪年的最早墓葬,而且两个石棺上的雕像具有明显的粟特美术特征,其宗教内涵引起学者们的高度重视。由于这两座墓葬的发现,使得一些已经出土而分散在各处的同类石棺床也得到了重新的认识,这些石棺床包括:20 世纪初出土而现分散藏在巴黎、科隆、波士顿、华盛顿的一套③,1971 年山东益都发现的一套(573)④,1982 年甘肃天水发现的一套⑤,以及近年入藏 Miho 美术馆的一套⑥。这些石棺床上的图像在文化属性上基本一致,年代大体上都在北朝末到唐朝初年的范围内,地域范围包括甘肃、陕西、山西、河南、山东,大体上与我依据文献材料所勾

---

① 山西省考古研究所、太原市晋源文物旅游局《太原隋代虞弘墓清理简报》,《文物》2001 年第 1 期,27—52 页。

② 陕西省考古研究所《西安发现的北周安伽墓》,《文物》2001 年第 1 期,4—26 页。

③ G. Scaglia, "Central Asians on a Northern Ch'I Gate Shrine", *Artibus Asiae*, XXI, 1958, pp. 9-28; B. I. Marshak, "Le programme iconographique des peintures de la 'Salle des ambassadeurs' a Afrasiab (Samarkand)", *Arts Asiatiques*, XLIX, 1994, pp. 1-20; 姜伯勤《安阳北齐石棺床画像石的图像考察与入华粟特人的祆教美术》,《艺术史研究》第 1 辑,中山大学出版社,151—186 页。

④ 山东省益都县博物馆(夏名采)《益都北齐石室墓线刻画像》,《文物》1985 年第 10 期,49—54 页;夏名采《青州傅家北齐画像石补遗》,《文物》2001 年第 10 期,49—54 页。

⑤ 天水市博物馆《天水市发现隋唐屏风石棺床墓》,《考古》1992 年第 1 期,46—54 页。

⑥ A. L. Juliano and J. A. Lerner, "Cultural Crossroads: Central Asian and Chinese Entertainers on the Miho Funerary Couch", *Orientations*, Oct. 1997, pp. 72-78; A. L. Juliano and J. A. Lerner, "The Miho Couch Revisited in Light of Recent Discoveries", *Orientations*, Oct. 2001, pp. 54-61.

勒的北朝末至唐初粟特人的迁徙路线相合。

这些石棺上所镌刻的图像有许多惊人的相似之处,大多数具有明显的粟特美术特征,有些具有浓重的祆教色彩。这些石棺的主人,有的是粟特聚落首领,有的是管理粟特聚落的官员。可以说,这一系列石棺床可能是当时粟特及其他伊朗胡人聚落首领的主要墓葬形式,它们反映了萨保统治粟特聚落时期的聚落内部的日常生活形态①。当然,作为来源于生活的艺术作品,不一定与生活场景完全一样,这些作品往往高于生活,即选取生活中的共同因素来表现,或者选取超出生活的一些特异点来表现生活。在这些石棺床中,以安伽墓的图像最有生活气息,但其中也有一些程式化的东西。

五、粟特聚落的日常生活与宗教文化

根据这些石棺床的图像,对比汉文史料、敦煌吐鲁番文书、墓志的记载,可以形象地展现粟特聚落内部的许多真实的日常生活以及他们的宗教文化信仰情况。

文献记载粟特聚落的首领是萨保,安伽就是一位萨保。北朝后期,中央政府开始控制胡人聚落,除设立萨保府,任命胡人首领为正式官职萨保外,还派人(经常也是胡人)去管理萨保府,虞弘就是这种角色。安伽墓的每一个图像有一个主人公模样的人,就是萨保。他被绘在中间的一块石板上,坐在房子里与夫人宴饮,右边的上部是他接见突厥首领的情形,下面是突厥和粟特人在结盟的样子。图像中有萨保会见粟特、突厥、汉族客人的情况,或者绘突厥、波斯、印度各国王狩猎的图像,这正是萨保在聚落中接待四方宾客的现实生活写照。安伽墓的图像,非常形象地展现了萨保在粟特聚落中的地位,以及他宴饮、狩猎、会客、出访等日常生活场景。

在这些石棺图像中,几乎全都是胡人形象,除了作为萨保客人或狩猎的各国王者之外,普通的人也都是深目高鼻,有的卷发,有的短发,都穿胡服,说明聚落中没有汉人。但从不同的胡人形象看,聚落中应当以粟特商胡最

---

① Rong Xinjiang, "The Illustrative Sequence on An Jia's Screen: A Depiction of the Daily Life of a *Sabao*", *Orientations*, February 2003, pp. 32-35 + figs. 1-7.

多,但也有其他西域胡人。自从上个世纪初,伯希和(P. Pelliot)依据敦煌文书,把罗布泊地区粟特人的移民集团称作"粟特聚落"以后①,大家都把所谓"粟特聚落"理解为纯由粟特人组成。现在我们发现北朝末至唐初太原胡人聚落中,有可能来自游牧汗国高车的翟娑摩诃出任大萨宝,也有出身塔里木盆地北沿焉耆的龙润出任萨保府长史。应当说"粟特聚落",实际是以粟特人为主的西域胡人聚落。因此,在这些胡人聚落中,我们看到的最常见的日常生活,既有受北方游牧民族影响的狩猎,更多的则是粟特人喜欢的歌舞,还有粟特人所擅长的葡萄种植和酿造葡萄酒。图像资料中几乎没有农业劳动的场景,这似乎说明粟特聚落中,农业尚未发展起来。

在这些石棺图像的中间位置,都有墓主人夫妇宴饮图。男主人都有明显的胡人特征,安伽墓的女主人的种族特征不明显。我们从粟特人的墓志和其他文献记载中可以看出,早期来中国的粟特人,往往都是胡人之间通婚,这是因为他们生活在自治的聚落里,和汉人往来不多,所以主要是自己内部通婚。但这些女性常常穿着中国式的长裙,表明粟特人对中国文化的喜爱,而从以后粟特人的墓志来看,粟特人越来越多地和汉族女子结婚。然而,这些早期的粟特石棺床图像上,还看不到典型的中国日常生活的场景。

粟特人按照祆教的丧葬仪式,死后尸体由狗吃掉,然后把剩下的骨头放在瓮棺(Ossuary)中埋起来。虽然吐鲁番发现过这种瓮棺②,但中原内地还没有发现。中国人的丧葬习俗是把尸体装入棺椁后土葬的,粟特人进入中原后,也逐渐改用土葬。已经发现的大量的粟特人墓葬是采用土葬的方式,和汉人基本没有区别。但安伽墓和虞弘墓有所不同,都没有装尸体的棺,前者只有一个围屏石榻,后者只有石椁,我们笼统地叫石棺床,实际和中原传统的石棺不同。特别是安伽的尸骨是放在墓门外面,而且经过火烧;虞弘墓经过古人(唐代)的盗扰,情况不明。从安伽墓来看,还是有明显的祆教葬俗的影响。这种既不是中国传统做法,也不是粟特本土形式的葬式,应当是入华粟特人糅合中原土洞墓结构、汉式石棺以及粟特浮雕骨瓮的结果。至于粟特人的葬仪,Miho 美术馆所藏石板 F,是一幅完整的葬仪图,上面是戴口罩

---

① P. Pelliot, "Le *Cha-tcheou tou-tou-fou t'ou-king* et la colonie sogdienne de la région du Lob Nor", *Journal Asiatique*, 11e série, 7, 1916, pp. 111-123.

② 影山悦子《东トルキスタソ出土のオッスアリ(ゾロアスター教徒の纳骨器)について,《オリエソト》第 40 卷第 1 号,1997 年,73—89 页。

的祆教祭司正维持圣火,主持葬仪,他身后有四人持刀劙面,上下是送丧的人群和马队,中间有一条正在"犬视"的小狗①。我们可以把它与山东益都发现的石棺床的一块石板图像联系起来,那上面刻有四匹马架着一个石棺或木棺,由一人牵行,下面还有一条小狗跟着,画面上方表示远处是群山,山中有一所房子,像是一个坟上的建筑物。这可以看作是 Miho 美术馆所藏送葬图的继续。

我们已经从有关敦煌、吐鲁番等地的胡人聚落记载中了解到,聚落中往往有胡人信奉的祆教祭祀中心——祆祠,说明这种粟特胡人主要信奉的是波斯传统的宗教信仰——琐罗亚斯德教的粟特变体。这一点也为斯坦因在敦煌长城烽燧下获得的公元 4 世纪所写粟特文古信札所证实。这些石棺床图像更进一步肯定了粟特聚落中胡人的祆教信仰。在安伽墓墓门的门额上,刻画着三只骆驼支撑的火坛,两旁是半鸟半人形的祭师,下面是典型的粟特供养人,上有飞天,各持箜篌和琵琶。骆驼代表"胜利之神",所以这是一个高等级的火坛形象(图 4)。虞弘墓的石棺下面的床座上,也浮雕有火

图 4 安伽墓门楣的祆教图像

---

① J. Lerner, "Central Asians in Sixth-Century China: A Zoroastrian Funerary Rite", *Iranica Antiqua*, XXX, 1995, pp. 179-190.

坛,两边也是半鸟半人形的祭师。此外,Miho 石棺床的 Nana 女神形象和袄教葬仪,都表明粟特聚落是以袄教为主要宗教信仰的,他们的宗教生活乃至一些日常生活,都遵循着袄教仪式。

粟特人大体上是沿着丝绸之路的主干道,在草原游牧汗国和中原王朝之间的夹缝中逐渐东迁,建立聚落。在公元 3 世纪到 10 世纪丝路沿线不断变化的政治背景下,粟特聚落必然打上多种文化色彩。在日常生活方面,我们可以看到一种以粟特文化为主,杂糅了波斯的伊朗文化、北方游牧民族和西域其他胡人文化的色彩。在精神文化方面继续坚持自己的袄教信仰的同时,粟特人在物质文化方面越来越多地接受中国文化的影响。

可以说,粟特聚落的日常生活,反映了粟特人作为丝路民族的特征,粟特人的聚落中也汇聚了多种文化,把它们带到东方,带到中国。正如我们说粟特人是中古时期丝绸之路上各国间贸易的担当者一样,他们其实也是各种文化之间交流时的传递者。

（据 2002 年 7 月在香港城市大学中国文化中心的讲稿整理而成,原载郑培凯主编《西域:中外文明交流的中转站》,香港城市大学出版社,2009 年,75—89 页）

丝路钱币与粟特商人

近年来笔者一直关注中亚粟特商人东迁中国及其对各方面的影响问题。丝绸之路上流通的钱币与作为国际贸易承担者的粟特商人有着密切的关系，前人已经就此做过许多研究，但还是有些问题有待深入探讨，比如沿丝路进入中国的萨珊银币与粟特商人的关系问题。笔者在本文中想谈三个问题，其中有些论点已经有人提过，但我希望从更为宏观的角度，来加强我们对于粟特商人重要角色的认识，并强调流入中古中国的萨珊波斯银币与粟特商人的密切关系。

一、为什么萨珊波斯银币不是波斯商人带来的

从 20 世纪初叶以来，越来越多的萨珊波斯帝国制造的银币在中国境内的丝绸之路沿线被发现，新疆乌恰的山间、吐鲁番盆地的高昌城内、青海西宁的窖藏、固原南郊的胡人墓地、河北定州的塔基等等，都有出土，证明了《隋书·食货志》所说的："河西诸郡，或用西域金银之钱，而官不禁。"学者们一般都认同，这里所说的金钱是指东罗马（拜占庭）金币，而银钱就是萨珊银币。从目前考古已经发现的资料看，东罗马金币尚不能说是一种流通的货币，而萨珊银币则一定进入流通领域，这一点更得到吐鲁番出土的高昌国到唐西州时期的大量公私文书记录的印证。

在 20 世纪 50 年代以来丝绸之路沿线大量发现萨珊银币的时候，学者们当然立刻会把这种钱币在中国的出土和古代波斯与中国的交往联系起

来①。然而,到70年代吐鲁番出土官私文书逐渐被解读出来以后,人们发现实际上在丝绸之路上使用这种萨珊银币的不是波斯人,而是粟特人。这个结论现在看来是没有什么问题的了,但为什么萨珊银币不是波斯商人带来的呢?

我曾经仔细研究过中国传统文献、出土文书和碑志的相关记载,发现在北朝隋唐时期,来华的波斯人主要是肩负外交和政治使命的使者,而不是严格意义上的商人。与之相反,中亚两河流域的粟特人,从公元4世纪初到8世纪上半叶,在中亚到中国北方的陆上丝绸之路沿线,建立起了完善的商业贩运和贸易的网络。于是,萨珊波斯的商人就很难插足其间,来争夺中亚和中国本土的商业利益了②。我们从吐鲁番留存的大量麴氏高昌国时期(501—640)和唐朝时期的文书,可以看到粟特商人在高昌地区从事商贸活动的真实写照,但却没有任何波斯商人的身影③。现代舞剧《丝路花雨》把波斯商人当作丝绸之路上商人的代表,其实是对于吐鲁番文书尚未研究时代的产物。过去我们对于波斯商人和粟特商人来华活动的情况不是非常清楚,由于大量的考古发现,特别是敦煌吐鲁番文书和石刻碑志的整理研究,使得我们现在对于北朝到隋唐时期粟特商人控制丝绸之路的情形有了充分的了解,同时我们也知道,波斯人在陆上的损失,大概从海上获得了部分的补偿,于是我们从汉文史料和笔记小说中常常看到波斯商人或他们所开设的店铺,更多是在东南沿海一带。因此,现在可以比较肯定地说,路上丝绸之路沿线发现的萨珊银币,主要的持有者不是其源出国波斯的商人,而是中亚的商业民族——粟特人。

---

① 夏鼐《综述中国出土的波斯萨珊朝银币》,原载《考古学报》1974年第1期,此据《夏鼐文集》下,社科文献出版社,2000年,51—70页;桑山正进《东方におけるサーサーン式货币の再检讨》,《东方学报》(京都)第54册,1982年,149—151页;E. V. Zeimal', "Eastern (Chinese) Turkestan on the Silk Road - First Millennium A. D. Numismatic Evidence", *Silk Road Art and Archaeology*, 2, 1991/1992, pp. 166-167;姜伯勤《敦煌吐鲁番文书与丝绸之路》,文物出版社,1994年,30—31页。

② 荣新江《波斯与中国:两种文化在唐朝的交融》,刘东编《中国学术》2002年第4辑,商务印书馆,2002年,61—64页。

③ 参看姜伯勤《敦煌吐鲁番文书与丝绸之路》,198—202页;荣新江《高昌王国与中西交通》,余太山编《欧亚学刊》第2辑,中华书局,2000年,73—83页。

二、粟特商人贸易网络的建立与丝路货币形式的统一

粟特人东来贩易,往往是以商队(caravan)的形式,由商队首领(caravan leader)率领,结伙而行,他们少者数十人,多者数百人,并且拥有武装以自保。他们在丝绸之路上一些便于贸易和居住的地点留居下来,建立自己的殖民聚落,一部分人留下来,另一部分人继续东行,去开拓新的经商地点,建立新的聚落。久而久之,这些粟特聚落由少到多,由弱变强,少的几十人,多者达数百人。在中原农耕地区,被称为聚落;在草原游牧地区,则形成自己的部落。因为粟特商队在行进中也吸纳许多其他的中亚民族,如吐火罗人、西域(塔克拉玛干周边绿洲王国)人、突厥人加入其中,因此不论是粟特商队还是粟特聚落中,都有多少不等的粟特系统之外的西方或北方的部众,所以,我们有时也把粟特聚落称为胡人聚落,这可能更符合一些地方的聚落实际的种族构成情况。

从十六国到北朝时期,这样的胡人聚落在塔里木盆地、河西走廊、中原北方、蒙古高原等地区都有存在,散布十分广泛。近年来,我汇集了粟特文古信札、敦煌吐鲁番发现的汉文和粟特文文书、中原各地出土的汉文墓志材料等各种史料,比较清晰地勾勒出一条粟特人东行所走的丝绸之路(图1),这条道路从粟特本土出发,经怛逻斯、碎叶、弓月到北庭,或是沿西域北道的据史德(今新疆巴楚东)、龟兹(库车)、焉耆、高昌(吐鲁番)、伊州(哈密),或是从勃律、渴槃陀,沿西域南道的于阗(和田)、且末、石城镇(鄯善),进入河西走廊,经敦煌、酒泉、张掖、武威,再东南经天水、原州(固原),入长安(西安)、同州、洛阳,或东北向灵州(灵武西南)、夏州(统万城)、并州(太原)、云州(大同东)乃至幽州(北京)、营州(朝阳),或者从洛阳经卫州(汲县)、相州(安阳)、魏州(大名北)、邢州(邢台)、定州(定县)、幽州(北京)可以到营州,另外,还有经西平(鄯州,今西宁)南下吐蕃之路,还有从并州南下介州的南北道路。在这些道路上的各个主要城镇,几乎都留下了粟特

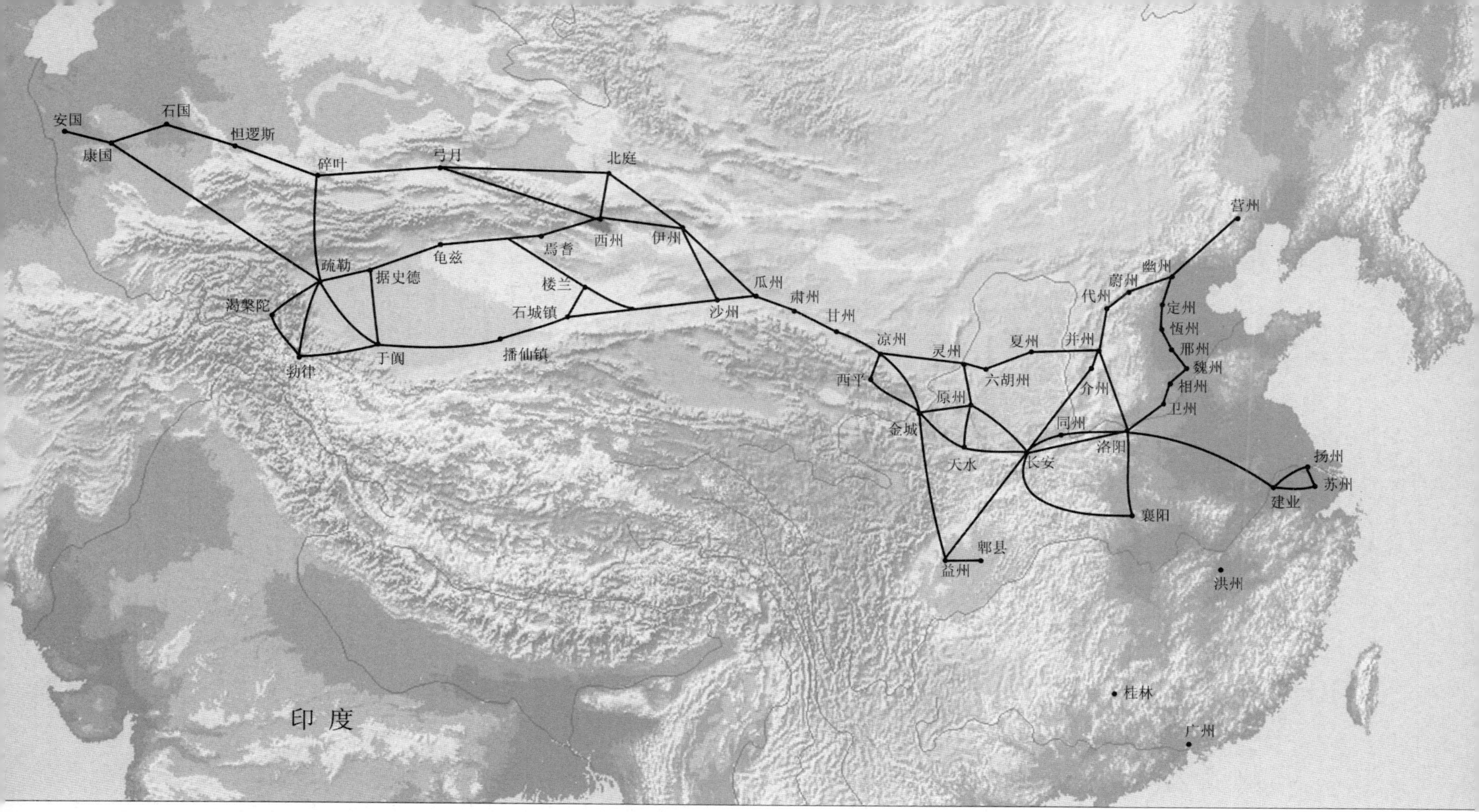

图1　粟特人东行所走的丝绸之路

人的足迹,有的甚至形成了聚落①。所以,粟特人经过长时间的经营,在从粟特本土到中国的丝绸之路上,逐渐形成了自己的贸易网络,从北朝到隋唐,或者说从 4 世纪到 8 世纪,陆上丝绸之路的贸易几乎被粟特商人所垄断。

笔者曾经把上述粟特商人的殖民据点绘制在地图上②,根据新发现的资料,粟特人曾经驻足的丝路城镇名字今后仍将不断地被补充。如果把这张图和萨珊波斯银币出土地的标识图合起来看③,就会一眼看出两者基本上是吻合的,不论从时间上,还是从地域上来看,粟特商人都可以说是萨珊银币东传的主要承载者。

在 4 世纪以前,丝绸之路上的钱币多种多样,有汉的五铢和中原汉晋时期作为钱币使用的织物,有汉佉二体钱、汉龟二体钱、高昌吉利钱等西域地方王国的货币,有贵霜铜币等等,都程度不同地在流通领域里使用④。随着 4 世纪初叶以后粟特商人贸易网络的逐渐建立,萨珊银币取代其他各种货币,成为丝绸之路上最重要的等价物,因为吐鲁番、敦煌等地的材料较多,所以我们知道萨珊银币当时不仅使用于国际贸易,而且深入地方王国如麹氏

---

① 荣新江《西域粟特移民聚落考》,马大正等编《西域考察与研究》,新疆人民出版社,1994 年,157—172 页;又《北朝隋唐粟特人之迁徙及其聚落》,《国学研究》第 6 卷,北京大学出版社,1999 年,27—85 页;两文收入《中古中国与外来文明》,生活·读书·新知三联书店,2001 年,19—36、37—110 页;又《西域粟特移民聚落补考》,《西域研究》2005 年第 2 期,1—11 页;又《北朝隋唐粟特人之迁徙及其聚落补考》,《欧亚研究》第 6 辑,中华书局,2007 年,165—178 页。四篇文章的英文本见 Rong Xinjiang, "Sogdians around the Ancient Tarim Basin", *Ērān ud Anērān. Studies Presented to Boris Il'ič Maršak on the Occasion of His 70th Birthday*, eds. M. Compareti, P. Raffetta and G. Scarcia, Venezia: Libreria Editrice Cafoscarina, 2006, pp. 513-524; idem, "The Migrations and Settlements of the Sogdians in the Northern Dynasties, Sui and Tang" (tr. by Bruce Doar), *China Archaeology and Art Digest*, IV. 1: Zoroastrianism in China, December 2000, pp. 117-163; idem, "Further Remarks on Sogdians in the Western Regions" (tr. by Wen Xin), *Exegisti monumenta. Festschrift in Honour of Nicholas Sims-Williams* (Iranica 17), eds. Werner Sundermann, Almut Hintze and François de Blois, Wiesbaden: Harrassowitz Verlag, 2009, pp. 399-416; idem, "Further Remarks on the Migrations and Settlements of the Sogdians in the Northern Dynasties, Sui and Tang", *Eurasia Studies*, vol. I, ed. Yu Taishan & Li Jinxiu, Beijing: The Commercial Press, 2011. 2, pp. 120-141。

② 《中古中国与外来文明》,39 页。最新的地图见上引 "Further Remarks on the Migrations and Settlements of the Sogdians in the Northern Dynasties, Sui and Tang", p. 121。

③ 《夏鼐文集》下,54 页,图 5—17。

④ 参看下列著作的相关部分:董庆煊、蒋其祥等编《新疆钱币》,新疆美术摄影出版社,1991 年;Helen Wang, *Money on the Silk Road. The evidence from Eastern Central Asia to c. AD. 800*, London: The British Museum Press, 2004;王永生《新疆历史货币》,中华书局,2007 年。

高昌社会经济生活的许多方面，如纳税、买卖、雇佣等①；北魏王室派到敦煌的统治者元荣，就用银币大量施舍②。《大慈恩寺三藏法师传》记载，玄奘在河西重镇凉州（武威）为道俗讲《涅槃》《摄论》及《般若经》，"散会之日，珍施丰厚，金钱、银钱、口马（奴隶和牲口）无数，法师受一半然（燃）灯，余外并施诸寺"③。到 7 世纪末、8 世纪初，随着萨珊波斯的灭亡、粟特本土逐渐被阿拉伯人占领、唐朝势力进入西域地区，粟特人原有的贸易网络逐渐无法维持，萨珊银币也慢慢退出历史舞台，丝绸之路的东部开始流行唐朝的铜钱和布帛，西方则用阿拉伯仿制的阿拉伯—萨珊银币或阿拉伯金币④。

可以说，粟特贸易网络的维持时间和分布地域与萨珊波斯银币的流行时间和范围，大体上是相吻合的。

三、萨珊波斯银币的流通货币功能

考古发现毕竟是偶然的，迄今为止所发现的萨珊波斯银币也就两千枚左右，与当年丝绸之路上繁盛的国际贸易相比，这些钱只是沧海一粟，算不得什么。于是，在讨论萨珊银币的功能时，常常会有学者把萨珊银币和东罗马金币同样看作是一种放在口中的丧葬物品，或者像何家村窖藏那样是一种收集品，事实上，有材料证明萨珊银币是一种流通领域里的货币。

1959 年，在新疆克孜勒苏柯尔克孜自治州乌恰县一个山崖缝隙间，曾发现 947 枚波斯银币（图 2）、16 根金条，这最有可能的解释就是商人遇到

---

① 参看郑学檬《十六国至麴氏王朝时期高昌使用银钱的情况研究》，《敦煌吐鲁番出土经济文书研究》，厦门大学出版社，1986 年，293—318 页；宋杰《吐鲁番文书所反映的高昌物价与货币问题》，《北京师范学院学报》1990 年第 2 期，67—76 页；郭媛《试论隋唐之际吐鲁番地区的银钱》，《中国史研究》1990 年第 4 期，19—33 页；林友华《从四世纪到七世纪中高昌货币形态初探》，《敦煌吐鲁番学研究论文集》，汉语大词典出版社，1990 年，872—900 页；卢向前《高昌西州四百年货币关系演变述略》，作者《敦煌吐鲁番文书论稿》，江西人民出版社，1992 年，217—266 页；姜伯勤《敦煌吐鲁番文书与丝绸之路》，29—36 页。

② 池田温《敦煌の流通経済》，《讲座敦煌》3《敦煌の社会》，大东出版社，1980 年，310 页。

③ 孙毓棠、谢方点校本，中华书局，1983 年，10—11 页。

④ J. K. Skaff, "The Sasanian and Arab-Sasanian Silver Coins from Turfan: Their Relationship to International Trade and the Local Economy", *Asia Major* 11, 1998, pp. 67-116；斯加夫《吐鲁番发现的萨珊银币和阿拉伯—萨珊银币——它们与国际贸易和地方经济的关系》，《敦煌吐鲁番研究》第 4 卷，北京大学出版社，1999 年，419—463 页。

图 2 新疆乌恰县发现的
波斯银币

强盗时紧急掩埋的结果①。乌恰位于中国通向费尔干那盆地的通道上,应当也是中古时期粟特商人所走的道路之一。虽然没有确切的材料证明这些银币和金条属于粟特商人,但它们发现在粟特与中国之间的道路上,出现于粟特商人垄断丝绸之路贸易的时代,我们不是没有理由把这个发现和粟特商人联系起来②。这个发现的重要意义在于,这 900 多枚萨珊银币是一次性发现的,而且是和 16 根金条一起发现的,这些钱币当然只能认为是流通的货币,而金条则是这批商人所得财富的浓缩物。

其实,性质相似的窖藏不只这一处,吐鲁番的高昌故城内,曾先后发现三处窖藏,1950 年左右发现 20 枚,出土时放在一起,原本应当属于一个窖藏③;1955 年在一个煤精制成的小方盒中发现 10 枚④;1989 年在一个容器内发现 100 多枚,可惜已经散入民间⑤;青海西宁城隍庙街发现一窖藏,出土 76 枚⑥;以上所发现的钱币制作年代都在 4—5 世纪。1991 年河南洛阳伊川县司马沟村一

① 李遇春《新疆乌恰发现金条和大批波斯银币》,《考古》1959 年第 9 期,482—483 页。详细报告,见奈良シルクロード学研究センター编《新疆出土のサーサーン式银货——新疆ウイゲル自治区博物馆藏のサーサーン式银货》,《シルクロード研究》第 19 号,奈良:シルクロード学研究センター,2003 年。

② 孙莉《萨珊银币在中国的分布及功能》,《考古学报》2004 年第 1 期,39 页有这样的看法。在 2007 年 4 月 3—4 日在日本滋贺县立大学举办的"中日共同粟特文化研讨会"上,主持整理乌恰出土银币的菅谷文则教授提出《葱岭道与粟特人》的报告,根据他对出土地及其周边道路交通情况的实地调查,详细论证了这个发现与粟特人的关系。

③ 夏鼐《新疆吐鲁番最近出土的波斯萨珊朝银币》,原载《考古》1966 年第 4 期;此据《夏鼐文集》下,39—40 页。

④ 夏鼐《中国最近发现的波斯萨珊朝银币》,原载《考古学报》1957 年第 2 期;此据《夏鼐文集》下,19—24 页。

⑤ 宋智勇《波斯银币在新疆的又一次重大发现——缀记 89 年吐鲁番出土的一批波斯萨珊朝银币》,《新疆钱币》1996 年第 2 期,36—39 页;《吐鲁番地区发现一批早期波斯银币》,《中国钱币》1996 年第 4 期,74 页。

⑥ 夏鼐《青海西宁出土的波斯萨珊朝银币》,原载《考古学报》1958 年第 1 期;此据《夏鼐文集》下,32—38 页。

木制方盒内,发现一批萨珊银币,已经散失,收集到的资料尚有 315 枚卑路斯(Peroz,459—484)钱币①。1988 年山西大同天镇县新平镇长城边一山洞内,发现 49 枚卑路斯钱币②。这些窖藏与墓葬、塔基出土的单个或少量银币不同,应当是作为钱币有意埋藏起来的,由于某种原因而没有能再度启用。其实,萨珊银币的此种流通功能,才是这种银币在中国流行的主要价值③。

由乌恰的事例我又想到,一队粟特商人在进行长途贩运时,所携带的物品应当是体积既小,而价值又高的东西,那么金条和银币,可能就是他们用以购买丝绸和其他物品的主要货币。当他们到达一个丝路城市后,就可以按照当地的比价换成当地的货币或丝绸,或者直接用作钱币来购买所需物品。笔者曾根据近年发现的粟特首领史君、安伽及其同类型者的墓葬出土的图像材料,探讨过粟特商队的种族构成、运载工具、运行方式等④。在笔者举证的安伽和史君墓出土的商队图像中,我们都可以看到一个商人背负着一个装着东西的袋子,里面沉甸甸的样子,即使是在商队休息的时候,这位站在中间的商人仍然背着而不肯放下袋子,这不禁让我们想到,这里粟特人要表现的是什么呢? 我猜想这可能正是他们辛辛苦苦奔波在丝绸之路上所赚来的萨珊银币。

公元 3—8 世纪,粟特商人沿丝绸之路东来贩易,逐渐形成自己的贸易网络,控制了丝路的商品交易,他们所携带来的萨珊波斯制作的银币,也取代其他丝路绿洲王国的地方货币和中原西传的铜钱,成为丝路上的通用货币。萨珊银币作为丝路的统一货币,无疑促进了东西方的贸易往来,也为粟特商人的经商活动带来无穷的便利,促进了粟特商人推动的丝路贸易乃至文化交流。

---

① 于倩、霍宏伟《洛阳出土波斯银币探索》,《中国钱币》1995 年第 1 期;范振安、霍宏伟《洛阳泉志》,兰州大学出版社,1999 年,156—162 页。

② 张庆捷《北魏平城波斯银币与丝绸之路几个问题》,"丝绸之路古国钱币暨丝路文化国际学术研讨会"论文,上海博物馆,2006 年 12 月 4—7 日。参看王银田《北朝时期丝绸之路输入的西方器物》,张庆捷、李书吉、李钢编《4—6 世纪的北中国与欧亚大陆》,科学出版社,2006 年,79 页。

③ 我这里强调的是流通货币功能,对于萨珊银币各种功能的全面阐释,参看孙莉《萨珊银币在中国的分布及功能》,43—50 页。

④ 荣新江《北周史君墓石椁所见之粟特商队》,《文物》2005 年第 3 期, 47—56 页。

（初稿提交于 2006 年 12 月 4—7 日上海博物馆举办的"丝绸之路古国钱币暨丝路文化国际学术研讨会"，2007 年 6 月 29 日完稿，收入上海博物馆编《丝绸之路古国钱币暨丝路文化国际学术研讨会论文集》，上海：上海书画出版社，2011 年 12 月，1—7 页）

一位粟特首领的丝路生涯

——史君石椁图像素描

2003 年在北周都城长安东郊(今西安市未央区井上村东),发现了一座大型斜坡土洞墓,墓主人是北周凉州萨保史君,出土一套刻画图像丰富多彩的石椁,另外还有金戒指、金币和金耳坠等带有明显西方特色的珍贵文物。在石椁门楣的上方,镶嵌着一块长方形的石板,上面用粟特文和汉文刻写着史君的双语墓志铭,据铭文可以清楚地知道,史君出身粟特史国(Kish),入华后为凉州聚落首领——萨保,卒于大象元年(579),葬于大象二年[①]。

长安东郊的史君墓并非孤立的存在,在其周边考古工作者还发现了北周保定四年(564)的罽宾人诏赠甘州刺史李诞墓[②]、天和六年(571)的粟特康国(Samarkand)人大天主康业墓[③],以及与史君同年入葬的粟特安国(Bukhara)人同州萨保安伽墓[④]。这些北周时去世的胡人首领墓的集中出现,恐怕不是偶然的,而是北周末年的一种国家政策,即笼络胡人首领,以期利用胡人聚落的武装力量,来增强国力。

这些胡人首领身份不同,入华年代也不一样,因此反映在各自的墓葬葬具及其图像的内容上,也不一致。最早的李诞墓采用中国传统的石棺,上面的刻画内容主要是伏羲、女娲和四灵,是比较传统的中国葬具形式。康业墓

---

① 西安市文物保护考古所《西安北周凉州萨保史君墓发掘简报》,《文物》2005 年第 3 期;西安市文物保护考古研究院《北周史君墓》,文物出版社,2014 年。以下引《史君墓志》汉文部分均据此,并依笔者看法略有改订。

② 程林泉、张翔宇、张小丽《西安北周李诞墓初探》,《艺术史研究》第 8 辑,2005 年。

③ 西安市文物保护考古所《西安北周康业墓发掘简报》,《文物》2008 年第 6 期。

④ 陕西省考古研究所《西安发现的北周安伽墓》,《文物》2001 年第 1 期;又《西安北周安伽墓》,文物出版社,2003 年。

内是一套围屏石榻,围屏上刻画的图像也主要是中国传统所具有的宴饮、出行图,技法与中国传统石棺床上的围屏孝子图像颇为类似。到了580年入葬的史君墓和安伽墓,采用的虽然是中国北朝以来传统所用的葬具——石椁和围屏石榻,但上面的图像则几乎描绘的都是胡人的形象,与李诞、康业完全不同。或许胡人首领在刚刚接受汉地的传统葬具时,还没有太多的自我文化表现意识,可能也还没有如何表现胡人丧葬观念的图像粉本,因此基本上接受了汉地的传统图像模式。但经过一段时间后,两位萨保级人物史君墓和安伽墓的石质葬具上,则刻绘了胡人生活和丧葬的情景,表现出胡人自己的文化面相。即使是同一年入葬的史君和安伽,图像也不完全一样,虽然都有宴饮、狩猎、歌舞、出行等场面,但史君图像上的游牧族首领是嚈哒王,而安伽的则是披发的突厥可汗,表明史君的历史记忆年代要比安伽的更早一些。史君出自更为西面的凉州,除了胡人首领萨保的职衔外没有像安伽那样拥有北周官僚系统中的"大都督"一类的职称,而且其墓志还保有粟特文的部分,都说明史君的"胡味"更为浓厚一些,反映在他的石椁图像上,也更加"胡化"。

自史君墓发现以来,国内外研究粟特学、考古学、美术史、中外关系史等方面的学者,都从各自不同的角度探讨过史君石椁的图像,使得这些图像的内涵日益彰显出来。杨军凯《入华粟特聚落首领墓葬的新发现——北周凉州萨保史君墓石椁图像初释》,有对一些关键图像的初步比定①。吉田丰在考释粟特语史君墓铭时,简要提示了石椁西壁、北壁顺时针描绘着史君夫妇及其三个儿子的生活场景,并指出毡帐中的游牧首领是嚈哒王②。拙文《北周史君墓石椁所见之粟特商队》,结合其他资料讨论了粟特商队的构成③。丁爱博(A. E. Dien)《关于史君墓的考察》,认为石椁上从 W2 到 N5 几栏图像描绘着史君一生的行历④。葛乐耐(F. Grenet)和黎北岚(P. Riboud)

---

① 荣新江、张志清编《从撒马尔干到长安——粟特人在中国的文化遗迹》,北京图书馆出版社,2004 年,17—26 页。

② 吉田丰《西安新出土史君墓志的粟特文部分考释》,荣新江等编《粟特人在中国——历史·考古·语言的新探索》,北京:中华书局,2005 年,32 页。以下引《史君墓志》粟特文部分,均据此文。

③ 荣新江《北周史君墓石椁所见之粟特商队》,《文物》2005 年第 3 期,47—56 页。

④ A. E. Dien, "Observations Concerning the Tomb of Master Shi", *Bulletin of the Asia Institute*, new series, 17, 2003 (2007), pp.105-115.

合撰《一幅嚈哒帝国景象图：萨保史君墓葬浮雕上的生平叙事》，指出史君石椁图像描绘的是嚈哒帝国晚期粟特首领史君的生平叙事，他们就一些图像的时代和地域特征做了详细考察，指出史君图像同时表现了粟特和嚈哒的文化①。丁爱博对两位法国学者的一些细节解说有不同看法，又发表《粟特人史君墓：萨保生活管窥》加以商榷②。至于石椁南壁和东壁的图像，葛乐耐、黎北岚与杨军凯合撰《中国北方西安新发现的粟特墓葬中的祆教画面》，指出这是最具琐罗亚斯德教内涵的丧葬图像③。虽然各家的观点并不一致，有些还非常相左，但这是学术研究中必然经历的过程。

这些研究给我们以很大的启发，特别是对于史君图像表现其人生经历和丧葬过程的解说，应当是史君石椁图像的最为基本的内容，是一条主线，沿着这条主线来看待相关的具体图像，一些问题可以通解。但由于这类粟特首领墓葬的图像比中国传统的图像和佛教图像要少得多，因此还有一些画面目前无法解说，这也同样是学术研究中的正常现象，我们与其用与主体图像不相关的传统或佛教的个体图像去解释它，还不如存之待考。

本文就是想综合前人的研究成果和笔者的一些看法，对史君石椁所表现的凉州萨保史君一生的行事加以素描式的解说，以期还原一个粟特人从粟特本土到中国内地的生活经历。从出生、成长，经过东来兴贩贸易，到建立聚落，受命为萨保，最后享受晚年的安逸生活，以及期待去世后经过钦瓦特桥而升入天堂，史君的图像是许许多多丝绸之路上奔波的粟特商人的现实生活场景，它帮助我们把古代丝路上商贸及其他活动的点串成一条线。粟特人是中古时期丝绸之路上的贸易承担者，他们在丝路上建立了完善的贸易网络，史君石椁给了我们认识丝路粟特商人的一个非常形象的个案。

图像从西壁开始，由右向左读，编号从 W1 到 E3，我们依次展开史君生涯的完整画卷。

---

① F. Grenet and P. Riboud, "A Reflection of the Hephtalite Empire: The Biographical Narrative in the Reliefs of the Tomb of the *Sabao* Wirkak (494 - 579)", *Bulletin of the Asia Institute*, new series, 17, 2003 (2007), pp. 133-143.

② A. E. Dien, "The Tomb of the Sogdian Master Shi: Insights into the Life of a Sabao", *The Silk Road*, VII, 2009, pp. 42-50. 以下提示的学者不同看法，基本上来自上述三篇文章，为节省篇幅，不一一对应出注。

③ F. Grenet, P. Riboud, and Yang Junkai, "Zoroastrian Scenes on a Newly Discovered Sogdian Tomb in Xi'an, Northern China", *Studia Iranica*, XXXIII/2, 2004, pp. 273-284.

1. 授记与诞生

《史君墓志》粟特文部分称："此石制坟墓（即神之居所）是由毗黎沙漫盘陀（Vrēshmanvandak）、射勿盘陀（Zhematvandak）和拂卤吐盘陀（Parōtvandak）为了他们父母的安全而在合适的地方建造的。"因为是三个儿子为其父母所建，因此描述的内容应当是墓主人史君夫妇的事迹，即图像的主人公是史君，而不是别人。

图 1　史君石椁西壁 W1

研究者一般都从西壁 W2 的孩童说起，但从图像的顺序来说，W1 应当是整个故事的开头（图 1）。但 W1 的画面是目前最难解释的一幅，其上部有一形体稍大的神祇，有背光，坐莲座上，像是说法的样子，前面是一对夫妇作供养状，旁边有三人一组计三组听法的信徒，装扮各异。下部有七只动物和五个人物，分列两侧，作听法状。一对狮子与人在一列，雄鹿、羚羊、绵羊、野猪与人相向在另一列。神像交脚盘坐，头挽小髻，面有髭须，右肩袒露，左肩披帛，既像释迦，又似老君。

魏义天（É. de la Vaissière）在《公元六世纪中国的摩尼》中认为，上部的主神是光明之神——摩尼，其下有三个戴着高帽的摩尼教僧，他们正主持史君夫妇的忏悔仪式，史君等在面对着各种狩猎过的动物忏悔。他还联系到东壁钦瓦特桥（Chinwad）图像有肉体堕落，认为是摩尼教教义所说的"身体残渣、黑暗部分将坠入地底"[①]。这种看法得到吉田豊的支持，他对比大和文华馆所藏摩尼教《六道图》，指出动物对面是史君夫妇和他们的三

---

① É. de la Vaissière, "Mani en Chine au VIe siècle", *Journal Asiatique*, 293.1, 2005, pp.357-378.

个儿子;又根据公元6世纪哌哒统治下的
巴克特里亚地区有摩尼教流行,而史君与
哌哒首领有过交往,因此推测他可能在巴
克特里亚从事贸易时皈依了摩尼教①。但
这些看法尚难定论,如果说北周时摩尼教
图像已经进入中国,似乎还缺少必要的旁
证材料。

　　笔者认为,该图与其说是摩尼教的忏
悔图,不如说是一个未知神祇对史君出生
的授记,6世纪末叶长安地区应当已有"老
君化胡"的说法,这个画面更像是老君说
法,预示一个新的胡王的诞生,而神祇前
面的夫妇,则是史君的父母;周边的三种
教徒和世俗人物以及动物,都在等待一个
伟大人物的诞生。

　　据《史君墓志》,他原本是西域粟特地
区的史国人,名字的汉文部分残损,粟特
文作 Wirkak(尉各伽)。579年史君去世
时86岁,推测他出生在494年。《墓志》
说:"祖阿史盘陁(Rashtvantak),为本国萨
保;父阿奴伽(Wanūk),并怀瑾握蹖(瑜),
重规迭矩。秀杰不群,立功立事。"这里虽
然没有直说史君父为萨保,但从一般的情

图2　史君石椁西壁 W2

形来看,萨保都是世袭担任,而且这里说"重规迭矩","立功立事",就是说
其父按其祖父的规矩办事,立有功勋。这里说他祖父任职本国,而也没说其
父来到中国②,所以应当都是在史国的情形,而史君也是生在史国。W2的

----

① 吉田豊《宁波のマニ教画:いわゆる〈六道图〉の解释をめぐって》,《大和文华》第119号,
2009年,10—12页。

② 石见清裕《西安出土北周〈史君墓志〉汉文部分译注·考察》认为这里的"本国"指北魏不
可取。其文载森安孝夫编《ソグドからウイグルへ——シルクロード东部の民族と文化の交流》,
汲古书院,2011年,67—92页。

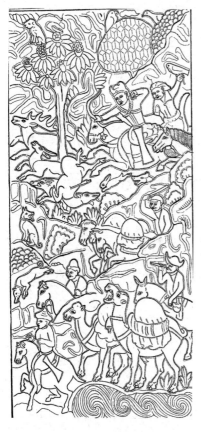

图3　史君石椁西壁 W3

图像上(图2),应当表现的是史君的父母坐在一个亭子中间,戴着有翼王冠的父亲怀抱一个孩童,当即史君,旁边有两个伺候的仆人。亭子是粟特式的,顶上有日月形图案,亭子的台阶前蹲着一条具有琐罗亚斯德教守护意义的狗。以上图像的上半表现的是史君的出生。下半主要是一幅备马图,一匹没有人骑乘的马,前面有侍者伺候,后面有一人撑着华盖,等待着长大后的史君乘骑出行。前面是山石和流水,流水与下一幅图像联通,预示着史君将踏上征程。

2. 狩猎与出行经商

W3 描述史君长大成人后的狩猎、经商活动(图3)。上半部的狩猎图上,中心人物是作王子装束的年轻史君,他戴着有翼王冠,骑马飞奔,弯弓射箭,前面的五只动物,一只已中箭倒地,其余的雄鹿、羚羊、野猪和兔子正拼命奔逃。主人身后跟随一位披发的哒或突厥人,手臂架狩猎用的隼。画面前面有一只面对主人的护卫犬。

画面的下半部表现一个行进中的商队,有驮载货物的马、驴和骆驼。一个首领模样的人骑行在商队中央,手握望筒,正在眺望远方;外围三人,两位在前面像是护卫着商队,一位在后持鞭驱赶着牲口;商队的前面还有一只护卫的犬。有的学者把这三位看作是史君的三个儿子,但 Miho 美术馆藏粟特围屏上也有一幅商队图,骆驼的前面和右侧各有一胡人随行,左侧是三个披发的哒或突厥人骑马护行①。因此,这三人未必就是史君的儿子,我们不

① 参看荣新江《Miho 美术馆粟特石棺屏风的图像及其组合》,《艺术史研究》第 4 辑,中山大学出版社,2002 年 12 月(2003 年 7 月),213—214 页,图 8a。

知道史君分别在哪一年得子,而这幅图像应当表现的是史君早年随商队出行的样子,商队首领也不一定是史君。

W3 上半的狩猎和下半的商队图似乎有个先后的关系,但实际生活中狩猎和经商往往是同时进行的,因为狩猎不仅仅可以解决商队行进中的食物供给,也可以把猎得的皮毛作为贡品给游牧族首领,或者作为商品出售。狩猎和商队的图像,或许可以和《史君墓志》的下述文字呼应:"少挺〔口〕石,又擅英声。而君秉灵山岳,〔口口口〕志。"表明这是史君成长过程中的一幕。

转到 N1 的画面(图 4),上半部图像的中心位置是一顶帐篷,里面盘腿坐一头戴日月宝冠的王者,着翻领窄袖长袍,手握一长杯,脚穿长靴。帐篷前铺设一椭圆形毯子,上面跪坐一位头戴毡帽的长者,有长长的胡须,身穿翻领窄袖长袍,悬挂腰刀,右手握长杯,与帐内人物对饮;帐篷两侧有三位侍者。有的学者认为长胡须者可能是史君的父亲或祖父,其左侧是史君。这或许有一定道理,即这里表现的仍是史君随同一个年长的商队首领(也可能就是他的父祖)拜访北方游牧汗国哒首领的情形。

图 4 史君石椁北壁 N1

画面下半部描绘一个商队正在休息,中间有两个男子正在交谈,一人肩上还背着钱袋子。有一人牵着驮载货物的马,一人照料着两匹骆驼卧地休息,后面还有两头驮载包裹的驴子。这样的场景可以让人们想到粟特商队到达了一个丝路城市旁的胡人聚落,或可以和《史君墓志》的"大统之初(535 年),乡间推挹,出身为萨保[府]判事曹主"的记载相对应,表明这时史君不是首领萨保,而是一个聚落中萨保府的下层官吏。

可以说,从 W3 到 N1,表现的是史君青年时的经历,包括狩猎、出行,以及拜访游牧族首领,获得他们对于丝路上行进的粟特商队的保护。而史君所跟随的商队到了一个聚落后,史君停留下来,并担任了萨保府的官吏。

3. 结婚与担任凉州萨保

下一幅 N2 的场景比较宽阔,表现的一定是一个重要的场景(图5),有的学者认为是 565 年史君被任命为凉州萨保的情形。应当考虑到的是,这幅图是第一次出现夫妇的形象,因此把它看作是史君与康氏婚礼的场景可能更为合适。《史君墓志》粟特文部分特别强调这场婚姻:"他的妻子生于Senpen,名叫维耶尉思(Wiyusī)的女人。尉各伽与其妻在 Senpen 于亥(猪)年第六月第七日(兔日)结为连理。"据史君的年龄推算,他与这位康国出身的女子结婚的年份是 519 年,时年 26 岁。画面的正中是史君坐在粟特式的亭子中间,正举长杯与妻子共饮,两边是伎乐,庭前还有一个舞者和两个乐人。史君夫人一侧的后面,还有三位女子和一个男子,手中都拿着礼物样的

图5 史君石椁北壁 N2

东西,也许为陪嫁的嫁妆。这种粟特式场景表示婚礼是在粟特聚落的环境中举行的,也即墓志所述的 Senpen(如果是西平,即鄯州,今西宁)粟特聚落。

随后的 N3 是男女主人出行图(图6)。上半部的中心人物是骑马而行的史君,后面有人为他撑着华盖,前后有三名骑马男子前呼后拥,有人认为是他的三个儿子。下半中央应当是史君夫人康氏骑马而行,头上有华盖,后有三名女性,一位像是贴身的侍者,两位是随行女眷;另外,还有一名武士骑行在最前面,作为警卫。这幅图或许表现的是史君从一个聚落迁徙到另一个聚落的场景,可能就是从西平到凉州。有的学者把这幅图看作是史君从凉州入居长安,或表现史君被任命为凉州萨保,恐怕都难圆其说。

N4 的上半部刻画五个男人在庭院中宴饮,下部是他们的五位夫人宴饮图(图7)。说者有的认为这是史君在长安隐退后的情形,有的认为表现的可能是粟特新年节庆。从史君的生平来看,这种欢庆的场景,更像是祝贺史君获得北周皇帝的任命,担任凉州(姑臧)胡人聚落的首领——萨保。画面上方有胡须的人物,应当就是有了一定年纪的史君。《史君墓志》汉文部分称:"〔口口〕五年,诏授凉州萨保。"粟特语部分说:"有一位出身史氏家族的人,

图6 史君石椁北壁 N3

图7 史君石椁北壁 N4

〔定居?〕在一个(叫)姑臧(的城市),他从皇帝那里〔得到?〕凉州萨保的〔称号?〕,(并且是)粟特地区的一个显贵(?)。"学者推测,他担任凉州萨保的时间当为北周武帝保定五年(565),史君其时已经72岁了。对比安阳粟特石屏上的图像,这里也可以说表现的是粟特人新年的场景,他们也可以选择这一天来庆贺史君担任萨保这一重要职务。

4. 逝世

图8 史君石椁北壁N5

按《史君墓志》汉文部分称:"本居西域,土〔□□□□□□〕及延(派?),迁居长安。"中有残缺,不知其迁居长安的时间。粟特文部分在叙述完史君的婚姻后说:"后来,在亥(猪)年第五月第七日(=579年6月16日),在胡姆丹(Khumtan=长安)这里,他本人去世。"似表明史君夫妇迁居长安,是在去世之前不久。结合墓志标题和内容所示史君的最后称号仍是"凉州萨保",说明他迁居长安至少在任职萨保的565年以后。入居长安这一点在史君的生涯上并不是那么重要,所以图像上恐怕没有直接的表现。

去世是人生最重要的一幕,所以N5应当就是去世场景的表现(图8),其上半是一位老人在山中隐修的样子,墓志说史君去世时,享年八十六;下半则是三位天使从湍急的河流中拯救史君夫妇,墓志强调史君和他的妻子是先后一个月内的同一日去世的,因此把天使的拯救绘制在一起。《史君墓志》汉文称:"而天道芒芒(茫茫),沉芳永岁。大象元年〔五〕月七日,薨于家,年八十六。妻康氏,其〔□□□□□〕(同年六月七)日薨。以其二年岁次庚子正月丁亥朔 廿三 日己酉,合葬永年

（？）县界。"粟特语部分说："后来，在亥（猪）年第五月第七日（＝579年6月16日），在胡姆丹这里，他本人去世。此后在第六月的第七日（兔日），他的妻子也去世，就在此年此月此日（＝579年7月15日）。"在表现史君在世的最后一块石刻图像上表现墓志的这一重要内容，应当是合乎逻辑的。

5. 丧葬仪式与升入天国

图像转到东壁，描绘了史君夫妇的丧葬和升天的仪式，葛乐耐、黎北岚与杨军凯合撰的《中国北方西安新发现的粟特墓葬中的祆教画面》一文对此已经有详细解说，我们没有太多的补充，现转述如下，并增添个别参考图像。

图9　史君石椁东壁 E1 −2（从右到左）

E1和E2两幅（图9）的下方绘制一座钦瓦特桥，这是信奉琐罗亚斯德教的死者灵魂必须经过的筛选之桥。在钦瓦特桥的桥头站着两位祭司，他

图 10　史君石椁东壁 E3

们在那里为亡者举行送别灵魂的仪式①；桥旁的圣火帮助灵魂越过黑暗；在桥头山石的后面有两只护桥的犬。同样的场景可以在 Miho 美术馆藏的一幅粟特石屏画像上看到，那里是一个祭司，还有一些送葬的人员②。史君夫妇率领驼队和表示家产的动物行走在桥上，主人已经走过张着血盆大口的桥下怪兽的位置，表明即将进入天界。E1 的上部是粟特人崇拜的主神——风神（粟特文作 Wešparkar），样子很像佛教的摩醯首罗天（Mahesvara），因此常常被误解为佛像。其下是两个侍者簇拥的女神 Dēn（Daēnā，妲厄娜）在接引跪在前面的史君夫妇，她代替最高神审视人的行为奥秘，让善人的灵魂走过宽阔的筛选之桥而进入"中界"（天堂）③。E2 描绘天使带着两匹有翼的天马来迎接史君夫妇，其中有个从天国坠落的人物没有得到完满的解答，摩尼教教义中有"身体残渣、黑暗部分将坠入地底"，或许是从琐罗亚斯德教而来。E3 是整个图像的最后一幅（图 10），上下一体，上面是史君夫妇乘骑着有翼天马前往天国，周边是伎乐天神伴随而行；下面是一些有翼的动物也随史君夫妇奔向天国，他们是史君财产的象征。东壁描绘的死者灵魂之旅，和琐罗亚斯德教的文献记载一一相符。

---

① 关于祆教祭司，参看 F. Grenet, "Where Are the Sogdian Magi?", *Bulletin of the Asia Institute*, new series, 21, 2007 (2012), pp. 159-177。

② 参看 J. A. Lerner, "Central Asians in Sixth-Century China: A Zoroastrian Funerary Rite", *Iranica Antiqua*, XXX, 1995, pp. 179-190。

③ 参看张广达《唐代祆教图像再考——敦煌汉文写卷伯希和编号 P. 4518 之附件 24 表现的形象是否祆教神祇妲厄娜（Daêna）和妲厄娲（Daêva）?》，荣新江编《唐研究》第 3 卷，北京大学出版社，1997 年，6—7 页。

图 11　史君石椁南壁

　　在作为被墓志称作"石堂"的石椁正面,即南壁(图 11),中间是两扇石扉构成的石门,史君夫妇的遗骨从这里被送进这座石堂;门楣上是长条石板,上面刻写着粟特文和汉文的双语墓志铭,记载着史君的出身、履历和去世的时间。门两边对称刻画着脚踏小鬼的四臂守护神;再外是窗户,窗户上面是伎乐人物,下面是半人半鸟的祭司护持着火坛。根据琐罗亚斯德教教义,这种人面鸟身的祭司应当是斯洛沙(Srōš)神的象征,他在死者去世后的"第四天"早上帮助其灵魂通过钦瓦特桥。整体来看,南壁是典型的琐罗亚斯德教送葬时的祭祀场景。

　　由此可见,史君的三个儿子在埋葬他们的父母时,大概由于是北周皇帝赐予了长安城东的高贵墓地,因此没有采用琐罗亚斯德教的天葬形式,而是用中国传统的斜坡土洞墓和石椁形式,但又充分利用石椁提供的壁面,采取浅浮雕的形式,刻画了史君一生的事迹和死后的归属,以及按照琐罗亚斯德教举行的丧葬仪式。

　　近年来,有关丝绸之路研究的一项重要的成果,就是对丝路上粟特人的研究。根据考古、出土文献和传世材料,我们基本上可以描绘出他们从粟特本土到中国的迁徙路线、聚落分布以及在此基础上建立的贸易网络。我们也可以从大量公布的石刻史料中,看到这些粟特商队首领入仕中国,变成乡团首领、军府统帅、王府宫廷侍卫,以及译语人、互市牙郎等。从粟特到中国,一个粟特首领如何从商人转变为聚落首领,最后落地生根,成为中国臣民,北朝末到唐朝初年是最为关键的时代,而史君石椁所描述的史君一生,正是丝路上一个入华粟特商队首领的典型事例。

（2014 年 9 月 14 日完稿,原载国家文物局编《丝绸之路》,文物出版社,2014 年,45—50 页）

于阗花毡与粟特银盘
——9—10世纪敦煌寺院的外来供养

一、前　言

　　中国中古时代的佛教寺院,不论大小,往往都是一个区域的文化中心。唐朝都城长安中的一些大寺,如太宗时的弘福寺、高宗时的慈恩寺、武后时的太原寺、玄宗时的大兴善寺,都可以说是全城的文化中心;而敦煌城内的龙兴寺和莫高窟前的三界寺,则分别是沙州城内外两处重要的文化中心。在这些寺院当中,往往集中了一批通经律论三藏的僧人,逗留着一些过往和来访的文人墨客;在这些寺院当中,都集中了一批佛教文献以及儒、道经典和文学作品,在政府的官方学校衰败时,附在寺院中的寺学往往承担起基础的儒家教育任务;在这些寺院当中,也都多少不等地存有一批属于物质文化的财富,有金银器、绢幡绘画、壁画、塑像、丝织品、染料等等。因此,中古时代的佛教寺院,既是精神文化的家园,也是物质文化的汇聚之地。

　　中古佛教寺院所聚集的财富,是我们今天认识当时物质文化的重要依据。由于受到佛法的保护,也由于人们对宗教的虔诚,相对来讲,佛教寺院所保存下来的物质文化要比其他同时代的建筑,如宫殿、王公贵族的宅院等等要多得多。另外,佛教僧侣对于佛经、佛像等属于"供养具"的物品,是不能随便毁坏的,他们对于残破的供养物有着一套埋葬和保藏的方法。在佛教灭法思想的影响下,一些寺院也有意识地把一些完整经像掩藏起来。通过百年来的考古发掘,我们今天已经拥有相当丰富的古代寺院出土文物,其中最有名的是唐朝都城长安附近法门寺地宫的发现。法门寺地宫不仅出土了盛唐以来入藏的大量皇家珍宝,而且发现了记载这些珍宝的《物帐单》①,可以使我们对这批宝贵的物质文化遗产获得精确的认识。

敦煌莫高窟保存了中古时期开凿的数百座石窟,其中有大量的佛教塑像和壁画留存至今。更为幸运的是 1900 年在现在编号为第 16 窟的甬道上,发现了藏经洞(第 17 窟),其中保存了数万件佛教文献和其他各种文献的抄本,还有近千件绢、纸绘画、幡画、丝绸制作的经帙等美术品,为我们研究中古地方寺院的物质文化,提供了不可多得的由实物和文本构成的双重材料。

本文就是根据 9—10 世纪吐蕃和归义军时期的敦煌文书资料,对比绢纸绘画、壁画上的图像,来讨论中古敦煌佛教寺院中的供养具,特别是其中的外来供养物。对这些外来供养的研究,有助于说明于阗、粟特、回鹘等各种文化因素对敦煌佛教文化的影响,可以更加深入地阐明作为丝绸之路艺术宝库的敦煌,蕴藏着多种文化财富。同时,也通过中古寺院集中的舶来品,来考察寺院和供养者两方面对于这些外来供养品的看法,并阐述其价值和意义。

二、敦煌文书所记外来供养的物品

敦煌佛教在唐朝统治时期就已经相当繁盛,吐蕃占领敦煌以后(786—848),更是大力扶植佛教,寺院陆续创建增修,僧尼人数也迅猛增加。归义军时期(848—1036),敦煌继续吐蕃时的宗教政策,统治者大力支持佛教,最盛时有佛寺十七所,石窟三座②。这些寺窟有大有小,但都多少不等地存有一批供养具。

有关敦煌寺院供养具的记载,主要是一些寺院的施入疏和什物历,年代集中在吐蕃和归义军时期。唐耕耦、陆宏基先生在前人录文的基础上,收集整理校录了这两类材料,收入所编《敦煌社会经济文献真迹释录》第

---

① 见陕西省法门寺考古队《扶风法门寺唐代地宫发掘简报》,《文物》1988 年第 10 期,1—26 页;气贺泽保规《法门寺出土の唐代文物とその背景》,砺波护编《中国中世の文物》,京都大学人文科学研究所,1993 年,594—615 页。

② 关于吐蕃至归义军时期敦煌佛教的情况,参看荣新江《归义军史研究——唐宋时代敦煌历史考索》,上海古籍出版社,1996 年,266—279 页。

3 辑中①,为我们今天探讨相关的问题提供了极大的方便。童丕先生在《敦煌的借贷——中国中古时代的物质生活与社会》一书中,亦对其中一些文书和相关的物品做过阐释②。郝春文先生的《唐后期五代宋初敦煌僧尼的社会生活》一书,利用这两类材料讨论了敦煌僧尼与寺院常住财产的关系、敦煌僧尼的宗教收入问题③。郑炳林、齐陈骏、冯培红等先生在研究晚唐五代敦煌手工业、贸易市场、对外商业贸易、贸易市场的外来商品以及粟特人等问题时,也大量使用并分析过这些材料④。个别重要的文书,侯锦郎、姜伯勤先生也有过研究⑤。这些研究成果,已经揭示了与本课题相关的大量文献,并且做了年代判定、名物释义等许多工作,但他们所研究的问题与外来供养无关。

本文探讨外来供养问题,特别是其中从西方传入的舶来品。敦煌文献虽然丰富,但没有关于外来供养物的集中记载。因此首先要把取材的范围和文书资料的局限性交代一下。

敦煌的善男信女给寺院施舍时,往往写有施入疏,这是我们了解敦煌寺院供养情况的极佳材料,因为上面不仅有供养的物品和数量,也有供养者的名字。这些供养者有的是住在敦煌的外族后裔,他们的供养可以说是外来的供养。但他们供养的物品,有的是舶来品,有的则是敦煌本地的物产或自己的物品,本文讨论的重点是外来的物品,因此下面不把后者阑入。

---

① 唐耕耦、陆宏基《敦煌社会经济文献真迹释录》第 3 辑,全国图书馆文献缩微复制中心,1990 年,1—109 页。

② Eric Trombert, *Le credit à Dunhuang. Vie materielle et societe en Chine medievale*, Paris: College de France - Institut des hautes Etudes Chinoises, 1995.

③ 中国社会科学出版社,1998 年,123—165、240—269 页。

④ 郑炳林《唐五代敦煌手工业研究》《晚唐五代敦煌贸易市场的物价》《吐蕃统治下的敦煌粟特人》《唐五代敦煌的粟特人与归义军政权》《唐五代敦煌的粟特人与佛教》,以上文章收入郑炳林编《敦煌归义军史专题研究》,兰州大学出版社,1997 年,239—307、374—390、400—465 页;齐陈骏、冯培红《晚唐五代宋初归义军对外商业贸易》,同上书,333—358 页;郑炳林《〈康秀华写经施入疏〉与〈炫和尚货卖胡粉历〉研究》,《敦煌吐鲁番研究》第 3 卷,1998 年,北京大学出版社,191—208 页;冯培红《客司与归义军的外交活动》,《敦煌学辑刊》1999 年第 1 期,72—84 页;郑炳林《晚唐五代敦煌贸易市场的外来商品辑考》,《中华文史论丛》第 63 辑,2000 年,55—91 页。

⑤ Hou Ching-lang, "Tresors du monastère Long-hing à Touen-houang", *Nouvelles contributions aux études de Touen-houang*, ed. M. Soymie, Geneve: Droz, 1981, 149-168; 耿昇汉译文侯锦郎《敦煌龙兴寺的器物历》,《法国学者敦煌学论文选萃》,中华书局,1993 年,77—95 页;姜伯勤《敦煌吐鲁番文书与丝绸之路》,文物出版社,1994 年,散见于各章。

　　记载敦煌寺院供养具最为丰富的资料,是各个寺院的财产帐——什物历。这些什物历分类登记寺院财产,其中有外来物品,也有本地或中原的物品,虽然我们不知道这些外来的物品具体是谁施舍的,但只要是舶来品,那么追本溯源,我们就可以把它们归入外来供养物当中。而那些本地、中原,甚至东方高丽的产品,则不在本文讨论的范围。

　　敦煌文书中还有一大批各寺的收入和支出帐——入破历,也登载有某人施舍某物,其中属于外来物品者,不论其供养者是什么人,我们也把它们纳入讨论范围。此外,还有一些书信、牒状等文书中也包含了一些重要的信息。

　　以下把敦煌文书中有关外来供养具的名称、所属寺院、年代、可能的原产地、施入者等,分别加以归类整理,列表如下,凡前人已经考订清楚的问题不再重复。

表一

属性	物品	所属寺院	时代	原产地	施入者	出处
织	于阗花毡	某寺	828	于阗	比丘尼修德	P. 2583
	于阗毡褥	报恩寺	940 后	于阗		P. 4908
	于阗花毡	报恩寺	940 后	于阗	娘子	P. 4908
	于阗花毡	报恩寺	940 后	于阗	娘子	S. 4215
	于阗褥条	报恩寺	967 后	于阗		P. 3598
	西州布	某寺	吐蕃时期?	吐鲁番		P. 2706
	阿难裙番锦缘	龙兴寺	吐蕃时期	波斯/粟特		P. 3432
	番锦腰杂汉锦夹缬者舌	龙兴寺	873	波斯/粟特		P. 2613
	大红番锦伞	龙兴寺	873	波斯/粟特		P. 2613
	四缘红番锦伞	龙兴寺	873	波斯/粟特		P. 2613
物	蕃褥	大乘寺	958	吐蕃?		S. 1776
	圣僧小胡锦褥子	报恩寺	940 后	粟特?	李都头	P. 4908
	小胡锦褥子	报恩寺	940 后	粟特?		S. 4215
	末禄缬画观世音像	龙兴寺	吐蕃时期	末禄		P. 3432
	末禄缬绣伞	龙兴寺	吐蕃时期	末禄		P. 3432
	大红锦伞番锦缘绿绫裙	某寺	?	波斯/粟特		S. 6276

属性	物品	所属寺院	时代	原产地	施入者	出处
金	金八薄	莲台寺	793	西域		P.2567
	金一钱	莲台寺	793	西域		P.2567
	银环子四	莲台寺	793	粟特/波斯		P.2567
	银一两三钱	莲台寺	793	粟特/波斯		P.2567
	十量金花银瓶子	莲台寺	793	粟特/波斯		P.2567
	八量银胡禄带	莲台寺	793	粟特/波斯		P.2567
	银火铁一	莲台寺	793	粟特/波斯		P.2567
	银一钱半	莲台寺	793	粟特/波斯		P.2567
	银靴带一量	莲台寺	793	粟特/波斯		P.2567
属	银盘子叁枚	?	吐蕃时期	粟特/波斯	康秀华	P.2912
	拾两银瓶	某寺	828	粟特/波斯		P.2583
	金花银盘	某寺	828	粟特/波斯		P.2583
	拾两银瓶	某寺	828	粟特/波斯		P.2583
	柒两银瓶	某寺	828	粟特/波斯		P.2583
	捌两半白银碗	报恩寺	940 后	粟特/波斯		P.4908
器	捌两半白银碗	报恩寺	940 后	粟特/波斯		S.4215
	金花陆两银盏拂临样	龙兴寺	吐蕃时期	粟特/波斯/拂菻		P.3432
	银香炉并银师子	龙兴寺	873	粟特/波斯		P.2613
	柒两弗临银盏并底	龙兴寺	873	粟特/波斯/拂菻		P.2613
	叁两肆钱银盏	龙兴寺	873	粟特/波斯		P.2613
皿	肆两伍银盏	龙兴寺	873	粟特/波斯		P.2613
	肆两银盏	龙兴寺	873	粟特/波斯		P.2613
	银镂枕子	大乘寺	958	粟特/波斯		S.1776
	银金刚杵	某寺	归义军时期	西域		S.6050
	鍮石瓶子	莲台寺	793	西域		P.2567
	鍮石钗子六十四只	莲台寺	793	西域		P.2567

属性	物品	所属寺院	时代	原产地	施入者	出处
金属器皿	鍮石腰带	莲台寺	793	西域		P.2567
	新造鍮石莲花并座	报恩寺	940后	西域		P.4004
	新造鍮石金渡香炉并师子座具全	报恩寺	940后	西域		P.4004
	鍮石香宝子	龙兴寺	873	西域		P.2613
	鍮石盏子	龙兴寺	873	西域		P.2613
	生铜屈支罐子	龙兴寺	873	龟兹		P.2613
	胡锁	某寺	吐蕃时期	粟特		P.2706
	胡铁镬子	龙兴寺	873	粟特		P.2613
	胡锁并钥匙	龙兴寺	873	粟特		P.2613
	胡锁并钥匙	永安寺	归义军时期	粟特		P.3161
	胡锁腔	龙兴寺	873	粟特		P.2613
宝石	琉璃瓶子	莲台寺	793	西域		P.2567
	琉璃屏(瓶)子	龙兴寺	873	西域		P.2613
	琉璃瓶子	某寺	906?	西域		S.5899
	琉璃瓶子	净土寺	911	西域		P.3638
	玉刀子把	龙兴寺	873	于阗		P.2613
	瑟瑟	某寺	吐蕃时期	于阗?		P.2706
	瑟瑟五	莲台寺	793	于阗?		P.2567
	瑟瑟	龙兴寺	873	于阗?		P.2613
	瑟瑟花	某寺	吐蕃时期	于阗?	阿郭	P.3047
	玛瑙珠子八十四枚	莲台寺	793	西域		P.2567
	白玛瑙珠贰	龙兴寺	873	西域		P.2613
	琥珀二	莲台寺	793	西域		P.2567
	瑚珀子玖	某寺	归义军时期	西域		S.6050
	珊瑚二支	某寺	吐蕃时期	西域?		P.2706
	真珠廿壹线	莲台寺	793	西域		P.2567

续表

属性	物品	所属寺院	时代	原产地	施入者	出处
香料与药物	胡粉	某寺	吐蕃时期	西域		P. 2912
	胡粉半两	道场	吐蕃时期	西域	十二娘	P. 2837
	胡粉叁两	道场	吐蕃时期	西域	吐蕃弟子尧钟	北大 162
	胡粉廿四颗	道场	吐蕃时期	西域	女弟子	北大 162
	胡粉一两	道场	吐蕃时期		女弟子	北大 162
	胡粉伍两半	某寺	吐蕃时期	西域		P. 2706
	胡粉一分	某寺	西域??	西域		S. 5897
	诃梨勒一颗	道场	吐蕃时期	西域	女弟子	北大 162
	诃梨勒一颗	道场	吐蕃/归义军时期	西域	李吉子	P. 2863
	诃梨勒一颗	道场	吐蕃/归义军时期	西域	希谧	P. 3353

除了这些明显是舶来品的东西外,还有不少丝织品、金属器皿、药物等,因为无法确定其来历,所以没有列入。因此,上表只是一个十分简单的清单,目的是给大家一个印象,即使文书是残缺不全的,收录的范围也不是完整的,我们仍然可以看出敦煌寺院中保存有如此丰富多彩的外来供养物。

三、敦煌寺院外来供养物的来源

在上节所列的表中,我们根据物品的原产地,大体上给出一个其所由来的印象,但原产地有时并不一定就是敦煌寺院供养物的直接来源。以下据敦煌文书的相关记载,探讨一下这些供养具的真正来历。

1. 吐蕃

位于青藏高原的吐蕃帝国,在公元 8 世纪中叶和 9 世纪中叶之间,乘唐朝受安史之乱的影响而不能保有西方领地之机,蚕食了唐朝大片领土,包括陇右、河西以及塔里木盆地南沿的西域绿洲王国,而且把势力深入到葱岭

(帕米尔高原)以西,与大食(阿拉伯)势力相抗衡①。

吐蕃统治敦煌时期(786—848),也是吐蕃帝国向外扩张的最重要阶段,敦煌既是吐蕃着力维持的佛教圣地,也是吐蕃帝国东西南北驿道网络的一个重要中转站②。因此,许多外来品通过吐蕃对外征战的将领或士兵而捐纳给寺院,这也成为此一时期寺院外来供养的重要途径。以下试举几例:

P. 2765(＝P. t. 1070)窦骥撰《大蕃敕尚书令赐大瑟瑟告身尚起律心儿圣光寺功德颂》,说这位施主令公曾"统六军以长征,广十道而开辟。北举挽枪,扫狼山一阵;西高太白,破九姓胡军。猃狁旌边,逐贤王遁窜;单于帐下,擒射雕贵人。"虽然不无溢美之词,但他曾率军西征粟特(九姓胡)地区,并向北进攻回鹘(以猃狁代指),是和当时吐蕃的对外攻战形势相符的。由于如此的功业,文中又说他"和四门入贡,匡五服输琛",于是他"黄金布地,白璧邀工","爰乃卜宅敦煌古郡州城内,建造圣光寺一所"③。这篇功德颂是用文学的体裁记述尚起律心儿建圣光寺的经过,他立功异域,使外族朝贡,进贡珍宝,然后以黄金宝玉来建立寺院,是吐蕃最高一级的军政首长利用所得外来物品供养敦煌佛寺的一个典型事例。

Dx. 1462＋P. 3829《大蕃古沙州行人部落兼防御兵马使及行营留后监军使论董勃藏重修伽蓝功德记》,记载了吐蕃王朝派驻敦煌的另一位高级官僚在沙州重修城东破旧伽蓝的事迹,所修佛像,"光流紫磨,色现琉璃","毫分绮绣,笔彩锦纹"④,虽然文字下残,没有直接的外来供养的记载,但从其所述佛像的外貌来看,论董勃藏也同样是倾注财力而为之的。

P. 2583《吐蕃申年(828)比丘尼修德等施舍疏》中,有正月七日节儿论莽热施舍疏,其所施物品和目的有"□一匹,二丈九尺。蒲桃一斗、解毒药五两,已上勿(物),充转经僧傧。解毒药二两,充正月一日夜燃灯法仕宋教授和上□□药"⑤。节儿是吐蕃统治敦煌的最高军政长官,他对寺院的施舍

---

① 参看王小甫《唐吐蕃大食政治关系史》,北京大学出版社,1992 年。

② 参看张广达《吐蕃飞鸟使与吐蕃驿传制度》,《敦煌吐鲁番文献研究论集》,中华书局,1982 年,167—178 页。

③ 录文见陈祚龙《敦煌文物随笔》,台北商务印书馆,1979 年,267 页。不同处系笔者据原卷校改。

④ 录文见李正宇《吐蕃论董勃藏修伽蓝功德记两残卷的发现、缀合及考证》,《敦煌吐鲁番研究》第 2 卷,北京大学出版社,1997 年,250—252 页。

⑤ 《敦煌社会经济文献真迹释录》三,66 页。

物品中,也有外来的食物和药品。

从上节表中所列吐蕃时期敦煌寺院的物品来看, 些番锦可能是从吐蕃本地带来的,当然也可能是通过吐蕃之手转运来的波斯或粟特织锦。近年青海都兰出土的织物①,许多是从波斯或粟特地区进口的,它们或许是经过敦煌地区而转运到青海,因此敦煌寺院中的番锦、胡锦,也可能有与之相类的材料。此外,还有大食东末禄产的织物,有带拂菻(拜占庭)纹样的金花银盏,有粟特或波斯的金银器,有于阗花毡,有西域的宝石、香料和药物等等。

2. 于阗

于阗花毡在吐蕃时期就见于敦煌的寺院财产帐当中,归义军时期仍然受到当地佛寺的欢迎。于阗自 10 世纪初叶,和敦煌开始了持续不断的交往,于阗王室和敦煌归义军节度使曹氏家族几代通婚,于阗的国王、王子、公主、使臣、僧侣都曾来到敦煌,或长或短,或留住或经行,但不论如何,由于两地同信奉佛教,所以于阗人对于敦煌佛教寺院的供养,绝不止于阗花毡一种。现举敦煌汉文和于阗文文书中的几个例子如下:

原为钢和泰(Baron von Stael-Holstein)收藏的敦煌出土于阗语文书中记载,〔同庆〕十四年(925),一批高贵的于阗使臣到达沙州,巡礼敦煌各寺,建塔,施舍灯油②。

新刊俄藏敦煌文书《天寿二年(964)九月弱婢祐定等牒》Dx. 2148(2) + Dx. 6069(1),记载了留居敦煌的于阗人弱婢祐定在莫高窟开窟造像时,因为缺少物资,于是写了这封信向于阗的天公主索要"胡锦裙腰一个",又向于阗宰相、公主请求发遣"绢拾匹、伍匹",和"绘画彩色、钢铁及三界寺绣像线色",并请寄(东)来。此外还希求"绀城(坎城,在于阗东境)细缫□三五十四东

---

① 许新国、赵丰《都兰出土丝织品初探》,《中国历史博物馆馆刊》第 15—16 期,1991 年,63—81 页;许新国《都兰吐蕃墓出土含绶鸟织锦研究》,《中国藏学》1996 年第 1 期,3—26 页;许新国《青海都兰吐蕃墓出土太阳神图案织锦考》,《中国藏学》1997 年第 3 期,67—82 页。

② H. W. Bailey, "The Stael-Holstein Miscellany", *Asia Major*, new series, II. 1, 1951, pp. 44-45. 年代据 E. G. Pulleyblank, "The Date of the Stael-Holstein Roll", *Asia Major*, *new series*, IV. 1, 1954, pp. 90-97。

来,亦乃沿窟使用。又赤铜,发遣二三十斤"①。如此等等,真实地再现了于阗人供养莫高窟时的虔诚和外来供养品种的转运途径及丰富多彩。

敦煌莫高窟还曾保存下来一件"于阗国王大师从德"供养的佛塔实物,包括一座小银塔和外面的六角木塔,银塔已佚②,木塔现在收藏于甘肃省博物馆,笔者在 2000 年 8 月参观该馆时曾经观摩。

于阗对于敦煌佛寺,特别是莫高窟的营造,做出过许多贡献,这是他们对敦煌佛寺最为重要的供养,笔者有专文探讨,此不赘述③。

3. 粟特

粟特人原本生活在中亚阿姆河和锡尔河之间城邦王国中,因为是商业民族,所以从魏晋到隋唐,大量粟特民众进入中国,敦煌位于丝绸之路的咽喉之地,是粟特人东迁的必经之地,故而敦煌很早就有粟特人的聚落④。吐蕃统治敦煌,粟特聚落离散,粟特本土早已被阿拉伯势力占领,粟特人没有返回家乡,而是在敦煌留居下来,有的还继续从事商业活动,保持富有的生活状态⑤。粟特人原本以祆教信仰为主,他们聚居的从化乡中立有祆祠。由于受到敦煌当地强烈的佛教文化的影响,到了吐蕃统治时期,敦煌的粟特后裔已经大多数皈依佛教了,并且是敦煌佛寺有力的支持者⑥。现举一例:

P. 2912《某年四月八日康秀华写经施入疏》记:

> 写《大般若经》一部,施银盘子叁枚,共卅五两;
>
> 麦壹百硕;粟五十硕;粉肆斤。
>
> 右施上件物写经,谨请
>
> 炫和上收掌货卖,充写经

① 文书全文见张广达与荣新江《十世纪于阗国的天寿年号及其相关问题》,余太山编《欧亚学刊》第 1 辑,中华书局,1999 年,183—184 页。

② 参看张广达、荣新江《于阗史丛考》,上海书店,1993 年,63 页,69 页注 9。

③ 荣新江《略谈于阗对敦煌石窟的贡献》,敦煌研究院《2000 年敦煌学国际学术讨论会文集·历史文化卷》上,甘肃民族出版社,2003 年,67—82 页。

④ 池田温《8 世纪中叶における敦煌のソグド人聚落》,《ユーラシア文化研究》第 1 号,1965 年,49—92 页;辛德勇汉译文见刘俊文主编《日本学者研究中国史论著选译》第 9 卷,中华书局,1993 年,140—220 页。

⑤ 郑炳林、王尚达《吐蕃统治下的敦煌粟特人》,《中国藏学》1996 年第 4 期,43—53 页。

⑥ 参看上引池田温文;郑炳林《唐五代敦煌的粟特人与佛教》,《敦煌研究》1997 年第 2 期,151—168 页。

直,纸墨笔自供足,谨疏。

四月八日弟子康秀华疏①。

康秀华应当是经商的粟特人后裔,他一次施舍给寺院三枚"银盘子",可能是粟特产银器,此类银器已经在中国境内大量发现②。这里的"粉",即"胡粉",是从西域转运来的一种化妆品,也可以用于绘制壁画的颜料,因此为敦煌僧俗两界所用。在《康秀华疏》之后,文书记载了炫和尚转卖这四斤胡粉的收入帐目,因文书后残,只能看出已经卖出的四十九两多胡粉,共得到二百零六石五斗麦,寺院用这些粮食来支付写经和其他用途③。

归义军时期,敦煌的粟特人仍然是一支不可忽视的力量。与张议潮一道起兵推翻吐蕃统治的安景旻,应当就是当地粟特人的代表;10世纪初叶开始统治归义军的曹氏家族,我以为很有可能也是粟特后裔④。因此,在归义军时期的敦煌寺院当中,粟特人的供养依然不会停止,而上节表中一些可能出自粟特或西域的物品,可能就是喜好粟特之物的粟特后裔所施舍。

此外,归义军时期与东西回鹘王国交往频繁⑤,中印佛教的交往也仍然利用河西走廊的通道⑥,这些都会给敦煌寺院带来各种各样的外来供养,我们在此就不一一赘述了。

四、敦煌佛寺中外来供养物的价值与意义

对于敦煌的民众来说,佛教寺庙中的外来物品,既是稀奇的,又是珍贵的。上表所列的舶来品,基本上没有超出中古时期从西方传入中原的物品

① 《敦煌社会经济文献真迹释录》三,58页。

② 参看齐东方《唐代金银器研究》,中国社会科学出版社,1999年。

③ 姜伯勤《敦煌吐鲁番文书与丝绸之路》,文物出版社,1994年,196页;郑炳林《〈康秀华写经施入疏〉与〈炫和尚货卖胡粉历〉研究》,《敦煌吐鲁番研究》第3卷,1998年,192—199页。

④ 荣新江《敦煌归义军曹氏统治者为粟特后裔说》,《历史研究》2001年第1期,65—72页。

⑤ 参看荣新江《公元十世纪沙州归义军与西州回鹘的文化交往》,《第二届敦煌学国际研讨会论文集》,台北,1991年,583—603页;又《甘州回鹘与曹氏归义军》,《西北民族研究》1993年第2期,60—72页。前者有英文译文:"The Relationship of Dunhuang with the Uighur Kingdom in Turfan in the Tenth Century", *De Dunhuang à Istanbul*, *Hommage à James Russel Hamilton* (*Silk Road Studies* V), ed. by Louis Bazin et Peter Zieme, Brepols 2001, pp. 275-298.

⑥ 参看荣新江《敦煌文献所见晚唐五代宋初中印文化交往》,《季羡林教授八十华诞纪念论文集》,江西人民出版社,1991年,955—968页。

的范围,因此我们可以借助罗佛(劳弗尔)《中国伊朗编》[①]、薛爱华(谢弗)
《撒马尔罕的金桃》[②]、姜伯勤《敦煌吐鲁番文书与丝绸之路》等研究中古时
期外来物质文化的成果,审视这些物品在敦煌寺院中的价值和意义。唯本
文不是专门研究这些物品的物质文化层面,而是讨论供养问题,因此以下仅
举一些有代表性的例证,有关物质层面的介绍,点到为止。

于阗花毡:毡子是游牧民族和伊朗民族经常使用的织物,可以做毡帽、
帐篷、坐席、鞍褥、靴子等等[③]。于阗是操伊朗语的塞人后裔,也精于制毡。
1983—1984 年和 1992—1993 年,新疆考古工作者在和田山普拉墓地发掘
到一些毡制品,有毡帽、服装上的坠饰、袜、衣等,墓葬年代从公元前 1 世纪
到公元 4 世纪,但做工颇细[④]。到隋唐五代,于阗的花毡应该更为精美,而
且这种毡子保暖不透风,对于敦煌地区的僧俗民众来说非常实用。

阿难裙番锦缘:姜伯勤指出,此处所记的番锦颇为珍贵,从吐鲁番出土
的联珠对狮锦和《步辇图》所绘禄东赞所穿朱地联珠立鸟纹胡锦来看,应当
是典型的萨珊风格的胡锦[⑤]。与此同时,姜伯勤还认为,敦煌龙兴寺帐单中
的"毛锦",是一种粟特锦[⑥]。这些说法虽然受到质疑[⑦],但无论如何,这种
被称作是"番锦"或"胡锦"的织物,不论是粟特工匠织成的波斯锦或粟特
锦,还是中国工匠的仿制品或出口品,它们都是充满异国情调的。我们虽然
没有看到阿难裙上的番锦,但敦煌藏经洞出土的一件经帙(Ch. xlviii. 001)
的周边,有一圈联珠对兽纹锦[⑧],十分精美,可以从中体会其他番锦或胡锦
的样式和作为边饰时的用途。

---

①　B. Laufer, *Sino-Iranica. Chinese Contributions to the History of Civilization in Ancient Iran*, Chicago 1919;林筠因汉译本题劳费尔《中国伊朗编》,商务印书馆,1964 年。

②　E. Schafer, *The Golden Peaches of Samarkand. A Study of Tang Exotics*, University of California Press 1963;吴玉贵汉译本题谢弗《唐代的外来文明》,中国社会科学出版社,1995 年。

③　*The Golden Peaches of Samarkand*, p. 200;《唐代的外来文明》,436—437 页。

④　新疆维吾尔自治区博物馆、新疆文物考古研究所《中国新疆山普拉——古代于阗文明的揭示与研究》,新疆人民出版社,2001 年,40 页,图 440—443。

⑤　姜伯勤《敦煌吐鲁番文书与丝绸之路》,206—209 页。

⑥　同上书,209—210 页。P. 2613 仅言"沙州某寺",然据其他文书,可知为龙兴寺帐单。

⑦　武敏《吐鲁番古墓出土的丝织品新探》,《敦煌吐鲁番研究》第 4 卷,1999 年,299—322 页;盛余韵《中国西北边疆六至七世纪的纺织品生产:新品种及其创制人》,同上杂志同卷,323—373 页。

⑧　A. Stein, *Serindia*, Oxford 1921, pp. 1049-1050, pls. CVI, CXI, CXVI; R. Whitfield, *The Art of Central Asia*, III, Tokyo 1985, pl. 6, figs. 6-7; R. Whitfield and A. Farrer, *Caves of Thousand Buddhas. Chinese Art from the Silk Route*, London 1990, p. 118, No. 91.

十量金花银瓶子、金花银盘、银盘子、捌两半白银碗、银香炉并银师子、银金刚杵、金花陆两银盏拂临样、柒两弗临银盏并底：唐代的金银器主要是波斯和粟特系统的，或者是受波斯、粟特金银器影响而产生的中国仿制品，从功能上仍可以视作广义的波斯和粟特金银器。法门寺出土了大量的金银器，说明这种贵金属制作的瓶、盏之类容器，往往被奉献给佛寺，同时，法门寺也出土了一些法器①。敦煌佛寺中也同样拥有生活器皿和法器两类金银器，不过总体的质量无法和法门寺出土物媲美，而且以银器为主，但其中有两件是用拂菻的样式制作的，姜伯勤直接认为是拜占庭的银杯②。

鍮石瓶子、新造鍮石莲花并座、新造鍮石金渡香炉并师子座具全、鍮石香宝子、鍮石盏子：鍮石即黄铜，主要产于波斯和印度，是仅次于金、银的金属材料，可以用来制作佛像和生活器皿③，这两者也都见于敦煌的佛寺。这些敦煌的鍮石制品有的写作"新造"，或许是由敦煌当地的工匠制作的。

其他来自西域的物品，还有琉璃瓶子，应当是来自波斯、罗马等地的玻璃瓶子；玉刀子把，应当是于阗的产物；瑟瑟一般指天青石，主要出自今天的阿富汗，敦煌和中原内地的瑟瑟主要来自于阗；玛瑙珠子来自吐火罗（阿富汗）和粟特康国；琥珀产于拂菻，唐人则得自波斯；珊瑚主要来自波斯和狮子国（斯里兰卡）④。

敦煌文书所见佛寺拥有的这些高档织物、金银器、宝石、香料、珍稀药材等物品，一方面具有实用价值，另一方面也具有某种象征意义。

金银器、宝石往往是制作佛像的供养具的原料，丝绸等织物既可以作为金属或泥塑佛像的衣裙，也可以作为绢幡绘画的材料，香料和某些染料如胡粉，是绘制壁画或装饰佛殿时所需要的，而药材则是僧人治病救人时所必不可少的。

用当地没有的舶来品建造的佛像，往往会比普通的铜像或泥塑要更加吸引人们的注意，这类佛像往往被赋予某种神异，而且外来物品对于当地民众来讲比较稀奇，因而往往具有了某种特殊的功能和意义。因此，不论在西

---

① 法门寺博物馆《法门寺》金银器部分，陕西旅游出版社，1994 年。

② 姜伯勤《敦煌吐鲁番文书与丝绸之路》，16 页。

③ 姜伯勤《敦煌吐鲁番文书与丝绸之路》，67—68 页；林梅村《鍮石入华考》，氏著《古道西风——考古新发现所见中西文化交流》，生活·读书·新知三联书店，2000 年，210—230 页；周卫荣《"鍮石"考述》，《文史》第 53 辑，2000 年，79—89 页。

④ 参看 Laufer、Schafer 书的相关部分。

域还是在中原地区，佛教寺院都着力收集外来供养物品，以吸引更多的善男信女来寺中朝拜。

在西域地区，如《法显传》记于阗："其城西七八里有僧伽蓝，名王新寺，作来八十年，经三王方成，可高二十五丈，雕文刻镂，金银覆上，众宝合成。……岭东六国诸王，所有上价宝物，多作供养，人用者少。"①可见于阗的这座佛寺，葱岭以东六国王都把上好的宝物奉献给它，以作供养。又如北魏时赴西域的宋云，曾在于阗东捍麼城南佛寺中，见到悬挂在塔上的彩幡数以万计，其中"魏国之幡过半矣。幡上隶书，多云太和十九年、景明二年、延昌二年。唯有一幅，观其年号，是姚兴时幡"②。在西域，这些中原来的画幡是很有象征意义的外来供养。

在中原地区，佛教寺院当中同样也积聚了不少外来供养物，吸引了更多的供奉者。有关记载无疑以隋唐都城长安最为丰富。如长安靖善坊大兴善寺中，"曼殊堂工塑极精妙，外壁有泥金帧，不空自西域赍来者"；又有"于阗玉像，高一尺七寸，阔寸余，一佛、四菩萨、一飞仙"③。大同坊云华寺圣画堂中，"有于阗镝石立像，甚古"④。这些外来的佛像，是古代佛教寺庙中的重要组成部分，既是当地民众供养的对象，也是外来巡礼者膜拜的中心。

上举于阗供奉的木塔和银塔以及钢和泰文书的记载，表明当时敦煌这类外来供养的佛像、佛塔应有不少，目前我们在莫高窟的壁画中，还可以看到绘制的"于阗媲摩城中雕檀瑞像""南天竺国弥勒白佛瑞像""摩竭国须弥座释加并银菩萨瑞像"等形象⑤，在藏经洞出土绢画和丝织品上，也可看到一些外来供养的痕迹。

佛教徒是出家的宗教修行者，属寄生阶级，需要社会上其他阶级的供养来维持生存。最早对于佛教的供养，主要是供奉衣服、饮食、卧具、汤药，称为四事供养。以后随着佛教的发展壮大，僧团的出现，寺院塔庙的建立，所需供养进一步扩大，《妙法莲花经·法师品》则记有十种供养：花、香、璎珞、

---

① 章巽《法显传校注》，上海古籍出版社，1985 年，14 页。
② 范祥雍《洛阳伽蓝记校注》，上海古籍出版社，1978 年，265—266 页。
③ 段成式《寺塔记》上，《酉阳杂俎》，中华书局，1981 年，245—246 页。
④ 同上书，250 页。
⑤ 参看 A. C. Soper, "Representations of Famous Images at Tunhuang", *Artibus Asiae*, 27, 1965, pp. 349-364；张广达与荣新江《敦煌"瑞像记"、瑞像图及其反映的于阗》，《于阗史丛考》，212—279 页。

末香、涂香、烧香、缯盖、幢幡、衣服、伎乐。此外,佛经中还有多种说法。可以说,大到施舍房舍、院落,开窟、建塔,小到 缕丝发,只要是奉献给佛、法、僧三宝者,都是供养。供养者可以通过供养而积累功德,获得福佑。因此,从皇帝到贫民,都向佛寺施舍。而上层社会施舍的财物,价值更高。特别是当皇帝、地方统治者如归义军节度使、一些高级官僚去世时,他们所用的生活物品,所穿戴的衣物,甚至住过的房子,后人不愿再用,又不能随便丢弃,施舍给佛寺是这些财物的最好去处。中古时代的佛寺,由此而逐渐成为贵重物品和外来物品等财富汇聚的地方。

从佛教教团方面来看,寺院的仓库是有限的,也不能无休止地、不加分辨地把供养物全储存起来,同时也不能拒绝人们的各种施舍。因此,佛教有唱卖的制度,把寺院不用的一些物品出卖,以换取寺院有用的东西,上述炫和尚转卖胡粉的记录即是一例。

位于丝绸之路干道上的敦煌,在吐蕃和归义军统治时期佛教达到鼎盛,有大大小小十七座庙宇和三所石窟。由于东西往来的使臣、商人、僧侣较多,又有吐蕃和归义军统治者的大力支持,敦煌佛教寺院不仅供养物丰富,而且其中有不少外来物品。这些外来物品是位于丝绸之路上的敦煌在佛教物质文化上面的反映。同时,外来供养物品的大量存在,也表明当地佛教教团对这些稀有珍品的保护和爱戴,这些舶来品所制造或装饰的佛像、供具、壁画等等,一定较普通的佛像和绘画更加吸引民众,通过更多的朝拜者,把敦煌佛教的光芒折射到四面八方。

(2001 年 6 月 16 日完稿,原载胡素馨编《佛教物质文化:寺院财富与世俗供养国际学术研讨会论文集》,上海书画出版社,2003 年,246—260 页)

绵绫家家总满

——谈 10 世纪敦煌于阗间的丝织品交流

公元 9、10 世纪,虽然没有像盛唐时那样的东西方文化交往的盛况,但沿丝绸之路上一些小王国和地方政权之间的物质和精神文化交往,仍然持续不绝。其中,10 世纪西域的于阗王国和敦煌的沙州归义军政权之间相互的经济、文化交往,就是一个很好的例证,说明即使在丝绸之路上多个政权分立的时候,丝路的交通、贸易、物产、技术、宗教、文化的交流仍然没有中断。本章谨就敦煌、和田出土文书和丝绢实物,对此两地之间丝织品的交流问题,略加申论。

一、从敦煌到于阗

"丝绸之路"这一名称的本来意思,就是强调从中国向西方输出的丝绸以及丝织品。随着丝路经济、贸易、文化交流日益繁盛,西往东来的物品不可胜数,但丝绸和丝织品一直是丝路沿线各国、各地区各阶层民众所喜爱的品种,长久不衰。

我们先按传统的丝绸传播方向,来看看从敦煌到于阗的有关记录。

1. 楼机绫

见 P.2638 号《后唐清泰三年(936)六月沙州僧司教授福集状》第 42 行载:

> 破用数,楼机绫壹匹,寄上于阗皇后用。[1]

这件文书是整个沙州僧团所属僧司的教授福集、法律金光定、法律愿清三

---

[1]　见池田温《中国古代籍帐研究》,东京大学东洋文化研究所,1979 年,649 页。

人,对从癸巳年(933)六月一日到丙申年(936)六月一日三年所有收入、破除和见在的什物情况做的算会总账,上钤有"河西都僧统印"。这时正是归义军节度使曹元德统治时期,这位于阗皇后就是曹议金女儿,曹元德的姊妹,在934年嫁给了于阗国王李圣天(Visa' Saṃbhava,912—966年在位)[①]。本文书所记事项,就是沙州僧团根据归义军官府的指令,出楼机绫一匹,寄给于阗皇后使用。这里记录破用数时,没有像收入数那样具体说明年份,所以只能说是934年曹氏出嫁到于阗以后至936年农历六月一日之间。

绫是一种斜纹织物,魏晋时始见,盛行于唐朝,并且在平纹地上斜纹显花之外,出现了斜纹地上斜纹显花的织法。从出土的敦煌吐鲁番实物来看,以暗花绫最为常见,即用同色经纬线织成的一种斜纹地上起斜纹花的丝织物[②]。楼机绫则是使用楼机(或称花楼机)制造出来的斜纹暗花织物,也简称做"楼绫"或"楼机"。所谓"楼机",是指高楼束综提花机,操作时需要两人合作,织工在下面负责投梭打纬织造,拉花者在高楼之上按花本逐一提花[③]。这种织机在唐朝内地已经普及,但我们见到的敦煌文书所记录的楼机绫,几乎全部是10世纪,即五代、宋初的曹氏归义军时期,其主要用途是敦煌地方各级官员、僧官等赠送的礼品,达官贵人的衣料,民间借贷中的罚金等等[④]。因为楼机庞大、织造工序复杂、织物的图案精美豪华、价格昂贵,所以楼机绫是敦煌地区上等的丝织品,非一般人所能使用[⑤]。曹元德正是选用了当地最好的丝织品,来送给在异国他乡的姊妹。

2. 摩睺罗锦、小绫、楼机绫

了解了上面P.2638文书中人物的关系,有助于我们厘清随俄藏文书的

① 关于这位于阗皇后及其出嫁时间问题,参看张广达、荣新江《关于唐末宋初于阗国的国号、年号及其王家世系问题》,《敦煌吐鲁番文献研究论集》,中华书局,1982年;此据作者《于阗史丛考》(增订本),中国人民大学出版社,2008年,33—34页;又《十世纪于阗国的天寿年号及其相关问题》,原载《欧亚学刊》第1辑,中华书局,1999年;此据作者《于阗史丛考》(增订本),300—302页。

② Zhao Feng and Wang Le, "Glossary of Textile Terminology (Based on the Documents from Dunhuang and Turfan", *Journal of the Royal Asiatic Society*, Series 3, 23, 2, 2013, pp. 354-355. (以下有关丝织品的定义,多参考此文,恕不一一注明。)

③ 王进玉《敦煌学和科技史》,甘肃教育出版社,2011年,458—467页。

④ 同上。

⑤ 童丕著,余欣、陈建华译《敦煌的借贷:中国中古时代的物质生活与社会》,中华书局,2003年,103、108页。

全面公布才得以见到的 Дx. 1380 号文书中的人物关系。先将文字录出：

（前缺）

1　摄护，是所望也。昨者口[

2　知宰相好健，兼献信来，[

3　　今大王信，摩睺罗锦一匹，小绫一匹，夫人楼 机 [

4　讫，不具。　　父大王　　书。

5　右右

6　敬空

7　　　　　　　　七月廿八日

8　　　大王信，楼机绫壹匹。又

9　　　夫人信，楼绫一匹。①

这是称作"父大王"的人致某人的书信草稿，第 3 行是夹写在行间的小字，提示随信所附的礼物，"信"这里指信物，有大王所送的摩睺罗锦一匹、小绫一匹，夫人送的楼机绫，可能也是一匹。第 8—9 行也是随附的信物记录，是在前面的礼品之外又补上的，大王和夫人各送楼机绫一匹。在 10 世纪的敦煌文书中，"大王""夫人"一般指称敦煌王的归义军节度使及夫人，归义军称王的节度使先后有曹议金、曹元忠和曹延禄；而宰相多指周边王国如于阗、甘州回鹘王国中的最高官员，而非归义军体制内的官人。从"父大王"的称呼来看，这件书信的收信人最有可能的就是曹议金嫁给于阗国王李圣天的女儿，也就是 P. 2638 文书中的"于阗皇后"，宰相则是于阗国的宰相。前缺的部分大概是曹议金以"父大王"的身份问候其女，然后是问候宰相是否康健，时间在曹议金称王的 931—935 年间。由此，我们可以将本件文书定名为《某年(934—935 年间)归义军节度使曹议金致女于阗皇后书》。

　　其中所记送到于阗的丝织品，楼机绫已见上述。"小绫"是边幅较窄的绫，与大绫相对而言。摩睺罗锦，应当是织有摩睺罗纹样的锦。锦是采用重组织提花的比较复杂的工艺制作出来的熟织物，图案丰富多彩，质感厚重耐

---

①　图版见《俄藏敦煌文献》第 8 册，上海古籍出版社，1997 年，126 页。背面是人名录，前后缺，性质不详。

用,是丝织品中的名贵产品。"摩睺罗"又作"磨睺罗""磨喝乐",都是"罗睺罗"的同音异字,为释迦的嫡子,后小出家为沙弥。因为摩睺罗是佛的儿子,所以唐代以来,中土有七夕节日里,制摩睺罗偶像,拜之以求子的风俗[1]。一般史籍所记,摩睺罗像多为泥塑、木雕而成,曹议金夫妇送给女儿的却是用丝线织成锦的摩睺罗像,其工艺之复杂,可想而知。而曹大王夫妇送给女儿于阗皇后这个摩睺罗像的锦,其寓意应当也是希望她早生贵子。无独有偶,P. 3111 是《庚申年(960)七月十五日于阗公主新建花树等帐》,记有"磨睺罗壹拾"[2],虽然不知是什么质地的摩睺罗像,但可以看到这种习惯在敦煌于阗间的流行情况。谭蝉雪认为这个于阗公主就是嫁给敦煌曹延禄的于阗国王第三女(见于莫高窟第 61 窟题记),并对她造摩睺罗偶像的动机做了推测[3]。

3. 卷草纹白绫

这是一件出自 1984 年在和田布扎克(Buzak)墓地发现的一男子墓葬的实物,据专家的实地考察,"长 75 cm,宽 56 cm,其中 56 cm 是幅宽。以白色卷草纹绫制成,组织为三枚和六枚斜纹织成的同向绫",年代在五代宋初。织物的一面边缘上面有一个图案,像是中间系住的两个粗绳环,下有汉文墨书"夫人信附 男宰相李枉儿",另一面幅边有墨书于阗文 *dī tsai syāṃ hīye*,意为"此属于李宰相"(图 1)[4]。由于书写有汉字,考虑到五代宋初于阗王国与敦煌的关系,这件织物很可能来自敦煌。其中人物的关系尚不清楚,但很可能是住在敦煌的某位于阗贵妇人寄给自己的儿子宰相李旺儿的,

① 参看谭蝉雪《敦煌民俗——丝路明珠传风情》,甘肃教育出版社,2006 年,244—246 页。

② 张广达、荣新江《关于敦煌出土于阗文献的年代及其相关问题》,原载《纪念陈寅恪先生诞辰百年学术论文集》,北京大学出版社,1989 年;此据作者《于阗史丛考》(增订本),89 页。

③ 谭蝉雪《敦煌民俗——丝路明珠传风情》,245 页。

④ 正背面的局部图版,见新疆维吾尔自治区文物事业管理局等编《新疆文物古迹大观》,新疆美术摄影出版社,1999 年,99 页,图 0230。织物考证,见赵丰、王乐、万芳、李曧《和田布扎克彩棺墓出土的织物与服饰》,赵丰、伊弟利斯·阿不都热苏勒编《大漠联珠——环塔克拉玛干丝绸之路服饰文化考察报告》,东华大学出版社,2007 年,94 页;Zhao Feng and Wang Le, "Textiles and Clothing Excavated from the Tombs of Buzak in Khotan", *Journal of Inner Asian Art and Archaeology*, III, 2009, ed. J. Lerner and L. Russel-Smith, p. 172, figs. 17-20, colour pl. 6。关于于阗文的释读,见吉田豊《コータン出土 8—9 世纪のコータン语世俗文书に关する觉え书き》,神户市外国语大学外国学研究所,2006 年,35—36 页(熊本裕转写并翻译)。

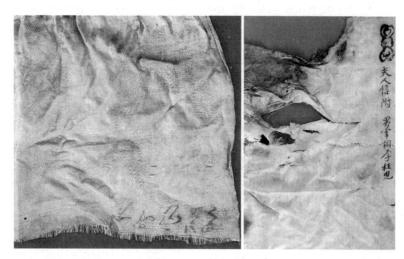

图1 和田布扎克(Buzak)墓地出卷草纹白绫

而从于阗王李圣天的名字,我们知道 10 世纪于阗王家的汉姓作"李",则可以推测这位李姓的宰相也出自王室①。研究者推测这件白绫可能是作覆面使用的②。根据其文字的内容,原本可能是从敦煌寄赠到于阗时包裹礼物的包袱,边缘上写着谁寄给谁的。

与本件白绫同出的还有一件锦饰绮帕,是典型的辽式纬锦,这种纬锦晚唐时开始出现在中原地区,特别流行于五代和北宋时期,因此是中原所制。此外同墓还有其他一些织物,以及同一墓地在 20 世纪 70 年代及 1983 年发现的两座女性墓葬中出土的一些织物,工艺均为唐末五代中原制法,装饰艺术也沿袭唐代中原之风③。因此,我们可以推测这其中有不少是通过敦煌而流入于阗的高级丝织品,为于阗王室成员丧葬时所用。

遗憾的是,除布扎克墓葬之外,整个和田地区迄今很少发现属于五代、宋

① 吉田豊推测此李旺儿是于阗王李圣天与曹议金女所生,也就是继李圣天之后任于阗王的 Visa Sura,布扎克墓葬中的死者即他本人,见 Y. Yoshida, "Visa' Sūra's Corpse Discovered?", *Bulletin of the Asia Institute*, new series, 19 (Iranian and Zoroastrian Studies in Honor of Prods Oktor Skjaervo), 2005 (2009), pp. 233-238。但这一看法推测过多,尚难成立。

② Zhao Feng and Wang Le, "Textiles and Clothing Excavated from the Tombs of Buzak in Khotan", p. 172.

③ 参看赵丰、王乐、万芳、李薏《和田布扎克彩棺墓出土的织物与服饰》,90—99 页;Zhao Feng and Wang Le, "Textiles and Clothing Excavated from the Tombs of Buzak in Khotan", pp. 171-189。

初时期的古代遗址,没有更多的文字和文物资料来说明归义军时期从敦煌送往于阗的织物情况。相反,由于敦煌藏经洞里保存有大量文书和绢画,让我们得以更多地了解从于阗运送到敦煌的各种不同织物的情况,详见下文。

4.绯绵绫、紫绵绫

俄藏 Дх. 1265 + Дх. 1457《沙州某人上于阗押衙张郎等状》似为书信草稿,字迹较乱,别字较多,加之纸幅下面残缺,使文意多不连贯。其现存文字如下:

1　孟冬渐寒,伏惟　　　　　[
2　于阗押押(衙)张郎及兵马[
3　居万福,即日　　　　　　[
4　沙州丈母及妻男永迁物(勿)[
5　忧,夏(下)精(情)望也。昨者□□[
6　绯绵绫壹匹,紫绵绫壹匹。其张[
7　得有无。勿色迴发壹字,切是□□[
8　水银、鍮食(石)、珠子、紫草四扇,其□勿[
9　其押衙善伏使都头,莫交使□[
10　今因人往,远走马使□[
11　不宣,谨状。
12　　　　　□[
(后缺)①

这是较王家身份要低的官人之间的往来记录,从沙州送上的丝织品为绯绵绫壹匹,紫绵绫壹匹。徐铮女史解释得很清楚:"这种绵绫织物它的经纬线应该均采用绵线,绵绫所谓'绵线'是指将次下等的茧中无法缫丝的丝纤维抽出,采用纺纱的方法纺成的可供织造的纱线。"她还举出敦煌文书 P. 4975《辛未年三月八日沈家纳赠历》有关绯绵绫、紫绵绫、白绵绫的记录,以及敦煌发现的实物资料,可以参看②。

---

① 图版见《俄藏敦煌文献》第 8 册,43 页。
② 徐铮《敦煌丝绸的品种类别》,赵丰主编《敦煌丝绸与丝绸之路》,中华书局,2009 年,56—57 页。

除了汉文文书具体谈到一些品种的丝织物以各种方式传到于阗,其他语言文字的文书也有相关的记载。P. t. 1106r 藏文文书是《于阗王天子长兄(李圣天)致沙州弟登里尚书(曹元忠)书》,其中提到"作为购买五十……汉地丝绸之回赠〔物品〕"①,虽然没有具体说是何种丝绸,但表明是一笔不少的官方贸易。

P. 2958 于阗语文书中包含有几封书信的草稿,其中第 199—215 行第 6 封信是一位自称为"朔方王子"的人(Hva Pa-kyau)上于阗朝廷书,这位王子其实是从于阗出发,经沙州、朔方到中原朝贡的于阗王子,但由于道路险阻,他没有能够前往朔方,而是停留在敦煌。他信中提到,其中一位使者 Hvaṃ Capastaka(王子之一)根据于阗朝廷的指令,用 30 斤玉与归义军官府换取了 200 匹丝绸(śacu)②,其中 150 匹给于阗朝廷,50 匹给母后 Khī-vyaina。在第 216—227 行的第 7 封信中,Hva Pa-kyau 重申了上述 Hvaṃ Capastaka 用 30 斤玉与归义军官府换取 200 匹丝绸的事情,并希望母后能多给他一些玉石,以便换取更多丝绸③。

二、从于阗到敦煌

于阗是西域地区较早传入中原地区的养蚕缫丝技术的王国,玄奘在 7 世纪上半叶逗留于阗时,曾记下有关桑蚕传入于阗的动人传说:

> 王城东南五六里,有麻射僧伽蓝,此国先王妃所立也。昔者此国未知桑蚕,闻东国有也,命使以求。时东国君秘而不赐,严敕关防,无令

① 图版见 A. Spanien et Y. Imaeda, *Choix de documents tibétaines conservés à la Bibliothèque nationale*, *complété par quelques manuscrits de l'India office et du British Museum*, II, Paris 1979. pls. 446-447。研究见 G. Uray, "New Contributions to Tibetan Documents from the post-Tibetan Tun-huang", *Tibetan Studies. Proceedings of the 4th Seminar of the International Association for Tibetan Studies Schlosse Hohenkammar - Munich 1985*, eds. H. Uebach & J. L. Panglung. München: Kommission für Zentralasiatische Studien, Bayerische Akademie der Wissenschaften, 1988, pp. 520-521;荣新江、朱丽双《一组反映 10 世纪于阗与敦煌关系的藏文文书研究》,沈卫荣主编《西域历史语言研究所集刊》第 5 辑,科学出版社,2012 年,101—102 页。

② 于阗文śacu 是 saṃcī 复数形式,H. W. Bailey 以为此词音译自汉文的"蚕丝",代指丝绸,见所著 *Dictionary of Khotan Saka*, Cambridge: Cambridge University Press, 1979, p. 394。

③ H. W. Bailey, "Altun Khan", *Bulletin of School of Oriental and African Studies*, XXX. 1, 1967, pp. 97-98.

桑蚕种出也。瞿萨旦那王乃卑辞下礼,求婚东国。国君有怀远之志,遂
允其请。瞿萨旦那王命使迎妇,而诫曰:"尔致辞东国君女,我国素无
丝绵桑蚕之种,可以持来,自为裳服。"女闻其言,密求其种,以桑蚕之
子,置帽絮中,既至关防,主者遍索,唯王女帽不敢以验。遂入瞿萨旦那
国,止麻射伽蓝故地,方备仪礼,奉迎入宫,以桑蚕种留于此地。阳春告
始,乃植其桑。蚕月既临,复事采养。初至也,尚以杂叶饲之。自时厥
后,桑树连阴。王妃乃刻石为制,不令伤杀。蚕蛾飞尽,乃得治茧。敢
有犯违,明神不祐。遂为先蚕建此伽蓝。数株枯桑,云是本种之树也。
故今此国有蚕不杀,窃有取丝者,来年辄不宜蚕。①

　　据学者们的研究,于阗地区最晚在公元 3 世纪时就已掌握了养蚕丝织
技术②。斯坦因在和田丹丹乌里克唐代遗址发现的木板画中,还有一幅描
绘了公主带着蚕茧渡过关防的上述情景(图 2),在主画面的一旁,绘有织
机,在织机的上方,是于阗地方普遍膜拜的"丝绸之神"③。同样的形象还见
于其他一些考古发现的木板画上。丝绸之神一手握着梭子,特征明显④。
这个形象没有在其他西域遗址中发现,或许是于阗特有的神祇。

图 2　和田丹丹乌里克木板画中的公主带蚕茧过关防及"丝绸之神"图像

---

①　季羡林等《大唐西域记校注》,中华书局,1985 年,1021—1022 页。

②　殷晴《丝绸之路与西域经济——十二世纪前新疆开发史稿》,中华书局,2007 年,162—168 页。

③　M. A. Stein, *Ancient Khotan. Detailed Report of Archaeological Explorations in Chinese Turkestan*, Oxford, 1907, pp. 259-260; pl. LXIII. 彩色图版见ウィットフィールド(R. Whitfield)《西域美術》第 3 卷,讲谈社,1984 年,图 66。

④　J. Williams, "The Iconography of Khotanese Painting", *East and West*, 23:1-2, 1973, pp. 147-150; figs. 57-64.

《大唐西域记》说于阗国"出氍毹细毡,工纺绩绝细"。《新唐书》卷二二一上《西域传》于阗条也称其"俗机巧……工纺绩"。经过唐朝时期的发展,于阗的丝织业应当更为发达。

据我们通检敦煌文献后的结果,沙州归义军与于阗王国的交往主要是在 10 世纪。其中最早记录敦煌与于阗交往的资料,是 S. 4359 上抄写的一首曲子词,题作《谒金门·开于阗》。其词云:

> 开于阗,绵绫家家总满。奉献生龙及玉碗,将来百姓看。尚书座宫典,四塞休征罢战。但阿郎千秋岁,甘州他自离乱。①

文中的"尚书",应当指 901—903 年间任归义军节度使的张承奉②。参照 P. 4640《唐己未、庚申、辛酉年(899—901)归义军军资库司布纸破用历》有关辛酉年(901)于阗使者梁明明一行首次访问敦煌的记录③,可以推知《开于阗》的创作年代很可能就在 901 年,其内容是敦煌文人称颂敦煌的统治者打通了与于阗王国交往的道路,可以迎接于阗王国使者的到来,沙州的使人也可以前往于阗了。

这里值得我们注意的是,敦煌人认为,当敦煌开通了与于阗的往来以后,其最直接的结果就是"绵绫家家总满",也就是说于阗的绵绫这样好的丝绸会大量流入敦煌,使家家户户得到满足。这虽然不无溢美之词,但说的的确是一个事实。此后,于阗的丝绵织品就源源不断地传入敦煌了。

1. 紫盘龙绫袄子

P. 2704《后唐长兴四、五年(933—934)归义军节度使曹议金回向疏》(共三篇)第一篇中称:

> 紫盘龙绫袄子壹领其袄子,于阗宰相换将、红宫锦暖子壹领、大紫绫半臂壹领,……已上施入大众。④

---

① 图版见《英藏敦煌文献》第 6 册,四川人民出版社,1992 年,43 页;录文见张广达、荣新江《于阗史丛考》(增订本),85 页。

② 荣新江《沙州归义军历任节度使称号研究》,《敦煌吐鲁番学研究论文集》,汉语大词典出版社,1990 年,787—790 页。

③ 池田温《中国古代籍帐研究》,610 页。

④ 图版见《法藏敦煌西域文献》第 17 册,上海古籍出版社,2001 年,314 页;录文见张广达、荣新江《于阗史丛考》(增订本),86 页。

这里是说，归义军节度使曹议金施舍给僧尼大众的高级丝织品中，列在首位的"紫盘龙绫袄子壹领"，是从于阗宰相手中换取而得的。其后的《回向疏》中有这样的祈愿："东朝奉使，早拜天颜；于阗使人，往来无滞。"说明当时有于阗使者逗留沙州，使者的首领很可能就是这位于阗宰相。这位宰相手中的紫盘龙绫袄子，应当是随身从于阗带来的。这种带有盘龙纹样的丝织衣物，在唐朝是被禁止服用的①，但这项法令不知是否能够通行到于阗，或者到了五代时期，唐朝的法令是否还有效力。根据王乐女史提供的线索，我们得知有三件沙州某寺什物历中著录有"绣盘龙伞"②。细检原文，S.1642《后晋天福七年（942）某寺交割常住什物点检历》第9—10行供养具部分有"青绣盘龙伞一副，并骨，兼帛绵绫裹，裙带具（俱）全"③；S.1774《后晋天福七年某寺法律智定等交割常住什物点检历状》第20—21行有"青绣盘龙伞一副，白绵绫裹，并裙柱带全"④；S.1776《后周显德五年（958）某寺法律尼戒性等交割常住什物点检历状》第16—17行有"青绣盘龙伞一副，兼帛绵绫裹，并裙住（柱）带具（俱）全"⑤。以上三件文书，据唐耕耦先生的考证，都是一个寺院的常住什物点检历，其中前两件是同一年的，一件可能是底本，一件是抄本，最后一件是若干年后的清点记录⑥。因此，这三个记录的绣盘龙伞，实际上是一件刺绣有盘龙纹的伞盖。可以补充说明的是，这是一所尼寺，绣盘龙伞著录在供养具部分，表明是寺院中属于佛的神圣物品⑦，非一般人所能拥有。王乐女史还提示到莫高窟第409窟东壁回鹘国王身着的是一件盘龙长袍（图3）⑧。谭蝉雪先生将这种盘龙纹称作"团龙纹"，并指出这种团龙纹饰与唐代帝王朝服无异，是王者才可以服用的，回鹘官人贵族则以团花为饰⑨。不论如何，于阗宰相带来的这件紫盘龙绫袄子，对于一般人

---

① 唐玄宗《禁用珠玉锦绣诏》，《全唐文》卷二六，中华书局，1983年，300页。

② 王乐《敦煌丝绸的图案类型》，赵丰主编《敦煌丝绸与丝绸之路》，87页。

③ 唐耕耦等《敦煌社会经济文献真迹释录》第3辑，全国图书馆缩微复制中心，1990年，19页。

④ 同上书，18页。

⑤ 同上书，22页。

⑥ 同上书，18、21、25页。

⑦ 关于供养具的意义，参看荣新江《再论敦煌藏经洞的宝藏——三界寺与藏经洞》，郑炳林编《敦煌佛教艺术文化国际学术研讨会论文集》，兰州大学出版社，2002年，14—29页。

⑧ 赵丰主编《敦煌丝绸与丝绸之路》，93页。

⑨ 谭蝉雪主编《敦煌石窟全集·服饰画卷》，香港商务印书馆，2005年，208—209、211页，图196—197。

图3　敦煌莫高窟第409窟东壁着盘龙长袍的回鹘王供养人像

来讲是逾制的,它可能是于阗王的赏赐品,价值一定不菲。于阗宰相将其带来沙州,以之换取归义军节度使的某种珍贵物品。归义军节度使也未敢随便服用,而是将其奉献给沙州的佛教僧团,变成神圣的物品。

2. 胡锦裙腰、绀城细缣等

俄藏敦煌文书中有一组在敦煌的于阗人寄往于阗的书信抄稿,用的是于阗的天寿纪年,其中两件是在敦煌伺候于阗公主、太子的女婢所写的书信,后一件祐定的牒文中提到从于阗要求的物品是我们主要讨论的对象。

Дх. 2148(1)《于阗天寿二年(964)九月弱婢员娘、祐定牒》:

1　弱婢员娘、祐定

2　　右员娘、祐定,关山阻远,碛路程遥,不获祗候

3　　宫闱,无任感

4　　恩之至。弱婢员娘、祐[定],自从

5　　佛现皇帝去后,旦慕(暮)伏佐公主、太子,不曾抛离。

6　　切望

7　　公主等于

8　　皇帝面前申说,莫交(教)弱婢员娘、祐定等身上捉

9　　其罪过。谨具状

10　　起居咨

11　　闻。谨录状上。

12　　牒件状如前,谨牒。

13　　　　　　　　　　天寿二年九月　日,弱婢员娘、祐定等牒。

Дх.2148(2) + Дх.6069(1)《于阗天寿二年(964)弱婢祐定等牒》:

1　弱婢祐定咨申

2　天女公主:祐定久伏事

3　公主,恩荫多受,甚时报答? 今要胡锦裙腰一个,般次来时,

4　切望咨申

5　皇帝发遣者。

6　更有小事,今具披词,到望

7　宰相希听允:缘　宕泉造窟一所,未得周毕,切望

8　公主、宰相发遣绢拾匹、伍匹,与碮户作罗底买来,

9　沿窟缠里工匠,其画彩色、钢铁及三界寺绣

10　像线色,剩寄东来,以作周旋也。娘子年高,气冷

11　爱发,或使来之时,寄好热细药三二升。又绀城细缥 寄

12　三五十四东来,亦乃沿窟使用。又赤铜,发遣二三十

13　斤。又咨

14　阿郎宰相:丑子、丑儿要玉约子腰绳,发遣两鞋。又好箭三四
　　十只,寄

15　东来也。①

员娘、祐定不是普通的伺婢,而是有一定身份的人,负责看护在敦煌生活的年少的公主和太子。第一封信是她们向于阗的"公主"问候的信函。第二封信则是由祐定出面,请天女公主转呈皇帝,要求送来胡锦裙腰一个,又向公主、宰相要求发遣绢拾匹、伍匹、画彩色、钢铁、绀城细緤三五十匹、赤铜二三十斤,以便在宕泉开凿洞窟(莫高窟)时使用,还要求为三界寺制作绣像的线色,以及给某位娘子索要的好热细药,给丑子、丑儿要的玉约子腰绳,最后是好箭三四十只。在一封信里提出这样多的要求,都是"好"东西,而且数量相当大。祐定应当是代表在敦煌的于阗公主、太子们而提出的要求。

我们这里关心的是丝织品,其中有胡锦裙腰一个。如上所述,锦是用比较复杂的工艺制作出来的名贵织物,往往图案丰富。"胡"在唐代一般指伊朗系统的种族,"胡锦"在唐代一般指的是波斯锦或粟特锦,主要是粟特锦,组织结构是斜纹纬锦,图案多有明显的异域风情,比如英国博物馆和法国集美博物馆各收藏有一件经帙(MAS.858 和 EO.1199)的边缘,就是团窠对狮锦②。在吐鲁番、都兰出土的唐代织锦中,有一些联珠对兽锦,这些都可以说是胡锦。在五代宋初时期,于阗的人种和文化也属于伊朗系统,因此于阗制作的锦也可以称作是胡锦。《宋史·外国传》于阗条记北宋建隆二年(961)于阗入贡胡锦③,研究者认为这可能就是于阗本地生产的④。同时,于阗处于丝绸之路的干道上,也应当有从东西方传入的粟特锦,因此,这里的胡锦既有可能是于阗本地制作,也可能是外来的粟特锦。祐定所要制作裙

---

① 图版见《俄藏敦煌文献》第 8 册,144—145 页。录文见施萍婷《俄藏敦煌文献经眼录之一》,《敦煌研究》1996 年第 2 期,77 页;又《俄藏敦煌文献经眼录》(二),《敦煌吐鲁番研究》第 2 卷,北京大学出版社,1997 年,314、323—324 页;李正宇《俄藏中国西北文物经眼记》,《敦煌研究》1996年第 3 期,39—42 页;张广达、荣新江《十世纪于阗国的天寿年号及其相关问题》,《于阗史丛考》(增订本),292—293 页。V. Hansen, "The Tribute Trade with Khotan in Light of Materials found at the Dunhuang Library Cave", *Bulletin of the Asia Institute*, new series, 19 (Iranian and Zoroastrian Studies in Honor of Prods Oktor Skjaervo), 2005 (2009), pp.42-43 将第二封书信译成英文并加以解说,对于我们理解文书的含义颇有帮助。

② 赵丰主编《敦煌丝绸与丝绸之路》,67—68、94 页。图版见赵丰主编《敦煌丝绸艺术全集·英藏卷》,东华大学出版社,2007 年,94 页;赵丰主编《敦煌丝绸艺术全集·法藏卷》,东华大学出版社,2010 年,136—137 页。

③ 《宋史》卷四九〇《外国传》于阗条,中华书局,1977 年,14106 页。

④ 赵丰主编《敦煌丝绸与丝绸之路》,219 页。

腰的胡锦,应当是于阗人喜爱的西域图案。

"绀城细緤"是信中另一件值得讨论的织物。"绀城"又见后晋天福三年往于阗出使的高居诲所写《行记》中:"(自众云界)又西,渡陷河,伐柽置水中乃渡,不然则陷。又西,至绀州,绀州,于阗所置也,在沙州西南,云去京师九千五百里矣。又行二日,至安军州,遂至于阗。"[1]学者现在比较倾向于把它比定为于阗东三百里处的坎城,于阗文作 Kaṃdakä bisākamtha(钢和泰藏卷)[2]。"緤"是"氎"的俗字,有两个意思,一指棉布,一指毛布,这两者于阗都有出产,所以很难判断这里具体所指。《大唐西域记》说于阗国"少服毛褐毡裘,多衣绝紬白氎"[3],似乎当地民众更喜欢的是白氎,这里当指白色的棉布。如果"绀城细緤"指坎城特有的精细的棉布,在敦煌显然是很亮丽的衣料。如果是坎城特有的细毛布,也是完全讲得通的[4]。

3.大紫帛绫

天津艺术博物馆藏敦煌文书津艺 061F 号背,有《壬午年(982?)苏永进雇骆驼契》:

1　壬午年正月廿六日立契,押衙苏永进伏缘家于阗

2　充使,欠少蓄剩(乘),遂于都头邓栽连面上雇

3　陆岁驳驼壹头,断作雇价大紫帛绫一匹为定。

4　　　　　　　　　　　　　立契押衙苏永进。[5]

关于文书的年代,契约研究者的意见并不统一,沙知先生疑这里的壬午是

---

① 《新五代史》卷七四《四夷附录》,中华书局,1974 年,917—918 页。

② 榎一雄《仲云族の牙帐の所在地について》,原载《铃木俊教授还历记念东洋史论丛》,山川出版社,1964 年;此据《榎一雄著作集》第 1 卷,汲古书院,1992 年,160 页,注 8;长泽和俊《高居诲の于阗纪行について》,原载《东洋学术研究》第 16 卷第 4 号,1977 年;后改名《高居诲の于阗纪行》,收入作者《シルクロード史研究》,国书刊行会,1979 年;此据钟美珠译本《丝绸之路史研究》,天津古籍出版社,1990 年,590—591 页。

③ 季羡林等《大唐西域记校注》,1001 页。

④ 参看敦煌写本 S.617《俗务要名林》曰:"氎:细毛布,徒协反。"郝春文主编《英藏敦煌社会历史文献释录》第 3 卷,社会科学文献出版社,2003 年,370 页。

⑤ 《天津艺术博物馆藏敦煌文献》第 1 册,上海古籍出版社,1996 年,309、311 页。录文见沙知《敦煌契约文书辑校》,江苏古籍出版社,1998 年,307 页(据施萍亭录文,编号 4402v);Yamamoto, T. et al., *Tun-huang and Turfan Documents concerning Social and Economic History*, Supplement, Tokyo: Toyo Bunko, 2001, (A), p.57.

922 年①,池田温先生疑为 982 年②,这里暂从后者系在 982 年。从格式来看,不是契约原文,而是习字一类。虽然文字不全,但主要内容都在。说的是归义军节度押衙苏永进要作为使人前往于阗,欠少驮乘,所以从都头邓栽连处雇一头六岁的骆驼,回来后还雇价大紫帛绫一匹。从敦煌的其他借贷或雇佣契约来看,借贷者归来所还的物品一般是出使时从远方带来的珍贵物品,否则债权人就无利可图了③。由此可见,苏永进要还的大紫帛绫一匹,是在敦煌地区有名的一种于阗生产的紫色帛绫。"帛绫"当是"绵绫",已见上文。

4.生绢、熟绢、绯绵绸

Дх.2143 号为《乙未年(995)六月十六日押衙索胜全换马契》:

1 乙未年六月十六日立契:押衙索胜全次着于阗去,遂于翟
2 押衙面上,换大驮马壹匹。其于阗使命到来之日,更还生绢
3 壹匹,熟绢壹匹,各长叁丈柒尺。生绢福(幅)贰尺,熟绢福
   (幅)一尺玖
4 寸,又绯绵绸壹匹。若路上东西不平善者,使命到来之
5 日,一仰口承男胜盈及妻男押衙长迁面上,取生绢壹匹、
6 熟〔绢〕壹匹、绯绵绸壹匹为定。恐后无信,故立此契,用为后
7 凭。

换马人押衙索胜全(押)

口承人男胜盈(押)

口承男押衙长千(迁)(押)

知见人索衍子(押)

知见人穆富安(押)

知见人〔灵〕图寺法律王会长

---

① 沙知《敦煌契约文书辑校》,307 页。
② *Tun-huang and Turfan Documents Concerning Social and Economic History*, Supplement, p.57.
③ 童丕著,余欣、陈建华译《敦煌的借贷:中国中古时代的物质生活与社会》,109、117—118 页。

知见人押衙李阿朵奴①

曹氏归义军始于 914 年,而最晚有纪年的文书为 1002 年,这件契约的乙未年有 935 年或 995 年两种可能,孟列夫最早为此卷编目时,两者并存②。在《俄藏敦煌文献》刊出全卷图版之前,学者们都只能根据孟列夫目录见到这件契约的首尾两行文字,故此多疑此为 935 年文书③。全卷发表以后,池田温先生的整理本确定其为 995 年文书④,今从之。

与上引《苏永进雇骆驼契》一样,这里归义军节度押衙索胜全在出使于阗之前向同僚翟押衙博换一匹大驮马,等到从于阗回来之日,要还所得生绢壹匹、熟绢壹匹、绯绵绸壹匹。生绢是没有经过精炼脱胶的平纹织物,相反,熟绢则指脱胶之后的绢织物。"绸"是粗绸。"绯绵绸"是绵线织造的粗绸。

虽然这些绢、绸也是敦煌地区所有的,但索胜全将来要还的这些绢、绸则很可能是来自于阗。在公元 10 世纪,前往异国他乡出使的人,往往顺带做些买卖,获得当地一些特产或价值昂贵的东西,回来买卖,以赚取两地间的差价。《索胜全契》或许透露了一个事实,就是敦煌使者前往于阗的一个重要的目的,是获得于阗较好的丝绸,带回到沙州来买卖。这似乎表明于阗的生绢、熟绢、绯绵绸要比沙州所产质地更好。

在敦煌发现的文书中,特别是最晚公布的俄藏敦煌文书中,有不少反映两地物质文化交流的珍贵资料,为前所不知。本文在整理这些资料的基础上,结合已知的其他文献和实物材料,重点探讨了于阗与敦煌之间主要以丝织物为主的交流情况。由于当时的于阗王国和沙州归义军官府基本上处在平等的关系上,所以两者之间的丝织品的交换并不是哪一方朝贡贸易的结

---

① 图版见《俄藏敦煌文献》第 9 册,上海古籍出版社,1998 年,45 页。录文及图版见 Yamamoto, T. et al. , Tun-huang and Turfan Documents Concerning Social and Economic History, Supplement, Tokyo: Toyo Bunko, 2001, (A), p. 49; (B), p. 45。

② 孟列夫主编《俄藏敦煌汉文写卷叙录》下册,上海古籍出版社,1999 年,495—496 页。

③ T. Yamamoto and O. Ikeda, Tun-huang and Turfan Documents Concerning Social and Economical History, III, Contract, Tōkyō: Tōyō Bunko, 1987, p. 108;荣新江《归义军史研究》,上海古籍出版社,1996 年,20 页;施萍婷《俄藏敦煌文献经眼录(二)》,《敦煌吐鲁番研究》第 2 卷,313—314 页;沙知《敦煌契约文书辑校》,199 页。

④ Tun-huang and Turfan Documents Concerning Social and Economic History, Supplement, (A), p. 49.

果。在这些交换事例中,有的属于亲属之间的馈赠,有的是亲属之间的索取,有的是物与物之间的等价交换,有的则是购买而得。从偶然留存下来的文书来看,这些交换终 10 世纪连绵不绝,而且是双向的流通。值得注意的是,两地之间的物质交换并非只限于丝织品,而是包括了其他自己一方所需的材料,限于篇幅,我们没有讨论其他物品,但同一次交换中包含的不同物品之间,可能存在着某种关联,这只好留待以后继续探讨了。

(原载包铭新主编《丝绸之路·图像与历史》,东华大学出版社,2011 年 3 月,35—46 页)

第五编

三夷教的流传

吐鲁番出土《金光明经》写本题记与沃教初传高昌问题

　　1965年1月，在吐鲁番安伽勒克（Anjanlik，又称英沙故城、安乐城）南郊附近的一座废佛塔下层，一位农民发现了一个陶罐，罐内装有《三国志·吴书·孙权传》《三国志·魏书·臧洪传》《汉书驳议》、《金光明经》卷二、贝叶梵文写经、回鹘文（？）木简等文献和文物材料，交文物工作者，入藏于新疆博物馆。

　　本文主要讨论的《金光明经》卷二题记文字如下：

1　《金光明经》卷第二　　　　　　　　凡五千四百卅三言
2　庚午岁八月十三日，于高昌城东胡天南太后祠下，为索将军佛
　　子妻息合家，写此
3　《金光明》一部，断手讫竟。笔墨大好，书者手拙，具字而已。
　　后有聪睿揽
4　采之者，贯其懊义，庶成佛道①。

　　本录文的基础是1995年我在北京大学历史系主持的吐鲁番文献读书班的成果，我们在前人录文的基础上释读出若干文字，其中以史睿的功劳最大。近年，王丁先生在总结前人校录成果的基础上，特别是参考李遇春、王素和张广达先生的录文和解说，又读出"揽"字，从而给出较为正确的录

────────────────

① 图版见《新疆维吾尔自治区博物馆》（《中国博物馆丛书》9），文物出版社，1991年，图版84。

文①。"揽"字前人过去没有释读出，对照图版，可以信从。唯"庶"字其录文依前人作"疾"，与我们的释读不同。

本文主要讨论围绕这条题记而引发争论的两个问题。

一、庚午岁 = 公元 430 年

这组收集品发现后，因为内容庞杂，没有随即发表一个总体的报告，其中一些重要的资料，陆续由不同专家发表。其中的《三国志·吴书·孙权传》，最早由郭沫若先生在 1972 年撰文发表，所以早为国内外学界所知②。与此同时，作为出国文物展览所选精品，《金光明经》卷二写本的尾部图版，发表在多种外文版的《新中国出土文物》中③，从而为一些敏锐的海外学者所注意。饶宗颐教授在《穆护歌考——兼论火祆教、摩尼教入华之早期史料及其对文学、音乐、绘画之影响》一文中，指出这里的"胡天"系胡天神，或胡天祠，又对比同时出土的东晋写本《吴书·孙权传》，考订"庚午岁"为公元 430 年④。

然而，国内学人在很长一段时间里没有看到饶宗颐教授的文章，而是根据吐鲁番文书整理小组和新疆博物馆合撰的《吐鲁番晋—唐墓葬出土文书概述》中不完整而且有误的录文"城南太后祠下胡天"来展开论述的⑤，这自然会影响对题记本意的理解。

关于题记的年代，一般都遵从饶宗颐的看法，定在 430 年，如系统研究敦煌吐鲁番写本题记的池田温先生的《中国古写本识语集录稿》⑥，专

① 见其所撰《南太后考》，荣新江、华澜、张志清主编《粟特人在中国：历史、考古、语言的新探索》（《法国汉学》10），中华书局，2005 年，431 页；又《吐鲁番安伽勒克出土北凉写本〈金光明经〉及其题记研究》，《敦煌吐鲁番研究》第 9 卷，中华书局，2006 年，40 页。

② 郭沫若《新疆新出土的晋人写本〈三国志〉残卷》，《文物》1972 年第 8 期，2—6 页。

③ 我所使用的是北京大学图书馆藏的日文本《新中国の出土文物》，外文出版社，1972 年，图 122。

④ 原载《大公报在港复刊卅年纪念文集》下，香港，1978 年；此据《选堂集林·史林》中，香港中华书局，1982 年，480 页。

⑤ 《文物》1977 年第 3 期，26 页。参看王素《高昌火祆教论稿》，《历史研究》1986 年第 3 期，168 页。

⑥ 《三藏》187 号，1979 年，5 页；此稿后来发展成《中国古代写本识语集录》一书，东京大学东洋文化研究所，1990 年，该题记在 84 页，No. 74。

门研究祆教流传的姜伯勤先生的《敦煌吐鲁番与丝绸之路上的粟特人》①，都持这种看法。笔者在 1987 年撰写《吐鲁番的历史与文化》一文时，也采用这个年份的看法②。虽然文章限于体例，没有举出理由，其实当时的想法，一方面是根据饶宗颐教授从书法角度所作的判断，另一方面是根据王素考察高昌郡和高昌国文书所得的结论，即高昌地区指称佛寺时，460 年以前称作"祠"，460 年以后称作"寺"③，因此本卷当在 460 年以前的430 年。

1989 年，新疆维吾尔自治区博物馆李遇春先生发表了《吐鲁番出土〈三国志·魏书〉和佛经时代的初步研究》一文，首次较为详细地介绍了 1965年安伽勒克这批写本发现的经过，并且给出编号为 65TIN029 的《金光明经》卷二题记的全文。对于《金光明经》题记中的庚午岁，李遇春先生认为是 490 年，理由是 430 年时高昌不可能有太后祠，只有到了北凉沮渠安周在位时，高昌已是王国，作为王国才拥有"太后"，而坐落于都城的王室供养庙宇"太后祠"就顺理成章了④。

此后，王素先生在《吐鲁番出土张氏高昌时期文物三题》一文中，改变自己原本遵从的 430 年说，对 490 年说做了详细的论述，大意是：河西、高昌诸王国，依制王母只称太妃，不能称太后。但北凉沮渠蒙逊子牧犍尚北魏太武帝(世祖)拓跋焘妹武威公主为妻，437 年北魏封牧犍母为"河西国太后"。及北凉灭于北魏(439)，牧犍降，被迁到平城。其母卒，"以王太妃礼葬焉"(《魏书》卷九九《沮渠蒙逊传》附《沮渠牧犍传》)。447 年，牧犍赐死。但此前的 442 年，牧犍弟无讳、安周经鄯善北上据高昌。443 年无讳建高昌大凉政权，改元承平。只有北凉流亡政权，才有可能为其母在高昌地区建"太后祠"。此外，王素还援引吴震《吐鲁番文书中的若干年号及相关问

---

① 姜伯勤《敦煌·吐鲁番とシルクロード上のソグド人》，《季刊东西交涉》第 5 卷第 1 号，1986 年，39 页，注[37]。此文后来作为一章，收入作者《敦煌吐鲁番文书与丝绸之路》，文物出版社，1994 年，该题记的讨论见 236 页(未标年代)。

② 荣新江《吐鲁番的历史与文化》，胡戟等《吐鲁番》，三秦出版社，1987 年，32 页。

③ 王素《高昌佛祠向佛寺的演变》，《学林漫录》第 11 集，中华书局，1985 年，137—142 页。

④ 《敦煌学辑刊》1989 年第 1 期，42—47 页，有关题记年代，见 44 页。此文原本是提交 1988 年在北京举行的敦煌吐鲁番学国际学术研讨会的论文，原文附有全部发现品的"文物登记表"，可惜正式发表时没有附上。因为这个表迄今尚未再次发表，所以笔者手中一直保存着它，并以它为指南，两次到新疆博物馆考察这组文书的部分原件。

题》中的说法①,认为北凉纪年用"岁次××",高昌义熙以后(510 年后)才用"××岁"的说法,故此 490 年为过渡形式②。

此后,没有关于这件题记中庚午岁年代的讨论,学者间各自用各自的说法。然而,这个年代涉及祆教进入高昌的最早记录的时间问题,所以不能不辨。

先来看看 430 年前后河西、高昌的主要事件,我们把能够确定年代的文书也系入年表当中:

401	辛丑	西凉庚子二年	后凉吕隆杀吕纂,自立为天王,改元神鼎。 沮渠蒙逊攻杀段业,号张掖公,改元永安。
402	壬寅	西凉庚子三年	后秦姚兴拜李暠为安西将军、高昌侯。(表明李暠已据有高昌)
403	癸卯	西凉庚子四年	南凉秃发傉檀及北凉沮渠蒙逊攻姑臧。吕隆迁长安,后凉亡。
405	乙巳	西凉建初元年	李暠称凉公,改元建初。迁居酒泉。鄯善、车师前部王入贡。
408	戊申	西凉建初四年	《秀才对策文》。(文书壹,57 页)
411	辛亥	西凉建初七年	沮渠蒙逊攻占姑臧。 兴达写《妙法莲华经》题记。(识语,81 页)
412	壬子	西凉建初八年	沮渠蒙逊迁姑臧,称河西王,改元玄始。
415	乙卯	西凉建初十一年	《张仙人贷床文书》。(文书壹,6 页)
416	丙辰	西凉建初十二年	进业写《律藏初分》于酒泉西城陌北祠(北 0868,识语,82 页,No.64)。
417	丁巳	西凉建初十三年	李暠卒,子歆继为凉公,改元嘉兴。 晋军入长安,后秦亡。
418	戊午	西凉建初十四年	赫连勃勃据长安。 《严福愿赁蚕桑券》。(文书壹,6 页)
419	己未	西凉建初十五年(?)	《残文书》。(文书壹,13 页)

① 吴文载《文物》1983 年第 1 期,26—34 页。

② 王文见《文物》1993 年第 5 期,57—59 页。参看王素《高昌文书编年》,新文丰出版公司,1997 年,No.282,建初二年(490)条;王素《高昌史稿·统治编》,文物出版社,1998 年,181 页。

续表

420	庚申	西凉嘉兴四年	刘裕代晋,国号宋。沮渠蒙逊杀李歆,占敦煌。后歆弟恂重据敦煌。《残文书》。(文书壹,13 页)
		北凉玄始九年十一月	《随葬衣物疏》。(英藏吐鲁番文书 S.6251)
421	辛酉	北凉玄始十年	沮渠蒙逊灭西凉。鄯善王比龙入朝,西域诸国称臣。隗仁为高昌太守(?)。
422	壬戌	北凉玄始十一年	沮渠蒙逊从弟京声西游于阗取经,还至高昌译出。《马受呈为出酒事》。(文书壹,61 页)
423	癸亥	北凉玄始十二年	蒙逊所署晋昌太守唐契反,与弟和及甥李宝奔伊吾,柔然封为伊吾王。《失官马责赔文书》,《翟定辞为雇人耕床事》。(文书壹,14—16 页)
424	甲子	大夏真兴六年	蒙逊南北受敌,称臣于夏,用其年号。智猛自天竺回,携《大般涅槃经》至高昌,蒙逊遣使取梵本,命昙无谶译出。《出麦帐》。(文书壹,33 页)
425	乙丑	大夏真兴七年	《宋沣妻隗仪容随葬衣物疏》。(文书壹,28 页)
426	丙寅	大夏承光二年	夏主赫连勃勃死,子昌为大夏王。沮渠蒙逊借夏国兵力抵御西秦。继续用夏年号,略改为"承阳"。
		北凉承阳二年	十一月《高昌户籍》。(德藏吐鲁番文书 Ch.6001)十二月,北魏攻取夏之长安。
427	丁卯	无纪年	四月廿三日,河西王世子大且渠兴国于都城译经题记。(吐峪沟出土,大谷文书,京都博藏)六月,北魏军攻入夏都统万城,大获而归。赫连昌奔上邽。
428	戊辰		二月,魏攻夏之残余势力,赫连昌被俘,弟定即位。六月,北凉改元承玄。蒙逊遣使朝贡于魏。
429	己巳	无纪年	六月十二日令狐炎为贤者董毕狗写《法华经》讫校定。(吐鲁番出土,书道博藏)

430	庚午	无纪年	八月十三日于高昌城东胡天南太后祠下写《金光明经》。
431	辛未		西秦灭于夏。夏攻北凉,为吐谷浑击败。沮渠蒙逊改元义和。遣子安周入侍于魏。
432	壬申	北凉义和二年	《残文书》。(文书壹,35页)
433	癸酉	北凉义和三年	沮渠蒙逊卒,子牧犍继立,改元永和。魏拜牧犍河西王。 《幢赵震上言》《兵曹李禄白草》《兵曹条知治幢整文书》。(文书壹,62—63页)《张未兴辞》。(新获上,192页)
		北凉缘禾二年 (北魏延和二年)	《赵货母子冥讼文书》。(新获上,171页)
434	甲戌	北凉缘禾三年	九月于田地城北刘居祠写《大方等无想大云经》。(俄藏文书Φ.320)
435	乙亥	高昌缘禾四年	柔然、焉耆、车师朝魏,魏遣王恩生等使西域。 十月,沮渠势力撤出高昌,阚爽为太守。
436	丙子	高昌缘禾五年	《随葬衣物疏》《翟阿富券草》文书。(文书壹,47、66页) 北凉使用北魏太延年号,写作太缘。
437	丁丑	高昌缘禾六年	《翟万随葬衣物疏》。(文书壹,85页) 北凉停用北魏年号,改元为承和,年份仍依永和计算。不久改元建平。 董琬西使。
439	己卯	高昌缘禾八年	六月,北魏灭北凉,沮渠牧犍降。

(缩略语:文书=《吐鲁番出土文书》[图录本];识语=《中国古代写本识语集录》;新获=《新获吐鲁番出土文献》。诸书详细出版信息见相关注释。)

从上面的年表可知,424年北凉沮渠蒙逊称臣于夏,用其"真兴"年号。426年继续使用大夏年号,只是略作改变,把"承光"改作"承阳",吐鲁番出土有承阳二年十一月户籍。关尾史郎、吴震认为承阳二年北凉停用大夏年

号,王素认为在承阳三年(427)十二月①。王素的看法似有问题,因为该年
六月,北魏军队攻入夏都统万城,夏主赫连昌奔上邦。大夏都城失陷的消息
肯定会传到北凉,所以至迟在六月份,北凉恐怕就不会再用大夏纪年。但北
魏太武帝拓跋焘自上一年十月就开始率大军攻夏,十二月北魏取长安,这些
消息可能早就影响到北凉。我们看到吐鲁番有承阳二年十一月的户籍,但
这并不表明当时北凉都城姑臧仍用大夏年号,因为消息从姑臧到高昌,总要
有一定的时间。所以我推测大概从承阳二年十月,北凉就不用大夏年号了,
但这个消息恐怕要到年底才传播到高昌地区,因此有承阳二年十一月的户
籍。大谷探险队在吐峪沟所获的《优婆塞戒本》卷七题记称:

> 岁在丁卯(427)夏四月廿三日,河西王世子、抚军将军、录尚书事
> 大且渠兴国,与诸优婆塞等五百余人,共于都城之内,请天竺法师昙摩
> 谶,译此在家菩萨戒,至秋七月廿三日都讫②。

这个题记出自河西王沮渠蒙逊之子的手笔,而且写在都城姑臧,却不用承阳
三年年号,表明此时北凉确已放弃使用大夏年号,但也没有使用其他年号,
因为此时的政治形势尚不明了。

428 年夏历二月,北魏攻击大夏残余势力,赫连昌被俘,弟赫连定即位,
改元胜光。四月,赫连定遣使请和于魏,拓跋焘手诏其投降。六月,北凉改
元承玄,但未见在吐鲁番地区行用。沮渠蒙逊遣使朝贡于魏。可能在大夏
屡败于北魏的情况下,北凉不再用大夏年号,虽然有自己的新年号,但未敢
行用,而是朝贡于魏,来观察形势。吐鲁番出土文书,似乎能够证明此后北
凉没有使用自己的年号,即现藏日本书道博物馆的令狐㝹为贤者董毕狗所
写《法华经》,署"己巳岁(429)六月十二日"③。然后就是我们这里讨论的
庚午岁写《金光明经》。到431 年,沮渠蒙逊改元义和,遣子安周入侍于魏,
正式成为北魏的附庸。大概在得到北魏的许可后,我们看到有432 年的署
作北凉"义和二年"的吐鲁番文书被发现④。转到下一年(433),沮渠蒙逊

---

① 王素《沮渠氏北凉建置年号规律新探》,《历史研究》1998 年第4 期,17—18 页。
② 池田温《中国古代写本识语集录》,83 页,No.72,图8。
③ 同上书,83—84 页,图9。
④ 《吐鲁番出土文书》壹,文物出版社,1992 年,35 页。

卒,子牧犍继立,改元永和,但吐鲁番文书仍用"义和三年"的纪年①,可能是没有得到改元的消息。同年,魏拜牧犍为河西王。434年,吐鲁番出土《大云经》,系北凉缘禾三年九月于田地城北刘居祠所写(Φ.320),论者一般认为"缘禾"是北凉采用北魏"延和"年号的便通写法。

由此我们可以说,在427—430(可能到431)年间,由于政治形势的关系,高昌地区不使用年号来纪年,而是单纯用甲子纪年,这是这件为官人索将军所写《金光明经》不使用年号,而用甲子纪年的大背景。

反观490年前后的情形。我们知道488年高车杀阚氏高昌国王阚首归,立敦煌人张孟明为王。489年,张氏改元"建初"②。我们现在见到有吐鲁番出土《建初二年岁在庚午(490)九月廿三日功曹书佐谦奏》③《建初七年十二月十二日太岁□(丁)亥(495)高昌郡高昌县苏娥奴枢铭》④,表明从490年到495年,高昌地区的文书纪年都用建初,不用甲子,这也反证把《金光明经》题记的庚午岁放到490年是不妥的。

还要考察的是"太后祠"的问题,是不是只有北凉流亡政权,才有可能为其母在高昌地区建"太后祠"呢?

《太平御览》卷一二四引《十六国春秋》称:"〔张骏在位〕二十一年(344),始置百官,官号皆拟天朝,车服旌旗一如王者。"《魏书》卷九九《张寔传附张骏传》记:"始置诸祭酒、郎中、大夫、舍人、谒者之官,官号皆拟天朝,而微辨其名。舞六佾,建豹尾,车服旌旗一如王者。"(2195页)前凉张氏的官号既拟天朝,其母称太后也是有可能的。

《晋书》卷一一三《苻坚载记》上曰:"以升平元年僭称大秦天王……改元曰永兴,追谥父雄为文桓皇帝,尊母苟氏为皇太后,妻苟氏为皇后,子宏为皇太子。"《苻坚载记》下曰:"坚兄法子东海公阳与王猛子散骑侍郎皮谋反,事泄……徙阳于高昌。"前秦苻坚建元十二年(376)八月灭前凉,据有高昌,大概建元二十年(384)春夏之交转属羌人姚苌。前秦王族既然曾至高昌,当

---

① 《吐鲁番出土文书》壹,63页。

② 关于此"建初"之归属于张孟明,本文采用白须净真和王素的观点,参见白须《高昌墓砖考释》(三),《书论》第19号,1981年;王素《吐鲁番出土张氏高昌时期文物三题》,55页。

③ 《吐鲁番出土文书》壹,86—87页。

④ 《新疆考古三十年》,新疆人民出版社,1983年,图110。王素《吐鲁番出土张氏高昌时期文物三题》对这两件文书有详细论证,特别是他在新疆博物馆见到该枢铭原件,对于前人录文有订正,见该文54—57页。

然也就有可能为其祖母立太后祠。

《晋书·吕隆载记》记:401 年,吕隆僭天王位,母卫氏为皇太后,但旋即败亡。王素认为这是一个例外。实则此前 396 年吕光已称天王,399 年光子绍即位为天王,他们的母亲都可能被尊为皇太后。394 年,吕光遣子覆为使持节、镇西将军、都督玉门已西诸军事、西域大都护,镇高昌。因此,后凉统治高昌时期(385—397),高昌也可能立太后祠。

因此,我们并不能够排除在北凉流亡政权到来之前,高昌地区建有"太后祠"的可能性。

再来看"祠"的问题。

原本王素认为高昌地区指称佛寺时,460 年以前称作"祠",460 年以后称作"寺"①。但后来他又认为:"佛教梵宇由'祠'向'寺'的演变,应是渐进的,其间有一个并存的阶段。阚氏、张氏、马氏等高昌国或许正处在这个阶段。"②

目前所见高昌及相关地区祠的资料如下:

中国国家图书馆藏敦煌遗书新 0868 号《律藏初分》卷三题记:"建初十二年(416)十二月廿七日,沙门进业于酒泉西城陌北祠写竟,故记之。"③这件写经是解放后作为敦煌文书入藏的,如果原本属于敦煌文献,则这里的酒泉就有两种可能,即河西的酒泉或吐鲁番的酒泉,两地的写本都有可能传到敦煌。如果是吐鲁番出土文献,则这里的酒泉更可能是高昌的酒泉。

吐鲁番哈拉和卓 96 号墓出土文书《僧□渊班为悬募追捕逃奴事》提到有"唐司马祠"(75TKM96:21)④。同墓出土文书年代在北凉玄始十二年(423)至义和二年(432),本件文书大体在此范围。

俄藏敦煌文献 Φ.320《大方等无想大云经》卷六题记:"缘禾三年岁次甲戌(434)九月五日,于田地城北刘居祠写此尊(经),愿持此功德,施与一切众生,俾得揽持,超入法城,获无生忍,成无上道。"⑤这件被编在俄藏敦煌

---

① 王素《高昌佛祠向佛寺的演变》,137—142 页。
② 王素《吐鲁番出土张氏高昌时期文物三题》,57—58 页。
③ 《中国古代写本识语集录》,82 页,No.64。
④ 《吐鲁番出土文书》壹,36 页。
⑤ 图版见《俄藏敦煌文献》第 5 册,168 页;《中国古代写本识语集录》,84 页,No.77。

文献中的写经,从纪年到田地城这样的吐鲁番地名,早已被学者判定出是吐鲁番文献①。据此,刘居祠位于田地郡城的北面。

吐鲁番哈拉和卓 91 号墓出土文书《阚爽建平五年(441)七月廿一日祠□马受属》的"祠□"即"祠吏"(75TKM91:18b)②;同墓出土《祠吏翟某呈为食麦事》中有祠主、祠吏名(75TKM91:16a)③;又出《残床粟酒帐》,提到某某祠下(75TKM91:12)④。按同墓出土文书年代在西凉建初四年(408)至阚爽建平五年(441),估计后两件文书也在这个范围之内。

2006 年征集的吐鲁番新出文书《北凉高昌计赀出献丝帐》,其中有杜司马祠、杨田地祠纳献丝记录,年代据考证在承平七年(449)前后⑤。

斯坦因所获敦煌文献 S.2925《佛说辩意长者子所问经》题记:"太安元年〔年〕在庚寅(450)正月十九日写讫〔于〕伊吾南祠,比丘申宗手拙人已,难得纸墨。"⑥伊吾在今哈密,在敦煌、吐鲁番之间,该写本古代流入敦煌,而为寺僧保存下来。因伊吾与高昌毗邻,佛教寺院名称的变化应当是一致的。

中国国家图书馆藏敦煌遗书地字 76 号《戒缘》卷下题记:"比丘法救所供养经。太安四年(453)七月三日唐儿祠中写竟。首薄可愧,愿使一切(下缺)。"⑦

王树枏旧藏吐峪沟出土《佛说菩萨藏经》第一题记:"承平十五年岁在丁酉(457),祠主道(后缺)。"⑧此为《凉王大且渠安周供养经》。

---

① 孟列夫主编《苏联科学院亚洲民族研究所藏敦煌汉文写本注记目录》II,莫斯科,1967 年,661 页;汉译本《俄罗斯科学院东方研究所圣彼得堡分所敦煌汉文写卷叙录》下,上海古籍出版社,1999 年,204—205 页;姜伯勤《沙皇俄国对敦煌及新疆文书的劫夺》,《中山大学学报》1980 年第 3 期,40—41 页;侯灿《北凉缘禾年号考》,《新疆社会科学》1981 年第 1 期,80 页;吴震《吐鲁番文书中的若干年号及相关问题》,《文物》1983 年第 1 期,29—32 页;关尾史郎《"缘禾"と"延和"のあいだ——〈吐鲁番出土文书〉札记(五)》,《纪尾井史学》第 5 号,1985 年,1—11 页;白须净真《高昌、阚爽政权と缘禾、建平纪年文书》,《东洋史研究》第 45 卷第 1 号,1986 年,77—78 页;府宪展《敦煌文献辨疑录》,《敦煌研究》1996 年第 2 期,89 页。

② 《吐鲁番出土文书》壹,66 页。

③ 同上书,77 页。

④ 同上书,78 页。

⑤ 荣新江、李肖、孟宪实主编《新获吐鲁番出土文献》,中华书局,2008 年。关于该文书的详细情况,参见裴成国《吐鲁番新出北凉计赀、计口出丝帐研究》,《中华文史论丛》2007 年第 4 辑,65—103 页。

⑥ 《中国古代写本识语集录》,86 页,No. 84。

⑦ 同上书,86—87 页,No. 86。

⑧ 书道博物馆藏卷。《中国古代写本识语集录》,87 页,No. 89,图 12。

到目前为止,佛寺之称作祠,还是王素考证的 460 年为下限。

何时称"寺",吐鲁番没有材料。敦煌北魏景明元年(500)写经初见"定州丰乐寺"(S. 2106)①,然不在西北地区。

至于吐鲁番文书中"岁次××"和"××岁"有年代不同的说法,实无太强有力的根据。前举《优婆塞戒本》卷七题记称"岁在丁卯",两年以后的董毕狗所写《法华经》,就署"己巳岁",时为 429 年。所以,这个证据是难以成立的。

二、胡天和太后祠

《金光明经》题记的主要内容,即"庚午岁八月十三日,于高昌城东胡天南太后祠下,为索将军佛子妻息合家,写此《金光明》一部",文意很清楚,意思就是庚午年八月十三日,在高昌城城东的胡天南面的太后祠的下面,为名为佛子的索将军及妻、子全家,写此《金光明经》一部。

1998 年,我在《北朝隋唐粟特人之迁徙及其聚落》一文中说:"据此知当时高昌城东立有供奉胡天的祆祠,它的存在,表明信奉祆教的粟特人的存在,因为从石城镇、伊州、敦煌、凉州等地的情形看,祆祠往往立在粟特胡人聚落当中。因此,虽然现存的吐鲁番文书中粟特人名的大量出现是在六世纪,但上述胡天的记载已经透露出粟特人应当早在五世纪前半即已进入高昌,其聚落的位置很可能是在高昌城东部,这和敦煌粟特人聚落的位置正好相同。"②

2000 年,我又在《高昌王国与中西交通》一文中申论这条题记的内容说:"从写本书法、题记中的专名等综合来看,庚午为 430 年,表明早在高昌郡时期,祆教已经进入高昌,并在高昌城东建立了供奉胡天的祆祠。这所祆祠一定是那一带有名的建筑物,因此人们把它当作太后祠的地理坐标。"③

2005 年,我根据吐鲁番新的考古发现,在《西域粟特移民聚落补

① 《中国古代写本识语集录》,94 页,No. 111。

② 原载北京大学中国传统文化研究中心编《国学研究》第 6 卷,北京大学出版社,1999 年;此据拙著《中古中国与外来文明》,生活·读书·新知三联书店,2001 年,44—45 页。

③ 原载《欧亚学刊》第 2 辑,中华书局,2000 年,80 页;又拙著《中古中国与外来文明》,201 页。

考》一文中再次讨论到这条题记:"最近,在位于高昌古城外东北方向的巴达木乡,发现了一处墓地,出土有延昌十四年(574)的《康肪奴及妻竺氏墓表》和延寿七年(630)《康浮面墓志》,表明在墓地附近,应当有一个粟特人聚落,这个聚落正好可以使我们和高昌城东的胡天神祠联系起来。"①

对于笔者和大多数学者来讲,《金光明经》题记中的"胡天"系指高昌地区供奉胡天神的一座祆祠②,这一点是没有任何疑义的。在《祆教初传中国年代考》一文中,我对吐鲁番文书中的"胡天""天"应当指祆神或祆祠的说法做了论证,并对其他解说做了论辩③。

但是,在2004年4月我和法国同行一道主持的"粟特人在中国——历史、考古、语言的新探索"国际学术研讨会上,王丁博士对于多数论者的"胡天南太后祠"的理解提出质疑。在随后出版的会议论文集中,我们收录了他的《南太后考——吐鲁番出土北凉写本〈金光明经〉题记与古代高昌及其毗邻地区的那那信仰与祆教遗存》一文④。王丁认为现有讲法的一个弱点在于"高昌城东胡天南"的描写有些累赘,先说东再说南,而不直接说东南。他提到上述笔者在《高昌王国与中西交通》中对此给予的解释。他赞同"庚午岁"为430年的结论,但接受前人对"太后祠"的怀疑,认为此时高昌在一个称"郡"而非"(王)国"的时期,不可能有一位"太后"。

---

① 《西域研究》2005年第2期,11页。

② 除了上面提到的论著外,还请参见王素《高昌火祆教论稿》,《历史研究》1986年第3期,168页;姜伯勤《敦煌吐鲁番文书与丝绸之路》,236页;又《敦煌艺术宗教与礼乐文明——敦煌心史散论》,中国社会科学出版社,1996年,487页;张广达《吐鲁番出土汉语文书中所见伊朗地区宗教的踪迹》,《敦煌吐鲁番研究》第4卷,北京大学出版社,1999年,1页。对于吐鲁番文书中与胡天相同的指称祆神的"天",林悟殊认为是高昌地区对天体自然崇拜的传统信仰(见所撰《论高昌俗事"天神"》,《历史研究》1987年第4期,89—97页,及"A Discussion about the Difference between the Heaven-God in the Qoco Kingdom and the High Deity of Zoroastrianism",*Zentralasiatische Studien* XXIII,1993,pp.7-12),陈国灿认为是当地普遍存在的崇信道教天帝神的习俗(见所撰《从葬仪看道教"天神"观在高昌国的流行》,《魏晋南北朝隋唐史资料》第9、10期,1988年,13—18、12页;又见《吐鲁番学研究专辑》,乌鲁木齐,1990年,126—139页),谢重光认为是某种佛教之外的当地信仰(见所撰《麴氏高昌的寺院经济》,《汉唐佛教社会史论》,国际文化事业有限公司,1990年,192页,202页注67)。

③ 荣新江《祆教初传中国年代考》,原载《国学研究》第3卷,北京大学出版社,1995年;此据《中古中国与外来文明》,282—285页。

④ 载荣新江等编《粟特人在中国:历史、考古、语言的新探索》,430—456页。

　　于是，王丁提出一种把"南太后"作为一个复合词来读的假说①。他捡出柏林藏吐鲁番收集品中的粟特语写本 M 549 第 20 行的 *nnδβ'mbn*（义为"那那女主"）②，认为"南太后"即是粟特语神名 *nnδβ'mbn* 的汉文语译，前半取音，后半取义，整体是一个音义合璧词。为此，他详细论证了"南"音可以对 na；以及那那女神（即我们现在常常译作"娜娜"的女神）信仰的传播，"南太后祠"实际是 5 世纪高昌的一座那那神祠。他还进一步推论敦煌写本太安元年（450）《佛说辩意长者子所问经》比丘申宗题记（S. 2925v）中的"伊吾南祠"或许是与"南太后祠"性质相同而更为简短的对那那神祠的称谓。总之，王丁试图将词组"高昌城东胡天南太后祠"，理解为"高昌城东面的隶属于胡天神的南太后祠"③。

　　对于由此产生的"为什么一件佛经抄本由一个佛教徒供养、却在一座祆教的祠宇中写成"这样一个问题，他在《南太后考》的续篇《吐鲁番安伽勒克出土北凉写本〈金光明经〉及其题记研究》一文中解说："如果不是古代高昌有可能一寺两用的话，是否可以设想这座'胡天南太后祠'原本是祆祠，后来被改造为佛祠？根据汉文文书的线索，已经有学者推断高昌国时期存在佛教化的祆祠，即被改造为佛寺的祆祠。一座宗教性建筑物后来为其他宗教所承继占有，加以改造以适于己用，这样一个事实在中亚文化史上例证不一而足。……这座祆教祭祀场所信仰既已变为佛教的内涵，像'胡天南太后祠'这样一个明显的异教寺名却一时沿用未改，使得这件题记成为幸存下来保留转折期痕迹的史料。""本文所讨论的《金光明经》这一佛教写经，大约正是在类似错综复杂的宗教文化背景下，由人抄写于一座祆祠

　　① 他说这样的读法始于张广达先生 1994 年的法文论文中以 temple de l'impératrice douairière Nan 对译"南太后祠"（"Trois exemples d'influences mazdéennes dans la Chine des Tang"，*Études Chinoises* XIII，1994，p. 211）。1999 年张先生发表《吐鲁番出土汉语文书中所见伊朗地区宗教的踪迹》时，仍把"胡天"与"南太后祠"分开读（《敦煌吐鲁番研究》第 4 卷，1 页）。但随后的英文本中放弃了这个读法，仍回复到"太后祠"的既有讲法（"Iranian Religious Evidence in Turfan Chinese Texts"，*China Archaeology and Art Digest* IV，2000，p. 193）。

　　② 王丁提示这件写本最早由 W. B. Henning 做了转写与英译，见所撰"The Murder of the Magi"，*Journal of the Royal Asiatic Society* 1944，pp. 142-144；文书描写参 M. Boyce，*A Catalogue of the Iranian Manuscripts in Manichaean Script in the German Turfan Collection*（Deutsche Akademie der Wissenschaften zu Berlin，Institut für Orientforschung，Veröffentlichung Nr. 45），Berlin：Akademie-Verlag 1960，p. 39。

　　③ 王丁《南太后考》，430—455 页。

之中。"①

王丁的这个新解读对于笔者和大多数学者的一惯看法提出了质疑。如果王丁的看法成立,则我们不仅知道公元430年高昌地区建立了供奉胡天的祆祠,还更进一步知道这所祆祠供奉的是娜娜女神。

此外,我曾利用粟特文古信札中三个含有娜娜女神名字的人名和一个指称祆祠祭司的粟特语词 βγnpt,来论证4世纪初敦煌就有娜娜信仰和祆教流传②。王丁也认为这样的看法说服力薄弱,而如果他关于高昌"南太后祠"的读法成立,"五世纪高昌的那那神祠的存在加上传世汉文史料中的北朝时期中国与波斯之间的交往与朝野均有胡天崇拜的记载,对二者加以综和推求,则祆教信徒的活动在四世纪初达到敦煌应属可能"③。笔者当然也愿意王丁的观点成立,来加强娜娜信仰在中国西北地区传播的证据。

但是,对于王丁的新说,我的第一反应是原本意思明明白白的汉文,为什么非要拐弯抹角地去用伊朗语来解释,所以我在"粟特人在中国"学术讨论会上曾口头表达了我的意见。不过,兹事体大,既然王丁对此题记做了如此详细的论证,我们也不能够轻易否定。所以,这些年来,我也一直在思考这个问题,并反复核对相关的资料。由于这个问题关涉到高昌胡天祆祠最早出现在文献记载中的年代,也牵涉到整个祆教入华问题,所以考虑再三,还是觉得应当把我对于这种新说的看法写出来,正像我要把关于这件写经年代的看法写出来一样。

第一,我们应当承认,这件写经的书法非常好,题记的文字也很简明扼要,虽然文字不多,但可以看得出是出自一个有较高水平的文化人手笔。因此,我们首先要从作者的角度,来理解他本人所写的汉语。从汉语上来理解这里的"胡天",应当是指胡天神或者是供奉胡天神的祆祠,这一点是没有疑义的。如果说"高昌城东胡天南太后祠"的说法有点绕弯子的话,那么把这句话理解为"高昌城东面的隶属于胡天神的南太后祠",不也是另外一种啰唆的说法吗?以题记作者简明的语言风格来看,如果他知道南太后祠是一所供奉娜娜女神的胡祆祠的话,那完全可以直接称作"南太后祠",而没

① 《敦煌吐鲁番研究》第9卷,41、42、45页。
② 荣新江《祆教初传中国年代考》,《中古中国与外来文明》,258—296页。
③ 王丁《南太后考》,436页。

有必要说"胡天"了。所以，按照我对作者汉语文意的理解，还是觉得题记中的"东""南"都是方位词，也就是说，这里的太后祠是位于高昌城东胡天（祠）的南面的。

第二，按照王丁的考证，吐鲁番文书中把 Nana 女神译作"那那"，虽然这是晚出的材料，但可以代表吐鲁番地区的传统译音。我们是否可以说，如果高昌地区真的存在以娜娜女神的名字命名的祠宇的话，那么更可能的名称应当是"那那祠"，而不是"南太后祠"。虽然古人译写专有名词也有音、意合译的例子，但是这种把 nnδβ'mbn 这样一个词拆作两半，分别用音"南"和意"太后"去翻译，是很难于理解的。而且，为什么用"太后"这样在汉语里有着特定含义的词汇去译"女神"，我认为是很难说得通的，对此，王丁没有给予充分的解释。

第三，王丁之所以把佛教的太后祠，读作祆教的"南太后祠"，一个重要的原因是前人对吐鲁番是否存在"太后祠"的质疑。对于这一点，前文已经详细论证，在 430 年的高昌，完全可能立有"太后祠"，因此，不论从汉语上讲，还是从可能的事实上来讲，"太后祠"的说法在当时是可以成立的。

第四，前面也已经论证过，吐鲁番出土文书（包括敦煌文书）表明，高昌郡时代的佛教寺院被称作"祠"。但是，我们对于祆教庙宇的早期称呼是不清楚的，虽然我们文章中也写作"胡天祠""胡祆祠"或"祆祠"，但这是借用后代的说法。当然早期祆教庙宇最有可能的称呼就是"祠"，可是，由于祆祠没有佛祠那么多，所以即使到了唐朝都城长安，我们根据《两京新记》及其他文献知道，当时都是用简单的"祆祠"一词来指称供奉胡天的庙宇，而没有像佛教的"西明寺""慈恩寺"那样的名称。因此，我也怀疑早期的祆祠是否有"南太后"这样的名字。

第五，不论是"太后祠"这个寺名，还是"索将军佛子"这样的人名，都指向佛教这个根本属性，在佛祠中为佛教信徒抄写佛经，应当是顺理成章的。如果把"南太后祠"看作祆祠，则必然遇到为什么在祆祠里面抄佛经这样的问题，虽然王丁用这座"胡天南太后祠"原本是祆祠、后来被改造为佛祠的假设来加以解释，自然可以自圆其说，但毕竟是绕了很大弯子的说法。

第六，王丁认为我关于"这所祆祠一定是那一带有名的建筑物，因此人们把它当作太后祠的地理坐标"的说法有点绕弯子，这点确实值得考虑。我想，按照高昌郡当时的情形，移民主要来自河西和中原，所以以城居为主，特别是作为寄生阶层的佛教僧侣，一般都依托于城市，寺庙自然也多在城中。城外的寺庙或窟寺，都是因为有特定的用途或地理条件而建立的，我想这所太后祠也具有某种政治祭祀功能，因此位于城的东南。以后，太后祠的佛教香火不如城内的大寺，所以才用祆祠来指示它的方位。也可能这所佛祠修建的年头较早，到430年时已经改朝换代，不受重视而少为人知，但由于某种政治的因缘，某人特在此为索将军一家来写此《金光明经》。

从另一方面来看，粟特人带着他们所信仰的祆教，至迟在公元4世纪初叶就到了敦煌，因此祆教传入高昌的时间也应当在此前后。我曾举高昌城所出用煤精制方盒装的4世纪萨珊银币，来论证祆教在高昌的最早信息①。我们不难推想，在430年高昌胡天见载于史料之前很长时间，祆教已经传到高昌，供奉胡天的祆祠也已经建立，到了430年的时候，这座胡祆祠已经成为高昌城东一座标志性的建筑，甚至用来指称可能曾经重要的佛教的太后祠了。

总结本文的结论，吐鲁番出土《金光明经》题记，记载了公元430年高昌城东胡天（祆祠）南面太后祠（佛祠）中为索将军一家抄写佛经一事，从中透露出5世纪前半，粟特人已经把自己信奉的祆神，供养在名为"胡天"的祆祠当中。联系到敦煌出土粟特文古信札所记公元4世纪初叶信奉祆教的粟特人在敦煌地区的活动，以及崔鸿《十六国春秋·后赵录》所记4世纪前半石赵所奉之"胡天"，高昌地区的胡天祠的建立，推测应当早到4世纪中叶，到5世纪前半时，它已经是高昌城东一座地标性建筑，甚至成为人们指称佛教的太后祠时的坐标点了。

（2007年10月19日初稿于北京，11月13日改订于福冈。原载朱玉麒主编《西域文史》第2辑，科学出版社，2007年12月，1—13页）

---

① 荣新江《祆教初传中国年代考》，《中古中国与外来文明》，296—297页。

佛像还是祆神?
——从于阗看丝路宗教的混同形态

汉唐时期狭义的西域(今新疆),是沟通东西方文明的丝绸之路干道所经之地,因此,西方的各种宗教通过此地向东传播,不论是发源于印度的佛教,还是发源于波斯的琐罗亚斯德教(中国称祆教)、摩尼教、景教,都在西域留下了自己的痕迹。西域的绿洲王国,一向对外来的各种文明采取兼容并蓄的态度,使各种宗教得以在这里比较自由地传播,而且有时多种宗教汇聚一地,如古代高昌,佛教曾经和祆教并存,佛寺也曾和摩尼教、景教的庙宇并立。

本文所要探讨的丝路宗教混同形态的例证,来自塔克拉玛干沙漠腹地古代于阗王国的一个遗址——丹丹乌里克(Dandan Oilik,维吾尔语意为"象牙房"),它东南距和田城约 120 公里,西距和田河 75 公里,东距克里雅河35 公里。在这处表面看来是一片流沙掩埋的荒漠之地上,曾经耸立着代表古代文明的宗教庙宇。

一、考古调查

1896 年,瑞典探险家斯文·赫定(Sven Hedin)在穿越塔克拉玛干沙漠的途中,偶然发现这座古代遗址[①]。1900 年,英国考古学者斯坦因(M. A. Stein)在赫定记录的指引下,找到丹丹乌里克遗址并进行了发掘,获得大量

---

① S. Hedin, *Through Asia*, London 1898. 其文物材料的整理,见 G. Montell, "Sven Hedin's Archaeological Collections from Khotan,(I)", *Bulletin of the Museum of Far Eastern Antiquities*, VII, 1935, pp. 145-221, pls. I-XX。

古代文物和写本文献，其中以一些寺院的木板画最为引人注目①。1905 年，美国地理学者亨廷顿（E. Huntington）短暂走访该地，但无任何古物方面的收获②。1928 年，德国的特灵克勒（E. Trinkler）探险队也曾深入其地，发掘到部分古物③。以后，丹丹乌里克告别了西方探险家，再次沉睡在塔克拉玛干沙漠深处。

1995 年，唐研究基金会学术委员会决定，支持王炳华先生领导的新疆考古研究所，重新调查发掘丹丹乌里克遗址。翌年，新疆考古工作者深入塔里木盆地腹地，找到了丹丹乌里克遗址④。可惜由于新疆文物部门的某些领导不支持这项具有前瞻性的考古工作，从而使得进一步的考古发掘计划落空。

然而，两年以后的 1998 年 10 月，瑞士人鲍默（Christoph Baumer）组成所谓“中瑞探险队”（Sino-Swiss Expedition 1998），率领 8 名队员⑤，深入塔克拉玛干，不仅找到了遗址，而且进行了发掘。1999 年夏，鲍默在美国《东方艺术》上发表《重访丹丹乌里克：一百年后的新发现》一文，介绍了他们发掘到的壁画、雕像⑥。翌年，他又在曼谷出版《丝路南道：沿着斯坦因爵士和斯文·赫定的足迹前进》一书，详细介绍了他们考察整个丝路南道的情况，其

---

① A. Stein, *Ancient Khotan. Detailed report of archaeological explorations in Chinese Turkestan*, Oxford 1907.

② E. Huntington, *The Pulse of Asia：A Journey in Central Asia illustrating the geographic base of History*, Boston 1907.

③ E. Trinkler, “Die Zentralasien-Expedition 1927/28：geographische und archäologische Ergebrisse”, *Deutsche Forschung* 13, 1930, 76-100.；idem, “Geographical and Archaeological Expeditions in the Takla-Makan-Desert of Chinese Turkestan”, *Journal of the Central Asian Society* 1930, 5-18.；idem, “Neue archäologische Funde in der Takla-Makan-Wüste Chinesisch-Turkestans”, *Sinica* VI, 1931, 34-40 + Tafel 2-4；idem, *The Stormswept Roof of Asia：by Yak, camel & sheep caravan in Tibet, Chinese Turkestan & over the Kara-Koram*, tr. by B. K. Featherstone, Philadelphia 1931；H. de Terra, “On the World's Highest Plateaus：Through an Asiatic no man's land to the desert of ancient Cathay”, *The National Geographic Magazine*, 59, 1931, pp. 318-367. 其考古资料的整理，见 G. Gropp, *Archäologische Funde aus Khotan, Chinesisch-Ostturkestan：Die Trinkler-Sammlung im Übersee-Museum, Bremen*, Bremen 1974.

④ 《新疆文物古迹大观》，新疆美术摄影出版社，1999 年，74—75 页刊出两张照片，应即此次调查所摄。

⑤ 包括电视制片人 Jon Jerstad、新闻摄影者 Urs Mockli、制图员 Ernst Ruegg，以及五个强壮的汉族和维族支持队员。

⑥ Ch. Baumer, “Dandan Oilik Revisited：New Findings a Century Later”, *Oriental Art*, XLV. 2, 1999, pp. 2-14.

中也包括发掘丹丹乌里克遗址的过程,与上述文章内容基本相同①。鲍默最引人注目的新发现,是在他编号为 D13(可能是斯坦因编号的 D. X)的殿堂建筑的内侧墙壁上发现的两幅壁画,都是三人组合的神像(divine triads)②。

二、唐代的杰谢镇

根据斯坦因等人在丹丹乌里克发现的汉文和于阗文的文书,我们已经对证出,这个主要在公元 8 世纪活跃的城镇,在唐朝时的本名是杰谢(Gayseta),唐朝在此设杰谢镇,作为安西四镇中于阗军镇防御体系中的一环③。

根据斯坦因的考古报告,以及近百年来学者们对丹丹乌里克遗址出土汉文和于阗文文书的解读,我们目前可以把丹丹乌里克遗址范围内发现的建筑,按照相互之间的距离,大体上分成四组,并根据这些房屋里面发现的文物和文书,判定它们原本的性质。

A 组:位于遗址的东北部,主要由一处较大的房屋遗址和一个小庙组成④。其中斯坦因编号为 D. V 的房址,是由七间房屋构成的一个建筑组合,从出土的汉文和于阗文文书来看,性质是住宅。斯坦因据当时已经读出的汉文文书中的"思略"一名,推测这里是暂时或长期使用的官衙。我们根据斯坦因从这间房子里发掘到的 D. V. 6 号文书《大历十六年(781)二月杰谢百姓思略牒》⑤,以及推测是来自同一房址的 M. 9. c(Hoernle MS 3)号文书后补写的《建中七年(786)十月五日杰谢萨波斯略条记》⑥,判定 8 世纪后半叶在这里居住的主要人物,就是文书中提到的思略(或作斯略,于阗文作 Sīḍaka),他曾任杰谢的萨波(Spāta)一职,是这里的"首领""城主"一类的

① Ch. Baumer, *Southern Silk Road: In the Footsteps of Sir Aurel Stein and Sven Hedin*, Bangkok 2000, pp. 76-90. 书中相关部分的内容与上文相同,故以下只注引上文的页码。

② Ch. Baumer 上引文,10—14 页。

③ 关于杰谢的汉文和于阗文的对证,见张广达、荣新江《〈唐大历三年三月典成铣牒〉跋》,《新疆社会科学》1988 年第 1 期,62 页;又见作者《于阗史丛考》,上海书店,1993 年,142 页。关于杰谢镇在安西四镇防御体系中的地位,见荣新江《于阗在唐朝安西四镇中的地位》,《西域研究》1992 年第 3 期,58—59 页。

④ 以下除特别提示的后人研究成果外,有关考古发现的情况均见 Stein, *Ancient Khotan*, pp. 264-273。

⑤ 陈国灿《斯坦因所获吐鲁番文书研究》,武汉大学出版社,1995 年,540—541 页。

⑥ 同上书,539 页。

胥吏,管理当地的行政事务①。斯坦因在同一房址发现的 D. V. 4 号于阗文文书,是 Spāta tturgäsi 致 Spāta sīḍaki(萨波斯略)的书信②,证明了这里就是思略的住所。从这所房子有七间来看,这里应当是杰谢地区的行政官府所在地,同时也是思略的住所。在这些房间中还发现有梵文佛典、于阗文文书(D. V. 3)、木简(D. V. 5)、汉文文书等。

位于 D. V 正南十多米处的 D. IV,是一个佛殿遗址,中间的佛坛上原本有佛塑像,但只有残块洒落在地上,有绕行的回廊,门向东开。在房间里,斯坦因发现了两面画有立佛像的木板(D. IV. 4)。还有一块较长的木板上,画着鼠王传说(D. IV. 5),是于阗当地民间信仰的反映。另有一些梵文经典的写本和于阗文的世俗文书,值得注意的是,其中一件文书(D. IV. 6. 1)中提到了 Sūlī krrapūsiri hīya ... vāra,意思是"属于粟特人 Krrapūsiri 的部分"③,确证当地有粟特人存在。可以确定,D. IV 是附属于 D. V 大房子的一个宗教建筑,它很可能是供这所大房子的主人——杰谢地区的行政官吏们进行佛事活动的兰若,其中也包括了地方信仰的神像。D. V 大房子的门向南开,正好对着这所小庙,或许也说明了这一点。房间里发现于阗文世俗文书。

B 组:位于遗址东南部,由两座南北相距很近的建筑组成④。北面的一座编号 D. VII,包括三间房屋,其中两间有佛坛。里面发现汉文契约文书多件,D. VII. 4. a 是《大历十七年(782)行官霍昕悦便粟契》,粟主为护国寺僧虔英;D. VII. 3. a 是《大历某年许十四举钱契》,钱主大概也是护国寺僧虔英;D. VII. 2 是《建中三年(782)七月健儿马令庄举钱契》,钱主为护国寺僧虔英;D. VII. 4. e + D. VII. 4. d 是《建中八年四月阿孙举钱契》;此外,D. VII. 4. f 是《护国寺计算所牒》,D. VII. 7 是《护国寺三纲帖为外巡僧大辩领家人刘草事》⑤。斯坦因根据沙畹(Ed. Chavannes)翻译的这些汉文文书中提到"外巡僧"的内容,认为这里是照看护国寺庄园的职事僧的住

---

① 关于斯略,参看张广达、荣新江《八世纪下半至九世纪初的于阗》,《唐研究》第 3 卷,北京大学出版社,1997 年,350—351 页。

② H. W. Bailey, *Khotanese Texts*, V, Cambridge 1980, p. 259; idem., *Saka Document, Text Volume*, London 1968, pp. 40-41, 42.

③ *Ibid.*, p. 258; idem., *Khotanese Texts*, Cambridge 1985, VII, pp. 77.

④ 有关斯坦因的考古收获和他本人的看法,均见 *Ancient Khotan*, pp. 273-281。

⑤ Ed. Chavannes, "Chinese Documents from the Sites of Dandan-Uiliq, Niya and Endere", *Ancient Khotan*, pp. 526-532;陈国灿《斯坦因所获吐鲁番文书研究》,544—555、557 页。

地。这些文书中有的有护国寺三纲具名，有的有护国寺上座的判词，而且还有本寺计算所的牒状，很可能这里就是护国寺的一部分，这组建筑既是僧人起居生活的场所，同时也是他们供养佛像、修习法事的地方。在主建筑东南角附近的沙土上，发现了三幅木板画，两个可能原本是挂在墙上的。D. VII. 1 是一个方形木板，上面有个突出的部分，中间有孔，可以悬挂起来，画面有些磨损，斯坦因以为是一个菩萨。D. VII. 5 是一块长方形的木板，上面略呈尖状，上下各绘一个有头光的骑者，上面的骑马，下面的骑驼，手中都端着一个杯，有鸟从空中直冲向杯。D. VII. 6 的正面绘着一个婆罗门教的湿婆形象，三头、四臂、骑双牛，但斯坦因以为在此是佛教的菩萨。背面也是一个四臂神像，但完全是波斯王子的装束，这使得斯坦因颇感困惑。

在 D. VII 的南面，是编号为 D. VI 的佛殿遗址，门向北，内部的形制与 D. IV 相同，中间是佛坛，周围是两重的回廊。回廊上有壁画的千佛座像。神坛前，发现了两块木板画。其中一块（D. VI. 3）绘有十个坐像，可能是菩萨。另一块（D. VI. 4），双面绘制，每面是六个坐佛。在这里，还发现了梵文佛典和于阗语文书残片。鲍默等人再次掘开这座佛殿（他编号为 D 7 a）时，斯坦因描述过的佛像壁画仍然存在。从门的朝向和内容来看，可以推断 D. VI 是 D. VII 的附属宗教建筑，即护国寺僧人做佛事的地方。

C 组：位于遗址中部偏西北的位置，斯坦因在编号为 D. VIII 的房子里，发现两件汉文文书和于阗文文书残片①，汉文文书也是属于护国寺的文书，可能是僧人从其他地方带到这里的。其北面还有一座斯坦因编号为 D. XI-II 的遗址，和 D. VIII 一样，已经被挖宝者挖掘得没有什么重要的发现了②。

D 组：位于遗址西南部，是宗教建筑最集中的地方③。最靠东面的 D. II 是佛寺，有大小两间殿堂，大的一间是中间为佛坛，四周回廊式；小的一间正面靠墙是佛坛；两间房子的门都向北开。大佛殿中发现了一些佛像周围的塑像装饰和附属的小塑像，回廊保存有壁画千佛。小佛殿中发现有比较完整的坐佛塑像、佛像周围的装饰塑像和纹饰。在东墙靠近佛坛的地方，保存有一座毗沙门天王像的下半身，其背后的壁画上，绘有龙女传说和高僧像。还有

---

① 汉文见陈国灿《斯坦因所获吐鲁番文书研究》，558—559 页；于阗文见 *Khotanese Texts*，V，p. 260。

② *Ancient Khotan*, pp. 281-282.

③ 斯坦因关于这组遗址的记录，见 *Ancient Khotan*, pp. 245-263。

三排骑者的壁画。在 D. II 所发现的木板画上, D. II. 4 是两面各绘一个三人组合的神像图; D. II. 03 单面绘画, 两个坐像, 有头光, 怀抱紧束的婴儿; D. II. 79绘一像是在跳舞的女子; D. II. 010 是一个窄长的画板, 上面绘有五个坐像, 有些模糊不清, 斯坦因以为很可能是佛教的神像。非常遗憾的是, 鲍默等人再次掘开这座佛殿时, 毗沙门天王像已基本毁坏, 龙女故事画也看不见了①。

D. III 是位于这组遗址中间的一间, 在房间里发现了一些梵文佛典的写本, 如《大般若波罗蜜多经》②, 还有于阗文《僧伽吒经》③《佛说首楞严三昧经》④。这些贝叶形的佛典残片应当是属于一个佛寺图书馆的藏书, 但它们是偶然散落在这间房子里面的, 因为房间靠东墙的地方是一个烧火做饭的台子, 因此这里一定是个伙房。

这组遗址西部的 D. X, 也是中间为佛坛, 四周为回廊的佛殿, 门向北开。斯坦因掘开的一面墙上, 是壁画千佛, 因此没有继续清理其他墙前面的积沙。他在神坛的四周挖出仍然靠立在那里的一些木板画, 它们应当是原本供养时的情形。这些木板画构成丹丹乌里克出土物的最精彩部分: D. X. 3 是三人组合的神像, 斯坦因认为是金刚手菩萨、弥勒菩萨、文殊菩萨; D. X. 4 描绘的是蚕种传入于阗传说, 面部是波斯风格的公主戴着高高的帽子, 里面藏着蚕茧, 一个侍女指着这顶帽子, 旁边有一神像坐在织机后面; D. X. 5 是一有头光的骑者骑着花斑马, 左手握缰绳, 右手端着碗, 飞鸟向碗冲去, 马和骑士都是波斯风格, 与 D. VII. 5 所绘相同; D. X. 8 是一女神怀抱婴儿, 头部也是波斯式的处理手法。此外, 斯坦因还在这里发现于阗文佛典, 如《僧伽吒经》《首楞严三昧经》⑤。鲍默等人重新掘开这个殿堂(编号 D 13), 清理了中间佛像的基座, 还清出四面墙壁前的沙土, 露出上面的佛教壁画。除斯坦因发现的千佛见于东壁和南壁外, 还有大型立佛的脚部、

① Baumer 上引文, 11 页, 图 20, 编号 D12。

② 渡边海旭《于阗发见の大品般若断片》, 原载《宗教界》第 8 卷第 6 号, 1912 年; 后收入《壶月全集》上卷, 539—549 页; A. F. R. Hoernle, (ed.) 1916: *Manuscript Remains of Buddhist Literature found in Eastern Turkestan*, Oxford 1916, pp. 176-195, pl. XXI: 1; Sh. Watanabe, "A Comparative Study of the *Pañcaviṃsatisāhasrikā Prajñāpāramitā*", *Journal of the American Oriental Society*, 114. 3, 1994, pp. 386-396。

③ *Khotanese Texts*, V, pp. 69-70。

④ *Khotanese Texts*, V, pp. 256-257; R. E. Emmerick, *The Khotanese Sūraṅgamasamādhisūtra*, London 1970。

⑤ *Khotanese Texts*, V, 261。

一些女供养人(图1)、两个男供养人及一个骑在红色骆驼上的骑者(图2)，还有两组三人组合的神像①。

图1 新发现的女供养人

图2 新发现的男供养人和骑红色骆驼的骑者

① Baumer 上引文,10—14 页。

位于 D. X 南面的 D. XII,是形制相同的佛殿。其中发现了佛教雕像残片,还有真人大小的壁画佛或菩萨像的腿部。

总的来看,这是杰谢当地佛寺集中的地方,神殿里面供养着佛像和地方神祇。

从现在的地图上看,杰谢好像是孤悬于大漠中的一块飞地。然而,在唐朝时,从沟通塔里木盆地的和田河中间的神山堡(今麻札塔格)向东,有路通向杰谢,而从杰谢向南,则可以到达坎城地区(今老达玛沟一带),进而和丝路南道会合①。在某种情况下,杰谢是西域南北往来的快捷方式所经之地,因此,这里的住民和文化可以视为西域地区丝路城市的一个缩影。

三、佛像与祆神

鲍默等人新发现的三人一组的神像,引起了我们对丹丹乌里克遗址一些宗教图像的再思考。

斯坦因从丹丹乌里克发掘到的一批木板画,虽然从斯坦因本人开始,就有一些学者识别出其中一些形象所具有的波斯艺术特征,但因为于阗是著名的佛教王国,从来没有人把这些木板画的形象和祆教图像联系起来。比如 D. X. 3 三人组合的神像,系统研究过于阗图像的威廉斯(J. Williams)认为,左边的是因陀罗(Indra),右边是梵天(Brahma),中间是释迦的母亲摩耶·室利(Maya-Sri)或多产女神②。1992 年,莫德(Markus Mode)发表《远离故土的粟特神祇——近年粟特地区考古发现所印证的一些和田出土的粟特图像》一文,判断出和田出土的一些木板画(主要是出自 D. X 和 D. VII 遗址)上,绘制的不是佛教的形象,而是粟特系统的祆教神谱,特别是 D. X. 3 的木板正面三人组合的神像,他认为从左到右依次绘制的是(Ohrmazd)、娜娜女神(Nanā)和风神(Weshparkar)③。

① 侯灿《麻札塔格古戍堡及其在丝绸之路上的重要位置》,《文物》1987 年第 3 期,63—75 页。

② J. Williams, "The Iconography of Khotanese Painting", *East and West*, *new series*, XXIII. 1-2, 1973, pp. 109-154.

③ M. Mode, "Sogdian Gods in Exile--Some Iconographic Evidence from Khotan in the Light of Recently Excavated Material from Sogdiana", *Silk Road Art and Archaeology*, 2, 1991/92, pp. 179-214, esp. p. 184.

鲍默新发现的壁画就出土于斯坦因的 D. X 遗址,因此,他所发现的两组三人组合的神像就格外引人注目,因为这里曾经出土过被视作祆神的三人一组木板画。

鲍默对这两组图像的描述和看法如下:北墙西侧的三人组合(图3),(1)左面的神像三头,双腿下卧着一头黑牛,可以毫无疑问地把他比定为湿婆(Shiva)和他的座骑牛(Nandi),这个印度教神祇被纳入了佛教金刚乘的万神殿中,在于阗语文书中叫作 Mahesvara(摩醯首罗、大自在天),是宇宙的八大守护神之一。他被描画成三头(Trimurti):中间的头上有第三只眼,象征着他的至高无上和深远莫测。其左侧的女性面孔微带笑容,代表湿婆的配偶铄乞底(Shakti),表现他的活力;右面愤怒的面孔,表现他的凶暴和毁灭的一面;他上举的双手握着日轮和月轮,下面的左手握着的可能是石榴(pomegranate),右手一般握的是金刚(vajra)。(2)右面的男性神像也是三头,上举的两手握着太阳和月亮或其他表示宇宙的圆形物,下面的两手执三叉戟。这个神像可能是梵天(Brahma),只是作三头而不是通常的四头,他也被金刚乘吸纳。虽然三叉戟常常为湿婆所有,但也和其他神祇结合,如观音的一百零八前身之一的 Brahmadanda-Lokesvara。(3)中间的女性神祇,怀

图3　新发现的 D. X 佛寺北墙西侧的三人组合神像

抱一个兜裹成条状的婴儿。斯坦因在这个遗址中发现过一个与这幅壁画相似的三人组合的木板画,据威廉斯的解说,左边是因陀罗(Indra),右边是梵天(Brahma),中间是释迦的母亲摩耶·室利(Maya-Sri)或多产女神。如果接受这种解说,则中间的是表示湿婆和梵天在庆祝释迦的降生。但也可能是呵利帝(Hariti,鬼子母)女神,她是保护儿童和鼓励多产的女神。斯坦因曾在和田 Farhad Beg Yailaki 遗址发现过呵利帝的壁画,上面有五个儿童戏耍,年代为 6 世纪末;勒柯克在吐鲁番也曾发现 9 世纪的麻布画;义净记载过她在印度流行的情况;因此,中间的女神很可能是呵利帝。鲍默说在梵天的右侧,还有一像,可惜已残毁①。

关于西墙南侧下面另一组绘制更为精细的三人组合神像(图4),鲍默的描述和比定如下:(1)左面是三头的梵天神,他上举的左手执三只箭,右手握弓,乘骑是一只雄性野鹅(Hamsa),站在他的膝盖旁。他下垂的左手握着一只公鸡,其归属的含义不明。(2)右面的神祇明显的特征是他的动物头,像一头雄性野猪或狼。乍一看好像是毗湿奴(Vishnu)的第三化身嚩啰

图4　新发现的 D. X 佛寺西墙南侧的三人组合神像

---

①　Baumer 上引文,12—13 页。

贺（Varaha），但更可能是保护儿童身体健康的仁慈的神祇（graha 之一）。斯坦因曾在敦煌发现六幅纸画，上面有汉文和丁阗文题记，神祇的特征是动物或鸟的头，根据题记，他们都是护佑儿童脱离灾难的神祇。（3）中间的女神带着两个小孩，一个是怀抱的包裹起来的婴儿，一个是坐在她左膝上的儿童，把她看作呵利帝最为合适。这种保护儿童的信仰在丹丹乌里克的流行，可以从斯坦因在 D. II 发现的一个木板画上得到印证，上面绘有两个妇女，各抱一个裹着的婴儿①。

鲍默新发现的这两幅壁画的共同特征是，中间为怀抱婴儿的女神，旁边两个是男神，都有头光，除了一尊神像外，头均略向右侧，这是此前发现的丹丹乌里克木板画的特征。而神像面部浑圆，富有于阗宗教神祇的普遍特征。鲍默认为，第一组神像从左到右依次为摩醯首罗、呵利帝、梵天，第二组从左到右为梵天、呵利帝、慈善的 graha 神。他是按照印度教到佛教金刚乘的发展顺序加以解释的②。

按照学术界已经确定的印度教神祇与祆教神祇的对应关系，我们可以把鲍默新发现的三人组合神像的壁画给予重新的解释。

第一组左面的神像，用印度教来看是湿婆，依佛教的观点是摩醯首罗，在祆教徒眼中，他则是一个胡天神，如韦述《两京新记》卷三记长安布政坊胡祆祠云："武德四年（621）所立，西域胡天神，佛经所谓摩醯首罗也。"③换句话说，就是佛经所谓摩醯首罗，就是西域的胡天神。这个说法得到了于阗木板画的印证，即莫德举出的英国博物馆所藏编号为 Skrine C 的木板画，其背面下方模糊的神像，正好对应于斯坦因丹丹乌里克所发现的 D. VII. 6 正面清晰的画面（图5），也就是三头、四臂、骑双牛的湿婆形象，而这个木板的背面画像是波斯王子的神像，正好和 Skrine C 正面上方的神像对应，他们都是成组的双神像的组成部分④。这组神像位于北墙西面的角落下方，只是勾勒出基本线条，还基本上没有涂上颜色，这个神像的牛也只画了一头，而不像是 D. VII. 6 那样有两头牛并且涂上了颜色，这种两头牛对称作为神的坐骑是祆教神像的特征之一。还值得指出的是，左边这幅图像的面部表情，

① Baumer 上引文，13—14 页。
② Baumer 上引文，10—14 页。
③ 平冈武夫《唐代的长安和洛阳·资料》，上海古籍出版社，1989 年，185 页。
④ Mode 上引文，186—187 页，fig. 17。

图5 D.Ⅶ.6 正面的湿婆

与上述 D.Ⅶ.5 木板画上方骑马托钵的神像非常一致。这些线索可以让我们把这幅图像也给予一个祆神的解说。

第一组右面的神像,用佛教来解说应当就是梵天,其三头和 D.Ⅹ.3 木板正面三人组合神像右边的梵天相同(图6),后者莫德认为是粟特的风神(Weshparkar),片吉肯特粟特壁画上的风神也是三头①。更有意思的是,新发现的神像没有 D.Ⅹ.3 木板画上的弓和钵,而是上面的两手握着太阳和月亮,下面的两手横握三叉戟,在粟特壁画上,风神是立握着一杆三叉戟(图7),这使我们更容易把这幅图像视作祆神。

中间怀抱婴儿的女神还无法在伊朗神祇系谱中找到对应者,她可能就是在于阗地区备受崇拜的呵利帝神②。

图6 D.Ⅹ.3 木板正面三人组合神像右边的梵天

---

① G. Azarpay, *Sogdian Painting. The Pictorial Epic in Oriental Art*, with contributions by A. M. Belenitskii, B. I. Marshak, and M. J. Dresden, Berkeley: University of California Press, 1981, p.29, fig.5.

② 关于于阗的呵利帝像,参看 Williams 上引文,138—139 页。

图7　粟特壁画手握三叉戟的风神像

第二组三人组合神像的壁画位于寺庙西墙偏南的角落下面,用朱笔勾勒线条,只有部分地方涂上了绿色,整体也未绘制完成。左面的一幅神像也是佛教的梵天,三头,和 D. X. 3 木板画上的梵天一样,上面的两手分别握有三只箭和一张弓,只是左右颠倒。所不同的是,新发现的神像下面的左手握着一只公鸡,并且是坐在一只鹅的身上。在敦煌发现的粟特语佛典《太子须大拏本生经》和 Pelliot sogdien 8 中,提供了另一种佛教神祇和祆教神祇的对应关系,即梵天对祖尔万(Zurvan),因陀罗对(Ahura-Mazda)或阿摩(Adh-bagh),摩醯首罗对风神①。如果按照这种粟特观念,在此把梵天对应于祖尔万似乎更为合适,因为在祆教图像里,祖尔万的坐骑正是鹅②。不过,在一个寺庙里用两种观念来绘制同一种神像,又似乎是不太可能的。因此,把这幅神像看作是上半截的风神和下半截的祖尔万的结合似乎更合理一些。

这组图像的右面很像是印度教神祇,可能是源于印度的地方信仰。中间的一幅也是呵利帝,在这里更可能是代表着地方的信仰崇拜,而不是镶嵌

---

①　张广达《吐鲁番出土汉语文书所见伊朗语地区宗教的踪迹》,《敦煌吐鲁番研究》第 4 卷,北京大学出版社,1999 年,10—11 页。

②　参看荣新江《〈释迦降伏外道像〉中的祆神密斯拉与祖尔万》,《中古中国与外来文明》,生活·读书·新知三联书店,2001 年,326—342 页,特别是 340 页。

在佛教的上下文中的呵利帝像。

笔者在此并不是想做艺术史的图像比定,而是想提出这样一个问题,就是在这所不大的佛寺中,何以有如此多的看似祆神的形象?这些祆神像有的成组并列地出现(D. X. 3),有的则和其他佛教甚至一些地方信仰的神祇放在一起。

上文已经说明,丹丹乌里克遗址即唐朝于阗王国治下的杰谢镇所在,这里出土的于阗文和汉文文书表明,当地曾有从中亚来的粟特商人,有些在8世纪中叶已经成为当地的编户齐民①。而且,杰谢镇的首领斯略的官号"萨波",于阗文作 spāta,这一官称很可能直接来自粟特文的 s'rtp'w,即由队商首领发展而来的胡人聚落首领的意思,汉文史料中称作"萨保""萨甫""萨宝"②。根据斯坦因对考古遗址和文物的分析,以及我们对这里出土文书的考察,目前发现的丹丹乌里克遗址的年代主要是8世纪的下半叶。新发表的俄藏和田出土文书 Dx. 18923 中"首领萨波"一词③,表明此时的"萨波"仍然保有粟特文"萨保"原意,也不排除杰谢这个地方是由一个粟特商人的聚落发展而成的可能性。

无论如何,大量粟特人以及粟特首领的存在,自然会把他们在粟特本土的宗教信仰——祆教带到新的聚落当中来。对于于阗的粟特祆神像的来历,莫德提出两种可能,一是信奉粟特宗教的旅行者把他们的异教神祇嵌入佛寺的万神殿当中,一是从很早以来粟特神祇就已经成为丝路南道佛教部派中常见的神像要素④。就我们所讨论的上述不同宗教神像的共存现象来看,很可能的一种情形是:粟特人曾经在杰谢这一丝路孔道上的村镇经行和居住,他们原本应当有供奉自己的祆神的祆祠,但于阗自古以来即是西域南道的佛教圣地,特别是大乘佛教的中心,因此,来到当地的粟特人或可能逐

---

① 荣新江《西域粟特移民聚落考》,《西域考察与研究》,新疆人民出版社,1994 年;此据荣新江《中古中国与外来文明》,22—26 页。

② A. E. Dien, "The Sa-pao Problem Re-examined", *Journal of the American Oriental Society*, 82. 3, 1962, pp. 336-346;荣新江《萨保与萨薄:北朝隋唐胡人聚落首领问题的争论与辨析》,叶奕良编《伊朗学在中国论文集》第 3 集,北京大学出版社,2003 年,128—143 页;收入《中古中国与粟特文明》,生活·读书·新知三联书店,2014 年,163—185 页。

③ 张广达与荣新江合撰《圣彼得堡藏和田出土汉文文书考释》,《敦煌吐鲁番研究》第 6 卷,北京大学出版社,2002 年,229—230 页。

④ Mode 上引文,183 页。

渐皈依了势力强大的佛教，或仅仅是表面上承认佛教在当地信仰体系中的主导地位，但并不甘心放弃自身原来的信仰，于是仍然把自己所喜爱的祆神形象，以类似于佛教神祇的形象绘制在佛教寺庙不太显眼的地方，以这种不易察觉的方式，巧妙地在潜意识里继续膜拜着来自故土的神灵，遵从着先辈的信仰。和田巴拉瓦斯特（Balawaste）发现的一幅壁画，上面是立佛和影塑千佛，佛脚的下面，分别绘有摩醯首罗、骑者、禅定佛①。按照莫德的解说，这三个神像都可以视为粟特神祇，骑者神见于许多木板画，与之最像的一幅是 D. VII. 5 上的骑驼神。两边的神像分别对应于 Skrine C 正背面下方的两个神像，其中左边的神像与 D. VII. 6 很相似，只是脸的方向不同；右边的一位是粟特人最为崇拜的娜娜女神，她在上面反复提到的 D. X. 3 木板画上位于中间②。我们把莫德分别论述的图像放在一起（图 8），可以更清楚地看出把这些祆教杂神置于佛像下面的含义。目前所见的这些祆教的形象，大多数是在房屋最下层的部分，或者是放在最下面的木板，与其他地方神祇有时混在一起，而佛寺的上面则绘制着千佛，雕塑着佛像，似乎可以说明这一点。

四、结　语

丝绸之路上的古代王国，往往对各种宗教和文化采取兼容并蓄的态度，使得多种宗教文化有时共存于一城一镇，它们互相包容，你中有我，我中有你，特别是在杰谢这样远离政治文化中心的地域，不同宗教的混同现象可能更加突出，反映在当地寺庙的图像上，我们就可以看到一些既是佛像、又似祆神的形象了。

从过去到今天，不同宗教或同一宗教不同派别之间的分歧和对立，常常会引发冲突乃至战争，因此总是会给人留下深刻的印象，并使人产生不同宗教信仰之间乃是水火不兼容的这样一种错觉。但是，事实上，在古代世界里，从各种宗教流行和分布的情形来看，占据主流地位的并非各种宗教信仰

① 　G. Gropp, *Archäologische Funde aus Khotan*, p. 111-119, p. 112, Abb. 42 a-f.
② 　Mode 上引文，202 页插图 6（骑者），204 页插图 8（娜娜），213 页插图 17（摩醯首罗）及相关地方的文字论述。

图 8　巴拉瓦斯特发现的壁画下部的神像

之间的对立和冲突，而是它们之间的混同与共处。或许，这是从最初就已注定了的。因为，正如著名的宗教研究专家韦伯洛夫斯基（R. J. Zwi Werblowsky）教授所言："哪里有文化接触，哪里就会出现宗教信仰的混同现象。"①而范德里吾（van der Leeuw）更明确地指出："每一种宗教，并非就是一种纯而又纯的信仰，而应该是多种信仰成分的融合，这不仅体现在该宗教

① R. J. Zwi Werblowsky, "Synkretismus in der Religionsgeschichte", *Synkretismus in den Religionen Zentralasiens*, hrs. von Walther Heissig und Hans-Joachim Klimkeit, Wiesbaden：Harrassowitz, 1987, p. 2.

的形成阶段,也体现在它日后的发展过程中。"①如果我们细究当今世界的三大宗教,就会发现它们的形成和发展无一例外皆是遵循着这样的轨迹的。当然,两位学者所言的这种宗教信仰之间的混同现象②,在中亚这一处于"人类文明的十字路口"地区的古代历史中,表现得最为明显,也更具典型性。在这一广阔的区域内,从贵霜帝国到蒙古汗国,从迦腻色迦到忽必烈,从撒马尔罕到吐鲁番,时空虽然在不停转换,统治阶层对于宗教的态度和政策虽然不尽相同,但是绝没有哪一种宗教可以独霸天下,主宰所有人的精神世界,不同的人依靠自己所处的时代、历史的传统、个人的兴趣,或坚贞不渝地遵奉着一种信仰,或从不同的信仰体系中抽取适宜于自身的部分,以信仰为精神支柱,在和平或动荡的岁月里慰藉自己的心灵。而不同的信仰之间,虽然也存在着对立和竞争,大多数情况下,则是相安无事、和平共处的。而且,从某种角度来说,正是这种所谓的对立和竞争,反而促使各种宗教信仰不仅仅着眼于自身的进步和升华,更注重学习和吸纳别的宗教体系的长处,从而丰富、改造自己,提高自身的适应能力③,以占据更多的信仰空间,展现更为持久的生命力。

不同宗教的对立常常引发战争,因此给现代人以突出的印象,使人常常把不同宗教对立起来。事实上,在古代丝绸之路上,不同宗教的混同形态的共存,才是历史的主流现象。

(2003 年 3 月 26 日完稿,原载《九州学林》1 卷 2 期,香港城市大学中国文化研究中心、复旦大学出版社,2003 冬季卷,93—115 页)

---

① 转引自 Zwi Werblowsky 上引文,同页。

② 宗教混同现象的提出和研究在 20 世纪七八十年代的西方学界(尤其是在德国)备受关注,当时发表出版了许多相关的论著。关于宗教混同的具体定义、类型、模式、研究方法等,请参看 Zwi Werblowsky 上引文及 *Synkretismus in den Religionen Zentralasiens* 一书中相关文章。另外,关于中亚地区的宗教混同,该书中 H. J. Klimkeit 的 "Synkretismus in Zentralasien – eine Zwischenbilanz" 一文有详细阐述,请参阅该书 207—216 页。

③ Klimkeit 在上引文中反复提到"适应"一词,包括外来宗教对于本土文化的适应,本土信仰对于外来因素的适应及不同的外来宗教之间的相互适应。他还暗示这种主动或被动的"适应"既是促使各种宗教信仰前进发展的动力,也是宗教混同之所以产生的重要前提。

再谈丝绸之路上宗教的混同形态
——于阗佛寺壁画的新探索

2000 年 7 月,在北京大学召开的"汉唐之间的艺术与考古"国际学术研讨会上,我发表《粟特祆教美术东传过程中的转化——从粟特到中国》,在 Mode 粟特神祇说的基础上,认为"我们并不十分清楚这些绘有祆神的画板原来摆放的位置,就以 D.X.3 为例,它的正面全是祆神形象,背面则是菩萨像。如果斯坦因给出的正背面是该画板原本在庙宇中的情形,则背面一侧很可能原本是封在墙里面的,只有祆神一面对着供养他们的民众(祆神一面较佛像一面清晰,是否后者是封在墙中而磨损的结果?)。和田丹丹乌里克出土的于阗文和汉文文书,都证明了唐朝时期杰谢地区有相当数量的粟特人存在。因此,不排除杰谢当地有粟特人供奉的一座祆祠的可能性,因为这样明显的祆教神像组合,很难把他们放到佛教的上下文中去解释"。在此处我加注说:"当然这只是在 Mode 提出的解释之外,依据画板的功能和当地有粟特人的事实,提出的第三种可能性而已,这一点还需要仔细研究,以便得出较为圆满的结论。"①

对于丹丹乌里克木板画上的祆教形象,2004 年,姜伯勤先生《于阗木板画所见粟特祆教美术的影响》一文,从祆教三神图像的角度做了更进一步的阐述②。

在此之前的 1998 年 10 月,瑞士人鲍默(Christoph Baumer)等人重新掘开斯坦因编号为 D.X 的佛寺殿堂(新编号 D 13),清理了中间佛像的基座,还清出四面墙壁的佛教壁画。除斯坦因发现的千佛见于东壁和南壁外,还有大型立佛的脚部、一些女供养人、两个男供养人及一个骑在红色骆驼上的

---

① 巫鸿编《汉唐之间文化艺术的互动与交融》,文物出版社,2001 年,58 页。
② 姜伯勤《中国祆教艺术史研究》,生活·读书·新知三联书店,2004 年,195—202 页。

骑者,最吸引人的是两组三个神像的组合①。1999 年夏,鲍默发表《重访丹丹乌里克:一百年后的新发现》一文,认为新发现的这两幅壁画的共同特征是,中间为怀抱婴儿的女神,旁边两个是男神,他是按照印度教到佛教金刚乘的发展顺序加以解释的②。

在读到鲍默的文章后,我对这些图像做了重新思考。2003 年冬,我发表《佛像还是祆神?——从于阗看丝路宗教的混同形态》一文,按照学术界已经确定的印度教神祇与祆教神祇的对应关系,对鲍默新发现的三人组合神像的壁画给予新的解释③。

2006 年 8 月,林梅村在讨论于阗佛教绘画中的婆罗门(即梵天)图像时,也利用了鲍默新发现的这两幅图像,除了把第二组右侧的神像指为象鼻神外,全都采用了鲍默的观点④。

2007 年 4 月,霍巍在《于阗与藏西:新出考古材料所见两地间的古代文化交流》一文中,讨论于阗丹丹乌里克发现的这些木板画和壁画与藏西佛教木板画在内容和形式上的相似性,指出藏西佛教受到于阗佛教的强烈影响⑤。

以上两位的研究,着眼点在于佛教图像方面,其中霍巍先生强调了本土宗教被佛教吸收的问题。

2002 年 10 月,新疆文物局、新疆文物考古研究所和日本佛教大学尼雅遗迹学术研究机构共同组织的考察队,在丹丹乌里克发现了一座佛寺,11 月进行了抢救性的发掘,揭取了佛寺下层的壁画⑥。这一新发现对于理解我们所讨论的问题有很大的帮助。

---

① Ch. Baumer, "Dandan Oilik Revisited: New Findings a Century Later", *Oriental Art*, XLV. 2, 1999, pp. 10-14.

② Ibid.

③ 荣新江《佛像还是祆神?——从于阗看丝路宗教的混同形态》,《九州学林》1 卷 2 期,香港城市大学中国文化研究中心、复旦大学出版社,2003 年冬季卷,93—115 页;又见本书上文。

④ 林梅村《丝绸之路考古十五讲》,北京大学出版社,2006 年,207—210 页。

⑤ 文载四川大学中国藏学研究所主编《藏学学刊》第 3 辑(吐蕃与丝绸之路研究专辑),四川大学出版社,2007 年,146—156 页。

⑥ 新疆文物考古研究所《2002 年丹丹乌里克遗址佛寺清理简报》,《新疆文物》2005 年第 3 期,8—19 页及封 2、3 图版。参看张玉忠、屈涛、刘国瑞《丹丹乌里克新发现的佛寺壁画》,《日中共同ダンダンウイリク遗迹学术研究の成果をめぐって》,京都佛教大学,2005 年 8 月,79—85 页;松本伸之监修《新シルクロード展》,东京产经新闻社,2005 年,71—79 页。

这些保存在佛寺墙壁下部的壁画,正好和斯坦因所得木板画和鲍默所发现的壁画位置相同,都是属于主体佛像的下面。在新发现的一幅壁画上,还有高大的立佛残存的双足和袈裟的下摆,双足下有一个形体较小的力士托着佛足。佛足后墨线绘一条砖砌的墙壁,墙的上面绘一列骑马神像,画面下方、墙的前面也绘有骑斑马的神像,神像头部的右上方有一玄色大鸟直飞而下。这种骑马神像在斯坦因等人发现的木板画和壁画中多有出现,也是源于粟特的一种伊朗系神祇。另一幅壁画的上部是三排千佛像,其下绘一列骑马神像,有的有鸟俯冲而下,和上面的骑马神像相同。最有意思的是另一块残壁画,上面残存两身并列的禅定佛和立佛像,下为莲台。佛像的左侧下方,从上到下绘有一兽首人身的形象,中间是一只野狼[①],下面是怀抱襁褓中婴儿的女神。佛的下面有一列四身形象,从左到右依次绘:第一身兽头人身,肩部左右手托日月,下面一手握鸡(?)于胸前,下身与束腰山岩隐为一体。第二身为童子像,三面四臂,上面左右手擎日月,下面一手持鸡,一手握拳,坐前有一孔雀翘首回望。第三身女性神像,袒双乳,双手上扬抓举一裸体之人,倒悬身前。第四身较残,为男性神祇,身前有两匹马相向而立。

这里既有可以用佛教内涵解释的呵利帝,也有形象可以追溯到伊朗琐罗亚斯德教的骑马神祇,还有许多和晚期西藏密教类似的凶恶形象,完全不是正统的佛教神殿所容纳的人物。如果我们对比上面所说的丹丹乌里克出土木板画和巴拉瓦斯特的壁画情形,就不难理解这些形象更可能是当地百姓所膜拜的地方神祇,即便是呵利帝,在这里更可能是代表着地方的信仰崇拜,而不是镶嵌在佛教语境中的呵利帝像。

艺术史的研究者往往希望找到相同的图像来解说新发现的图像,于是像于阗这样丝绸之路上的小王国几乎没有本身的文化可言,所有的图像都可以从印度、伊朗、希腊罗马、中原内地找到图像的原型,其实这些从两汉以来就有高度文明的西域王国,自然拥有自己的文化传统,而且也会把地方文化和外来文化糅合起来,形成自身喜闻乐见的形象。因此,我们与其把这些在整体佛教图像志中见不到的杂神用佛教来解释,不如把它们看作是地方神祇,其中应当有印度、伊朗文化,或者说佛教或祆教的要素在里面。

我在《佛像还是祆神?》文中曾说道:"丝绸之路上的古代王国,往往对

---

① 林梅村认为是黄犬,见《丝绸之路考古十五讲》,210—211 页。

各种宗教和文化采取兼容并蓄的态度,使得多种宗教文化有时共存于一城一镇,它们互相包容,你中有我,我中有你,特别是在杰谢这样远离政治文化中心的地域,不同宗教的混同现象可能更加突出,反映在当地寺庙的图像上,我们就可以看到一些既是佛像、又似祆神的形象了。"从丹丹乌里克新发现的壁画,我们可以更加深入地理解古代丝绸之路上不同宗教共存的混同形态。

(提交 2007 年 11 月 11 日"日中共同シルクロード学术国际シンポジウム"的文稿系综合《佛像还是祆神?——从于阗看丝路宗教的混同形态》而成,后收入《新疆文物》2008 年 1—2 期,29—34 页。现将《佛像还是祆神?》已有文字删除,仅留学术史和据新出壁画讨论的文字)

唐代佛道二教眼中的外道——景教徒

　　1999 年,我在《〈历代法宝记〉中的末曼尼与弥师诃》一文中,揭示了唐大历年间剑南道保唐宗的禅僧在他们所编纂的《历代法宝记》中,把他们的西天祖师所打败的两名外道叫作"末曼尼"和"弥师诃",即摩尼教教祖和景教的耶稣基督①。2003 年,白瑞特(Tim H. Barrett)教授发表一篇短文《唐代道教与吐蕃禅宗文献里提到的耶稣和摩尼:对荣新江近著的一个评注》,指出这种把摩尼教和景教视为外道的做法,又见于敦煌本《老子化胡经》和宋代的《犹龙传》,并就道教和禅宗文献之间可能的关系和年代问题做了讨论②。刘屹博士《唐代道教的"化胡"经说与"道本论"》一文,也指出景教被敦煌本《化胡经》卷二(S. 6963)贬为"外道鬼神",名"弥施诃",并提出"为何《化胡经》将摩尼教看作与道教、佛教比肩的正教,而将景教视作外道鬼神? 这可能与玄宗初期的特定历史背景有关,只是现在还无法确切给出答案"③。在景教和摩尼教研究将近百年,有关史料几

---

　　① 荣新江《〈历代法宝记〉中的末曼尼与弥施诃——吐蕃文献中的摩尼教和景教因素的来历》,王尧编《藏学研究丛刊·贤者新宴》,北京出版社,1999 年,130—150 页;收入《中古中国与外来文明》,生活·读书·新知三联书店,2001 年,343—368 页。Wendi L. Adamek, *Issues in Chinese Buddhist Transmission as Seen through the* Lidai fabao ji (*Record of the Darma-Jewel through the Ages*), Dissertation, Stanford University, 1997, pp. 152-153 最早指出"(末)曼尼"与"弥施诃"的名字不见于《付法藏因缘传》,但可能因为她所据《大正藏》本"末曼尼"作"曼尼",因此没有进而讨论这两个外道实际所指。最近,她在"The Lidai fabao ji (Record of the Darma-Jewel through the Ages)"一文中,采用了我的比定,见 *The Zen Canon. Understanding the Classic Texts*, ed. by S. Heine and D. S. Wright, New York: Oxford University Press, 2004, pp. 90-91, n. 33.〔参看 Wendi L. Adamek, *The Mystique of Transmission on An Early Chan History and Its Contexts*, New York: Columbia University Press, 2007, pp. 107, 427, n. 68〕

　　② Tim H. Barrett, "Tang Daoism and the mention of Jesus and Mani in Tibetan Zen: a comment on recent work by Rong Xinjiang", *Bulletin of the School of Oriental and African Studies*, 66. 1, 2003, pp. 56-58.

　　③ 见荣新江主编《唐代宗教信仰与社会》,上海辞书出版社,2003 年,115—116 页。

乎穷尽的情况下,我们还能拥有《历代法宝记》和《老子化胡经》中有关景教的记载,实在感到振奋和鼓舞。但由于这些材料刚刚引入景教研究的讨论当中,我的上述文章是写给藏学研究者看的,目的是给吐蕃时期禅宗文献里提到的摩尼和耶稣的来历提出一个区别于前人的解说,而没有仔细清理相关文献年代、成立背景等问题。白瑞特提示了道教系统的相关资料,可是也没有深入讨论。本文拟从更广阔的唐代宗教历史发展脉络上,来考察景教徒如何成了道教、佛教眼中的外道,力图阐释景教传入唐朝都城后,如何变成《老子化胡经》中的外道,而这种外道的形象,又如何为此后佛道两教所利用,并分析哪些文献承袭了文本中景教徒的外道形象,哪些则从当时当地宗教斗争的形势出发,把景教徒和摩尼教徒视作敌对的外道势力,必斩尽杀绝方才痛快。

一、景教的传入与道教

在唐朝建立之初,社会上占据统治地位的宗教是佛教和道教,而且佛教的势力最强。又因为唐朝皇室把老子认作李氏远祖,所以从高祖开始就着力扶持道教。高祖时,儒释道三家的次序是"老先,次孔,末后释宗"[1]。太宗贞观十一年(637)下诏,认为:"朕之本系,起自柱下。鼎祚克昌,既凭上德之庆;天下大定,亦赖无为之功。宜有改张,阐兹玄化。自今已后,斋供行法。至于称谓,道士女冠可在僧尼之前。"[2]就在太宗下诏的两年前——贞观九年,景教传入唐朝都城长安。而一年以后,太宗又针对景教下了另一个诏书。《唐会要》卷四十九"大秦寺"条:

> 贞观十二年七月诏曰:道无常名,圣无常体。随方设教,密济群生。波斯僧阿罗本,远将经教,来献上京。详其教旨,元(玄)妙无为。生成立要,济物利人,宜行天下。所司即于义宁坊建寺一所,度僧廿一人。[3]

建中二年(781)所立《大秦景教流行中国碑》(以下简称《景教碑》)有更详细的记载:

---

[1] 《续高僧传》卷二五《释慧乘传》,《大正藏》第50卷,634页上栏。
[2] 《唐大诏令集》卷一一三《道士女冠在僧尼之上诏》,商务印书馆,1959年,586—587页。
[3] 《唐会要》,上海古籍出版社,1991年,1011—1012页。

真常之道,妙而难名。功用昭彰,强称景教。惟道非圣不弘,圣非道不大。道圣符契,天下文明。太宗文皇帝,光华启运,明圣临人。大秦国有上德,曰阿罗本。占青云而载真经,望风律以驰艰险。贞观九祀,至于长安。帝使宰臣房公玄龄,总仗西郊,宾迎入内。翻经书殿,问道禁闱。深知正真,特令传授。贞观十有二年秋七月诏曰:道无常名,圣无常体。随方设教,密济群生。大秦国大德阿罗本,远将经像,来献上京。详其教旨,玄妙无为。观其元宗,生成立要。词无繁说,理有忘筌。济物利人,宜行天下。所司即于京义宁坊造大秦寺一所,度僧廿一人。①

仔细琢磨唐太宗诏书的用语,不难看出,他对于新来的景教教旨的初步理解,就是"玄妙无为",这正是李唐王朝所尊奉的道教的基本教义。而这件诏书是紧接着《令道士在僧前诏》的,也表明太宗把新来的景教,看作是道教一类的宗教而予以接受,并特命度僧传教。由此可见,景教一进入中国,就披上一层道教的外衣②,这可能是它被很快接受并允许传教的原因之一,而对于新来的景教徒来说,攀附上李唐皇家所扶植的道教,借用道教的势力来发展自己,也不失为一种传教的策略。

贞观十二年建立的这所寺庙,就是开元十年韦述所撰《两京新记》卷三记载的义宁坊"十字街东之北波斯胡寺"③,开始时只有景教上德波斯人阿罗本和二十一僧。

二、佛道斗争与《老子化胡经》中的外道弥施诃

虽然李唐皇帝用政治权威把道教置于佛教之上,但魏晋南北朝以来,佛教在统治阶级和普通大众中间的流行程度,换句话说就是社会各阶层对于

---

① 以下引用《景教碑》,均据 P. Pelliot, *L'inscription nestorienne de Si-ngan-fou*, edited with supplements by Antonino Forte, Kyoto and Paris, 1996, fig. 2 所刊图版。

② 伯希和在《景教碑》的注释中,即指出许多词汇来自道教经典,见 Pelliot, *L'inscription nestorienne de Si-ngan-fou*, 181 页以下。朱谦之《中国景教》(东方出版社,1993 年)曾专门讨论过《景教碑》中的道教影响,见该书 141 页。杨森富也曾列举出《景教碑》与景教经典中佛道两教术语并与基督教术语加以比较,见所撰《唐元两代基督教兴衰原因之研究》,载林治平主编《基督教入华百七十年纪念集》,台北宇宙光出版社,1977 年,31—52 页。

③ 平冈武夫《唐代的长安与洛阳·资料》,上海古籍出版社,1989 年,192 页。

佛教的支持度,远远高于道教。因此,从唐初开始,佛教和道教之间的斗争就一直持续不断。在佛道两教的斗争中,《老子化胡经》总是一个争论的焦点。

《老子化胡经》(简称《化胡经》)原本是西晋王浮所撰,只有一卷,说老子化胡作佛,目的是贬低佛教。以后,老子化胡的说法广泛流传,并且不断地被添加、增补,而且形成许多不同的说法、不同的文本、不同的图像,甚至道教方面有道教的《化胡经》,佛教方面也有佛教的《化胡经》,说法各不相同。

唐高祖时,太史令傅奕上废佛法十一事,释法琳撰《破邪论》加以反驳,都各引各自的《化胡经》。太宗时,明诏确立道教在佛教之上。高宗显庆五年(660),僧静泰与道士李荣在宫中辩论《化胡经》,仍各持一端,所引经文也不一样①。高宗时,道士王悬河编《三洞珠囊》收录的《化胡经》,是"二卷不同"的本子②;释道宣撰《大唐内典录》卷十《历代所出疑伪经录》第八著录有"《正化内外经》二卷,一名《老子化胡经》,传录云晋时祭酒王浮作"③。在武周证圣元年(695)释明佺等所撰《大周刊定众经目录》卷十五中,此经列入《伪经目录》中,一个版本作"一卷",一作"二卷"④。

武则天生长在一个有佛教信仰背景的家庭中,又利用《大云经》《宝雨经》做政治宣传而登上皇帝宝座,所以,在她取代李氏家族,改唐为周后,极力崇佛抑道,京师中一些著名的道士也改宗佛教⑤。但作为一个统治者,武则天也深知利用各种宗教来维护自己的统治稳定。万岁通天元年(696),僧惠澄上言乞毁《老子化胡经》,武后敕秋官侍郎刘如璇议论此事⑥,结果刘

① 王维诚《老子化胡说考证》,《国学季刊》4卷2号,1934年,59—65页。

② 王悬河《三洞珠囊》卷九《老子化西胡品》,《道藏》第25册,上海书店、文物出版社、天津古籍出版社影印,1994年,355页中栏—359页中栏。

③ 《大正藏》第55卷,334页。

④ 同上书,473页。

⑤ Antonino Forte, "The Maitreyist Huaiyi (D. 695) and Taoism",荣新江编《唐研究》第4卷,北京大学出版社,1998年,15—29页;同作者, "Additions and Corrections",《唐研究》第5卷,北京大学出版社,1999年,35—40页。

⑥ 《新唐书》卷五九《艺文志》三《神仙家类》著录《议化胡经状》一卷下注文,中华书局,1975年,1521页。

如璇等人均强调《化胡经》的真实性，提倡佛道同源，建议不毁《化胡经》①。于是武则天下敕书《僧道并重敕》，说道："老君化胡，典诰攸著，岂容僧辈妄请削除。故知偏辞难以凭据，当依对定，佥议惟允。……明知化胡是真，作佛非谬，道能方便设教，佛本因道而生。老释既自元同，道佛亦合齐重。自今后，僧入观不礼拜天尊，道士入寺不瞻仰佛像，各勒还俗，仍科违敕之罪。"②显然，在《化胡经》的毁与不毁问题上，大力崇佛的武周政权首脑采取了不毁的决策，目的是想调和佛道之间的矛盾，希望佛僧入道观时要礼拜天尊，而道士入佛寺时要瞻仰佛像，否则不仅要勒令还俗，还有科罚罪过。

我们这里之所以详细叙述万岁通天元年敕书的原委，是因为这和我们要讨论的提到弥施诃的敦煌本《老子化胡经》有密切的关联。目前所知明确属于《化胡经》的敦煌写本，计有 S. 1857 与 P. 2007（卷一）、Dx. 769 + S. 6963v（卷二）③、P. 3404（卷八）、P. 2004（卷十）、P. 2360（卷次未详），其中 P. 3404 首题"［老子］化胡经受道卷第八"，下有"奉　敕对定经本"字样④，刘屹已经指出这一卷应当就是万岁通天元年武则天敕对定之本⑤。他又根据中宗《禁〈化胡经〉敕》中"诸部《化胡经》"表明当时不存在一部统一的十卷本，以及贞观年间形成的"于阗化胡说"在开元初年经过《玄元皇帝西升记》而编成为《化胡经》卷第一等理由，来强调说明敦煌写本中内容来自不同时代、不同手笔的诸种《化胡经》是在玄宗先天元年（712）至开元十九年（731）之间，亦即玄宗统治前期编成的⑥。他还从内容的逻辑关系上，认为卷一、卷二应当出于卷八之后。对于刘屹的看法，我基本赞同。到目前为止，卷二的年代似乎是道教研究界讨论最少的一个点。刘屹认为现在的卷

① 部分议状见《混元圣纪》卷八，《道藏》第 17 册，859—860 页；《全唐文》卷一六五，中华书局影印本，1983 年，1686 页。
② 《全唐文》卷九六，990—991 页。
③ Dx. 769 之比定及其与 S. 6963 的缀合，见王卡《敦煌道教文献研究——综述·目录·索引》，中国社会科学出版社，2004 年，188 页。本文初稿没有注意到俄藏残片，承方广锠、刘屹先生见告，特此致谢。
④ 大渊忍尔编《敦煌道经·图录编》，福武书店，1979 年，668 页。
⑤ 刘屹《敦煌十卷本〈老子化胡经〉残卷新探》，《唐研究》第 2 卷，北京大学出版社，1996 年，106 页。
⑥ 刘屹《敦煌十卷本〈老子化胡经〉残卷新探》，《唐研究》第 2 卷，北京大学出版社，1996 年，105—108 页；又刘屹《唐代道教的"化胡"经说与"道本论"》，《唐代宗教信仰与社会》，93—116 页。

八本是继续罽宾说而来的,其前面的内容也应该是传统的罽宾说①,那么提到弥施诃的卷二或许也在这个罽宾说的范围之内。

要确定敦煌本《老子化胡经》的年代,我们还应当继续关注武周政权垮台后的情形。神龙元年(705)正月,中宗即位。九月,下敕废除《化胡经》及绘有化胡内容的寺观变相图画。《宋高僧传》卷十七《法明传》载中宗敕云:

> 如闻天下诸道观皆尽(画)《化胡成佛变相》,僧寺亦画玄元之形,两教尊容,二俱不可。制到后,限十日内并须除毁。若故留,仰当处官吏科违敕罪。其《化胡经》,累朝明敕禁断,近知在外仍颇流行,自今后,其诸部《化胡经》及诸记录有"化胡"事,并宜除削。若有蓄者,准敕科罪②。

我们知道,由于玄奘的请求,中宗一出生,就获得"佛光王"的称号,少年时得到玄奘的佛学教育,多年在荆州地区流放,与当地高僧密切往来,所以登基以后,以其本宅所建的荐福寺为主要场所,大力弘扬佛法③。因此,中宗的废除《化胡经》是和他崇佛的做法相辅而行的。

唐隆元年(710),睿宗即位。他作为武后、中宗时期李唐势力的代表,上台以后,在宗教倾向上也回归唐朝先帝的做法,贬抑佛教,推崇道教。玄宗即位(712)后,继续崇道的政策,限制佛教的发展,整理《化胡经》诸本,编纂《开元道藏》,把道教崇拜推向一个顶峰。

从以上所述《化胡经》的文本及其流传情况来看,提到弥施诃的《化胡经》卷二,首先不会是到证圣元年(695)《大周刊定众经目录》为止所著录的两卷本中的一卷,因为如果是两卷本的话,应当标作"卷下"。那么,这个卷二可能是万岁通天元年(696)奉敕对定后编定的《化胡经》卷二。当然从整个九十六种外道多为佛教人物来看,卷二更可能是先天到开元时期的产物,也就是说,整个敦煌本更可能是先天至开元十九年成立的十卷本的组成部分。

---

① 《唐代宗教信仰与社会》,104—105 页。

② 范祥雍点校本,中华书局,1987 年,415—416 页。

③ Stanley Weinstein, *Buddhism under the T'ang*, Cambridge University Press, 1987,此据汉译本《唐代佛教——王法与佛法》,佛光文化事业有限公司,1999 年,76—78 页;孙英刚《长安与荆州之间:唐中宗与佛教》,《唐代宗教信仰与社会》,125—150 页。

值得注意的是,从万岁通天元年到神龙元年中宗即位,以及从先天元年到开元十九年的两段《化胡经》最流行的时间段,也是景教徒认为日子最难过的时候。《景教碑》称:"圣历年(697—700),释子用壮,腾口于东周。先天末(713),下士大笑,讪谤于西镐。"这是说在武周圣历年间的洛阳和先天末年的长安,景教徒都受到释道二教的讽刺与攻击,这段时期颇为流行的《老子化胡经》把景教的弥施诃当作外道来对待,这对于景教徒来说,一定是难以接受的,特别是他们原本是依附于道教,现在却在道教的文献里变成了外道,所以后代的景教徒在撰写《景教碑》时说这是"讪谤"。

前人已经详细讨论过《化胡经》卷一有关老子化摩尼的文字:

> 后经四百五十余年,我乘自然光明道气,从真寂境飞入西那玉界苏邻国中,降诞王室,示为太子。舍家入道,号"末摩尼",转大法轮,说经诫律定慧等法,乃至三际及二宗门,教化天人,令知本际。上至明界,下及幽途,所有众生,皆由此度。摩尼之后,年垂五九。金气将兴,我法当盛。西方圣象,衣彩自然,来入中洲是效也。当此之时,黄白气合,三教混齐,同归于我。

"我法当盛"之前的文字,曾经被开元十九年成书的《摩尼光佛教法仪略》整段抄录,一方面说明《化胡经》是把摩尼和佛一样看待,作为老子所转化的对象;另一方面也表现出摩尼教对道教的依附①,因为武则天延载元年(694)才刚刚入华传教的摩尼教法师,当然要借助在中土已经根深蒂固的佛教和受统治者所维护的道教了。由此,摩尼教与儒教和道教一起,成为《化胡经》所颂扬的"三教混齐"和《仪略》所说的"三圣同一"的组成部分,

---

① 相关讨论见 P. Pelliot, " Le Mo-ni et le *Houa-hou-king*", *Bulletin de l'École Française d'Extrême-Orient*, 3, 1903, pp. 318-327; E. Chavannes et P. Pelliot, " Un traite manicheen retrouve en Chine", *Journal Asiatique*, 1913, pp. 120-126;冯承钧译沙畹、伯希和《摩尼教流行中国考》,《西域南海史地考证译丛八编》,商务印书馆,1958 年,101—104 页;福井康顺《道教の基础の研究》,1952年;此据法藏馆,1987 年,251—316 页;林悟殊《〈老子化胡经〉与摩尼教》,《世界宗教研究》1984 年第 4 期,116—122 页;收入作者《摩尼教及其东渐》,台北淑馨出版社,1997 年,72—82 页;S. N. C. Lieu, "A Lapsed Manichaean's Correspondence with a Confucian Official (1264) - a study of the of the *Ch'ung-shou-kung chi* 崇寿宫记 of Huang Chen 黄震", *Manichaeism in Central Asia and China*, Leiden: Brill, 1998, pp. 112-115;刘屹《唐开元年间摩尼教命运的转折——以敦煌本〈老子西升化胡经序说〉和〈摩尼光佛教法仪略〉为中心》,原拟提交 2004 年 9 月泉州国际摩尼教会议,该会议因故取消。刘屹先生提供稿本供笔者参考,在此特表谢忱。[此文现已在《敦煌吐鲁番研究》第 9 卷刊出,中华书局,2006 年,85—109 页]

这种"三教混齐"的时间,应当就在延载元年到开元十九年之间。在开元二十年以后,摩尼教被唐朝禁止,是不可能再有这样与儒、道并列的地位了。

对于三夷教的研究者来说,为前人所忽略的一个重要的记载,是我们所讨论的《化胡经》卷二的外道中,也出现了祆教的身影:

> 第二十五外道名为"大祆",有一万鬼神以为眷属,著人之时,唯烧甘草,供养火具。①

祆教在唐朝一直是受到限制的,《新唐书》卷四六《百官志·礼部》记"两京及碛西诸州火祆,岁再祀而禁民祈祭",这种宗教主要在胡人中间流行。因此,在唐人看来,火祆教应当是一种外道。

相对来讲,原本攀附道教而行的景教,此时却落在了大大晚于它而来的摩尼教之后,与没有什么经典的祆教落得同样的地位,成为与正统宗教对立的外道。《化胡经》卷二是这样描写这个外道的:

> 第五十外道名弥施诃,有一千二百鬼神以为眷属,入人身中,若行五欲,说煞生得罪,能治众邪,久事之者,令入邪道。②

无论如何,随着《老子化胡经》的流传广远,至少从开元初年开始,景教徒的外道形象已经确立。从贞观时期的包容,到开元时代的排斥,道教对景教态度的这种转变,或许是对武则天时期纵容佛教的一种反弹,也就是说,道教在先天、开元时期重新被李唐皇室扶植为最高的宗教以后,必然有一种反佛的运动,或者是把佛教收编到道教系统里面的努力,而这种运动和努力,往往是和排斥一切外来宗教的看法结合在一起的,景教也必然在排斥之列。《老子化胡经》一直是道教反对佛教的有力武器,此时也成为反对各种外来宗教的宣言书。

在列举了所有九十六种外道之后,《化胡经》卷二最后说:

> 尔时老君为诸弟子及众生故,告〔尹〕喜言:是诸外道鬼神有九十六种,略为说之。此诸鬼神,败乱正法,于修道人,能为摩(魔)事,作诸变怪种种形像。或复令人堕落道陷,诸众生便不休息。吾去之后,遍行

---

① 《敦煌道经·图录编》,661 页。"祆"字,写本原作"祅",但从下文"唯烧甘草,供养火具"来看,不难把这个字厘定为"祆"。

② 《敦煌道经·图录编》,662 页。

于世,乃至东夏,专行邪或(惑),迷乱人心,令其颠倒狂或(惑),著者不悟。或令其断发削须,乌衣跣足,种种形状,求人利养,行淫欲事,贪取钱财,遣人舍男舍女,□□□命,乃至头目国城妻子,无所悋惜。云过去未来,得诸果报,人无悟者。复令国王帝主,□□信向,破乱政事,不自归道。著此外道,则生我慢,矫诳百端,或(惑)乱大道,我故为汝说偈□□,即作诵曰:(略)老君曰:"若初著邪,诵前半偈。若全著者,尽诵此偈。若不去者,总诵斯偈。亦念十方大道、三世天尊。后一行偈,是常道祝,心常念之,勿令退散。恒念正真,相续不绝。如是乃能维者邪鬼外道等也,汝等勤行念之。"①

这些惑乱正法的外道鬼神,来至东夏,会使修道人堕落,颠倒狂惑;或者让人落发为僧,求人利养;或者贪财淫欲;而且让国王帝主乱政。要破除这些外道,需要诵老君所说的偈子,并念十方大道、三世天尊,而且要勤行常念。

唐朝毕竟是个开放的朝代,特别是开元时期,正是唐朝国力最强,吸收外来文化也最积极的时代。景教在僧首罗含和大德及烈的努力下,仍然在京师长安立足。而且,"玄宗至道皇帝令宁国等五王亲临福宇,建立坛场。法栋暂桡而更崇,道石时倾而复正。天宝初,令大将军高力士送五圣写真寺内安置,赐绢百匹"(《景教碑》)。到天宝三载,更有大秦国景教僧佶和来到长安,并且在兴庆宫做功德,唐朝也由此知道波斯僧阿罗本所带来的景教原本出自大秦,因此在天宝四载(745)九月下诏:"其两京波斯寺,宜改为大秦寺,天下诸府郡置者,亦准此。"②说明在天宝初年,两京和一些地方都立有景寺。把《化胡经》和《景教碑》加以对比,不难看出在开元前期道教最盛时,景教成为外道,但随着景教僧的努力,到了开元末天宝初,情况又有了改变。这似乎也表明唐王朝虽然支持道教,但并不是要把所有的外来宗教灭绝干净。

三、《历代法宝记》的外道弥师诃

天宝十四载(755),安禄山在河北起兵叛乱。安禄山是在粟特聚落中

---

① 《敦煌道经·图录编》,667 页。
② 《唐会要》卷四九,1012 页。

成长起来的杂胡,他把自己说成是"光明之神"(轧荦山神)的化身,在发动叛乱时一定借助了祆教的号召力①。安禄山和史思明都是营州杂胡,都有着祆教的背景,而他们的军队中也有大量信仰火祆教的粟特等胡族民众。随着这支军队的南下,唐朝中原地区,包括两京在内的佛寺、道观,都受到相当规模的破坏,有些甚至一蹶不振。

安史之乱带来了唐朝宗教形势的改变。我在《〈历代法宝记〉中的末曼尼与弥师诃》一文中曾经指出,安史之乱爆发后,各种宗教势力都乘机而起,以求得到发展,其中禅宗南宗荷泽神会和景教僧伊斯因为与平定安史之乱的主力朔方军的关系,得以在代宗、德宗朝广泛传扬,摩尼教也因为在洛阳遇到回鹘可汗,结果开教回鹘,取得成功②。

有意思的是,《景教碑》称"代宗文武皇帝恢张圣运,从事无为,每于降诞之辰,锡天香以告成功,颁御馔以光景众"。这是长安的景教徒最为光彩照人、欢庆成功的时刻。可同是在代宗时期,大历九年(774)后不久,四川禅宗僧人所编纂的《历代法宝记》,却把景教徒的"三一分身景尊弥施诃",也即《旧约》中的救世主 Meshiha 或 Messiah,当作外道,必射杀之而后快。现将有关文字录下:

> 师子比丘付嘱舍那婆斯已,故从中天竺国人(来)向罽宾国。王名弥多罗掘,其王不信佛法,毁塔坏寺,杀害众生,奉事外道末曼尼及弥师诃等。时师子比丘故来化此国王,其王无道,自手持利剑,口云:若是圣人,诸师等总须诚形。时师子比丘示形,身流白乳。末曼尼、弥师诃等被刑,死如凡人,流血洒地。其王发心归佛,即命师子比丘弟子。师子比丘先付嘱舍那婆斯已,入南天竺国,广行教化,度脱众生。王即追寻外道末曼弟子及弥师诃弟子等,得已,于朝堂立架悬首,举国人射之。罽宾国王告令诸国,若有此法,驱令出国。因师子比丘,佛法再兴③。

对于《历代法宝记》的编者保唐寺的僧人为何把罽宾国的两个外道唤作末

① 荣新江《安禄山的种族与宗教信仰》,原载《第三届唐代学术研讨会论文集》,1997 年;收入《中古中国与外来文明》,233—236 页。

② 《中古中国与外来文明》,360—365 页。

③ 敦煌本《历代法宝记》,《大正藏》第 51 卷,180 页中栏;柳田圣山《初期の禅史》Ⅱ,筑摩书房,1976 年,59 页;荣新江《敦煌本禅宗灯史残卷拾遗》,《周绍良先生欣开九秩庆寿文集》,中华书局,1997 年,238—239 页。

曼尼和弥师诃的问题，我在上述文章中认为，《法宝记》是记载无住禅法的著作，无住来自朔方，而永泰二年(766)请无住到成都保唐寺的杜鸿渐也来自朔方，朔方军中佞佛的杜鸿渐等人的宗教思想倾向不可能不影响到《历代法宝记》编者，《法宝记》编者把末曼尼和弥师诃看作外道，恐怕也是朔方军部分信仰佛教的将官的好恶所然，当朔方佛教派系流入剑南后，其反摩尼教和景教的观点也随之入蜀①。对于这种解说，我现在认为仍然可以成立，可以补充的是，《景教碑》称："肃宗文明皇帝于灵武等五郡，重立景寺。元善资而福祚开，大庆临而皇业建。"表明朔方郡曾经是肃宗重新建立景教寺院的重点地区，杜鸿渐等信奉佛教的朔方军将领对此恐怕并不高兴。

白瑞特教授现在提出《历代法宝记》的这段记载有无可能是直接来自《老子化胡经》的问题，这是极有启发性的看法。王维诚先生也早已指出："按《历代法宝记》称引《清净法行经》文，述无住和尚谓道士只学谤佛，及辩佛老年代先后等，当皆对老子化胡说而发。"②说明《法宝记》的编者是看到过《化胡经》的。我们仔细对比两种文本，可以看出以下几点：(1)《老子化胡经》的"弥施诃"和《历代法宝记》的"弥师诃"，虽然中间一个字音同字不同，但两书所说是同一个字则是毫无疑义的，而且都是指同一个外道，似表明两者的某种联系。(2)《化胡经》中的摩尼，在《法宝记》中写作"末曼尼"，两者都是指摩尼教祖，但在《化胡经》和《法宝记》中两者的身份是不一样的，前者中的摩尼是老君变化而成，因此摩尼教是与佛、道二教并列的正教，而后者中的末曼尼则是一个外道。(3)从魏晋南北朝以来的老子化胡说所主张的老子化胡地点，最为盛行的说法是罽宾，到唐朝初年开始有了"于阗说"，并且在开元初期进入十卷本《化胡经》，但安史之乱以后直到宋代的化胡经说，"罽宾说"仍占主导地位，这或许是因为"于阗说"具有更强烈的经营西域的政治色彩，而不是道教的传统。值得注意的是《法宝记》所述师子比丘灭外道，重兴佛法的地点，也正是罽宾，这和十卷本《化胡经》有所不同，而和天宝以后的化胡说很可能有着某种因袭关系③。由此看来，是

---

① 《中古中国与外来文明》，365—368 页。

② 王维诚上引文，80 页。

③ 刘屹《唐开元年间摩尼教命运的转折——以敦煌本〈老子西升化胡经序说〉和〈摩尼光佛教法仪略〉为中心》注[51]则认为："《历代法宝记》师子比丘在罽宾国与外道斗法的情节，与《化胡经》有一定的相似性。"

否可以这样认为,《法宝记》的编者在撰写上述这段文字时,曾经参考借用了《化胡经》的某些说法,如罽宾化胡的做法、外道弥师诃等,但其基本的内容,如罽宾化胡的地点,以及把末曼尼和弥师诃同作外道处理,并且要把"末曼弟子及弥师诃弟子等"全部射杀而后快,这是和《化胡经》对摩尼和外道弥施诃的处理不同的。

《历代法宝记》中有关外道弥师诃的描述,一方面在文本上可能吸收了《老子化胡经》中罽宾化胡和弥施诃的外道形象,另一方面也反映了安史之乱后,灵武、成都等地禅宗与摩尼教、景教的宗教矛盾,使我们对中唐时期三夷教在地方的处境得到某些认识。

四、景教徒外道形象的延续

建中二年(781),在长安义宁坊大秦寺[①],由景教的大施主伊斯建立了《大秦景教流行中国碑》。此碑成为景教在唐朝传播的历史见证,也是一座东方景教的丰碑。此时,也正是信奉景教的波斯人李素(字文贞)以翰林待诏身份供职唐朝司天台的时候[②]。因此,在长安的景教徒似乎没有受到像《历代法宝记》中"外道"那样的对待。《景教碑》左右两侧所刻七十位景僧的名字,也反映了当时景教教会的规模[③]。

但是,到了会昌年间,景教和祆教一道在唐朝灭法运动中与佛教一起遭殃,摩尼教则先此几年因为回鹘破灭而被唐朝禁止。武宗会昌五年(845)秋七月庚子,敕并省天下佛寺。中书省奏云:"其大秦穆护等祠,释教既已厘革,邪法不可独存。其人并勒还俗,递归本贯,充税户。如外国人,送还本处收管。"八月,武宗下制书:"勒大秦穆护、祆三千余人还俗,不杂中华之

---

① 关于景教碑的出土地,有长安说和盩厔说,参看朱谦之《中国景教》78—81页;林悟殊《西安景教碑研究述评》,刘东主编《中国学术》第4辑,商务印书馆,2000年,230—260页;收入作者《唐代景教再研究》,中国社会科学出版社,2003年,3—26页。笔者主张出土于长安义宁坊的说法,有关讨论参看A. Forte, "The Chongfu-si 崇福寺 in Chang'an. A neglected Buddhist monastery and Nestorianism", appendix to Pelliot, *L'inscription nestorienne de Si-ngan-fou*, pp. 415-472;林悟殊《盩厔大秦寺为唐代景寺质疑》,《世界宗教研究》2000年第4期,1—12页;收入《唐代景教再研究》,65—84页。

② 荣新江《一个入仕唐朝的波斯景教家族》,叶奕良主编《伊朗学在中国论文集》第2集,北京大学出版社,1998年,82—90页;收入《中古中国与外来文明》,238—257页。

③ 段晴《唐代大秦寺与景教僧新释》,《唐代宗教信仰与社会》,434—472页。

风。"①值得注意的是这里的奏书在说到大秦(景教)和穆护(祆教)时,把它们看作是"邪法",这是和《老子化胡经》的外道说相通的,而制书的意思是把这两种外道邪法灭掉后,中华之风就可以更加纯正。

制书中说当时天下出家的景教和祆教僧侣有三千余人,虽然不好说两者各占多少,但景教僧侣的人数也还是有一定规模的,他们还俗后回到本贯居住,但他们的景教信仰未必就可以一下子消除。因此,虽然景教受到了沉重的打击,但也没有彻底灭绝,在偏远的地方,如广州②、沙州③、高昌④,唐末五代时期仍有景教流行。我们不太清楚唐朝对那些没有出家的景教信仰者的态度,像李素儿子李景亮,在李素于元和十二年(817)去世时被皇帝任命为翰林待诏,大中元年(847)八月时任司天监,这一职务至少延续至大中九年⑤。这位和李素一样受到宠遇而在宫中服务至少三十年的李景亮,很可能继续保持着自己的景教信仰。在宣宗大中年间(847—859)复兴佛法以后,景教信仰者的境遇应当也会相对宽松。

有关晚唐以后的景教资料很少,在敦煌写本中保存的一件《佛说阿弥陀经讲经文》(一说应定名为"说三归五戒文"),我们可以读到这样一段文字:

> 门徒弟子言归依佛者,归依何佛?且不是磨尼佛,又不是波斯佛,亦不是火祆佛,乃是清净法身,圆满报身,千百亿化身释迦牟尼佛。⋯⋯且如西天有九十六种外道,此间则有波斯、摩尼、火祆、哭神之辈,皆言我已出家,永离生死,并是虚诳,欺谩人天。唯有释迦弟子,是其出家,堪受人天广大供养⑥。

我们曾经详细论证过这篇《佛说阿弥陀经讲经文》是10世纪上半叶一个中

---

① 《旧唐书》卷十八,中华书局,1975年,604—606页。

② G. Ferrand, *Voyage du Merchand Suleyman*, Paris 1922, p. 76. 参看 A. C. Moule, *Christians in China before the Year* 1550, London: Society for Promoting Christian Knowledge; New York and Toronto: The Macmillan Co. , 1930, p.76.

③ 林悟殊《敦煌景教写本伯3847之再研究》,季羡林等编《敦煌吐鲁番研究》第5卷,北京大学出版社,2001年,59—77页;收入《唐代景教再研究》,123—145页。

④ 陈怀宇《高昌回鹘景教研究》,《敦煌吐鲁番研究》第4卷,北京大学出版社,1999年,165—214页。

⑤ 赖瑞和《唐代的翰林待诏和司天台——关于〈李素墓志〉和〈卑失氏墓志〉的再考察》,《唐研究》第9卷,北京大学出版社,2003年,316页。

⑥ 王重民等编《敦煌变文集》下,人民文学出版社,1957年,第464页;黄征、张涌泉《敦煌变文校注》,中华书局,1997年,第681页。

原西行取经的和尚在西州(高昌)回鹘国中讲经所用的文本,磨尼即摩尼,波斯教指景教,加上祆教、哭神(萨满教?),反映了西州回鹘各种宗教并行的情况①。按,九十六种外道本是佛教的说法,如《华严经》中就有"九十六种外道"②。但这里却用来指景教、摩尼教、祆教等,和《老子化胡经》及《历代法宝记》的用法相吻合③。由此我们也可以看出,这篇讲经文的编写,一方面受到《老子化胡经》等文献传承的影响,另一方面也是西州回鹘当时的宗教形势的反映。

北宋太平兴国六年(981),高昌回鹘可汗遣使朝宋,太宗遣供奉官王延德等出使高昌。雍熙元年(984)四月王延德还朝,其《行记》的片断保存在王明清《挥麈录》前录卷四、《文献通考》卷三三六《四裔考》和《宋史》卷四九○《外国传》高昌条,其中有云:

> 复有摩尼寺、波斯僧各持其法,佛经所谓外道者也。

从上文来看,这里的波斯僧可以肯定是指景教徒。这是王延德的实际考察报告,但同时也可以看出,这里把摩尼教和景教并列为外道,不及其他宗教,和《历代法宝记》的记述方法和选取的外道代表是完全一样的。

到了北宋时期,景教、摩尼教信徒为了延续自己的命脉,只能转而依附于道教或者佛教。有关摩尼教佛教化、道教化的研究很多④,此不赘述。景教更多地依附于道教,佐伯好郎撰《关于大秦寺所在地》⑤,罗香林撰

---

① 张广达、荣新江《有关西州回鹘的一篇敦煌汉文文献》,《北京大学学报》1989 年第 2 期,24—36 页;收入张广达《西域史地丛稿初编》,上海古籍出版社,1995 年,217—248 页。

② 《大正藏》第 10 卷,140 页中栏、142 页下栏。

③ 按吐鲁番当地发现的突厥语摩尼教文献残片 T II D 173b 中,用"弥施诃佛"(mšixa burxan)来指称"夷数"(耶稣),完全是正面的形象,见 H. J. Klimkeit, *Gnosis on the Silk Road : Gnostic Parables, Hymns & Prayers from Central Asia*, New York: Harper Collins Publishers, 1993, p. 326。可知西州的摩尼教徒和这篇《讲经文》作者的看法是不一样的。

④ 参看吴晗《明教与大明帝国》,《清华学报》第 13 卷,1941 年,49—85 页;林悟殊《宋元时代中国东南沿海的寺院式摩尼教》,《世界宗教研究》1982 年第 3 期,103—111 页;收入作者《摩尼教及其东渐》,166—179 页;又《泉州草庵摩尼雕像与吐鲁番摩尼画像的比较》,《考古与文物》2003 年第 2 期,76—80 页;又《福建明教十六字偈考释》,《文史》2004 年第 1 辑,230—246 页;王清毅《〈崇寿宫记〉对摩尼教研究的影响》,《杭州大学学报》第 22 卷第 4 期,1992 年,100—103 页;Samuel N. C. Lieu, *Manichaeism in Central Asia and China*, Leiden: Brill, 1998, p. 120;朱越利《净明道与摩尼教》,《中国学术》第 14 辑,2003 年,107—132 页。

⑤ 《东方学报》(东京)第 3 册,1932 年,97—140 页;又《支那基督教史研究》第 1 卷,春秋社,1943 年,210—214 页。

《吕祖与景教之关系》①，都力图证明道教金丹教主吕纯阳吕洞宾的某些教法，是从景教教义演化而来。虽然其说有不少地方难以落实，有关人物的考证更难确定②，但唐末以来的道教教义中包含着景教的因素，应当是可以肯定的。

另一方面，道教传统中把景教看作外道的说法也继续存在。北宋贾善翔《犹龙传》卷四中列举了九十六外道名号，包括"外道弥施诃"③，位置仍在第五十，这显然是《老子化胡经》的传本④。

五、结　语

通过文本和历史两方面的分析，可以使我们认识到，不同时期宗教文献的编纂，既有文献本身的传承，又和当时的历史背景相关，而佛、道二教作为居于权威地位的正统宗教，对于景教采取从吸收到批判的态度。景教徒由于自身立足的艰难，有时也把自己混同到佛、道当中去，有些教徒也就逐渐从"外道"转成"正道"了。

（2004 年 10 月 18 日初稿，提交 2004 年 11 月 18—21 日京都大学人文科学研究所主办的"中国宗教文献研究国际学术研讨会"。2005 年 5 月 31日修订，高田时雄日译文收入会议论文集《中国宗教文献研究》，临川书店，2007 年 2 月，427—445 页；中文本原载《天问》丁亥卷，江苏人民出版社，2008 年 6 月，107—121 页。文章撰成后所刊相关论文，以方括弧注记于相关注释中）

---

① 罗香林《唐元二代之景教》，香港中国学社，1966 年，135—152 页。

② 向达《唐代长安与西域文明》，《燕京学报》专号之二，1933 年，107 页；又作者《唐代长安与西域文明》，生活·读书·新知三联书店，1957 年，116 页；岑仲勉《景教碑书人吕秀岩非吕岩》，作者《金石论丛》，上海古籍出版社，1981 年，150—151 页；朱谦之《中国景教》，157 页。

③ 《道藏》第 18 册，20 页。

④ Chavannes et Pelliot, "Un traite manicheen retrouve en Chine", pp. 291-292；冯承钧译沙畹、伯希和《摩尼教流行中国考》，90 页。按，沙畹与伯希和推测第五十一种外道"摩底"为"摩尼"之讹，现在我们得见《老子化胡经》卷二的写本，也是作"摩底"，且《化胡经》卷一有专门论述摩尼教的篇章，并不把摩尼看作一个外道，因此沙畹与伯希和的推测恐怕难以成立。参看刘屹《唐开元年间摩尼教命运的转折——以敦煌本〈老子西升化胡经序说〉和〈摩尼光佛教法仪略〉为中心》，注㊾。

敦煌景教文献写本的真与伪

一、小岛文书辨伪

1991 年 2 月，笔者自日本东京飞抵伦敦，应英国国家图书馆的邀请，做敦煌写本编目工作，在图书馆中文部主任吴芳思的安排下，住进伦敦南边一个简陋的公寓里面，除了公共的客厅、厨房，有四个卧室，我居其一，另外两间是新朋友，而最后一个房间里，居然住的是老相识——中山大学林悟殊教授。

于是，从 2 月到 8 月，我有比较充裕的时间向林先生问学，平日我去英国国家图书馆工作，他去挂单的伦敦大学亚非学院做研究，周末的时候我们常常一起去亚非学院图书馆，各取所需，收集资料，然后一起打道回府。我们之间无所不谈，但最中心的话题，是进入中国的三夷教，也就是祆教、摩尼教、景教。此时的林先生已经出版大著《摩尼教及其东渐》，在继续关注摩尼教之外，领域扩展到祆教和景教。我在做敦煌、吐鲁番文书研究的同时，在汉文文书之外，也关注胡语文献，对外来宗教问题也颇感兴趣。

从敦煌写本的来源上说，英、法、俄所藏和中国北京图书馆（今国家图书馆）所藏为直接从敦煌藏经洞获得的，除此之外的敦煌写本我们统称之为散藏文献。一般来说，一类文献的主体应当在前者当中，而比例较小的部分在后者之中，如佚书郑玄注《论语》，大多数都收藏在英、法两国，因为斯坦因、伯希和是先挑的，只有极少数在后者中。而且前者基本上没有真伪问题，后者中间虽然大多数应当是真品，但也有近人的伪造。有一天，我从敦煌学的角度向林先生提问：学界一般都认为敦煌的景教写本有七件（有的上面写不止一种文献），可是只有一件是伯希和收集品，而其他六件属于散藏文献,这从概率上来说是很难成立的。不仅如此,伯希和编号 P. 3847《大秦景教三威蒙度赞》和《尊经》,文字都是很短,纸幅不过两叶①;而散藏写本如《一神论》《序听迷诗所经》,则都是长卷,这也是很不符合逻辑的事情。因此我怀疑,这些散藏的所谓景教写本中是不是存有伪造的呢?

这一问题也引起林先生的兴趣,经过他的选择,我们打算以日人小岛靖号称得自李盛铎旧藏的《大秦景教大圣通真归法赞》与《大秦景教宣元至本经》为突破口,来看个究竟。林先生负责从景教的历史、教义出发来审视小岛文书的内容,我则负责从写本的来龙去脉、其上的印章和题跋等敦煌学方面来看写本是否可信。经过很长一段时间的收集、分析、讨论,最后合作完成《所谓李氏旧藏敦煌景教文献二种辨伪》一文,在确定李盛铎收藏有敦煌真本景教文献的基础上,进一步发现,李氏所藏敦煌写本在其 1937 年去世之前已经出售,不可能迟到 1943 年为小岛靖获得;又从写本上的李氏印鉴、题跋看出其伪造之迹;再由前人已经怀疑的开元题记写天宝四载才有的"大秦寺"之名,进而看出其内容也不符合景教教义,甚至抄译《老子道德经》。我们最后的结论是:"小岛文书很可能是某一或某些古董商人在李盛铎去世后伪造出来的。综合本文所揭示的种种疑点,我们至少可以说:从严谨的科学态度出发,对于名为小岛文书的《大秦景教大圣通真归法赞》和《大秦景教宣元至本经》这两件写本,我们不能轻信其为出自敦煌藏经洞的唐代景教文献,也不应在有关景教史或敦煌史的研究中无条件地引以为据。"

8月我回国后,又核对了部分北京大学图书馆所藏李盛铎原藏宋元善本书上的李氏印鉴和题记,最后定稿。我们的文章转年发表在饶宗颐教授主持的《九州学刊》第 4 卷第 4 期"敦煌学专号"上。这本杂志由中国香港中华文化促进中心出资,美国郑培凯教授组织人审稿编辑,最后在中国台湾印刷出版,因此一般学者并不易见到,我们把一些抽印本和杂志送给相关的敦煌学研究者,文章得到饶宗颐、池田温、姜伯勤、项楚、徐文堪等先生的首肯。三四年后,陶步思(Bruce Doar)创办英文杂志《中国考古与艺术摘要》,把这篇文章翻译成英文,发表在 1996 年 5 月出版的第 1 卷第 1 期上,列为头篇文

---

① 见《法藏敦煌西域文献》第 28 册,上海古籍出版社,2004 年,356—357 页。

章①。陶步思翻译的时候跟我说，他看这篇文章，像是看侦探小说。虽然这篇文章的观点得到了学界不少认同②，但由于文章中所批驳的两位研究小岛文书的学者，一位是日本东洋史学的权威羽田亨教授，一位是世界闻名的景教史专家佐伯好郎先生，因此，许多日本学者不愿意公开表明自己的态度。在西方，则有一些积极的反响，全面介绍了我们的观点，并给予充分肯定③。当然，这一结论可说是对景教研究的"致命打击"，一些宗教学者特别是景教研究者确实一时难以认同④。

考虑到《九州学刊》发行范围有限，而且不久后又停刊，学人不易见到这篇文章，所以林先生把文章略作修订，附录于他翻译的克里木凯特《达·伽马以前中亚和东亚的基督教》的书后⑤。笔者也把此文收入拙著《鸣沙集——敦煌学学术史与方法论的探讨》中，并把补记改入正文⑥；在出版《鸣沙集》的增订本《辨伪与存真——敦煌学论集》时，又将图版略作调整⑦。

1991 年 8 月以后，我们各奔东西，林先生一度在泰国，联系不便，再也没有合作的机会，但当年的话题，分别成为此后若干年两人的研究课题之一。林先生按照当时的想法，一件接一件地清理敦煌景教文献，包括 P.3847《景教三威蒙度赞》《尊经》，李盛铎旧藏的《志玄安乐经》《宣元本

① Lin Wushu and Rong Xinjiang, "Doubts concerning the Authenticity of Two Nestorian Christian Documents Unearthed at Dunhuang from the Li Collection" (tr. by Bruce Doar) , *China Archaeology and Art Digest*, 1. 1, May 1996, pp. 5-14.

② 比较重要的补充是陈怀宇《所谓唐代景教文献两种辨伪补说》，荣新江主编《唐研究》第 3 卷，北京大学出版社，1997 年，41—53 页。

③ P. Riboud, "Tang", *Handbook of Christianity in China*, vol. One: 635-1800, ed. N. Standaert, Leiden‐Boston‐Köln: Brill, p. 7; M. Nicolini-Zani, "Past and Current Research on Tang *Jingjiao* Documents: A Survey", *Jingjiao. The Church of the East in China and Central Asia*, eds. R. Malek and P. Hofrichter, Sankt Augustin: Institute Monumenta Serica, 2006, pp. 26-29, 36.

④ 曾阳晴《小岛文书真伪考——李盛铎氏旧藏敦煌景教文献二种辨伪再商榷》，《中原学报》第 33 卷第 2 期，2005 年，253—272 页；同作者《唐朝汉语景教文献研究》第二章《小岛文书真与伪》，花木兰文化工作坊，2005 年，7—38 页；S. Eskildsen, "On the Two Suspect 'Nestorian Documents'", Appendix to his "Parallel Themes in Chinese Nestorianism and Medieval Daoist Religion", *Jingjiao. The Church of the East in China and Central Asia*, pp. 86-91. 但这些文章的反驳依据基本上是假设，参看王兰平《唐代敦煌汉文景教写经研究述评》，郝春文主编《2007 敦煌学国际联络委员会通讯》，上海古籍出版社，2007 年，98—99 页。

⑤ 台北淑馨出版社，1995 年，189—211 页。又收入林悟殊《唐代景教再研究》，中国社会科学出版社，2003 年，156—174 页。

⑥ 新文丰出版公司，1999 年，65—102 页。

⑦ 上海古籍出版社，2010 年，28—46 页，图版5—8 页。

经》,富冈谦藏旧藏《一神论》和高楠顺次郎旧藏《序听迷诗所经》,考其经文正确含义,辨其写本真伪,发表了一系列论文(详下)。笔者则重点在李盛铎旧藏写本真伪的考察,1997 年发表《李盛铎写卷的真与伪》,判断李氏原藏的 432 号写本为敦煌真品,而坊间冒称的李氏藏卷则需要仔细辨别,其中有真品,也有伪卷①。2007 年又发表《追寻最后的宝藏——李盛铎旧藏敦煌文献调查记》,总结学界就笔者发现的京都大学羽田亨纪念馆中的李氏旧藏敦煌写本照片所做的研究②。

噫!遥想当年在伦敦,正是爱尔兰共和军与英国政府恶斗之时,由于共和军引爆了藏在一个地铁站的炸弹,所以一遇到恐吓电话,伦敦警察局就通知地铁停运。林先生出生潮州,不辨方向,每次从地铁中升到地面,就给我打电话,报告路名。我随即乘巴士前往迎驾,一路返程,又多了许多问学的时光。回忆起来,在英伦与林先生相从切磋学问的日子,那可真是一段美好的时光。

二、洛阳新出石本《宣元至本经》

林悟殊先生对敦煌景教写本的个案研究,是从李盛铎旧藏《大秦景教宣元本经》开始的。1995 年他发表《敦煌遗书〈大秦景教宣元本经〉考释》,根据《羽田博士史学论文集》下卷所刊图版做了释文,并就其篇幅、来源及作者问题加以探讨③。大概因为有我们前面合作的文章,林先生在本文中没有特别谈真伪问题。

P.3847《尊经》所列唐代翻译的景教文献中有"宣元至本经",李氏旧藏的《大秦景教宣元本经》标题虽然漏掉一个"至"字,但从内容、字体、格式诸

① 《敦煌学辑刊》1997 年第 2 期,1—18 页。收入《辨伪与存真——敦煌学论集》,47—73 页,改题"李盛铎敦煌写卷的真与伪",其英文本"The Li Shengduo Collection:Original or Forged Manuscripts?"载 *Dunhuang Manuscript Forgeries*(The British Library Studies in Conservation Science 3),ed. Susan Whitfield,London:The British Library,2002,pp.62-83,pl.1。
② 载刘进宝、高田时雄主编《转型期的敦煌学》,上海古籍出版社,15—32 页;收入《辨伪与存真——敦煌学论集》,74—90 页。
③ 原载《九州学刊》第 6 卷第 4 期敦煌学专辑,1995 年,23—30 页;附录于《达·伽马以前中亚和东亚的基督教》,212—224 页。后收入林悟殊《唐代景教再研究》,175—185 页;又收入《林悟殊敦煌文书与夷教研究》,上海古籍出版社,2011 年,248—258 页,改题《敦煌本〈大秦景教宣元本经〉考释》,前言略有增订。

方面来看,当为敦煌真本。而小岛靖所得《大秦景教宣元至本经》虽然有"至"字,但其他伪迹显示其不是真本。这两个写本,也不可能像某些研究者所说的那样是一种文献的一前一后,其实两卷一真一伪,判然有别。

真正确定《宣元至本经》写本真伪的材料,是 2006 年洛阳发现的唐代景教经幢。先是张乃翥先生独具慧眼,在洛阳古董商店中发现这件景教经幢的拓本,略作考释,以《跋河南洛阳新出土的一件唐代景教石刻》为题,介绍了其重要的学术价值①。随后,罗炤先生又先后发表《洛阳新出土〈大秦景教宣元至本经及幢记〉石幢的几个问题》②《再谈洛阳隋唐景教经幢的几个问题》③,据原石进一步校正经幢的文字,并讨论了相关的问题。冯其庸先生在得到此经幢拓本后,撰写了《〈大秦景教宣元至本经〉全经的现世及其他》一文④,除了以经幢本对勘敦煌本以确定李氏旧藏敦煌本的真实无疑外,还指出小岛所得《宣元至本经》也由此可以确定为伪经。

综合以上三位先生的研究成果,简单来说,这座经幢现只残存上半截,前面刻录的是《大秦景教宣元至本经》,后面刻《大秦景教宣元至本经幢记》,记录唐宪宗元和九年(814),一些粟特亲属及洛阳大秦寺粟特出身的教士,为埋葬一位本出安国的安氏太夫人,竖立经幢,希望借此获得景福,并希望合家亲属没有诸障。张、罗两位先生已经指出,经幢上的《宣元至本经》文字,与李盛铎旧藏敦煌写本没有太大差别,经幢部分的文字有 19 行,但残缺了下半;敦煌写本的文字只保存了相当于经幢前 11 行的文字,但每行都抄到行末;所以两者可以相互补充,若经幢现存文字是经文全部,则我们现在可以看到《宣元至本经》的大部分内容。洛阳经幢是不法分子盗掘所得,随后拓本流入古董市场,其价值才为学者发现。随后,经幢本身被公安部门追回,存洛阳市第二文物工作队,现陈列在洛阳市丝绸之路博物馆。

① 载《西域研究》2007 年第 1 期,65—73 页。又《补正说明》,载《西域研究》2007 年第 2 期,132 页;收入葛承雍主编《景教遗珍——洛阳新出土唐代景教经幢研究》,文物出版社,2009 年,5—16 页;文后附有英文翻译:"Note on a Nestorian Stone Inscription from the Tang Dynasty Recently Unearthed in Luoyang",同书,17—33 页。张先生在研究新出经幢时,与我有通信往还,已知有惊人发现,诧为国宝。

② 载《文物》2007 年第 6 期,30—42、48 页;收入《景教遗珍——洛阳新出土唐代景教经幢研究》,34—59 页。笔者在中国人民大学举办该经幢专题报告会场外面,曾匆匆帮罗先生校对一遍录文。

③ 载《世界宗教研究》2007 年第 4 期,96—104 页。

④ 2007 年 9 月 27 日《中国文化报》"国学专栏",转载于《新华文摘》2007 年第 23 期;收入《景教遗珍——洛阳新出土唐代景教经幢研究》,60—66 页。

从这一情形来看,洛阳经幢的盗掘者不可能见到过敦煌本《宣元至本经》,即使见过,也不可能编造出敦煌本 11 行后面的景教经文。况且后面的《幢记》也完全是唐朝的语体,后人无法模仿。因此,经幢的真实性丝毫无疑。这样反过来看李氏旧藏的《宣元本经》,其内容和经幢所刻文字无大差别,因此,其为唐朝文献也确凿无疑了。再和小岛文书所谓《宣元至本经》对比,两者文字完全不同,可以确证其为近人伪造。

洛阳景教经幢不仅证明了林先生与笔者十多年前在伦敦合作研究所得的结论,也为唐代景教研究提供了新的素材和思路。林先生与其弟子殷小平合撰《经幢版景教〈宣元至本经〉考释——唐代洛阳景教经幢研究之一》①《〈幢记〉若干问题考释——唐代洛阳景教经幢研究之二》②,并自撰《经幢版"三位一体"考释——唐代洛阳景教经幢研究之三》③《唐代景僧名字的华化轨迹——唐代洛阳景教经幢研究之四》④,极大深化了唐代景教教义和历史研究⑤。

三、杏雨书屋新刊李盛铎旧藏景教文书二种
——再论李盛铎藏卷的真伪

对于李盛铎旧藏中的另一种景教文献《志玄安乐经》,林悟殊先生也做了个案研究。2001 年,他发表《敦煌本景教〈志玄安乐经〉佐伯录文质疑》,

---

① 载《中华文史论丛》2008 年第 1 辑,325—352 页;收入《景教遗珍——洛阳新出土唐代景教经幢研究》,68—91 页;又收入林悟殊《中古夷教华化丛考》,兰州大学出版社,2011 年,168—191 页;《林悟殊敦煌文书与夷教研究》,259—283 页。

② 载《中华文史论丛》2008 年第 2 辑,269—292 页;收入《景教遗珍——洛阳新出土唐代景教经幢研究》,92—108 页;又收入林悟殊《中古夷教华化丛考》,192—210 页。

③ 载《中华文史论丛》2009 年第 1 辑,257—276 页;收入《景教遗珍——洛阳新出土唐代景教经幢研究》,109—121 页;又收入林悟殊《中古夷教华化丛考》,213—225 页。

④ 载《中华文史论丛》2009 年第 2 辑,149—194 页;收入林悟殊《中古夷教华化丛考》,226—268 页。

⑤ Cf. M. Nicolini-Zani, "The Tang Christian Pillar from Luoyang and Its *Jingjiao* Inscription. A Preliminary Study", *Monumenta Serica*, 57, 2009, pp. 99-140; Li Tang, "A Preliminary Study on the *Jingjiao* Inscription of Luoyang: Text Analysis, Commentary and English Translation", *Hidden Treasures and Intercultural Encounters. Studies on East Syriac Christianity in China and Central Asia*, Wein: LIT Verlag GmbH & Co. KG, 2009, pp. 109-132.

指出后人所依据的佐伯好郎对该经前 10 行录文的臆补是不可依据的①。十年后,他又发表《景教〈志玄安乐经〉敦煌写本真伪及录文补说》,根据杏雨书屋刊布的全卷照片,从该经的承传关系、《尊经》之著录、写本篇幅及内容、作者的推测等角度,推断写本为唐代景教徒真迹。又据原件照片,参考羽田亨录文,做出新的释文本②。

关于李盛铎旧藏写本为真品的问题,笔者上述论文从其他角度也有论说,因此对于林先生就《志玄安乐经》写本所做的论证,完全赞同。

在笔者发表《李盛铎写卷的真与伪》之后,又有一些有关李氏藏卷的材料发表,其中重要的是罗振玉与王国维的往来通信。现将《罗振玉王国维往来书信》③中有关信件转录如下:

六○二　罗振玉致王国维(1919 年 7 月 2 日):

李木斋藏有敦煌古籍,多至四五百卷,皆盗自学部八千卷中者,已展转与商,允我照印,此可喜可骇之事。弟当设印局印之,此刻且勿宣为荷。(459 页)

六○四　罗振玉致王国维(1919 年 7 月 3 日):

木斋处之石室书籍,已与约,待渠检出,弟当入都一观。异日检视后,再陈其概略。闻其中有《汉书》数卷、六朝写本无注《论语》一卷,其断简不知书名者无数,必有奇物也。李请弟不咎既往,弟已诺之,故此事且勿披露为荷。(460 页)

六○五　罗振玉致王国维(1919 年 7 月中旬):

木老所藏,必有奇物,不知何时乃能寓目耳。(461 页)

六一七　罗振玉致王国维(1919 年 9 月 17 日):

弟前日往看李木斋藏书,敦煌卷轴中书籍,有《周易》单疏(贲卦),有《左传》,有《尚书》(帝典),有《本草序列》,有《开蒙要训》,有《史

---

①　载《中山大学学报》2001 年第 4 期,1—7 页;收入林悟殊《唐代景教再研究》,146—155 页;《林悟殊敦煌文书与夷教研究》,284—293 页。参看 G. B. Mikkelsen, "Haneda's and Saeki's Editions of the Chinese Nestorian *Zhixuan anle jing*. A Comment on Recent Work by Lin Wushu", *Jingjiao. The Church of the East in China and Central Asia*, pp. 143148。

②　原载饶宗颐主编《华学》第 11 辑,中山大学出版社,2011 年;收入《林悟殊敦煌文书与夷教研究》,294—323 页。

③　王庆祥、萧文立校注,罗继祖审订《罗振玉王国维往来书信》,东方出版社,2000 年,页码随注引文后。

记》(张禹孔光传),有《庄子》(让王篇),有《道德经》,有七字唱本(一目连救母事,一记李陵降虏事),有度牒(二纸,均北宋初),有遗嘱。卷中印记,有归义军节度使新铸印。其写经,有甘露二年(当是高昌改元)、麟嘉四年(后凉吕光)及延昌、大统、景明、开皇、贞观、显庆、仪凤、上元、至德、天宝、证圣、乾宁等。其可补史书之缺者,有敦煌太守且渠唐儿之建始二年写《大般涅槃经》,其《华严经》有《志玄安乐经》及《宣元本经》(其名见《三威蒙度赞》中),以上诸书乃木斋所藏。渠言潜楼藏本有《刘子》。以上诸书颇可宝贵,恨不得与公共一览之也。(470 页)①

六二〇　王国维致罗振玉(1919 年 9 月 20 日):

李氏诸书,诚为千载秘笈,闻之神往。甘露二年写经,君楚疑为苻秦时物,亦极有理。景教经二种,不识但说教理,抑兼有事实,此诚世界宝笈,不能以书籍论矣。(473 页)②

这些过去秘不示人的书信,带给我们许多新的消息。

第一,早在 1919 年 7 月,罗振玉等人就知道李盛铎家藏的敦煌写本是"盗自学部八千卷中者",这和笔者据松本文三郎《敦煌石室古写经之研究》所记京都大学赴清国调查团所见和李氏藏敦煌写本目录的对比而得出的结论,即"李氏等人实际上是在经卷入学部后才攫取到手的",完全吻合。特别是罗振玉说"李请弟不咎既往",则说明李盛铎本人也在私下承认他是从学部偷走的敦煌写卷。这也就证明了李氏旧藏敦煌写卷主要来自清政府从敦煌藏经洞调运来的卷子,所以其真实性基本上没有什么可怀疑的。现在,杏雨书屋刊布了全部属于李氏的 432 号写卷③,其中只有《志玄安乐经》尾题说是"丙辰秋日,于君归自肃州,以此见诒",为其他来路,但时间很早,民国五年(1916),又来自距敦煌不远的酒泉,从来历上也不必质疑。从李氏藏卷的照片看,这些写本和现藏北京国家图书馆的所谓"学部八千卷"的外

① 按,本书札整理者录文有误,"唐儿"原录作"唐光","志玄"原作"志立","三威"原作"三藏",均据理正之。"其《华严经》有《志玄安乐经》"也不通,或许《华严经》后有缺文。

② 按,《王国维全集》书信卷此札系在 1919 年 7 月 7 日,现在看来,应在 9 月 20 日。过去笔者与林先生合撰《所谓李氏旧藏敦煌景教文献二种辨伪》时,只从《全集》看到上引最后一札,现在看到了罗振玉的信件,才能更确切地认清它的含义。

③ 杏雨书屋所藏西域出土文献以《敦煌秘笈》之名,自 2009 年 3 月由武田科学振兴财团杏雨书屋编辑发行。

观、内涵都没有什么差别。其实"学部八千卷"只是当时知道的约数,后来随着整理工作的进行,国家图书馆又找到很多来自藏经洞的残片。多年前,笔者曾发现国家图书馆原编作"临2371"号(现编号 BD12242)的《新修本草》卷首小纸片,应当可以和冈西为人《本草概说》(创元社,1983 年)书前图版 6 所刊李盛铎旧藏《新修本草》写本(现编号羽040)首部直接缀合,并将此比定结果告诉日本友人岩本笃志,岩本氏考察原件后撰写了《唐〈新修本草〉编纂与"土贡"——中国国家图书馆藏断片考》①。现在,两件照片都已公布②,笔者请国图古籍馆的刘波先生帮忙,将两个写本用电脑缀合起来,可以说是严丝合缝(图1)。这个例子说明,李盛铎等人的写卷出自学部从敦煌调运的敦煌文献,而在瓜分之时,把一些写卷一分为二,自取较佳的

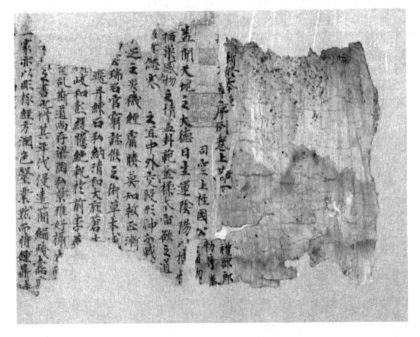

图1 《新修本草》BD.12242 与羽040 缀合图

---

① 载《东洋学报》第90 卷第2 号,2008 年,1—31 页。参看拙文《追寻最后的宝藏——李盛铎旧藏敦煌文献调查记》,《辨伪与存真——敦煌学论集》,87—88 页。

② 《国家图书馆藏敦煌遗书》第110 册,北京图书馆出版社,2009 年,344 页;武田科学振兴财团杏雨书屋编《敦煌秘笈　影片册》一,武田科学振兴财团,2009 年,271 页。

一半,而留下文字较少的一半充数,国图所藏《新修本草》只有标题的半行和下面属衔部分残文,就是这样的结果。

第二,罗振玉说李氏藏卷"多至四五百卷",这是在看到李氏藏卷之前所得到的消息。我们知道李盛铎1935年最后出售给日本时的写本数是432号,从1919至1935年,作为私家藏卷难免有送礼之类的变动,但这两个数字之间,可以说是大致吻合的。从李盛铎生前对自家写本的珍藏程度来看,一般情况下他是不舍得出手送人的。

第三,罗振玉1919年9月15日到李家看敦煌写本,李盛铎看来是盛情款待,给他看了所藏大多数精品。笔者把罗氏所记与李家最后出售前编的目录——《李木斋氏鉴藏燉煌写本目录》相对照,其见到的写本应当有以下这些(其中年号重复者只选目录首见者,未必准确):

一　摩诃衍经第八　魏大统八年

二　维摩义记第二　甘露二年

三　十戒经　首尾全　至德二载

四　华严经第廿四　延昌二年　有蓝印

五　未曾有因缘经卷下　开皇十一年官书

六　妙法莲华经卷四　上元二年十月廿八日门下省群书公孙仁约写

七　妙法莲华经卷五　仪凤二年正月秘书省书手田玄徽写

八　解深密经卷七　贞观二十二年

十　妙法莲华经卷一　证圣元年五月

十三　景教志玄安乐经

十六　左传

十八　尚书

十九　庄子让王篇

廿四　燉煌县龙勒乡户册　天宝八载

廿六　三界寺住奴戒牒　太平兴国八年

廿九　开蒙要训一卷

四十　本草　背写历日

五二　大云寺牒　雍熙五年十月

七十一　目连传七字句小说　背有僧太上父叔状

百七九　华严经卷五十　尾全

四百二九　大般涅槃经卷第卅四　建始二年人且渠唐儿供养　苏
　　　　　仲祖写

四百三一　宣元至本经　首全

四百三二　汉书残卷　避世字

罗氏提到的《周易》《史记》《道德经》《李陵变文》,麟嘉、景明、显庆、乾宁写经,未见于《目录》。但就上列写卷来看,也可以说是李盛铎藏品的精华了,其中包括两种景教写本。

自 2009 年 3 月开始,收藏李盛铎旧藏敦煌写本的武田科学振兴财团杏雨书屋开始编集发行《敦煌秘笈　影片册》,包括其所藏全部敦煌、西域出土文献,其中前 432 号就是《李木斋氏鉴藏燉煌写本目录》著录的李氏旧藏,一件都不少。

2009 年 10 月出版的《敦煌秘笈　影片册》第一册刊布了《志玄安乐经》全卷的彩色图版(129—132 页)。这是该经全卷图版的首次发布,过去我们只是看到 1928 年羽田亨在李盛铎家所录的文本,真迹也只有首尾部分照片刊布在《羽田博士史学论文集》下册的卷首,因此新影印本的学术价值不言而喻。林悟殊先生立刻撰写了上述《景教〈志玄安乐经〉敦煌写本真伪及录文补说》,为学界提供了最新的校录文本。

2011 年 11 月出版的《敦煌秘笈　影片册》第五册,又刊布了《宣元本经》的彩色图版(397 页),与《羽田博士史学论文集》下册所刊黑白照片对照,两者完全相同,都是 26 行文字。过去从《羽田论文集》发表的图版来看,不知道后面是否还有保存,现在可以确定,李氏所藏也只有这么一纸。写本最后一行没有抄到最底下即止,或许表明这是没有抄完的一件写本。无论如何,洛阳景教经幢的发现和李氏旧藏写本彩色图片的发表,都给我们带来确凿无疑的信息,即这件是确凿无疑的唐代景教写本。

四、杏雨书屋新刊高楠、富冈旧藏景教文书二种

对于最后两件景教写本,我们在伦敦时也有不少讨论。林悟殊先生往巴黎游学时,把《所谓李氏旧藏敦煌景教文献二种辨伪》一文呈送给吴其昱先生,向他请教,吴先生说,《一神论》和《序听迷诗所经》"这两个文书是假

的"。由此,林先生做了详细的研究,先后发表《富冈谦藏氏藏景教〈一神论〉真伪存疑》①《高楠氏藏景教〈序听迷诗所经〉真伪存疑》②《景教富冈高楠文书辨伪补说》③,指出这两个写本来历不明,但出自一人手笔,文书结构混乱,题目书写不规范,内容和题目不对应,文字十分工整,但错漏百出。《序听迷诗所经》不仅经题写错,而且用亵渎的词汇"移鼠"来指称基督教的教主耶稣,如此等等,都是匪夷所思。不过,林先生的看法前后也略有变化,2000 年发表对富冈所藏《一神论》的辨伪时,认为"富冈文书并非敦煌本真迹,而是 20 世纪初叶时人所抄写;但其并非凭空赝作,而是有古本可依。这古本,当然不排除明季清初耶稣会士的作品;但更有可能是,在当年问世的敦煌遗书中,除了众所周知的景教写本外,还有类似《一神论》之类内容的一些景教写经,落入骨董商人之手,但过于残烂,在当时难以鬻得好价,遂由造假高手重新加以缮写制作"④。到 2001 年他发表高楠藏《序听迷诗所经》辨伪时,就怀疑这两件写本并非敦煌真迹,很可能同属现代人的精抄赝品,没有再提抄自敦煌古本的可能,最后说:"窃以为,在疑点未能做出较合理的解释,吾人的疑虑未能消除之前,学界对这两件写本的使用,采取较为谨慎的态度,似属必要。"⑤已经将这两件写本排除在景教研究之外。到了2005 年,林先生又发表关于这两件写本的《辨伪补说》,结论是:"到目前为止,我们尚只能说,这两个文书来历不明,文书本身又暴露了诸多疑点,很可能是赝品。"指出它们不一定来自敦煌古本,也可能把明清时期来华耶稣会士的汉文神学著作当作伪造的参考⑥。作为一位宗教史家,林先生抱着极其严谨的态度,从内容上一步步深入剖析这两个写本的疑点,指出它们很可

① 载荣新江主编《唐研究》第 6 卷,北京大学出版社,2000 年,67—86 页;收入林悟殊《唐代景教再研究》,186—207 页;《林悟殊敦煌文书与夷教研究》,324—346 页。

② 载《文史》第 55 辑,2001 年,141—154 页;收入林悟殊《唐代景教再研究》,208—228 页;《林悟殊敦煌文书与夷教研究》,347—368 页。

③ 季羡林、饶宗颐主编《敦煌吐鲁番研究》第 8 卷,中华书局,2005 年,35—43 页;收入林悟殊《中古三夷教辨证》,中华书局,2005 年,215—226 页;《林悟殊敦煌文书与夷教研究》,369—380 页。参看 Lin Wushu, "Additional Notes on the Authenticity of Tomioka's and Takakusu's Manuscripts", *Jingjiao. The Church of the East in China and Central Asia*, pp. 134-142。

④ 《林悟殊敦煌文书与夷教研究》,342—343 页。

⑤ 同上书,364 页。

⑥ 同上书,378 页。

能是今人伪造的赝品。对于林先生的上述观点,景教研究者有些持迟疑态度①,有些不愿意接受②,有些置若罔闻,不予理睬,继续利用这两种写本来做唐朝景教的研究③。

笔者完全赞同林先生的观点,在他论证的基础上,笔者想强调以下三点:

第一,唐朝对于外来宗教经典的翻译有着一套严格的制度,从一些敦煌写本佛经保留的译场列位题记就可以看出,如 P.3709《佛地经》题记(图2)④:

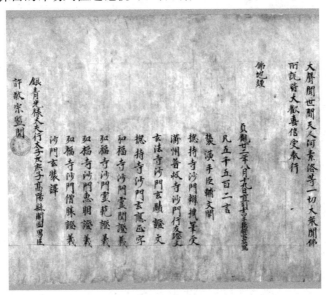

图2 P.3709《佛地经》题记

---

① Max Deeg, "Towards a New Translation of the Chinese Nestorian Documents from the Tang Dynasty", *Jingjiao. The Church of the East in China and Central Asia*, pp.115-131.

② 参看王兰平《以"十愿""十观"为例——看唐代景教与佛教的交涉融合》,李金强、吴梓明、邢福增主编《自西徂东——基督教来华二百年论集》,香港基督教文艺出版社,2009 年,145—159 页;Lanping Wang, "Review of *The Chinese Face of Jesus Christ. Volume I*",《近代中国基督教史研究集刊》2004/2005 年第6 期,87—88 页。

③ Tang Li, *A Study of the History of Nestorian Christianity in China and Its Literature in Chinese: Together with a New English Translation of the Dunhuang Nestorian Documents*, Peter Lang; Frankfurt am Main, 2002;唐莉《唐代景教阿罗本文献——〈序听迷诗所经〉及〈一神论〉》,刘楚华主编《唐代文学与宗教》,香港中华书局,2004 年,665—682 页;黄夏年《景经〈一神论〉之"魂魄"初探》,收入作者《西来东去:中外古代佛教史论集》,中国社会科学出版社,2006 年,359—373 页;王兰平《唐代敦煌汉文景教写经研究》,兰州大学敦煌学研究所博士论文,2006 年。

④ 池田温《中国古代写本识语集录》,大藏出版株式会社,1990 年,191 页。

贞观廿二年八月十九日直司书手臣郁玄爽写

凡五千五百二言

装潢手臣辅文开

总持寺沙门辩机笔受

蒲州普救寺沙门行友证文

玄法寺沙门玄赜证文

总持寺沙门玄应正字

弘福寺沙门灵闰证义

弘福寺沙门灵范证义

弘福寺沙门惠明证义

弘福寺沙门僧胜证义

沙门玄装(奘)译

银青光禄大夫行太子左庶子高阳县开国男臣许敬宗监阅

可见,正规的译经有笔受、证文、正字、证义等一套严格的程序,有不少经典是经过文学修养很高的学者润色的,如元和六年(811)所译《大乘本生心地观经》卷一题记①:

元和五年七月三日内出梵夹,其月廿七日奉诏长安醴泉寺,至六年三月八日翻译进上。

罽宾国三藏赐紫沙门般若宣梵文

醴泉寺日本国沙门灵仙笔受并译语

经行寺沙门令謩润文

醴泉寺沙门少谞回文

济法寺沙门藏英润文

福寿寺沙门恒济回文

总持寺沙门大辨证义

右街都勾当大德庄严寺沙门一微详定

都勾当译经押衙散兵马使兼正将朝议郎前行陇州司功参军上柱国赐绯鱼袋臣李霸

---

① 池田温《中国古代写本识语集录》,335 页。

给事中守右补阙云骑尉袭徐国公臣萧俛奉敕详定

银青光禄大夫行尚书工部侍郎充皇太子及诸王侍读上柱国长洲县
开国男臣归登奉敕详定

朝请大夫守给事中充集贤殿御书院学士判院事臣刘伯刍奉敕详定

朝议郎守谏议大夫知匦使上柱国赐绯鱼袋臣孟简奉敕详定

右神策军护军中尉兼右街功德使扈从特进行右武卫大将军知内侍
省上柱国剡国公食邑三千户臣第五从直

其中的刘伯刍即刘伯刍，他的自撰墓志铭近年出土，志文称："明年，有西国
竺乾僧奉敕翻译《大乘本生心地经》十卷，诏公详润其文，御制序引。"①可见
题记中的"详定"应当是负责详细润色其文字、最后定稿的意思。而这里负责
详定的大臣萧俛、归登、刘伯刍、孟简，都是当时重要的文臣，足见宪宗对于翻
译佛经的重视。据陈怀宇研究，这部佛经和景教经典有着密切的关系②。

抄写经典也有一套正规的做法，如S.312《妙法莲华经》卷四题记（图3）③：

图3　S.312《妙法莲华经》卷四题记

---

① 胡戟、荣新江主编《大唐西市博物馆藏墓志》，北京大学出版社，2012年，792—794页，No.368。

② Chen Huaiyu, "The Connection Between *Jingjiao* and Buddhist Texts in Late Tang China", *Jingjiao. The Church of the East in China and Central Asia*, pp. 93-113；陈怀宇《从比较语言学看〈三威蒙度赞〉与〈大乘本生心地观经〉的联系》，朱玉麒主编《西域文史》第1辑，科学出版社，2006年，111—119页

③ 《中国古代写本识语集录》，217—218页。

咸亨四年九月廿一日门下省群书手封安昌写

用纸廿二张

装潢手解集

初校大庄严寺僧怀福

再校西明寺僧玄真

三校西明寺僧玄真

详阅太原寺大德神符

详阅太原寺大德嘉尚

详阅太原寺主慧立

详阅太原寺上座道成

判官司农寺上林署令李德

使太中大夫守工部侍郎摄兵部侍郎永兴县开国公虞昶监

在抄写之后,有初校、再校、三校和各位高僧大德的详阅,不论译经还是抄经,最后都有官员监阅,审查合格才能够流传。当然上举是最严格的唐朝皇家宫廷写经的样本,大多数写经不一定经过这么多程序,但国家对于译经、抄经的管理和监督是不可或缺的。

如果说《一神论》和《序听迷诗所经》像前人所说是贞观时期景教最早的译经的话,那么唐朝对于这样一种外来宗教的经典翻译活动,一定是要加以监督和校阅的,更何况景教贞观九年初次传入长安,十二年才被太宗允许立寺,度僧二十一人①。此时如果翻译像《一神论》和《序听迷诗所经》这样长篇的经典,一定应当是像上举贞观年间的译本《佛地经》一样经过仔细的翻译、润色程序。现在我们在这两种景教经典上看到的林先生所说的现象,即结构混乱、文不对题、文字错漏百出等,可见它们完全无法被看作是唐朝正规的景教经典。

第二,由于唐朝对外来经典的翻译有着严格的管理,翻译过程十分谨严,因此一些专门名词往往高度统一。唐朝新译的佛经是这样,其他外来宗教经典的翻译也是这样,当然景教也不例外。比如救世主 Meshiha 或 Messiah 一词的翻译,在目前可以肯定属于唐朝时期的景教文献中,不论是建中二年的《大秦景教流行中国碑》、元和九年的《大秦景教宣元至本经》经幢,

① 《唐会要》卷四九"大秦寺"条,上海古籍出版社,1991年,1011—1012页。

还是敦煌发现的《大秦景教三威蒙度赞》《尊经》《宣元至本经》《志玄安乐经》，都是用完全一样的"弥施诃"三个字[①]，甚至唐朝的道经《老子化胡经》卷二所说的第五十种外道，也用同样的名字"弥施诃"[②]。

我们知道《老子化胡经》是一部官方色彩浓厚的道经，虽然曾几次被禁毁，但也有统治者着意宣传的时候。武则天万岁通天元年(696)，僧惠澄上言乞毁《化胡经》，武后敕秋官侍郎刘如璇等议此事[③]，结果刘如璇等人建议不毁《化胡经》[④]。P. 3404《老子化胡经》卷八首题下有"奉　敕对定经本"字样[⑤]，刘屹先生已经指出这一卷应当就是万岁通天元年武后下敕对定之本[⑥]。笔者曾推测写有"弥施诃"的卷二可能是万岁通天元年奉敕对定后的文本，也可能是玄宗时编纂《开元道藏》的产物[⑦]。因此可以说，《化胡经》的"弥施诃"一词，代表了唐朝的官方文本，而各种现在确定为真迹的景教文献，不论来自长安、洛阳，还是出自西陲敦煌，都采用这一写法，暗示着这些景教文献的官方背景，即《大秦景教三威蒙度赞》《尊经》《宣元至本经》《志玄安乐经》，都是官方认可的景教译经。长安的《大秦景教流行中国碑》，也是在伊斯协助朔方军平定安史之乱后，景教得到朝廷大力支持的背景下竖立的[⑧]；元和九年的《大秦景教宣元至本经》经幢，虽然是私家行为，但有"敕东都右羽林军押衙陪戎校尉守左威卫汝州梁川府""义叔上都左龙武军散将兼押衙宁远将军守左武卫大将军置同正员"等官员身份的中外亲族参与，其《宣元至本经》的文字来历也应当是官方文本。

①　林悟殊《景教〈志玄安乐经〉敦煌写本真伪及录文补说》，《林悟殊敦煌文书与夷教研究》，302 页。

②　大渊忍尔编《敦煌道经·图录编》，东京福武书店，1979 年，662 页。参看拙文《唐代の佛·道二教から见えた的外道——景教徒》(高田时雄译)，京都大学人文科学研究所编《中国宗教文献研究》，临川书店，2007 年，436 页。

③　《新唐书》卷五九《艺文志》三《神仙家类》著录《议化胡经状》一卷下注文，中华书局，1975 年，1521 页。

④　部分议状见《混元圣纪》卷八，《道藏》第 17 册，上海书店、文物出版社、天津古籍出版社影印，1994 年，859—860 页；《全唐文》卷一六五，中华书局影印本，1983 年，1686 页。

⑤　大渊忍尔编《敦煌道经·图录编》，668 页。

⑥　刘屹《敦煌十卷本〈老子化胡经〉残卷新探》，《唐研究》第 2 卷，北京大学出版社，1996 年，106 页。

⑦　拙文《唐代の佛·道二教から见えた的外道——景教徒》(高田时雄译)，431—433 页。

⑧　参看拙文《〈历代法宝记〉中的末曼尼和弥师诃——兼谈吐蕃文献中的摩尼教和景教因素的来历》，拙著《中古中国与外来文明》，生活·读书·新知三联书店，2001 年，364—365 页。

中唐的大历九年(774)后不久,在四川禅宗僧人所编《历代法宝记》中,把禅宗祖师所灭两个外道名之为"末曼尼"和"弥师诃"。这里的"弥师诃"虽然完全是禅僧编造的故事中的人物,但其来历应当借用了《老子化胡经》教化外道的说法,"弥师诃"是抄自《化胡经》而误写其中一字的结果,这和《序听迷诗所经》的用法完全不同。

笔者推测,之所以用"迷诗所",很可能是谐"迷失所"的音,其并非是"弥施诃"的另一种音译,编造者的目的是要把基督教的救世主说成是"迷失所",但为遮人耳目,改其中"失"为"诗"罢了。可以说,"弥施诃"是唐朝景教的官方译语,不可能被改作"迷诗所",从这一点上来说,《序听迷诗所经》的可信度就大打折扣了。

再看《序听迷诗所经》用"移鼠"、《一神论》用"翳数"来译写"耶稣",这也是无法成立的。我们现在虽然未在确定的唐朝景教文献中见到耶稣的译音词,但唐朝汉译的摩尼教文献,不论是所谓《摩尼教残经》(中国国家图书馆藏宇字56号,新编 BD.00256 号),还是摩尼教《下部赞》(英藏 S.2659),都统一用"夷数"来音译"耶稣",推测《摩尼光佛教法仪略》(S.3969 + P.3884)也应当相同,而《仪略》是"开元十九年六月八日大德拂多诞奉诏集贤院译",其他两种经典统一、规范的做法也说明是在官方的监督下完成翻译的。从《老子化胡经》与景教文献用词的相同来看,唐朝景教经典如果用音译来翻译耶稣的话,那么最有可能的词汇就是"夷数",而不可能是"翳数"或更不雅观的"移鼠"。

因此,从唐朝翻译外来宗教经典的专有名词的统一性看,《序听迷诗所经》和《一神论》不应当是唐朝的景教文献。

第三,《序听迷诗所经》和《一神论》两个卷子的真迹,早在1931年就由羽田亨影印发表①,影本极佳,可惜是黑白版,对于原卷的一些情形还是不太清楚。自羽田氏发表以后,此两卷藏本不知是仍在富冈、高楠家,还是已经转手他人。笔者1990—1991年间在日本期间,曾多方查找,也无所获。现在我们终于从《敦煌秘笈》中得知,这两个写本后来都归羽田亨本人所有,最后入藏大阪武田科学振兴财团所属的杏雨书屋,编为羽459号和羽

---

① 羽田亨编《一神论卷第三　序听迷诗所经一卷》(影印本),东方文化学院京都研究所,1931 年。

460 号。2012 年,这两个卷子的彩色图版刊布在《敦煌秘笈 影片册》第 6 册中,《序听迷诗所经》在 84—87 页,《一神论》在 89—96 页,黄麻纸,十分美观。

遗憾的是,我们现在还无缘看到原件,无法和敦煌纸作对比。据《敦煌秘笈》的编者记录,《一神论》的第一纸为"粗纸,柴色",与以下其他染为黄橡色的上质麻纸不同①。这种现象也不是正式的官方写经所应当出现的情况,如果是正常情况下,一个写经的用纸应当是统一的,特别是开头第一纸更应当是上好的麻纸,怎么可能先用粗纸,再用上等的好纸呢?只有近世的伪造物,才比较好解释这种现象。如果伪造者使用原本出自敦煌的素纸而又存货无多,那就用可能一些粗纸代替。如果使用现代制作的纸,则在使用的时候,不小心开始用了次纸,然后才转用好纸。林先生从写作者对宗教的态度来看这两个写本的真伪,笔者从用纸上来看,制作者缺乏对神圣经典的崇敬之心,所以才会如此随意用纸,这是我们在敦煌写经中很少见到的情形,唐朝僧侣是把经书当作"三宝"来对待的,如此随意,几无可能。

以上从三个方面,对《一神论》和《序听迷诗所经》提出进一步质疑。笔者比较倾向于认为这些写本杂抄自明清以来的汉文基督教文献,抄者并不熟悉基督教教义,为不让人看破马脚,又编造一些从来没有存在过的词汇来替换相应的专有名词,因此要直接找到这些伪本依据的文本着实不易,但这些疑点已经足以质疑这两种所谓唐朝景教写经的真实性了。笔者同意林先生的观点,在这些疑点能够圆满解说之前,最好不要把这两种经典当作唐朝的景教文献来使用。

五、结论:重新书写唐代景教研究的"退步集"

总而言之,笔者在林悟殊先生研究的基础上,补充若干新的证据,希望强调如下结论:

一、伯希和自敦煌藏经洞所得 P. 3847《景教三威蒙度赞》《尊经》,为敦煌写本真品无疑;李盛铎旧藏的《志玄安乐经》《宣元至本经》,应当来自清

① 武田科学振兴财团杏雨书屋编《敦煌秘笈 影片册》第 6 册,武田科学振兴财团,2012 年,88 页。

朝学部自敦煌藏经洞直接调运的写本,也没有问题。

二、富冈谦藏旧藏《一神论》和高楠顺次郎旧藏《序听迷诗所经》,没有清楚的来源交待,从文字到词汇都有很多疑点,很可能是今人依据明清以来的基督教文献伪造出来的。

三、小岛靖号称得自李盛铎旧藏的《大秦景教大圣通真归法赞》与《大秦景教宣元至本经》,则完全是赝品,没有任何学术价值。

目前我们所读到的所有唐朝景教史、中国古代基督教史,乃至亚洲基督教史,不论中外,都是建立在以佐伯好郎整理和翻译的上述所有八种景教写本基础上的,现在我们要从中拿掉四种,包括被认为是景教入华后首批翻译的、相对篇幅较长的《一神论》和《序听迷诗所经》,这对于宗教史家可说是巨大的打击。但是,一部宗教史要让人信服,让人感到神圣,就应当建立在真实的材料基础之上,因此,不论接受起来多么痛苦,唐代的景教史都要"倒退",都需要重写。

这让我想起陈丹青《退步集续编》腰封上写的:"一退再退,所为者何?退到历史深处,借一双眼,邀请我们更清晰地照看今日种种文化情境。"在我看来,今日的唐代景教研究,必须书写"退步集",要从佐伯好郎时代"完美"的景教史往后退,退到一个能够更清晰地照看出唐朝景教文化面相的历史深处,那画面不论多么破碎,但却是更加真实的历史情境。

(2013 年 2 月 21 日完稿,原载张小贵编《三夷教研究——林悟殊先生古稀纪念》,兰州大学出版社,2014 年 12 月,268—289 页)

西域：摩尼教最终的乐园

　　西域地区（这里用狭义，指古代新疆）大概从东汉末年开始，就流行印度传来的佛教，经过近千年的漫长岁月，佛教在西域地区广泛传播。几乎所有大大小小的绿洲王国，如疏勒（今喀什）、于阗（今和田）、龟兹（今库车）、焉耆、高昌（今吐鲁番）、楼兰（今若羌）等，都已变成佛教王国。规模不等的一个个佛教都会，点缀在沿塔里木盆地南北缘东西延伸的丝绸之路上，这里的佛教信众，不时送走一批东去传经的中亚、印度和尚，又迎来一队西来求法的中原僧众。

　　然而，西域地区自古以来就是文明的十字路口，东西方文明交往的主要通道，所以除了佛教之外，发源于波斯（今伊朗）的琐罗亚斯德教（中国又称拜火教、祆教）、景教（基督教一支）、摩尼教等西亚的宗教，也陆续传入这片土地，赢得了属于自己的信众。其中大概最晚进入西域地区的摩尼教，却曾经在9—10世纪的吐鲁番地区辉煌一时，成为高昌回鹘王国的国教，一时间甚至把柏孜克里克石窟中的佛教洞窟，变身为摩尼教的崇拜中心，原本是佛教高僧讲道的场所，也成为摩尼教大法师慕阇运转摩尼教王国的教务中心。

　　今天，当我们不论是走访高昌古城，还是观摩柏孜克里克石窟，已经难得窥见其摩尼教时代的辉煌。高昌城中的摩尼寺早已掩埋在厚重的黄土之下，而柏孜克里克石窟中的摩尼教壁画，也被后来的佛教尊像所覆盖，尽管还有一些残缺不全的画面和题记显露出来，但还是很难透过它们来了解更多的高昌摩尼教的历史。

　　早在20世纪初叶，德国柏林民俗学博物馆的格伦威德尔（A. Grünwedel）和勒柯克（A. von Le Coq）率领的三次吐鲁番考察队，在高昌城中编号为α和K的两所摩尼教寺院遗址（图1）以及柏孜克里克和吐峪沟

图1 高昌城摩尼寺(遗址K)现状(笔者摄于1996年)

的石窟中,发掘出大量的摩尼教文献和绘画残片,其中有的是用摩尼教徒专用的摩尼文所写的中古波斯文或帕提亚文摩尼教经典,有经书,有赞美诗,也有用中亚粟特民族所使用的粟特文所写的粟特语摩尼教经典和文书,还有就是高昌回鹘王国时期的回鹘人用回鹘文所写的赞美诗、发愿文、供养题记等,甚至也有一些当地汉人用汉语抄写的摩尼教文献。由于这些文献大多数都是极其破碎的残片,又是用古代民族语言文字书写的,因此解读起来相当困难,不过经过东西方学者近百年的努力,这批数以万计的吐鲁番摩尼教文献和绘画残片的内涵,已经逐渐解读出来。高昌回鹘以及当时的摩尼教徒眼中笔下的西域地区特别是高昌回鹘摩尼教的史实,就像那一幅幅被泥封在墙壁后面的绘画,正在被层层剥开,日渐清晰地呈现于世人面前。

我们知道,摩尼教是由波斯人摩尼(216—276)在公元3世纪创建于波斯地区。在经过一段短暂的公开传播后,由于其教义充满了对现实世界的否定,所以很快就遭到波斯萨珊王朝国王的禁止,摩尼本人也被处以极刑。随后,摩尼的信徒根据他的教诲,迅速把这一宗教向世界各地广泛传播,而且不限制教徒使用的语言,传播摩尼的教义,可以使用任何当地的语言文字。在西方的罗马帝国,由于基督教会和政府当局的双重压迫,摩尼教徒在6世纪时被驱逐出来。在东方的中亚地区(不含狭义的西域),由于这里的居民种族各异,文化内涵丰富,而且大多受到波斯琐罗亚斯德教的影响,和摩尼教有着相似的宗教二元论的背景,比较容易接受摩尼教义。因此,在摩尼在世时的阿莫(Mar Ammō)大师的努力下,摩尼教已经从波斯传播到呼罗珊地区,阿莫由此成为东方教会的始祖。3 世纪末,木鹿(Merv)和阿巴沙尔(Abharshahr)大概已经成为当时的东方教会中心。从 4 世纪到 7 世纪,摩尼教进而发展到粟特地区和吐火罗地区,大约在 600 年,粟特语已经取代帕提亚语成为摩尼教的通用语言。

然而,从整个中亚地区的宗教形势来说,摩尼教仍然不能和波斯传统的琐罗亚斯德教或印度的佛教相抗衡,在粟特和吐火罗地区,无疑仍然是这两个根基深厚的正统宗教势力占据上风,摩尼教只能在某个区域立足,建立教会,或是借助于赢得某位统治者的赏识而得以局部扩张,比如中国史料《册府元龟》卷九七一《外臣部》朝贡四记载:唐玄宗开元七年(719)"吐火罗国支汗那王帝赊上表献解天文人大慕阇"。表明当时吐火罗地区的支汗那国王是支持摩尼教的,并且把懂天文的摩尼教慕阇进献给唐朝。但是,从玄奘《大唐西域记》到慧超《往五天竺国传》所记 7 世纪初到 8 世纪中的中亚宗教情形来看,摩尼教的势力可以说是微乎其微。在中亚东部佛教势力更为兴盛的西域地区,虽然前往中国的摩尼教徒应当经行此地,可是就像汉代佛法东渐时一样,最早进入中原地区的摩尼教徒,似乎并未在西域的某个地方驻足停留下来。不过,话说回来,从 640 年唐朝进军西域,灭高昌王国,到692 年唐军击败吐蕃,收复安西四镇,恢复在塔里木盆地的统治,其间半个世纪的光景,西域地区一直处在唐朝、吐蕃、西突厥余部的争夺之中,兵荒马乱,也必然有碍于摩尼教向东推进时在西域地区的传播。

不过,692 年唐朝收复四镇,并发三万兵镇守西域各地,这不仅带来了近百年西域地区的稳定局面,也为摩尼教的正式进入中原地区扫平了道路,史籍中随即就有相关记载,《佛祖统纪》卷三九记:"延载元年(694),波斯国人拂多诞持《二宗经》伪教来朝。"这是出自佛教徒的记录,所以称摩尼教为"伪教",但这条材料却准确地记录了摩尼教正式进入中国本土的信息(非正式的传入年代或许可以上溯到高宗时期),即传播者是波斯人,传教士是摩尼教教阶等级中仅次于慕阇的法师,而所传经典《二宗经》正是记载摩尼教基本教义"二宗三际"的经本。摩尼教被迷信弥勒教而对光明有好感的武则天所接受,并且被允许传教。到玄宗开元七年,又从吐火罗地区来了一位身份更高的慕阇。

　　然而,好景不长,开元二十年(732)摩尼教被唐朝明令禁止,尽管本族人信奉不在禁限,但毕竟极大地限制了摩尼教徒的活动范围。此后,我们在史料中就很少见到摩尼教的身影,直至安史之乱时,当漠北的回鹘可汗率军帮助唐朝收复洛阳之际,摩尼教僧睿息等抓住时机,向可汗传教,竟然在极短的时间里,说服可汗皈依摩尼。睿息等僧也被带回漠北,开教回鹘,进而将其变为回鹘汗国的国教。屡受挤压迫害的摩尼教终于时来运转,在漠北回鹘汗国找到自己的栖身之地。

　　回鹘可汗的皈依摩尼教,无疑是摩尼教史上的一件大事。在吐鲁番发现的摩尼教文献中,就有回鹘文《牟羽可汗入教记》,详细记录了这一历史性事件。不仅如此,重视利用图像来传播宗教的摩尼教传教士,还用高超的技法和鲜艳的色彩,将回鹘可汗入教的那一瞬间永久定格。德国柏林印度艺术博物馆收藏的吐鲁番探险队所获的一件残片,是现存最大的一幅摩尼教书籍插图(编号 MIK III 4979 a, b;图2),正背都有图画,正面中间画的是穿着白衣、有头光的高等级选民(wcydg'n, Elect),应当是一位主教。他伸出右手,握住全副戎装、双腿跪地的回鹘可汗的双手。这里的"右手",不是普通的右手之意,而是摩尼教拯救的象征,所以这里实际表现的是"右手拯救的情景"。具体而言,可能是 762 年牟羽可汗皈依摩尼教的情形。在主教的右侧,还有两个高级选民和一个地位较高的俗人,可汗后面则跟着三个

图2　回鹘可汗入教图

武士。画面的下方是见证这一庄严神圣的拯救场景的天人，据摩尼教上下文来看，左边两个完整的有翼女性天使，是上面的可汗和主教的灵魂，其左应当还有一两个神像，但未能保存下来；右边四个神像很像是印度的神祇，自右至左为湿婆（Shiva）、梵天（Brahma）、毗湿奴（Vishnu）、诙尼沙（Ganesha），在伊朗语摩尼教文献中等同于四个伊朗神祇，即暗指摩尼教的"四明尊"（神、光明、大力、智慧），他们运用神力来保护入教的可汗所统治的回鹘汗国的广阔领土。

安史之乱虽然平定，但唐朝的元气大伤，原本屯驻西域各地的重兵，都被调回内地勤王，西域孤残的将士艰难困守了数十年，在8—9世纪之交的岁月里，首先是北庭（今吉木萨尔县）、西州（吐鲁番）受到了从东而来的吐蕃军队的强力攻击。唐军无法独自抵挡，只好求救于漠北回鹘可汗。回鹘军队虽然帮助唐朝军队击退了吐蕃的进攻，但随后不久就把北庭、高昌，甚至焉耆、龟兹（库车）、拨换（阿克苏）、疏勒（喀什）等地都纳入自己的势力范围，与占据塔里木盆地南沿于阗、且末、鄯善（若羌）的吐蕃王国，瓜分了昔日大唐帝国的西部疆域。安史之乱后唐朝主力军的撤离西域，必然使西域的佛教寺院失去一大批具有经济实力的施主，东往西来道路的断绝，使得西域的佛教很难得到新鲜血液的供给，当时代表佛教最高水准的中原，无法通过吐蕃占领的河西走廊输送给西域新的经典和人才，而漠北的回鹘因为不信佛法，也被佛教僧侣视为畏途，贞元初年从西天取经回来的悟空，甚至不敢携带经本由回鹘归唐，而是把经书留在了北庭。西域佛教被迫走向衰微，而这却正好给其他宗教的进入提供了绝好的机会。

从现有的保存丰富的吐鲁番文书（包括敦煌保存的吐鲁番所写的文书）中，我们可以清楚地看到唐朝的"贞元"年号最后使用到十九年（803）而终止。而恰恰就是在这同一年，根据吐鲁番出土的回鹘语文书（编号 T II K Bundel Nr. D. 173），漠北回鹘的怀信可汗曾经亲临高昌，与摩尼教的慕阇大法师讨论摩尼教团的问题。这说明在此前的高昌地区，已经驻扎有统治相当信众的摩尼教僧团首领慕阇。

与此可以相印证的是，德国吐鲁番探险队收集到的摩尼文所写的文书第一号（M 1）《摩尼教赞美诗集》（Mahrnāmag）的跋文里说，这部《赞美诗集》是在光明使者诞生之后的546年（公元762/763年）开始抄写的，但没有能够抄完，随后封存在焉耆的一所寺院里，回鹘保义可汗在位期间

(808—821),在一些摩尼教高僧的帮助下,终于抄完了这部篇幅很长的诗集(目前只有两页保存下来)。这说明在唐朝军队 756 年前往中原平乱后,当地已经出现了摩尼教徒的活动。但摩尼教在塔里木盆地北道的真正传播,恐怕还是始于 9 世纪初回鹘汗国的势力比较牢固地控制这一地区之时。就在这篇《摩尼教赞美诗集》的跋文里,在赞颂回鹘可汗及其家族成员之后,列举了北庭、高昌、龟兹、佉沙(疏勒)、拨换、焉耆、于术等城镇的摩尼教支持者以及听者(nywšg'n, Auditor),这其中包括应当是新来的回鹘统治者、留在当地的唐朝官人,以及当地信仰摩尼教的波斯、粟特人,表明摩尼教随着漠北回鹘政治势力的到来而迅速传播到西域北道一线。有摩尼教神祇护佑的回鹘汗国,自然对摩尼教也回馈丰厚。值得注意的是,在这份长长的名单中,似乎没有当地土著民众的名字,表现出这些摩尼教信仰者强烈的殖民色彩,尽管其中的一些粟特人可能来自当地,但他们仍然不能等同于焉耆、龟兹、高昌等当地民众,这从另一面告诉我们,丝路北道强大的佛教势力并不会因为远在漠北的回鹘可汗的政治影响而自动退出历史舞台。

不过,摩尼教在西域地区的真正辉煌,尚需等待相当一段时间。840年,回鹘汗国内乱,渠长句录莫贺勾引回鹘劲敌黠戛斯攻破回鹘都城,杀死可汗,称雄漠北、控制西域北道的回鹘汗国崩溃。回鹘部众四散奔逃,其中有十三部立特勤乌介为可汗,南下归附唐朝;另外十五部,在回鹘相驳职的率领下,拥戴可汗的外甥庞特勤,西迁天山东部地区,希望在这块回鹘汗国的领地内求得生存和发展。到 866 年,回鹘首领仆固俊攻克西州、北庭、轮台、清镇等城,创建了高昌回鹘(也叫西州回鹘)王国。

正像公元 4 世纪中叶河西的高僧随着逃难的北凉王族进入高昌,又如8 世纪后半武威的高僧、长安慈恩大师窥基的弟子昙旷随河西节度使麾下的兵将退避到敦煌一样,在庞大的回鹘西迁的部族中,应该也有不少摩尼教徒随行,甚至有一些极富传教能力的法师,他们不仅把摩尼教势力从漠北转移至高昌,而且在高昌回鹘可汗的支持下,很快就让高昌民众也逐渐皈依了这一与其他宗教思想格格不入的信仰。在高昌回鹘王国的范围内,摩尼教的信徒上到可汗,下及普通民众,有男有女(图 3),种族各不相同,有回鹘人,有粟特人,也有汉人。

20 世纪初以来,吐鲁番出土的摩尼教文献,数量极其可观,这些文献的

图3　高昌回鹘王国的女性摩尼教徒
（柏林藏吐鲁番出土绘画）

存在本身,已然是9—10世纪高昌回鹘时期摩尼教兴盛的真实写照。在这些丰富的文献中,有用中古波斯语和帕提亚语写成的各类赞美诗,如《明父赞美诗》《光明王国赞美诗》《天堂赞美诗》《创世赞美诗》《永恒灵魂赞美诗》《第三使赞美诗》《光明夷数赞美诗》《摩尼赞美诗》,以及两部赞美诗集《胡威达曼》(*Huyadagmān*)和《安格罗斯南》(*Angād Rōšnān*)。也有在各种宗教仪式上所念诵的《忏悔文》《祈祷文》,以及各类宗教节日的诗文,如《庇麻节仪式文》,就是在摩尼教最重要的节日庇麻(Bema)节时所唱诵的赞美诗。此外,还有宗教譬喻文献,有宇宙论、末世论的书页,还有规诫文、布道文;有教会史著作,还有术语表、符咒文、占星文、历日表、葬仪文等。

　　除了纯粹的宗教文献,吐鲁番还发现了一些有关摩尼教寺院运营的文书,以及教团内部的通信。20世纪20年代在吐鲁番考察的黄文弼先生,曾经获得了一件非常珍贵的摩尼教寺院规定性文件,上面钤有"大福大回鹘国中书省门下颉于迦思诸宰相之宝印"的官府印鉴,总计125行的回鹘文长卷,详细说明了摩尼教寺院管理的各个方面,包括寺院的制度、戒律,向我们清晰地展示了摩尼教教团的社会组织和经济生活,从中不难看出,当地的摩尼教僧侣在高昌回鹘可汗的庇护下,已经从一种苦行的僧侣生活转向世俗化的寄生状态。

另一组异常珍贵的摩尼教文书,是1980年柏孜克里克石窟出土的三封粟特文书信,其中两封都是高昌回鹘境内某地的拂多诞寄给教团更高一级的领袖慕阇的。这位名为马尔·阿鲁亚曼·普夫耳的慕阇,应当是高昌回鹘王国内最高的摩尼教僧团领袖。这两封信都是在摩尼教的斋月中拂多诞向慕阇问候的信件,其中充满了虔诚的套语,尤为珍贵的是,我们可以从第二封信(编号B)中得知年终、年初的斋月里摩尼教徒的宗教生活情景,他们有的"咏唱了四首赞美诗,反复朗读和歌唱了二十条教规和三百首歌,拜读了优秀的教典《夏普夫尔冈》";有的则是"用粟特语两次咏唱了名为《没有过失》的赞美诗,反复朗读和歌唱了四十条教规和三百首歌"……从中我们可以看到他们对宗教的虔诚和比较集中的宗教生活场景,也可以由此推知,那些已经成为残片的赞美诗、戒本之类的文献在现实中是如何应用的。

庇麻节无疑是摩尼教寺院中最重要的节日,这个每年十二月(斋月)结束时举行的节日,是为了纪念摩尼和庆祝教团对摩尼教教义的承诺。在节日中,教徒要唱赞颂摩尼的赞美诗,阅读经典,背诵教规,享用圣餐,膜拜摩尼圣像,所有这些仪式要在挂有摩尼画像的供桌前举行。在前述那幅表现回鹘可汗入教的摩尼教书籍插图的背面,就是一幅庇麻节的图像(图4):在祭坛的上面有一个神像,虽然已残,但学者推测是教主摩尼。下边是供奉的水果和面食,旁边是各级选民,有的正手捧经书作朗读状。所有选民身上,都用红色的摩尼文写着自己的名字:(中间)Mānī Yišōo、Radn-frazend、(左侧)Yāwad-yāwax〔(?)〕、Šahriyār-puhr、Rāymast-yazad、(右侧)Radn-xwarxšēd、Rām-frazend……,透过画面,我们耳边似乎依稀传来阵阵他们所唱诵的赞美诗的声音:

> 我们满怀崇敬地跪地膜拜,我们崇拜和赞美强大的神。值得赞颂

图4 摩尼教庇麻节图

的国王和光明世界的主宰,您理应获得荣耀,顺从您的希望和心愿,您
(摩尼),我们崇高的神,请降临到我们身边。……

(原载《寻根》2006 年第 1 期,4—9 页)

索　引

一　专有名词

二　典籍、文书名

三　文书编号

后　记

　　本书是我有关中外关系史的第三本书，前面两本是 2001 年出版的《中古中国与外来文明》和 2014 年出版的《中古中国与粟特文明》，内容比较偏重于伊朗文明特别是粟特文明对中国的影响。由于多年来在中外关系史领域里从事研究和教学，所以也陆续写了一些其他方面的文章，内容很杂，从阿拉伯、波斯、印度，到新罗、日本，与中国的关系史都略有涉及，而经过西域地区的陆上文化交往，更是我考察的重点。因此，本书以《丝绸之路与东西文化交流》为名，大体可以囊括涉猎的范围。

　　中外关系史由于受到材料的限制，本身就是很不系统的一门学问，因此在这一领域耕耘，有一分材料说一分话。在前人研究的基础上，我更多地关注新出土的文书、墓志、考古材料，大多数文章都是属于个案研究。为了给读者一个较为宏观的认识，这次结集时特别撰写了一篇通论性的前言，来谈谈我对丝绸之路与东西文化交流的看法。

　　应当提示读者的是，本书所收各篇，既有学术论文，也有讲演稿，有些是应展览图录要求而写的文字，也有个别给通俗刊物写的文章。因此写作风格不一，注释体例也不相同，按照学术规范，基本不做内容的改动。请读者留意每篇后的附记，了解原文出处。

　　我平日发表文章不讲究刊物，所以大多数不在容易查找的定期期刊上，有的还是以外文发表在日本，这次结集，也是为了便于查找，并希望方家不吝指教。

　　在编辑本书过程中，我的学生李丹婕、田卫卫、罗帅、刘子凡、郑燕燕、沈琛、包晓悦、李昀帮忙核对材料并校对校样，在中心访学的中国丝绸博物馆的徐文跃先生也自告奋勇帮忙看了部分校样，陆扬兄帮我改订了英文目录，史睿也核对了一篇重排的文本，这里一总表示感谢。

　　记得有一年的教师节,学生送我一个贺卡,上面手绘着一幅丝绸之路地图,每个重要的地名旁边,写着一个学生的名字,这是这位学生重点研究或比较关注的地方。这个创意给我留下深刻的印象,也让我更加关注丝绸之路的历史,关注丝路城镇的文化。丝绸之路与东西文化交流史的内涵极其丰富多彩,我愿意和自己的学生们一起,继续探索其中的奥秘……

荣新江

2015 年 7 月 23 日于朗润园